Die Bonus-Seite

Ihr Vorteil als Käufer dieses Buches

Auf der Bonus-Webseite zu diesem Buch finden Sie zusätzliche Informationen und Services. Dazu gehört auch ein kostenloser **Testzugang** zur Online-Fassung Ihres Buches. Und der besondere Vorteil: Wenn Sie Ihr **Online-Buch** auch weiterhin nutzen wollen, erhalten Sie den vollen Zugang zum **Vorzugspreis**.

So nutzen Sie Ihren Vorteil

Halten Sie den unten abgedruckten Zugangscode bereit und gehen Sie auf www.sap-press.de. Dort finden Sie den Kasten **Die Bonus-Seite für Buchkäufer**. Klicken Sie auf **Zur Bonus-Seite/ Buch registrieren**, und geben Sie Ihren **Zugangscode** ein. Schon stehen Ihnen die Bonus-Angebote zur Verfügung.

Ihr persönlicher **Zugangscode**: ewhb-kqgj-yrv9-7p2d

SAP® CRM praxisgerecht erweitern

# PRESS

SAP PRESS ist eine gemeinschaftliche Initiative von SAP und Galileo Press. Ziel ist es, Anwendern qualifiziertes SAP-Wissen zur Verfügung zu stellen. SAP PRESS vereint das fachliche Know-how der SAP und die verlegerische Kompetenz von Galileo Press. Die Bücher bieten Expertenwissen zu technischen wie auch zu betriebswirtschaftlichen SAP-Themen.

Markus Kirchler, Dirk Manhart, Jörg Unger
Service mit SAP CRM
376 S., 2009, geb.
ISBN 978-3-8362-1060-7

Michael Füchsle, Matthias E. Zierke
SAP CRM Web Client – Customizing und Entwicklung
475 S., 2009, geb.
ISBN 978-3-8362-1287-8

Christian Kletti, Christian Stöcker
Marketing mit SAP CRM
ca. 400 S., geb., erscheint Ende 07/2010
ISBN 978-3-8362-1285-4

Berthold Hege, Bernd Lauterbach, Frank Overgoor, Rob Uljee
SAP Event Management – Das umfassende Handbuch
ca. 420 S., geb., erscheint Ende 08/2010
ISBN 978-3-8362-1551-0

George Fratian
Planning Your SAP CRM Implementation
276 S., 2008, geb.
ISBN 978-1-59229-196-0

Aktuelle Angaben zum gesamten SAP PRESS-Programm finden Sie unter www.sap-press.de.

Ralph Ellerbrock, Oliver Isermann

SAP® CRM praxisgerecht erweitern

Bonn • Boston

Liebe Leserin, lieber Leser,

vielen Dank, dass Sie sich für ein Buch von SAP PRESS entschieden haben.

Auch wenn SAP Customer Relationship Management bereits »out of the box« sehr viele Funktionalitäten und Customizing-Möglichkeiten bietet, kann der Standard doch nie alle Anforderungen abdecken. In der Praxis sind in jedem CRM-Projekt individuelle Erweiterungen notwendig. Dabei müssen Sie jedoch einige Besonderheiten beachten.

Dieses Buch bietet Ihnen einen im Projektalltag getesteten »Werkzeugkasten«, mit dem Sie SAP CRM releaseübergreifend und upgradesicher an spezielle Bedürfnisse anpassen können. Auf äußerst praxisnahe Weise machen Ralph Ellerbrock und Oliver Isermann Sie mit den verschiedenen Erweiterungskonzepten vertraut und zeigen Ihnen, wie Sie betriebswirtschaftliche Anforderungen realisieren können, z.B. die automatisierte Bewertung von Marketingmerkmalen aus dem CRM-Geschäftsvorgang oder die Synchronisation des Anwenderstatus von Kundenaufträgen zwischen SAP CRM und SAP ERP. Auf diese Weise lernen Sie, eigene Lösungen zu entwickeln, und ich bin sicher, dass es für Sie weder während noch nach dem Projekt Überraschungen geben wird.

Wir freuen uns stets über Lob, aber auch über kritische Anmerkungen, die uns helfen, unsere Bücher zu verbessern. Am Ende dieses Buches finden Sie daher eine Postkarte, mit der Sie uns Ihre Meinung mitteilen können. Als Dankeschön verlosen wir unter den Einsendern regelmäßig Gutscheine für SAP PRESS-Bücher.

Ihre Maike Lübbers
Lektorat SAP PRESS

Galileo Press
Rheinwerkallee 4
53227 Bonn

maike.luebbers@galileo-press.de
www.sap-press.de

Auf einen Blick

1	Einleitung	11
2	CRM-Erweiterungskonzepte	17
3	Praxisbeispiele für den Bereich Marketing	81
4	Praxisbeispiele für den Bereich Sales	131
5	Praxisbeispiele für den Bereich Service	283
6	Lessons Learned	355
A	Abkürzungsverzeichnis	361
B	Die Autoren	363

Der Name Galileo Press geht auf den italienischen Mathematiker und Philosophen Galileo Galilei (1564–1642) zurück. Er gilt als Gründungsfigur der neuzeitlichen Wissenschaft und wurde berühmt als Verfechter des modernen, heliozentrischen Weltbilds. Legendär ist sein Ausspruch *Eppur se muove* (Und sie bewegt sich doch). Das Emblem von Galileo Press ist der Jupiter, umkreist von den vier Galileischen Monden. Galilei entdeckte die nach ihm benannten Monde 1610.

Lektorat Maike Lübbers
Korrektorat Alexandra Müller, Olfen
Einbandgestaltung Silke Braun
Titelbild iStockphoto/Tatiana Goydenko
Typografie und Layout Vera Brauner
Herstellung Norbert Englert
Satz Typographie & Computer, Krefeld
Druck und Bindung Bercker Graphischer Betrieb, Kevelaer

Gerne stehen wir Ihnen mit Rat und Tat zur Seite:
maike.luebbers@galileo-press.de bei Fragen und Anmerkungen zum Inhalt des Buches
service@galileo-press.de für versandkostenfreie Bestellungen und Reklamationen
thomas.losch@galileo-press.de für Rezensionsexemplare

Bibliografische Information der Deutschen Nationalbibliothek
Die Deutsche Nationalbibliothek verzeichnet diese Publikation in der Deutschen Nationalbibliografie; detaillierte bibliografische Daten sind im Internet über *http://dnb.d-nb.de* abrufbar.

ISBN 978-3-8362-1486-5

© Galileo Press, Bonn 2010
1. Auflage 2010

Das vorliegende Werk ist in all seinen Teilen urheberrechtlich geschützt. Alle Rechte vorbehalten, insbesondere das Recht der Übersetzung, des Vortrags, der Reproduktion, der Vervielfältigung auf fotomechanischen oder anderen Wegen und der Speicherung in elektronischen Medien. Ungeachtet der Sorgfalt, die auf die Erstellung von Text, Abbildungen und Programmen verwendet wurde, können weder Verlag noch Autor, Herausgeber oder Übersetzer für mögliche Fehler und deren Folgen eine juristische Verantwortung oder irgendeine Haftung übernehmen.

Die in diesem Werk wiedergegebenen Gebrauchsnamen, Handelsnamen, Warenbezeichnungen usw. können auch ohne besondere Kennzeichnung Marken sein und als solche den gesetzlichen Bestimmungen unterliegen.
Sämtliche in diesem Werk abgedruckten Bildschirmabzüge unterliegen dem Urheberrecht © der SAP AG, Dietmar-Hopp-Allee 16, D-69190 Walldorf.

SAP, das SAP-Logo, mySAP, mySAP.com, mySAP Business Suite, SAP NetWeaver, SAP R/3, SAP R/2, SAP B2B, SAPtronic, SAPscript, SAP BW, SAP CRM, SAP EarlyWatch, SAP ArchiveLink, SAP GUI, SAP Business Workflow, SAP Business Engineer, SAP Business Navigator, SAP Business Framework, SAP Business Information Warehouse, SAP interenterprise solutions, SAP APO, AcceleratedSAP, InterSAP, SAPoffice, SAPfind, SAPfile, SAPtime, SAPmail, SAPaccess, SAP-EDI, R/3 Retail, Accelerated HR, Accelerated HiTech, Accelerated Consumer Products, ABAP, ABAP/4, ALE/WEB, Alloy, BAPI, Business Framework, BW Explorer, Duet, Enjoy-SAP, mySAP.com e-business platform, mySAP Enterprise Portals, RIVA, SAPPHIRE, TeamSAP, Webflow und SAP PRESS sind Marken oder eingetragene Marken der SAP AG, Walldorf.

Inhalt

1 Einleitung ... 11

2 CRM-Erweiterungskonzepte ... 17

2.1 Business Add-Ins ... 18
    2.1.1 Klassische BAdIs ... 19
    2.1.2 Erweiterungsspots ... 24
2.2 Event Handler ... 27
2.3 UI-Erweiterungen ... 32
    2.3.1 Erstellen eines kundeneigenen Feldes ... 33
    2.3.2 Komponentenerweiterung (am Beispiel von Getter- und Setter-Methoden zur Beeinflussung von Feldwerten) ... 38
2.4 Aktionsverarbeitung ... 44
    2.4.1 Post Processing Framework ... 45
    2.4.2 Typische Erweiterungen der Aktionsverarbeitung ... 46
2.5 Parametrisierbarkeit von Erweiterungen ... 56
2.6 Tipps und Tricks ... 61
    2.6.1 Passende BAdIs oder Callback-Events herausfinden ... 61
    2.6.2 Debugging-Strategien ... 66
    2.6.3 Tipps zur Nutzung der Standard-CRM-APIs CRM_ORDER_READ und CRM_ORDER_MAINTAIN ... 76
    2.6.4 Programmübergreifender Variablenzugriff ... 78

3 Praxisbeispiele für den Bereich Marketing ... 81

3.1 Segmentierung mit dem Segment Builder ... 81
    3.1.1 Eigene Selektionsattributlisten erstellen und versorgen ... 82
    3.1.2 Zusätzliche Felder in die Zielgruppenanzeige aufnehmen ... 86
3.2 Kampagnenmanagement ... 89
    3.2.1 Automatische Vergabe von Kampagnen-IDs ... 89
    3.2.2 Erweiterung der Unvollständigkeitsprüfung für Kampagnen ... 102
3.3 Marketingmerkmale ... 111
    3.3.1 Änderungsbelege für Änderungen an Marketingmerkmalen ... 111

3.3.2 Automatisierte Merkmalsbewertung aus
SAP CRM-Geschäftsvorgängen 121

4 Praxisbeispiele für den Bereich Sales 131

4.1 Aktionsverarbeitung 131
    4.1.1 Erledigung von Angeboten und Folgeaktivitäten bei Erreichen des Gültigkeitsendes 132
    4.1.2 Verteilen von Kopfwerten auf die Positionen 134
4.2 Partnerfindung 140
4.3 Textfindung 149
4.4 Preisfindung 158
    4.4.1 Ermittlung von Kundenrabatten anhand der Umsatzkategorie eines Kunden 162
    4.4.2 Verwendung von Z-Feldern des CRM-Produktstamms für die automatische Preisfindung 180
4.5 Logistikintegration: Sonderbestandsarten 189
    4.5.1 Parametrisierung des erweiterten ATP-Checks 190
    4.5.2 Erweiterung der ATP-Prüfung (CRM- und ERP-System) 193
    4.5.3 Erweiterung des Auftrags-Uploads (ERP-System) 196
4.6 Marketingintegration: Kampagnenfindung 197
4.7 Sales Order Management 201
    4.7.1 Automatisches Setzen von Fakturasperren 201
    4.7.2 Erweiterung der Unvollständigkeitsprüfung 208
    4.7.3 Synchronisation des Anwenderstatus von Kundenaufträgen zwischen SAP CRM und SAP ERP 217
4.8 SAP CRM Billing 232
    4.8.1 Ermittlung von Fakturakopftexten 232
    4.8.2 Erweiterung der Selektionskriterien des Fakturavorrats (SAP GUI) 243
    4.8.3 Erweiterung der Selektionskriterien des Fakturavorrats (Web UI) 248
    4.8.4 Erweiterung der Erlöskontenfindung 256
    4.8.5 Fakturierung von Frachtkonditionen mit der ersten (Teil-)Rechnung 263

5 Praxisbeispiele für den Bereich Service 283

5.1 Aktionsverarbeitung 283
    5.1.1 Vorhandensein eines Langtextes als Aktionsbedingung 284
    5.1.2 Automatisiertes Anlegen von Folgebelegen 288

5.2	Partnerfindung		291
5.3	Geschäftspartner		298
	5.3.1	Defaulting des Landes bei Neuanlage eines Geschäftspartners	298
	5.3.2	Erweiterung einer Suchhilfe (Suche nach Steuernummer)	300
	5.3.3	Einschränkung der Änderbarkeit von Geschäftspartnerdaten	312
5.4	Textfindung		314
5.5	Serviceauftragsabwicklung		318
	5.5.1	Erweiterte Mussfeld-Prüfung beim Sichern	318
	5.5.2	Erweiterung der Kopiersteuerung	322
	5.5.3	Termine über einen kundeneigenen Funktionsbaustein ermitteln	324
5.6	Einsatzplanung		327
5.7	Servicevertragsabwicklung		333
	5.7.1	Vertragsfindung	333
	5.7.2	Übernahme von Geschäftspartnern aus Serviceverträgen	339
5.8	SAP CRM Billing		345
	5.8.1	Mehrwertsteuer-Befreiung im Reverse-Charge-Verfahren	346
	5.8.2	Verschiedene Partner desselben Partnerfunktionstyps in der CRM-Faktura	352

6 Lessons Learned 355

Anhang 359

A	Abkürzungsverzeichnis	361
B	Die Autoren	363

Index 365

»Nicht weil es schwierig ist, wagen wir es nicht,
sondern weil wir es nicht wagen, ist es schwierig.«
(Lucius Annaeus Seneca)

1 Einleitung

Insbesondere in unseren ersten SAP CRM-Projekten mussten bzw. durften wir eine Menge lernen: Es galt, sich mit der Business-Logik und der Technik von SAP CRM auseinanderzusetzen, die Möglichkeiten und Restriktionen des SAP-Standards auszuloten und nach geeigneten Erweiterungsmöglichkeiten zu suchen, um die Anforderungen unserer Kunden umzusetzen. Es ist zwar nicht so, dass entsprechende Informationen nicht verfügbar gewesen wären: Neben der SAP-Onlinedokumentation standen uns u. a. der SAP Service Marketplace sowie das SAP Developer Network (SDN) zur Verfügung. Dennoch empfanden wir den Einstieg an manchen Stellen als mühsam, da nur in einigen Fällen echte Zusammenhänge zwischen betriebswirtschaftlichen Prozessen und technischen Rahmenbedingungen bzw. Erweiterungsmöglichkeiten vermittelt wurden. Zudem mussten wir zur Kenntnis nehmen, dass auch einige technische Erweiterungsmöglichkeiten selbst z. T. nicht zusammenhängend oder nur eingeschränkt dokumentiert waren. Oftmals waren die Konsequenzen eines Lösungswegs, den wir einschlagen wollten, nicht vollständig im Vorfeld kalkulierbar. Wir haben uns daher entschlossen, unsere Erfahrungen und Erkenntnisse anhand praktischer Beispiele zusammenzustellen, um Ihnen einen Neueinstieg in SAP CRM oder eine gezielte Vertiefung in bestimmte Themen zu erleichtern.

Dieses Buch richtet sich insofern an alle SAP-Anwendungsberater bzw. Teammitglieder von Implementierungsprojekten im SAP CRM-Umfeld. Es ist in zweierlei Hinsicht ein Praxisbuch: Einerseits ist es unser Ziel, betriebswirtschaftliche und technische Fragestellungen aus dem Projekt- bzw. Praxisalltag anhand ausgewählter Beispiele so verbindlich und detailliert darzustellen, dass Sie in die Lage versetzt werden, eigene Lösungen für ähnliche Anforderungen in Ihrem individuellen Projektkontext zu erarbeiten. Auch der Einstieg in bislang neue Themen soll Ihnen durch unsere Praxisbeispiele erleichtert werden. Andererseits kommen Ihnen dabei viele Erfahrungen, Tipps und

Tricks zugute, die wir selbst in zahlreichen SAP CRM-Projekten sammeln konnten. Grundlegende Kenntnisse der SAP CRM-Geschäftsprozesse, der ABAP-Programmierung sowie Erfahrungen im Customizing werden dabei vorausgesetzt.

Dieses Buch eignet sich somit einerseits als wertvolle Hilfestellung für das klassische »Einführungsprojekt«, andererseits kann es Sie auch dabei unterstützen, bereits im Produktivbetrieb befindliche, »hart modifizierte« Systeme wieder in einen erweiterten, aber releasesicheren Standard zu versetzen, ohne auf gewünschte und gewohnte Funktionalität verzichten zu müssen. Dadurch können zukünftige Implementierungs- und Wartungsaufwände verringert sowie Projektlaufzeiten verkürzt werden.

Wir konzentrieren uns in diesem Buch auf die Sales-, Service- und Marketingprozesse eines SAP CRM-Systems. Wo es sinnvoll ist, betrachten wir diese in Integration mit einem SAP ERP-Backend. Die Bereiche *E-Business* und *Mobile Business* (z. B. SAP Mobile Sales und Mobile Service) konnten in dieser Veröffentlichung nicht berücksichtigt werden. Dies ist einerseits der z. T. unterschiedlichen technischen Architektur und andererseits recht spezifischen Geschäftsprozessen geschuldet.

Die Auswahl unserer Anwendungsfälle ermöglicht einen nutzenbringenden Einsatz bei Unternehmen unterschiedlicher Branchen und Größen. Wir haben uns bewusst dafür entschieden, kein durchgängiges Beispiel einer »Musterfirma« zu präsentieren, da wir andernfalls unsere Praxisbeispiele zu stark hätten konstruieren müssen. Uns war wichtig, dass der Charakter »echter Lösungen aus der Projektpraxis« erhalten bleibt.

Grundsätzlich wird ein 1:1-Nachbau der von uns vorgestellten Lösungsansätze in den meisten Fällen funktionieren, doch in einigen Fällen können bestehende Erweiterungen, abweichende Anforderungen bzw. eine andere betriebswirtschaftliche Sicht auf einen Prozess eine Anpassung notwendig machen. Darüber hinaus bleibt festzuhalten, dass es immer verschiedene technische Wege gibt, eine Anforderung umzusetzen. Die von uns gezeigten Lösungsansätze sind praxiserprobt und funktionieren im beschriebenen Kontext. Je nach konkretem Umfeld mag es aber andere, vielleicht auch bessere Lösungen geben.

Viele unserer Lösungen sind unabhängig vom jeweiligen User Interface (UI). Bei den UI-abhängigen Lösungen konzentrieren wir uns auf das Web UI, haben uns aber bemüht, auch eine alternative SAP-GUI-Lösung zu skizzieren, sofern dies ohne allzu großen Erklärungsaufwand möglich war. Alle Beispiele sind für SAP CRM 7.0 bzw. SAP ECC 6.0 entwickelt worden. Die Umsetzbarkeit in älteren Releases können wir nicht garantieren, für die meisten unserer Konzepte sollte dies aber mit kleineren Anpassungen auch möglich sein. Grundsätzlich gilt: Auch wenn wir alle Beispiellösungen und Hintergrundinformationen nach bestem Wissen und Gewissen aufbereitet haben, können wir keine Garantie für ihr Gelingen übernehmen. Bitte prüfen Sie jedes Beispiel genau auf seine Anwendbarkeit in Ihrem konkreten Anwendungsfall.

Kapitel 2, »CRM-Erweiterungskonzepte«, gibt Ihnen zunächst einen Überblick über die grundlegenden Erweiterungskonzepte in SAP CRM: Dabei werden zunächst Business Add-Ins (BAdIs) sowie Erweiterungen mithilfe des Event Handlers thematisiert. Im Anschluss gehen wir auf UI-Erweiterungen und sinnvolle Erweiterungsmöglichkeiten mithilfe der Aktionsverarbeitung ein. Sie erhalten Empfehlungen, wie Sie Ihre Erweiterungen durch Parametrisierung flexibler und sicherer einsetzen können. Es folgt ein Abschnitt mit Tipps & Tricks, der u. a. effiziente Suchmöglichkeiten nach geeigneten BAdIs oder Event-Callbacks vorstellt. Zudem werden verschiedene Debugging-Strategien beschrieben, die Ihnen die Suche nach Fehlern bzw. deren Analyse erleichtern. Wir stellen Ihnen darüber hinaus zwei sehr universell einsetzbare Funktionsbausteine im Detail vor, die Ihnen bei Ihrer Implementierungsarbeit in CRM-Systemen häufig begegnen werden. Abschließend geben wir Ihnen noch Tipps im Umgang mit globalen Konstanten bzw. programmübergreifenden Variablenzugriffen.

Kapitel 3, »Praxisbeispiele für den Bereich Marketing«, stellt verschiedene »typische« Erweiterungen aus dem Marketingumfeld vor. Im Bereich der Segmentierung lernen Sie die Erstellung und Versorgung kundeneigener Selektionsattributlisten kennen und führen eine Erweiterung der im Web UI präsentierten Ergebnisliste des *Segment Builders* durch (Anzeige der Zielgruppenmitglieder). Im Kontext des Kampagnenmanagements stellen wir Ihnen einen Lösungsansatz zur kundenindividuellen Generierung externer Kampagnen-IDs vor und zeigen Ihnen, wie Sie eine maßgeschneiderte Unvollständigkeitsprüfung von Marketingelementen umsetzen können. Aus dem Umfeld der Marketingattribute schließlich erhalten Sie zunächst eine Strategie zur Fortschreibung entsprechender Änderungsbelege im CRM-Geschäftspartner. Darüber hinaus vermitteln wir Ihnen einen Ansatz, mit dem Sie aus One-Order-Belegen heraus eine automatische Bewertung von Marketingmerkmalen vornehmen können.

Kapitel 4, »Praxisbeispiele für den Bereich Sales«, widmet sich verschiedenen Beispielen aus dem Sales-Bereich. Darunter befinden sich praktische Features, die Sie im Rahmen der Aktionsverarbeitung realisieren können, z. B. die automatische Erledigung von Angeboten bzw. eine »Schnelländerung« durch Verteilung von Kopfwerten auf die Positionen in Kundenaufträgen. Sie lernen eine Möglichkeit kennen, wie sich eine über das Customizing hinausgehende Logik zur Ermittlung von Geschäftspartnern in einem Kundenauftrag umsetzen lässt, und erfahren, wie Sie eine kundenspezifische Ermittlung eines Hinweistextes während der Auftragsbearbeitung durchführen und diesen dann als Pop-up im Web UI ausgeben können. Im Abschnitt zur Preisfindung lesen Sie, wie Sie ein neues Schlüsselfeld für die automatische Ermittlung von Konditionen aufnehmen. Zuvor erhalten Sie einige grundlegende Informationen, die Ihnen bei der Entwicklung Ihrer spezifischen Implementierungsstrategie in diesem Umfeld helfen. Als weiteres Praxisbeispiel stellen wir Ihnen einen Lösungsansatz dafür vor, kundenspezifische Felder aus dem CRM-Materialstamm elegant für die Preisfindung zu nutzen.

Der darauffolgende Abschnitt zur Logistikintegration widmet sich der Frage, wie sich die sogenannten Sonderbestandsarten *Kundenleih-* bzw. *Kundenkonsignationsgut* in eine Auftragsabwicklung im Zusammenspiel von CRM und ERP integrieren lassen. Anschließend demonstrieren wir eine mit wenig Aufwand realisierbare Verfeinerung der Kampagnenfindung in Vertriebsbelegen. Dann lernen Sie drei weitere hilfreiche Features kennen: Neben dem automatischen Setzen von Fakturasperren sowie einer Erweiterung der Unvollständigkeitsprüfung am Beispiel des Auftragsgrunds präsentieren wir Ihnen noch eine Synchronisierungsmöglichkeit des Anwenderstatus von Kundenaufträgen zwischen CRM und ERP.

Darüber hinaus zeigen wir Ihnen eine Möglichkeit der automatischen Ermittlung von Fakturakopftexten auf. Die darauffolgenden Anwendungsbeispiele thematisieren die Erweiterung der Selektionskriterien bei der Bearbeitung des CRM-Fakturavorrats – sowohl im klassischen SAP GUI als auch im Web UI. Anschließend widmen wir uns noch der Frage, wie sich die CRM-Erlöskontenfindung um eigene Schlüsselfelder erweitern lässt. Als letztes Praxisbeispiel aus dem SAP CRM Billing-Kontext stellen wir Ihnen einen Lösungsansatz vor, mit dem sich bestimmte Konditionsarten bereits mit der ersten Teilfaktura voll berechnen lassen. Vergleichbare Anforderungen sind in der Praxis häufig im Zusammenhang mit Frachtkonditionen anzutreffen.

In **Kapitel 5**, »Praxisbeispiele für den Bereich Service«, finden Sie verschiedene Beispiele aus dem Serviceumfeld. Zunächst demonstrieren wir Ihnen die Implementierung einer eigenen Aktions-Startbedingung auf Basis eines Langtextes. Anschließend lernen Sie eine Möglichkeit kennen, wie Sie mithilfe der Aktionsverarbeitung eine automatische Anlage von Aktivitäten zu einem Servicevertrag durchführen können, um rechtzeitig eine Vertragsverlängerung mit dem Kunden auszuhandeln. Wir stellen Ihnen im Rahmen der Partnerfindung eine Möglichkeit vor, die Partner unterschiedlicher Partnerfunktionen auch bei manuellen Änderungen synchron zu halten. Sie lernen dann insgesamt drei Anwendungsfälle aus dem Themengebiet »Geschäftspartner« kennen: Wir stellen Ihnen zunächst einen Lösungsansatz zur automatischen Vorbelegung von Feldern bei der Anlage von CRM-Geschäftspartnern vor, mit dessen Hilfe Sie den Erfassungsaufwand reduzieren können. Darüber hinaus zeigen wir, wie sich eine eigene Suchhilfe auf Basis der Steuernummer eines Geschäftspartners im SAP GUI und Web UI realisieren lässt. Schließlich zeigen wir eine Möglichkeit auf, mittels der Bild- und Feldsteuerung je nach Reifegrad eines Geschäftspartners ein versehentliches Ändern von Geschäftspartnerstammdaten zu verhindern.

Anschließend stellen wir Ihnen ein Praxisbeispiel vor, wie Sie z. B. zur Gestaltung eines Anschreibens Texte in CRM-Belegen organisationsabhängig vorbelegen können. Daraufhin lernen Sie nützliche Features im One-Order-Umfeld kennen, die grundsätzlich auch in Sales-Szenarien einsetzbar sind: Neben der Implementierung einer Mussfeld-Prüfung beim Sichern von Servicebelegen nehmen wir eine Erweiterung der Kopiersteuerung vor und realisieren die Ermittlung von Terminen durch eigene Funktionsbausteine. Für den Bereich der Einsatzplanung richten wir in der Einsatzplantafel zusätzliche Felder ein, um die Technikerdisposition zu erleichtern. Neben einem Lösungsansatz, um im CRM-Serviceauftrag eine eigene Vertragsfindung anhand einer IBASE-Komponente durchzuführen, zeigen wir Ihnen eine Möglichkeit auf, wie Sie Geschäftspartner aus einem zugeordneten Servicevertrag in einen Serviceauftrag übernehmen können. Abgerundet wird das Kapitel mit zwei weiteren Praxisbeispielen: Zunächst demonstrieren wir Ihnen in der *Transaction Tax Engine* (TTE) ein Verfahren zur Mehrwertsteuer-Befreiung von Serviceleistungen, dann zeigen wir noch eine gezielte Erweiterungsmöglichkeit im Bereich der Faktura-Partnerfindung auf, die Ihnen insbesondere im Servicegeschäft zusätzliche Flexibilität bei der Gestaltung Ihrer Prozesse erlaubt.

In **Kapitel 6**, »Lessons Learned«, fassen wir die Lehren zusammen, die wir bislang aus unseren CRM-Projekten ziehen durften. Dabei wenden wir uns insbesondere der Frage zu, ob bzw. welche Entwicklungen oder Besonderheiten sich für das Projektgeschäft bei Nutzung des neuen Web UIs abzeichnen.

Danksagungen

Wir bedanken uns sehr herzlich bei Michael Frankrone, Dirk Osterkamp und Jan Rusche von der Lynx-Consulting GmbH in Bielefeld für die freundliche Unterstützung. Ebenso sagen wir unseren Kollegen Angelika Plümpe, Olaf Langer, Andreas Düsterhöft und Benedikt Vogelpohl ganz herzlich Danke für die guten Tipps und aufmunternden Worte. Dem netten und kompetenten Team von SAP PRESS gebührt ebenfalls Dank, vor allem Maike Lübbers und Frank Paschen: Es hat trotz der vielen Arbeit sehr viel Spaß gemacht! Und zu guter Letzt bedanken wir uns ganz besonders bei unseren Frauen Nadine und Britta, ohne deren Rücksichtnahme und liebevolle Rundumbetreuung dieses Buch niemals hätte entstehen können!

Ralph Ellerbrock
Oliver Isermann

In diesem Kapitel stellen wir Ihnen die gängigsten Erweiterungskonzepte im Umfeld von SAP CRM vor und liefern zudem wertvolle Tipps und Tricks zur Anwendung dieser Konzepte. Dieses Kapitel bildet damit die Grundlage für die folgenden Praxisbeispiele in den Kapiteln 3 bis 5.

2 CRM-Erweiterungskonzepte

Wer SAP CRM produktiv einsetzt oder als CRM-Berater tätig ist, weiß, dass man an Erweiterungen in den meisten Fällen nicht vorbeikommt. Zu unterschiedlich sind die Kundenanforderungen und zu eingeschränkt die Möglichkeiten der vorgedachten Prozesse. Systeme, die komplett »im Standard« laufen, findet man in der Praxis äußerst selten. Dies ist allerdings im Prinzip auch von einer Standard-Software nicht anders zu erwarten – will man als Anbieter Wartbarkeit und Support sicherstellen, muss man die Individualität und Komplexität der Software in Grenzen halten. Das war die schlechte Nachricht – die gute ist allerdings direkt damit verbunden: SAP hat es geschafft, in SAP CRM eine weitaus größere und flexiblere Palette an Erweiterungsmöglichkeiten bereitzustellen, als dies in ERP-Systemen der Fall ist. Im Folgenden wollen wir Ihnen einige dieser Erweiterungsmöglichkeiten vorstellen, die auch im weiteren Verlauf dieses Buches eine große Rolle spielen werden.

Zunächst geht es in Abschnitt 2.1 um *Business Add-Ins* (BAdIs), eine universell einsetzbare und mit Sicherheit auch am weitesten verbreitete Erweiterungsmöglichkeit in SAP CRM. Darauf aufbauend, stellen wir Ihnen in Abschnitt 2.2 den *CRM Event Handler* vor. Dabei handelt es sich um ein sehr mächtiges Werkzeug, das meist dann zum Einsatz kommt, wenn man mithilfe von BAdIs nicht mehr weiterkommt oder schlicht nicht das richtige BAdI für den gewünschten Einsatzzweck findet.

In Abschnitt 2.3, »UI-Erweiterungen«, zeigen wir Ihnen, wie Sie nicht nur Business-Logik im Hintergrund beeinflussen können, sondern auch das äußere Erscheinungsbild des CRM-Systems, beispielsweise durch das Hinzufügen neuer Felder zu einem Beleg. Zudem zeigen wir Ihnen eine Möglichkeit, UI-spezifische Erweiterungen mithilfe des Web UI Frameworks vorzunehmen. In Abschnitt 2.4, »Aktionsverarbeitung«, zeigen wir Ihnen dann, wie Sie komplexe Prozesse relativ einfach anhand von Bedingungen und Zeitpunkten ablaufen lassen können.

Um Ihre Erweiterungen leichter wart- und bedienbar zu machen, sollten Sie über *Parametrisierbarkeit* nachdenken (Abschnitt 2.5) – hierzu machen wir Ihnen ebenso einige Vorschläge, wie wir Ihnen in Abschnitt 2.6, »Tipps und Tricks«, einige wertvolle und vor allem praxiserprobte Hinweise zur Erleichterung Ihres Projektalltags geben. Dieses Kapitel erhebt keinen Anspruch auf Vollständigkeit: Innerhalb dieses Buches werden Sie Erweiterungen finden, die auf Konzepten beruhen, die wir Ihnen nicht im Vorhinein hier vorgestellt haben. Die hier aufgeführten Erweiterungsmöglichkeiten sind jedoch die gängigen und universell einsetzbar.

2.1 Business Add-Ins

Business Add-Ins, oder kurz BAdIs, sind das in der SAP CRM-Welt am häufigsten verwendete Erweiterungskonzept. Es handelt sich um objektorientierte Erweiterungsoptionen, die es erlauben, eine bestimmte Funktionalität zu erweitern, ohne dabei (im technischen Sinne) modifizieren, also den Standard verändern zu müssen. Die BAdIs werden dabei an bestimmten, von SAP vorgesehenen Stellen im Programmablauf aufgerufen. Kundenspezifische Ausprägungen der BAdIs werden als *Implementierungen* bezeichnet. Sie sind modifikationsfrei und releasesicher. Bei einem Upgrade oder Releasewechsel bleiben die kundeneigenen Implementierungen erhalten. Gleichwohl können nach einem Releasewechsel bestimmte Anpassungen nötig sein, weil der Kontext sich eventuell geändert hat. Von Zeit zu Zeit werden BAdIs auch ausgetauscht, sodass Ihre Implementierungen gegebenenfalls »umziehen« müssen.

Mit SAP CRM 5.0 hat SAP eine neue BAdI-Technik eingeführt, die sogenannten *Enhancement Spots* oder *Erweiterungsspots* bzw. *Erweiterungsimplementierungen*. Diese neue Technik bietet einige Verbesserungen gegenüber der vorherigen Version, beispielsweise eine verbesserte Performance und eine erhöhte Flexibilität bei der Umsetzung. Der Schwerpunkt dieses Buches liegt auf der Anwendung der Erweiterungstechniken, nicht deren technischem Hintergrund, daher verzichten wir an dieser Stelle auf eine Beschreibung der technischen Details der BAdI-Architektur allgemein und der Unterschiede zwischen »alten« und »neuen« BAdIs. Bei Interesse finden Sie dazu ausführliche Informationen unter *http://help.sap.com*.

Im Folgenden werden sowohl klassische BAdIs als auch Enhancement Spots und deren Implementierung kurz erläutert. Der Schwerpunkt liegt dabei aber auf den klassischen BAdIs, da diese (zumindest zurzeit noch) weiter verbreitet sind und auch im Rahmen dieses Buches häufiger verwendet werden. Es existieren (auch im aktuellen Release) immer noch beide Techniken parallel, und vermutlich wird sich dies in naher Zukunft nicht ändern.

Im weiteren Verlauf dieses Buches bezeichnen wir beide Erweiterungstechniken einheitlich als BAdI; der technische Kontext kann dabei in den Praxisbeispielen jedoch unterschiedlich sein. Bitte beachten Sie, dass SAP selbst seit der Einführung der Erweiterungsspots nur noch diese als BAdIs bezeichnet – wird auf die ältere Technik Bezug genommen, spricht man bei SAP immer von »klassischen BAdIs«.

2.1.1 Klassische BAdIs

Bei der Arbeit mit BAdIs (klassischen und neuen) haben Sie es im Wesentlichen mit zwei Transaktionen zu tun: SE18 (BAdI-Definitionen) und SE19 (BAdI-Implementierungen). Verwenden Sie die Transaktion SE18, um von einer BAdI-Definition (z. B. ORDER_SAVE) ausgehend Implementierungen anzulegen, anzuschauen oder zu ändern. Die Transaktion SE19 ist der direkte Zugang zu einer BAdI-Implementierung über den Implementierungsnamen (z. B. Z_ORDER_SAVE).

Schauen wir uns als Beispiel die BAdI-Definition CRM_COPY_BADI an. Mithilfe dieses BAdIs können Sie kundeneigene Kopierroutinen erstellen, also beispielsweise beim Anlegen eines Auftrags als Folgebeleg zu einem Angebot verschiedene Felder beeinflussen. In der Transaktion SE18 sehen Sie die Unterscheidung zwischen BAdI und Erweiterungsspot (siehe Abbildung 2.1). Geben Sie in das Feld BADI-NAME den Namen der BAdI-Definition CRM_COPY_BADI ein, und wählen Sie dann über das Menü ERWEITERUNGSIMPLEMENTIERUNG den Punkt ÜBERSICHT.

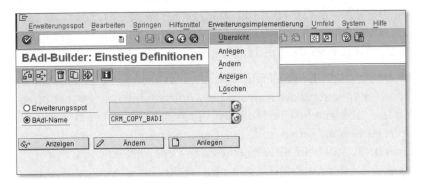

Abbildung 2.1 Transaktion SE18 als Ausgangspunkt der BAdI-Bearbeitung

Sie sehen nun alle zu dieser BAdI-Definition bereits vorhandenen Implementierungen (siehe Abbildung 2.2). Aktive sind gelb, inaktive blau hinterlegt. Wie Sie bereits am Namensraum der Implementierungsnamen erkennen können, handelt es sich hier ausnahmslos um Standard-Implementierungen (siehe dazu auch unseren Tipp »Beispiel- und Standard-Implementierungen« am Ende dieses Abschnitts).

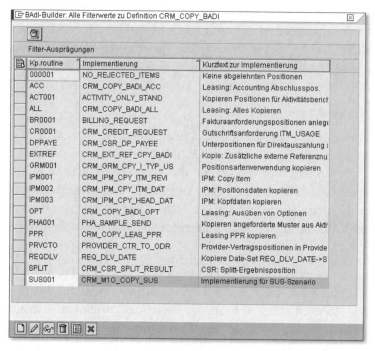

Abbildung 2.2 Implementierungsübersicht des BAdIs CRM_COPY_BADI

Wir legen nun für unser Beispiel eine neue Implementierung im Kundennamensraum an: Sie müssen sowohl einen Namen für die Implementierung vergeben (damit können Sie später in die Transaktion SE19 einsteigen) als auch einen Namen für die Kopierroutine (siehe Abbildung 2.3). Dies ist der Filterwert, den Sie später über das Customizing einer Kopierroutine zuweisen.

Nicht alle BAdIs sind filterabhängig – letztlich ist dies nur eine zusätzliche Möglichkeit der Steuerung des Aufrufs. Bei Kopierroutinen ist es aber offensichtlich nötig, da man entscheiden muss, für welche Kopierroutine welche BAdI-Implementierung gelten soll. Ein Gegenbeispiel ist das BAdI ORDER_SAVE. Dieses BAdI läuft beim Sichern eines One-Order-Belegs und ist nicht filterabhängig, d. h., der Aufruf lässt sich nicht weiter einschränken (z. B. nach der Vorgangsart).

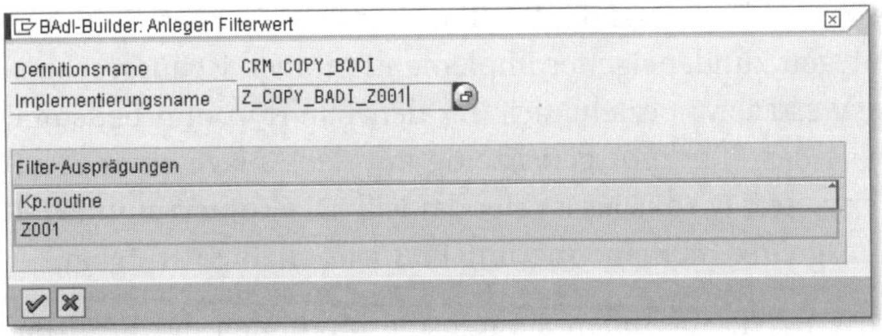

Abbildung 2.3 Anlage einer filterabhängigen BAdI-Implementierung

Wenn Sie sich das Detailbild unserer neuen Implementierung anschauen, sehen Sie im Bildbereich TYP die Klassifikation des BAdIs (siehe Abbildung 2.4). Die Bedeutung des Feldes FILTERABHÄNGIG ist Ihnen ja bereits bekannt. Die Option MEHRFACH NUTZBAR steuert, ob mehrere Implementierungen zu einem BAdI bzw. einer Filterausprägung angelegt werden können. Diese Implementierungen werden dann nacheinander durchlaufen. Das BAdI ORDER_SAVE ist ein Beispiel für eine solche mehrfache Nutzung: Alle Implementierungen laufen beim Sichern eines Belegs nacheinander ab. Die Reihenfolge ist dabei nicht wirklich steuerbar – achten Sie also darauf, dass Ihre Implementierungen sich gegenseitig nicht beeinflussen!

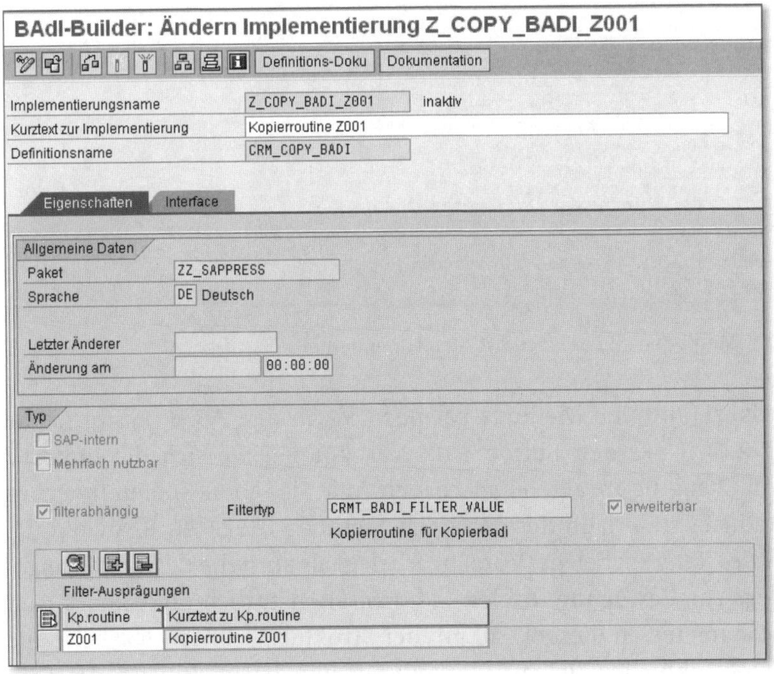

Abbildung 2.4 Detailansicht einer BAdI-Implementierung

Die Option SAP-INTERN gibt an, dass das BAdI nur für den internen Gebrauch gedacht ist: Das Anlegen kundeneigener Implementierungen ist ausgeschlossen. Die Angabe ERWEITERBAR bezieht sich auf den Filtertyp und bedeutet, dass die Wertetabelle des Filtertyps gleichzeitig mit der Anlage einer BAdI-Implementierung erweitert wird. Dies ist hier der Fall: Die Kopierroutine (Filterwert) ist nach Anlage der Implementierung im Customizing verfügbar.

Auf der Registerkarte INTERFACE sehen Sie nun die Methoden der BAdI-Implementierung, hier können Sie kundeneigenes ABAP-Coding hinterlegen (siehe Abbildung 2.5). Anzahl und Art der Methoden variieren je nach Kontext stark. In unserem Beispiel sind Methoden für alle klassischen Segmente eines One-Order-Belegs und eine COPY-Methode für die allgemeine Steuerung vorhanden (z. B. Kopieren erlaubt oder nicht erlaubt).

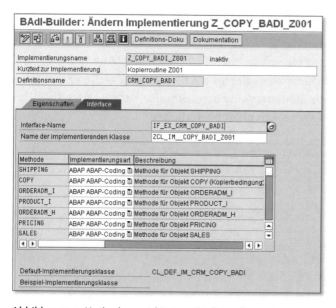

Abbildung 2.5 Methodenansicht einer BAdI-Implementierung

Per Doppelklick auf eine Methode gelangen Sie in den ABAP Editor (siehe Abbildung 2.6). Über den Button SIGNATUR können Sie sich die Import-/Export- und Changing-Parameter anschauen. Wie Sie sehen, stehen Ihnen als Importparameter innerhalb der gezeigten Methode ORDERADM_H sowohl die Kopffelder des Referenzbelegs (Vorgängerbeleg) als auch die des aktuell angelegten Belegs zur Verfügung. Ändern können Sie natürlich nur Export- und Changing-Parameter, in diesem Fall mit der Struktur CS_ORDERADM_H also die Kopffelder des aktuellen Belegs. Sie könnten nun beispielsweise das Feld BEZEICHNUNG (Segment ORDERADM_H, Feldname DESCRIPTION) aus dem Vorgängerbeleg nachlesen und in den aktuellen Beleg übernehmen. Dazu wäre noch die Tabelle CT_INPUT_FIELDS mit dem zu ändernden Feldnamen DESCRIPTION zu füllen, wie dies auch bei Verwendung des Funktionsbausteins CRM_ORDER_MAINTAIN üblich ist. Ein Praxisbeispiel für die Erweiterung der Kopiersteuerung finden Sie in Abschnitt 5.5.2, »Erweiterung der Kopiersteuerung«.

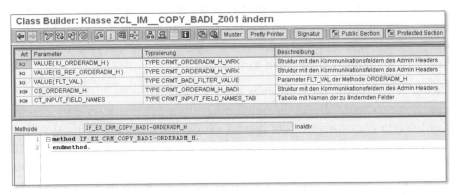

Abbildung 2.6 ABAP Editor einer Methode einer BAdI-Implementierung

Vergessen Sie nicht, sowohl Ihre Methode als auch die BAdI-Implementierung selbst zu aktivieren. Vor allem Letzteres wird häufig vergessen. Falls Sie filterabhängige BAdIs verwenden, denken Sie zudem daran, dass die Filterbedingung zutreffen muss! Häufig ist dafür zusätzliches Customizing nötig, wie im o. g. Beispiel die Zuordnung der Kopierbedingung zu einer Kopierroutine (IMG-Pfad: CUSTOMER RELATIONSHIP MANAGEMENT • VORGÄNGE • GRUNDEINSTELLUNGEN • KOPIERSTEUERUNG FÜR GESCHÄFTSVORGÄNGE).

> **Tipp: Beispiel- und Standard-Implementierungen**
>
> Zu vielen BAdIs gibt es Beispiel-Implementierungen, die Sie sich über die Transaktion SE18 (zu einer BAdI-Definition) anschauen können. Beispiel-Implementierungen sind *inaktiv* und zeigen exemplarisch die Verwendung des BAdIs (den Umgang mit Import- und Exportparametern etc.). Sie können diese Implementierungen kopieren und dann für sich anpassen.
>
> Im Gegensatz dazu gibt es auch Standard-Implementierungen, die immer *aktiv* sind. Standard-Implementierungen werden von SAP selbst für wichtige Programmabläufe genutzt. Sie sollten sie nicht verändern (denn das wäre eine Modifikation)! Wenn Sie BAdIs implementieren wollen, die bereits eine Standard-Implementierung haben, aber nicht mehrfach implementierbar sind, müssen Sie die Standard-Implementierung kopieren und das darin enthaltene Coding ergänzen. Achten Sie darauf, die ursprüngliche Funktionalität zu erhalten, sofern Sie sie nicht explizit ändern möchten. Wenn Sie nur geringe Ergänzungen oder Änderungen vornehmen wollen, kann eine Modifikation aber auch durchaus der sinnvollere Weg sein.

2.1.2 Erweiterungsspots

Erweiterungsspots fassen mehrere Erweiterungsoptionen zusammen und dienen deren Verwaltung. Ein Erweiterungsspot *entspricht* also nicht einem BAdI, sondern *beinhaltet* ein oder mehrere BAdIs. Nehmen Sie z. B. den Erweiterungsspot CRM_UIU_BP_ENHANCEMENT: Darin enthalten sind acht verschiedene BAdIs aus dem Business-Partner-Umfeld. Diese BAdIs sind im Prinzip ähnlich zu implementieren wie klassische BAdIs. Zunächst muss jedoch der Erweiterungsspot selbst implementiert werden, bevor ein darin enthaltenes BAdI implementiert werden kann.

Da der Schwerpunkt dieses Buches auf den klassischen BAdIs liegt, soll hier nur überblicksartig die Implementierung eines Erweiterungsspots gezeigt werden (ein Praxisbeispiel, das diese Technik nutzt, finden Sie in Abschnitt 5.3, »Geschäftspartner«). Ausgangspunkt ist wiederum die Transaktion SE18 bzw. der Customizing-Leitfaden (IMG), wo ebenfalls viele Erweiterungsspots aufgeführt sind. Wählen Sie in der Transaktion SE18 aus dem Menü ERWEITERUNGSIMPLEMENTIERUNG den Punkt ANLEGEN, und vergeben Sie einen technischen Namen und eine Bezeichnung. Ergänzen Sie die Daten dann noch um den Namen der BAdI-Implementierung und der Implementierungsklasse, und ordnen Sie die richtige BAdI-Definition zu, wie in Abbildung 2.7 gezeigt. Sie können hier auch eine bereits existierende Implementierungsklasse angeben (ein Beispiel dafür finden Sie in Abschnitt 3.2, »Kampagnenmanagement«).

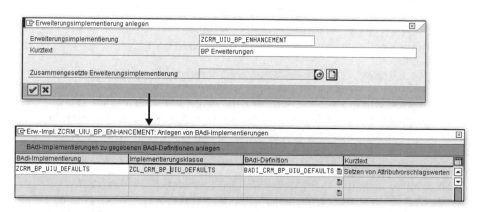

Abbildung 2.7 Implementierung eines Erweiterungsspots

Alternativ können Sie ein neues BAdI direkt implementieren, wenn Sie im Übersichtsbild mit der rechten Maustaste auf eine BAdI-Definition klicken (siehe Abbildung 2.8). Sie müssen dann nachfolgend jedoch auch zunächst eine Erweiterungsspot-Implementierung auswählen oder anlegen.

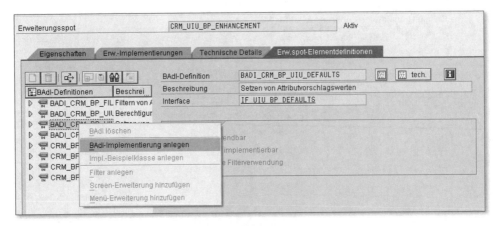

Abbildung 2.8 Direkte Implementierung eines »neuen« BAdIs

Das Detailbild zeigt drei bisher unbekannte Beeinflussungsmöglichkeiten, wie Sie am Beispiel der filterabhängigen Erweiterungsimplementierung Z_CRM_WFD_RPA aus dem Umfeld der Serviceeinsatzplanung erkennen können (siehe Abbildung 2.9):

- **Default-Implementierung**
  Das System führt zunächst »normale« Implementierungen aus. Nur wenn keine normale Implementierung gefunden wird, wird die als *Default* gekennzeichnete ausgeführt.

- **Beispiel-Implementierung**
  So gekennzeichnete Implementierungen werden nie ausgeführt und dienen nur als Vorlage.

- **»Aktiv« nicht schaltbar über Customizing**
  Bei Zugriff über das Customizing können so gekennzeichnete Implementierungen nicht aktiv/inaktiv geschaltet werden.

Im linken Bildbereich (Baumstruktur) können Sie nun auf die Filterwerte zugreifen. Dieser Bereich ist im Vergleich zu den klassischen BAdIs generischer gehalten, sodass sich Filterwerte hier nach Bedingungsart immer gleich aufbauen lassen (siehe Abbildung 2.10). Der Filterwert greift, wenn die logische Bedingung erfüllt ist.

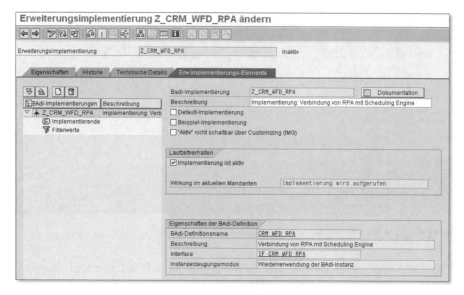

Abbildung 2.9 Detailansicht einer Erweiterungsimplementierung

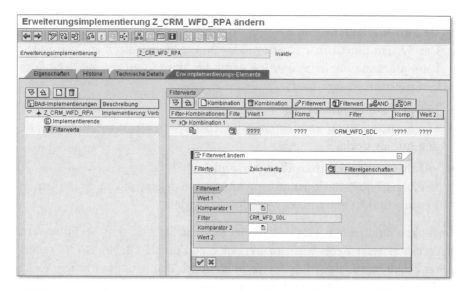

Abbildung 2.10 Filterwerte einer Erweiterungsimplementierung

Über einen Klick auf IMPLEMENTIERENDE KLASSE erreichen Sie schließlich den Methodenbereich (siehe Abbildung 2.11). Wählen Sie hier die für Sie passende Methode, und per Doppelklick gelangen Sie in die bekannte ABAP-Editor-Ansicht.

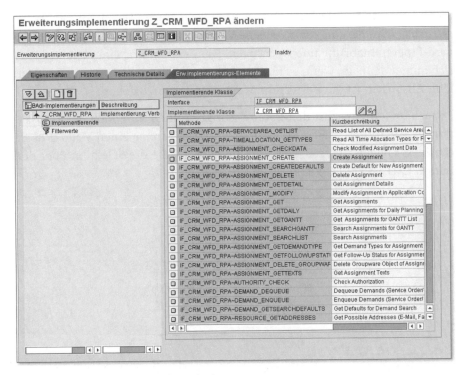

Abbildung 2.11 Erweiterungsspot-Methoden

Wie für klassische BAdIs gilt auch hier: Vergessen Sie nicht, sowohl Ihre Methode als auch die gesamte Implementierung zu aktivieren! Das Häkchen IMPLEMENTIERUNG IST AKTIV auf dem Detailbild zeigt *nicht*, ob die Implementierung aktiviert ist. Wie Sie im oberen Bereich der Abbildung 2.9 sehen können, ist die Implementierung selbst im Beispiel noch nicht aktiviert!

2.2 Event Handler

Im Bereich der One-Order-Belegverarbeitung in SAP CRM gibt es die Möglichkeit, kundeneigene Logik an sogenannte *Events* zu koppeln, die zu bestimmten Systemzuständen und Zeitpunkten standardmäßig durch das CRM-System ausgelöst werden. Ein solcher Event ist beispielsweise der Zeitpunkt, zu dem ein Beleg im CRM-System gesichert wird.

Der CRM Event Handler ist ein sehr mächtiges Werkzeug und versteckt sich in der zunächst etwas unübersichtlich wirkenden Transaktion CRMV_EVENT. Wenn Sie diese Transaktion öffnen, finden Sie an oberster Stelle den Button HINWEIS – BITTE LESEN. Diese Bitte sollten Sie unbedingt ernst nehmen, da die dort hinterlegte Hilfe bereits viele Fragen beantwortet. Grundsätzlich geht es darum, kundeneigene Verarbeitungslogik innerhalb der Standard-Programmabläufe unterzubringen. Die Verwendung eines Events bietet sich immer dann an, wenn es für Ihre gewünschte Logik kein passendes BAdI gibt. Ansonsten ist die Verwendung eines BAdIs vorzuziehen.

Betrachten wir zunächst den Bereich ZUORDNUNGEN innerhalb der Transaktion CRMV_EVENT (siehe Abbildung 2.12). Wählen Sie einen VORGANGSTYP (Business-Objekt-Typ, z. B. *Verkauf*), und starten Sie die Selektion über den Button CALLBACK ZU TYP/OBJ./EREIGNIS.

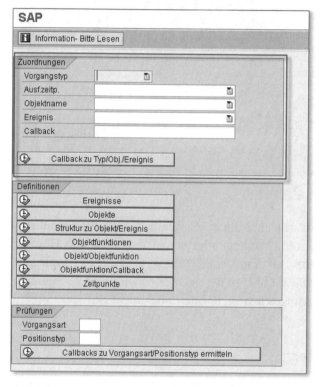

Abbildung 2.12 Transaktion CRMV_EVENT

Es öffnet sich eine Tabelle mit vielen hinterlegten Events bzw. Callbacks für den gewählten Business-Objekt-Typ. Unter *Callback* wird in diesem Zusammenhang ein Funktionsbaustein verstanden, der an definierten Stellen im Programmablauf aufgerufen wird. Die Stelle im Programmablauf wird im Wesentlichen durch folgende Parameter beschrieben:

- **Ausführungszeitpunkt (AUSF.ZEITP.)**
  Der Ausführungszeitpunkt ist ein Zeitpunkt innerhalb der CRM-Vorgangsbearbeitung, beispielsweise ENDE DER KOPFBEARBEITUNG, ENDE DER POSITIONSBEARBEITUNG oder auch SOFORT.

- **Objektname**
  Der Objektname definiert das technische Objekt, zu dem der Event aufgerufen wird, beispielsweise PARTNER für die Partnerfindung/-verarbeitung.

- **Ereignis**
  Das Ereignis bestimmt letztlich den eigentlichen Event, also den *Trigger*. Am häufigsten wird hier sicher das Ereignis AFTER_CHANGE verwendet, also der Zeitpunkt nach einer Änderung.

Ein Callback-Baustein mit der Schlüsselkombination Objekt PARTNER, Ereignis AFTER_CHANGE und Zeitpunkt SOFORT würde also immer dann (sofort) ausgeführt, wenn in einem CRM-Geschäftsvorgang mindestens ein Partner geändert wird. Weitere Steuerungsmöglichkeiten sehen Sie, wenn Sie nun noch auf einen beliebigen Eintrag in der Event-Tabelle doppelklicken (siehe Abbildung 2.13):

- **Priorität**
  Die Priorität bestimmt die Reihenfolge der Abarbeitung bei ansonsten gleicher Schlüsselkombination.

- **Attribut**
  Ein Attribut definiert das Objekt genauer, z. B. der Partnerfunktionstyp 0001 beim Objekt PARTNER. Für den Ablauf würde dies bedeuten, dass nur Änderungen am Partnerfunktionstyp 0001 (Auftraggeber) den Event auslösen. Als Wildcard lässt sich hier »<*>« verwenden.

- **Funktion zum Belegkopf ausführen**
  Der Event wird auf Kopfebene ausgelöst.

- **Funktion zur Belegposition ausführen**
  Der Event wird auf Positionsebene ausgelöst.

- **Aufruf Callback**
  Diese Option steuert die Parameter, die an den Callback-Baustein übergeben werden. Sie können hier beispielsweise steuern, ob Sie alte und neue Daten des betreffenden Objekts in die Funktionsbausteinschnittstelle übergeben wollen. Bei Änderungen können Sie so sehen, welche Felder wie geändert wurden. Achtung: Die Funktionsbausteinschnittstelle muss zur Aufrufart passen!

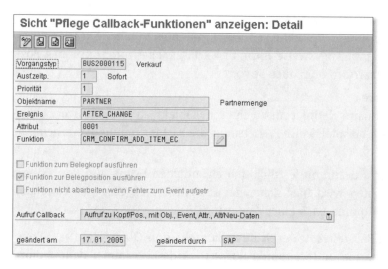

Abbildung 2.13 Detailansicht eines Callback-Events

Seit SAP CRM 5.0 gibt es als Ergänzung zur Transaktion CRMV_EVENT den View CRMV_EVENT_CUST, den Sie über die Transaktion SM30 oder über das Customizing erreichen (IMG-Pfad: CUSTOMER RELATIONSHIP MANAGEMENT • VORGÄNGE • GRUNDEINSTELLUNGEN • EVENT-HANDLER-TABELLE BEARBEITEN). Dort werden analog zur Transaktion CRMV_EVENT die *kundeneigenen* Event-Callbacks hinterlegt (der Aufbau der Tabellen unterscheidet sich dabei nicht). Diese Trennung sorgt dafür, dass die Verwendung kundeneigener Callback-Bausteine modifikationsfrei ist. Streng genommen, wäre zwar auch der Eintrag eigener Callbacks in der Standard-Tabelle keine Modifikation, dennoch können Sie nie sicher sein, ob beim nächsten Update nicht vielleicht ein SAP-eigener Event hinzugefügt wird, der die gleiche Schlüsselkombination benutzt wie Ihr Event. Wichtig ist also, dass Sie eigene Events immer im View CRMV_EVENT_CUST (bzw. in der Tabelle CRMC_EVENT_CUST) hinterlegen.

> **Tipp: Vorhandene Callback-Bausteine kopieren**
>
> Callback-Funktionsbausteine haben prinzipiell immer die gleiche Schnittstelle, die sich jedoch je nach Aufrufart im Event unterscheidet. Wenn Sie eigene Callback-Bausteine anlegen, müssen Sie also darauf achten, dass die Schnittstelle Ihres Funktionsbausteins zur Aufrufart passt (siehe Abbildung 2.14). Am einfachsten ist es, wenn Sie sich aus den Standard-Callbacks einen passenden Funktionsbaustein (mit gleicher Aufrufart) heraussuchen, diesen kopieren und ihn dann Ihren Anforderungen anpassen.

2.2 | Event Handler

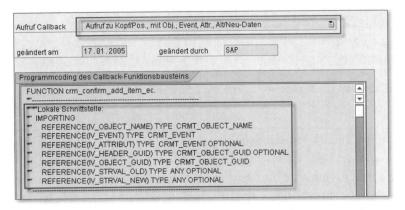

Abbildung 2.14 Schnittstelle eines Callback-Bausteins (passend zur Aufrufart)

Bevor Sie nun einen eigenen Callback anlegen können, müssen Sie noch einen weiteren Schritt durchführen: Ihr Funktionsbaustein muss als Callback *registriert* werden. Diese Registrierung führen Sie ebenfalls in der Transaktion CRMV_EVENT durch (auch für kundeneigene Bausteine!). Verwenden Sie dazu den Button OBJEKTFUNKTIONEN/CALLBACK aus dem Bereich DEFINITIONEN. Fügen Sie für Ihren Funktionsbaustein und das Objekt, für das Sie den Baustein einsetzen möchten, einen neuen Eintrag hinzu. Callback-Bausteine können nur für ein Objekt registriert werden. Wenn Sie Ihre Funktionalität für mehrere Objekte brauchen, können Sie ausprobieren, ob die bereits vorhandene Registrierung ausreicht (manchmal ist dies der Fall), oder Sie müssen den Baustein kopieren und unter einem anderen Namen erneut registrieren.

Sobald Sie Ihren Callback-Funktionsbaustein registriert haben, können Sie über den View `CRMV_EVENT_CUST` eigene Callbacks definieren. Dabei ist allerdings etwas Fingerspitzengefühl gefragt: Kundeneigene Events müssen immer ausgiebig getestet werden, weil es durchaus möglich ist, dass Sie mit Ihrem Event den Standard-Ablauf durcheinanderbringen (beispielsweise durch einen rekursiven `CRM_ORDER_MANTAIN`-Aufruf, eine Anweisung COMMIT WORK zum falschen Zeitpunkt o. Ä.). Zudem können Sie nicht beliebige Operationen zu jedem Zeitpunkt/Objekt durchführen. Hier hilft im Prinzip nur Ausprobieren: Setzen Sie als Erstes einen Breakpoint in Ihren Callback-Baustein, und testen Sie in der Vorgangsbearbeitung, ob er überhaupt »angesprungen« (durchlaufen) wird. Dann tasten Sie sich langsam weiter vor zu der Operation/Funktion, die Sie durchführen möchten.

> **Tipp: Platzierung kundeneigener Callbacks**
>
> Bevor Sie einen neuen Callback anlegen, schauen Sie in der Transaktion CRMV_EVENT nach, welche Standard-Callbacks es bereits zur gleichen Kombination aus Zeitpunkt/Objekt/Ereignis gibt. Platzieren Sie Ihr Event möglichst hinter den Standard-Bausteinen, um die Standard-Abläufe nicht zu beeinträchtigen. Dies können Sie am besten über die Priorität erreichen.

Innerhalb Ihres Callback-Funktionsbausteins können Sie nun grundsätzlich beliebige Programmlogik unterbringen. Besonders wenn es nicht nur um Prüfungen, sondern um das Ändern von Feldinhalten geht, müssen Sie jedoch, wie oben bereits erläutert, etwas vorsichtig sein und ausgiebig testen. Im Gegensatz zu BAdIs stehen Ihnen bei der Nutzung von Callback-Events keine Changing-Parameter zur Verfügung, Sie müssen also alle Änderungen manuell durch Nutzung eines entsprechenden Bausteins durchführen, z. B. CRM_ORDER_MANTAIN.

2.3 UI-Erweiterungen

Häufig reicht es in SAP CRM-Einführungsprojekten nicht aus, nur die Abläufe im Hintergrund zu erweitern: Die Benutzeroberfläche, das UI (User Interface) bzw. GUI (Graphical User Interface), muss erweitert werden. In der Praxis bedeutet dies beispielsweise, dass Sie zusätzliche Felder benötigen – vielleicht in den Geschäftspartnerstammdaten oder auch im Verkaufsbeleg. Diese zusätzlichen Felder müssen Sie dann vermutlich noch mit eigenen Wertehilfen versehen, und eventuell möchten Sie auch nach den Feldinhalten suchen. In diesem Abschnitt stellen wir Ihnen vor, wie Sie diese Anforderungen in SAP CRM umsetzen können, ohne dabei den Standard zu modifizieren. Wir zeigen Ihnen darauf aufbauend zudem, wie Sie Feldinhalte beeinflussen können, z. B. ein neu erstelltes Feld in Abhängigkeit von einem anderen Feldwert automatisch vorbelegen.

Seit Einführung des CRM Web UIs hat sich die Erstellung kundeneigener Felder grundlegend verändert. Für die SAP-GUI-Releases wurde zur modifikationsfreien Erstellung kundeneigener Felder ausschließlich die Easy Enhancement Workbench (EEWB) benutzt; mit SAP CRM 7.0 wurde dafür das *Application Enhancement Tool* (AET) eingeführt. Die Releases 2006s und 2007 stellen hier gewissermaßen eine Übergangszeit dar – im Rahmen dieses Buches können wir auf deren Besonderheiten jedoch nicht detailliert eingehen. Die im Hintergrund verwendete Erweiterungstechnik hat sich mit

Umstellung auf das AET nicht komplett geändert, das Erscheinungsbild für den Entwickler allerdings schon. Die Erweiterungsmöglichkeiten sind zudem vereinfacht und verbessert worden. Vor allem die inzwischen integrierte automatisierte Erweiterung der kontextspezifischen Suche ist dabei ein großer Vorteil des AET gegenüber der EEWB. Die EEWB existiert aber dennoch weiter und wird auch an einigen Stellen noch benötigt – ein Beispiel dafür ist die Ergänzung von neuen Feldern in der Einsatzplantafel (siehe Abschnitt 5.6, »Einsatzplanung«).

Im Folgenden zeigen wir Ihnen anhand eines Beispiels die Erstellung eines neuen Feldes mithilfe des AET. Vorausgesetzt werden dabei grundlegende Web-UI-Customizing-Fähigkeiten sowie das Verständnis der Business- und Berechtigungsrollen. Sollten Sie dazu noch Informationsbedarf haben, verweisen wir auf das umfangreiche Angebot der SAP unter *http://help.sap.com*.

Im Anschluss wollen wir kurz ein neues UI-spezifisches Erweiterungskonzept vorstellen: die *Komponenten-* oder auch *Framework-Erweiterung*. Das CRM Web UI ist in einer neuartigen Komponentenstruktur aufgebaut, die mit SAP CRM 2006s eingeführt wurde und Elemente der Web-Dynpro-Technik übernommen hat. Wir zeigen Ihnen beispielhaft, wie Sie das im ersten Teil dieses Abschnitts erstellte Feld mithilfe einer Komponentenerweiterung (unter Zuhilfenahme der sogenannten Getter- und Setter-Methoden) mit Default-Werten füllen oder auch in Abhängigkeit von anderen Feldwerten setzen können.

2.3.1 Erstellen eines kundeneigenen Feldes

Nehmen wir als Beispiel an, der Geschäftspartnerstammsatz soll um ein Feld PACKSTATION in den Adressdaten erweitert werden. Die Voraussetzungen dafür sind folgende:

- Paketname, Generierungspräfix und der Namensraum für Erweiterungen müssen definiert sein (IMG-Pfad: UI-FRAMEWORK • DEFINITION DES UI-FRAMEWORKS • ANWENDUNGSERWEITERUNGSTOOL • SYSTEMEINSTELLUNGEN DEFINIEREN).
- Die Berechtigung zur Benutzung des AET muss vorhanden sein.
- Der Konfigurationsmodus im Web UI muss aktiviert sein (ALLGEMEINE EINSTELLUNGEN auf der zentralen Personalisierungsseite).

Öffnen Sie nun einen beliebigen Geschäftspartner, und gehen Sie in den Konfigurationsmodus. Per Doppelklick auf das Adressdatensegment gelangen Sie in die korrekte Konfigurationssicht. Bitte achten Sie darauf, dass Sie einen kundeneigenen Rollenkonfigurationsschlüssel verwenden, und klicken Sie anschließend auf den Button NEUES FELD ANLEGEN (siehe Abbildung 2.15).

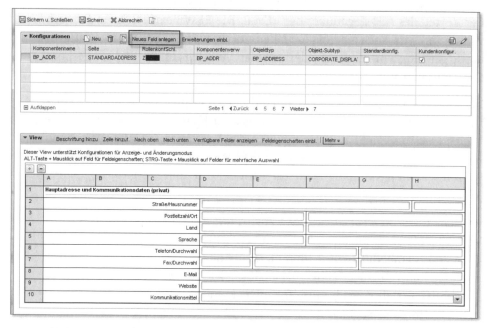

Abbildung 2.15 Neues Feld anlegen im Konfigurationsmodus

Im folgenden Pop-up wählen Sie das Objekt ACCOUNT und gelangen in die Detailsicht Ihres neuen Feldes (siehe Abbildung 2.16). Ergänzen Sie hier den Feldbezeichner (den Namen des Feldes, der im UI angezeigt wird) sowie den Datentyp und die Länge. In unserem Beispiel handelt es sich um ein Textfeld der Länge 20. Über das Element SUCHRELEVANT können Sie festlegen, ob die Suche nach dem neuen Feld möglich sein und/oder es in Suchergebnislisten auftauchen soll. Sie haben darüber hinaus viele weitere Konfigurationsmöglichkeiten: So können Sie eine Prüftabelle und eine Suchhilfe angeben und kennzeichnen, ob das Feld für SAP Mobile, den R/3-Adapter oder SAP NetWeaver BW relevant ist. Sie können über den Eingabebereich AUSWAHLLISTE zudem Festwerte zur Auswahl definieren. Über den Button EXPERTENMODUS AKTIVIEREN erreichen Sie weitergehende Konfigurationsmöglichkeiten, beispielsweise zur Hinterlegung eines eigenen Datenelements.

UI-Erweiterungen | 2.3

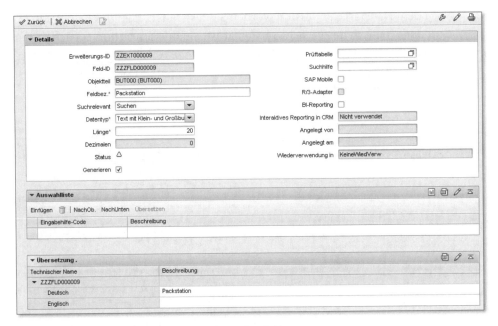

Abbildung 2.16 Detailsicht eines neu anzulegenden Feldes

Wenn Sie die Definition Ihres Feldes abgeschlossen haben, navigieren Sie zurück, und generieren Sie Ihr Feld über den Button SICHERN UND GENERIEREN. Beachten Sie, dass das Feld GENERIEREN in der Detailsicht mithilfe eines Häkchens aktiviert sein muss, damit Ihr Feld bei der Generierung berücksichtigt wird. Nach der Generierung sollte Ihr Feld den Status *grün* haben, und die Web-UI-Session wird automatisch neu gestartet, sobald Sie das Fenster schließen (siehe Abbildung 2.17).

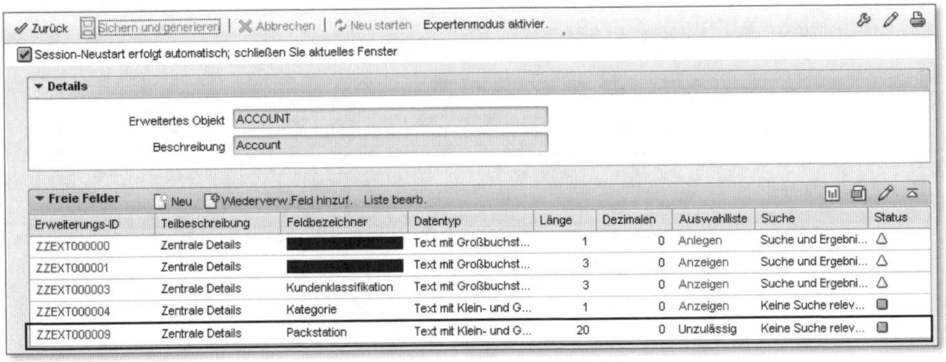

Abbildung 2.17 Fertig generiertes Z-Feld

Nach dem Neustart der Session werden Sie feststellen, dass das Feld PACKSTATION noch nicht in der Ansicht verfügbar ist. Sie müssen es nun zunächst über den Konfigurationsmodus sichtbar machen (siehe Abbildung 2.18). Bitte achten Sie auch hier wieder darauf, einen kundeneigenen Rollenkonfigurationsschlüssel zu verwenden.

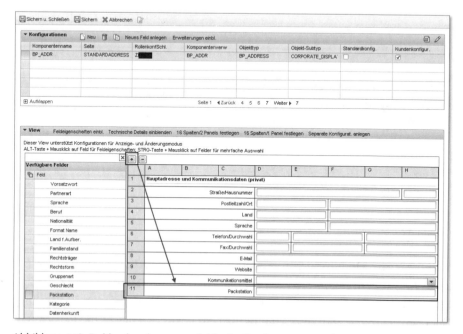

Abbildung 2.18 Einblenden des neuen Feldes im Konfigurationsmodus

Nachdem Sie diesen letzten Schritt erledigt haben, ist das neue Feld PACKSTATION in der Geschäftspartneransicht verfügbar und kann verwendet werden (siehe Abbildung 2.19).

Abbildung 2.19 Neu erstelltes Feld »Packstation«

Da wir bei der Erstellung unseres Feldes auch die Suche aktiviert haben, können Sie nun nach Packstationen suchen. Sie müssen nur auch hier zuerst das neue Feld über die Suchkonfiguration sichtbar machen. Öffnen Sie dazu die Account-Suche im Konfigurationsmodus, und fügen Sie das Feld PACKSTATION an der gewünschten Stelle ein (siehe Abbildung 2.20). Wenn Sie die Einstellungen gesichert haben, können Sie das neue Suchfeld verwenden. In unserem Beispiel wird genau ein Geschäftspartner gefunden (siehe Abbildung 2.21).

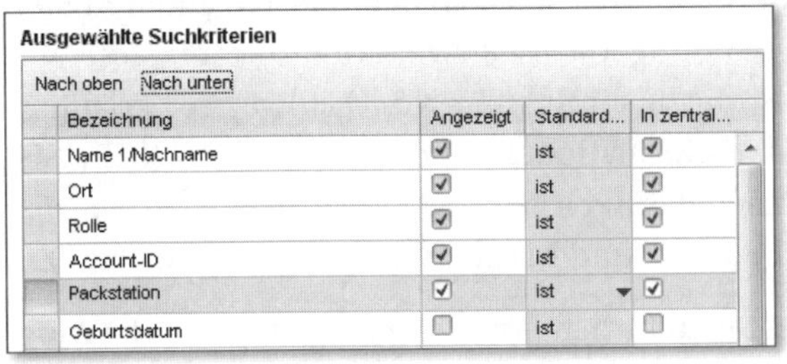

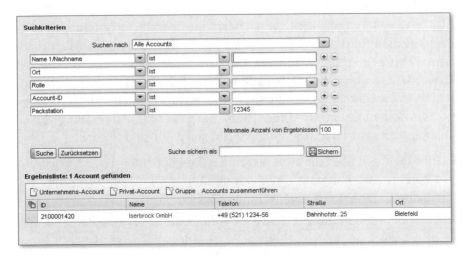

Abbildung 2.20 Suche im Konfigurationsmodus anpassen

Abbildung 2.21 Suchergebnis der Suche nach Packstation

> **Tipp: Alte EEWB-Erweiterungen nach Upgrade sichtbar machen**
>
> Wenn Sie alte EEWB-Erweiterungen haben, die nach einem Upgrade im Web UI nicht sichtbar sind, folgen Sie bitte dem SAP-Hinweis 1357657, um diese Felder auch im neuen Release anzuzeigen. Normalerweise sollten die Felder bereits im Feldvorrat verfügbar sein und können über den Konfigurationsmodus einfach eingebunden werden.

2.3.2 Komponentenerweiterung (am Beispiel von Getter- und Setter-Methoden zur Beeinflussung von Feldwerten)

Das Web UI Framework bietet Ihnen seit SAP CRM 2006s umfangreiche komponentenbasierte Erweiterungsmöglichkeiten, da alle CRM-Anwendungen auf diesem Framework basieren. Die technischen Grundlagen der Komponentenerweiterungen grundsätzlich zu erläutern würde an dieser Stelle (leider) viel zu weit führen und vermutlich genug Stoff für ein eigenes Buch ergeben. Wir beschränken uns daher, wie auch an den meisten anderen Stellen, auf die praktische Anwendung dieser Erweiterungstechnik, die wir Ihnen anhand eines Beispiels, der Beeinflussung von Feldwerten, erläutern möchten. Für weiterführende Informationen zum Thema Web UI und UI Framework empfehlen wir Ihnen das Buch *SAP CRM Web Client – Customizing und Entwicklung* von Michael Füchsle und Matthias Zierke (SAP PRESS 2009).

Auch im CRM Web UI haben Sie natürlich grundsätzlich weiterhin die Möglichkeit, die bekannten BAdIs zur Beeinflussung von Feldwerten zu nutzen (z. B. `CRM_ORDERADM_H_BADI` für Administrationskopffelder) – diese funktionieren weiterhin. Darüber hinaus können Sie jedoch auch eine neue UI-spezifische Erweiterungsmethode verwenden, die über die Erweiterung der UI-Komponenten führt. Zur Beeinflussung von Feldwerten stehen dabei sogenannte *Getter-* und *Setter-Methoden* zur Verfügung, die ursprünglich für die Konvertierung von DDIC-Datentypen (*Data Dictionary*) in den Datentyp `STRING` und umgekehrt zuständig sind. Anhand unseres neu erstellten Feldes PACKSTATION möchten wir Ihnen nun die praktische Anwendung dieser Methode demonstrieren. Die Voraussetzungen dafür sind folgende:

- Sie haben sich über die Grundlagen der Komponentenerweiterungstechnik informiert, und auch SAP-Beratungshinweis 1122248 (Vorgehen bei Framework-Erweiterungen) ist Ihnen bekannt.
- Sie kennen den Feldnamen und die Komponente des Feldes, das Sie beeinflussen möchten (und gegebenenfalls auch des abhängigen Feldes). Diese Daten erhalten Sie im Web UI, wenn Sie auf dem betreffenden Feld die Taste F2 drücken (siehe Abbildung 2.22).
- Sie haben ein Erweiterungsset definiert und gegebenenfalls bereits der zu erweiternden Komponente (in diesem Fall `BP_ADDR`) zugeordnet. Pflegen Sie dazu das View-Cluster `BSPWDV_CMP_EXT` mit der Transaktion SM34.
- Das Erweiterungsset ist für Ihren Mandanten aktiv geschaltet (pflegen Sie dazu den View `BSPWDV_EHSET_ASG` mit der Transaktion SM30).
- Sie verfügen über ausreichende Berechtigungen (u. a. zur Erstellung von BSP-Applikationen).

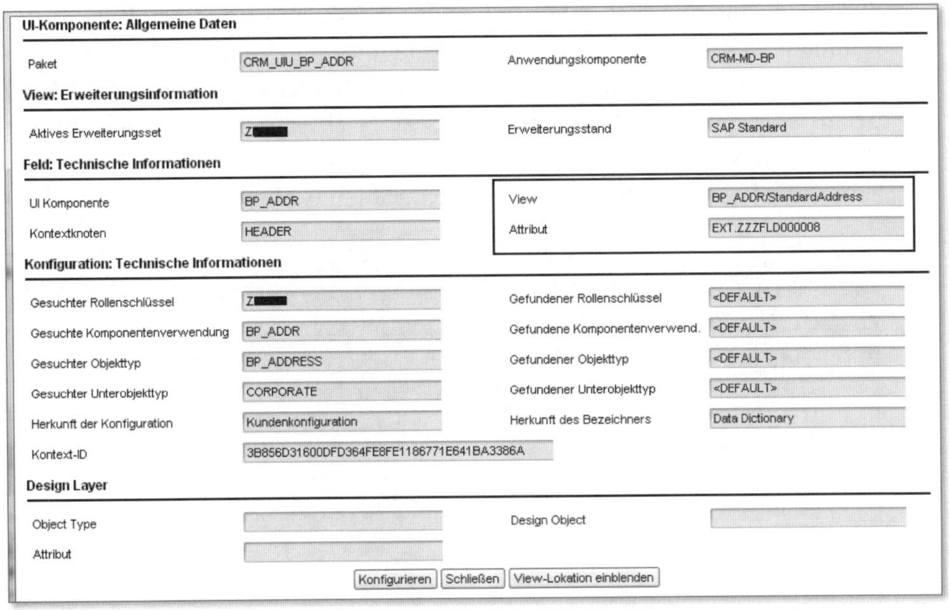

Abbildung 2.22 Technische Details eines Feldes im Web UI anzeigen

> **Tipp: Erweiterungssets dynamisch ermitteln**
>
> Zur Laufzeit verwendet das Web UI Framework immer nur ein aktives Erweiterungsset. Dieses wird im View BSPWDV_EHSET_ASG definiert. Es ist dennoch möglich, Erweiterungssets dynamisch zur Laufzeit zu ermitteln. Implementieren Sie dazu das BAdI COMPONENT_LOADING (Methode GET_ACTIVE_ENHANCEMENT_SET). Dieses BAdI sorgt auch im Standard für die Zuordnung des richtigen Erweiterungssets (Default-Implementierung).

Starten Sie die Transaktion BSP_WD_CMPWB, und wählen Sie die zu erweiternde Komponente und Ihr Erweiterungsset aus, wie in Abbildung 2.23 gezeigt. Geben Sie im Pop-up-Fenster den Namen der (kundeneigenen) BSP-Anwendung zur Ablage der erweiterten Objekte an, und bestätigen Sie im nächsten Pop-up die Runtime-Repository-Ablage *repository.xml*.

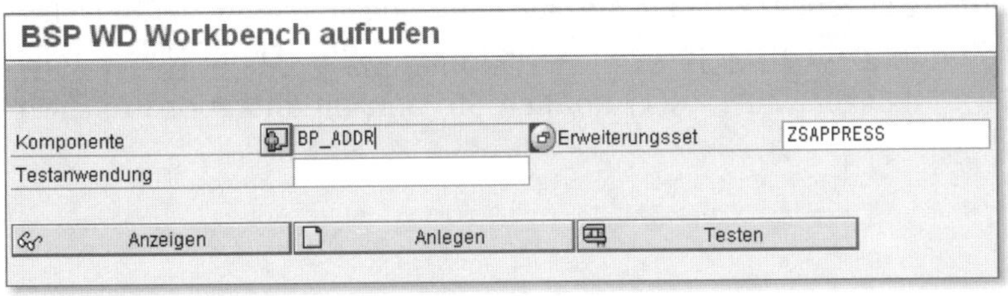

Abbildung 2.23 Transaktion BSP_WD_CMPWB mit Komponente und Erweiterungsset aufrufen

2 | CRM-Erweiterungskonzepte

Suchen Sie nun den passenden Teilbereich (View) für Ihre Erweiterung in der Komponentenstrukturbrowser-Ansicht. In unserem Beispiel ist dies STANDARDADDRESS (diese Information können Sie ebenfalls den technischen Felddetails entnehmen, siehe Abbildung 2.22). Nach einem Rechtsklick auf den View STANDARDADDRESS können Sie im Kontextmenü den Punkt ERWEITERN zum Aufruf des Erweiterungsassistenten wählen (siehe Abbildung 2.24).

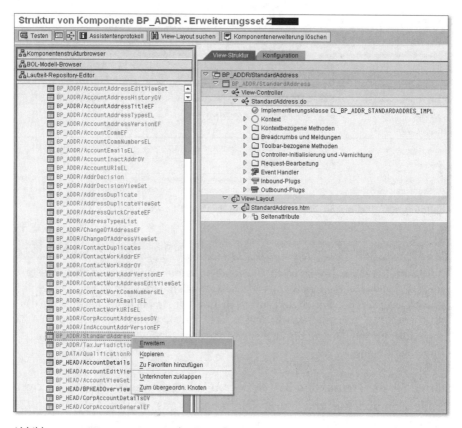

Abbildung 2.24 View erweitern in der Transaktion BSP_WD_CMPWB

Nach dem Generieren der Erweiterung (hier müssen Sie das Paket und den Transportauftrag angeben) erhalten Sie eine neue, abgeleitete View-Controller-Klasse im Kundennamensraum (siehe Abbildung 2.25). Diese Klasse (hier: ZL_BP_ADDR_STANDARDADDRES_IMPL) können Sie nun modifikationsfrei bearbeiten.

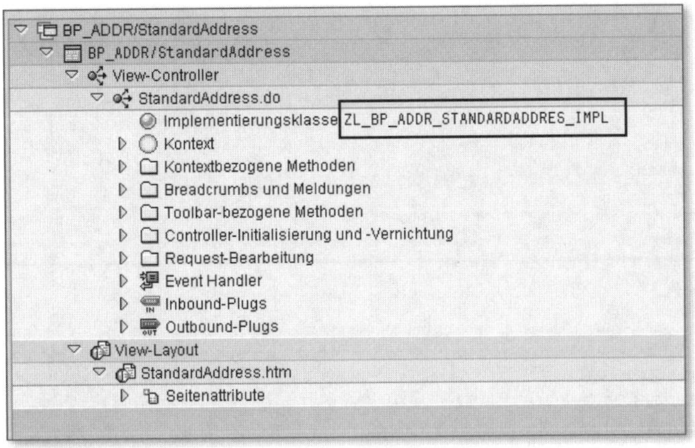

2.3 | UI-Erweiterungen

```
▽ 📁 BP_ADDR/StandardAddress
   ▽ 🗎 BP_ADDR/StandardAddress
      ▽ ⚙ View-Controller
         ▽ ⚙ StandardAddress.do
            ● Implementierungsklasse  ZL_BP_ADDR_STANDARDADDRES_IMPL
            ▷ ○ Kontext
            ▷ 🗀 Kontextbezogene Methoden
            ▷ 🗀 Breadcrumbs und Meldungen
            ▷ 🗀 Toolbar-bezogene Methoden
            ▷ 🗀 Controller-Initialisierung und -Vernichtung
            ▷ 🗀 Request-Bearbeitung
            ▷ 🗎 Event Handler
            ▷ 📥 Inbound-Plugs
            ▷ 📤 Outbound-Plugs
      ▽ 🗎 View-Layout
         ▽ 🗎 StandardAddress.htm
            ▷ 🗎 Seitenattribute
```

Abbildung 2.25 Neu generierte Z-Klasse für den View BP_ADDR/StandardAddress

> **Tipp: BSP-Applikationen**
>
> Jede Erweiterung wird in einer (kundeneigenen) BSP-Applikation angelegt. BSP-Applikationen können Sie z. B. mithilfe der Transaktion SE80 anschauen und bearbeiten. Wir empfehlen, für jede Komponentenerweiterung eine eigene BSP-Applikation zu verwenden, da Sie sonst Schwierigkeiten mit dem Überschreiben der Repository-Ablage *repository.xml* bekommen können. Nach unserer Erfahrung führte die Generierung von Erweiterungen aus der Komponenten-Workbench heraus manchmal zu Fehlern in der BSP-Applikation, beispielsweise einer nicht vollständig generierten Controller-Klasse. Falls Sie Fehlermeldungen im Web UI bekommen, schauen Sie sich den Inhalt Ihrer BSP-Applikation an, und generieren Sie gegebenenfalls inaktive Objekte manuell nach.

Als Nächstes generieren Sie die Getter- und Setter-Methoden für Ihr Feld PACKSTATION (ZZZFLD000008). Öffnen Sie dazu wieder den Komponentenstrukturbrowser, suchen Sie das richtige Feld (Attribut) im Knoten KONTEXT, und wählen Sie aus dem Kontextmenü (rechte Maustaste) GETTER- UND SETTER-METHODEN GENERIEREN, wie in Abbildung 2.26 gezeigt.

> **Tipp: Getter- und Setter-Methoden lassen sich nicht generieren?**
>
> Falls Sie keine Getter- und Setter-Methoden generieren können, weil schlicht die passenden Einträge im Kontextmenü fehlen, ist Ihr System wahrscheinlich auf einem relativ frühen Support-Package-Stand. Implementieren Sie in diesem Fall den SAP-Hinweis 1316083, danach sollten sich die Methoden generieren lassen.

2 | CRM-Erweiterungskonzepte

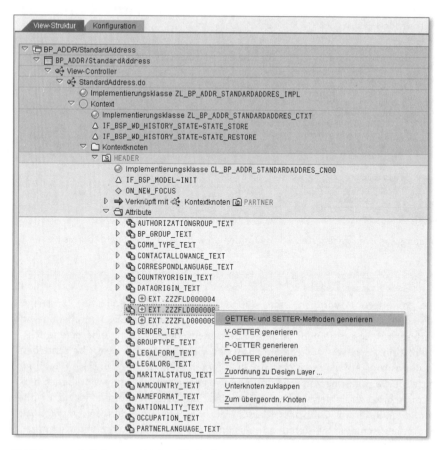

Abbildung 2.26 Getter- und Setter-Methoden generieren

Die generierten Methoden sehen Sie in Abbildung 2.27. Wie Sie feststellen werden, sind verschiedene Methoden generiert bzw. vorbereitet worden. Für unser Beispiel benötigen wir zunächst nur die direkten Methoden, also SET_ZZZFLD000008 und GET_ZZZFLD000008. Es gibt jedoch einige weitere Getter-Methoden mit verschiedenen Anwendungsmöglichkeiten (I- und M-Getter werden dabei automatisch mitgeneriert, die anderen Generierungen müssen Sie separat aus dem Kontextmenü anstoßen):

- **GET_I (Input-Readiness)**
  Mit dieser Methode lässt sich die Eingabebereitschaft von Feldern steuern (setzen Sie RV_DISABLED auf TRUE, um das Feld auf *nicht änderbar* zu schalten).

- **GET_M (Meta-Data)**
  Mit dieser Methode lassen sich Metadaten des Feldes steuern, z. B. Feldbezeichner überschreiben (wobei Design-Layer-Änderungen hier den M-Getter und Konfigurationsänderungen wiederum die Design-Layer-Änderung übersteuern).

- **GET_P (Property)**
  Mit dieser Methode steuern Sie die Eigenschaften des Feldes. Die möglichen Eigenschaften sind als Konstanten im Interface IF_BSP_WD_MODEL_SETTER_GETTER definiert. Beispielsweise lässt sich über den Feldtyp (FIELD_TYPE) die Darstellung eines Feldes zur Laufzeit manipulieren (Dropdown, Checkbox etc.).

- **GET_V (Value-Help)**
  Mit dieser Methode können Sie Wertehilfe und Dropdown-Listen steuern (ein Praxisbeispiel finden Sie in Abschnitt 5.3, »Geschäftspartner«).

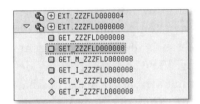

Abbildung 2.27 Getter- und Setter-Methoden eines Attributs

Nun können Sie Ihre neu generierten Methoden mit kundeneigenem Coding füllen. Dabei kommt es ganz darauf an, welche Logik Sie implementieren möchten. Wollen Sie beispielsweise ein anderes (abhängiges) Feld befüllen, wenn das Feld PACKSTATION geändert wird, sollten Sie die Methode SET_ZZZFLD000008 anpassen. Diese Methode wird, wie der Name schon sagt, immer dann aufgerufen, wenn der Wert des Feldes ZZZFLD000008 gesetzt, also die Packstation geändert wird. Im unteren Bereich der Methode finden Sie das in Listing 2.1 gezeigte Coding.

```
*    only set new value if value has changed
     IF <nval> <> <oval>.
        current->set_property(
                  iv_attr_name = 'ZZZFLD000008' "#EC NOTEXT
                  iv_value     = <nval> ).
     ENDIF.
```

Listing 2.1 Methode SET_PROPERTY zum Setzen von Feldinhalten

Sie können nun auf die gleiche Art auch weitere Felder zu diesem Zeitpunkt ändern. Kopieren Sie das in Listing 2.1 gezeigte Coding, fügen Sie es direkt danach wieder ein, und passen Sie es Ihren Wünschen entsprechend an. IV_ATTR_NAME ist dabei der Name des zu ändernden Attributs (ohne vorangestelltes STRUCT), also z. B. NAME1, und IV_VALUE ist der zu setzende Wert.

Die einzige Bedingung für die hier beschriebene Erweiterung ist, dass das zu setzende Feld sich im gleichen Kontextknoten befinden muss wie das Feld der aktuell angesprochenen Getter- und Setter-Methode (siehe Attributliste in Abbildung 2.26). Falls Sie auf Attribute anderer Komponenten zugreifen wollen, schauen Sie sich die Klasse CL_CRM_BOL_ENTITY und deren Methoden GET_ROOT oder GET_RELATED_ENTITY an. In Abschnitt 3.3, »Marketingmerkmale«, werden wir Ihnen noch ein Beispiel für die Verwendung dieser Methoden geben.

Sie sind kaum beschränkt in der Anwendung dieser Erweiterungstechnik. Sie können Ihr Coding sowohl in den Setter- als auch in den Getter-Methoden platzieren, je nachdem, was für den konkreten Anwendungsfall sinnvoller ist. Zudem können Sie innerhalb einer erweiterten Komponente nicht nur die Setter und Getter benutzen, sondern natürlich auch alle anderen Elemente (z. B. durch Hinzufügen eigener Attribute bzw. Views oder Anpassung der Ereignisbehandlung). Es lohnt sich, sich näher mit diesem Thema zu beschäftigen. Für die Web-UI-basierten Releases ist die Komponentenerweiterung vermutlich die am flexibelsten einsetzbare Erweiterungstechnik. Allerdings geht dies auch mit einem Verlust der Übersichtlichkeit einher.

2.4 Aktionsverarbeitung

Aktionen sind vielleicht das am stärksten unterschätzte Werkzeug in SAP CRM. Die Aktionsverarbeitung wird häufig auf reine Nachrichtenfindung reduziert, bietet jedoch eine Fülle weiterer Einsatzmöglichkeiten, die in diesem Abschnitt dargestellt werden. Mit Aktionen kann man vordefinierte Prozesse automatisiert ablaufen lassen. Für jeden Prozess können dabei Bedingungen und Zeitpunkte definiert werden. Das häufigste Anwendungsgebiet für Aktionen ist sicherlich die Nachrichtenausgabe: Über Aktionen können sowohl Druckausgaben als auch E-Mail- oder Fax-Verarbeitungen angestoßen werden (via SAP Smart Forms). Die aus dem SAP ECC-System bekannte *Nachrichtenfindung* wird dadurch abgelöst.

Darüber hinaus bietet die Aktionsverarbeitung jedoch auch die Möglichkeit, komplexe Prozesse anzustoßen, beispielsweise mithilfe eigener Verarbeitungsmethoden, die in Form eines Business Add-Ins (EXEC_METHODCALL_PPF) modifikationsfrei genutzt werden können. Das *Post Processing Framework* (PPF) sorgt dabei für die Einplanung und Ausführung der Aktion zum gewünschten Zeitpunkt. In diesem Abschnitt werden wir nach einer kurzen Einführung in das Post Processing Framework die zwei wichtigsten Möglichkeiten zur Erweiterung der Aktionsverarbeitung vorstellen. Hierbei handelt es sich zum einen um die Erweiterung des PPF-Bedingungscontainers und zum anderen um den Aufruf kundeneigener Verarbeitungsmethoden. Auf die Grundfunktionen der Aktionsverarbeitung soll dabei nicht näher eingegangen werden. Falls Sie weitere Informationen zur Funktionsweise oder zum Customizing von Aktionen benötigen, empfehlen wir Ihnen die umfangreiche Hilfe der SAP unter *http://help.sap.com*.

2.4.1 Post Processing Framework

Aktionen in SAP CRM nutzen die Basiskomponente Post Processing Framework (PPF) als einheitliche Schnittstelle für die verschiedenen Verarbeitungsmethoden (auch *Medien* genannt):

- ABAP-Methoden (BAdIs)
- SAP Business Workflow
- Smart Forms (»Nachrichten«)

Das PPF sorgt in SAP CRM für die Einplanung und Verarbeitung von Aktionen in Abhängigkeit von einem Geschäftsvorgang und stellt dazu folgende Funktionen zur Verfügung:

- Findung von Aktionen und Nachrichten
- Zusammenführung (Verdichtung) gefundener Aktionen
- Medien zur Verarbeitung von Aktionen
- Benutzeroberfläche für das Customizing von Aktionsvorlagen einschließlich der Findungs- und Verdichtungstechniken sowie der Verarbeitungsmedien
- Benutzeroberfläche für das Customizing von Bedingungen, wenn die Findung über Bedingungen verwendet wird

Zum Zeitpunkt der Aktionseinplanung wird die Aktion im Geschäftsvorgang erzeugt. Gestartet wird sie jedoch erst zum Zeitpunkt der Aktionsausführung. Beide Zeitpunkte sind an eigene Bedingungen geknüpft (*Einplanbedingung* und *Startbedingung*). Um sicherzustellen, dass Aktionen nicht nur direkt im Moment der User-Interaktion (z. B. Änderung eines Geschäftsvorgangs) erzeugt und verarbeitet werden können, stellt das PPF den Aktionsmonitor (Report RSPPFPROCESS, Transaktion SPPFP) zur Verfügung. Durch die regelmäßige Hintergrundausführung dieses Programms stellen Sie sicher, dass Aktionen immer dann verarbeitet werden, wenn die entsprechenden Bedingungen erfüllt sind. Abbildung 2.28 zeigt zusammenfassend eine Übersicht über die wesentlichen Elemente der Aktionsverarbeitung und deren Zusammenspiel.

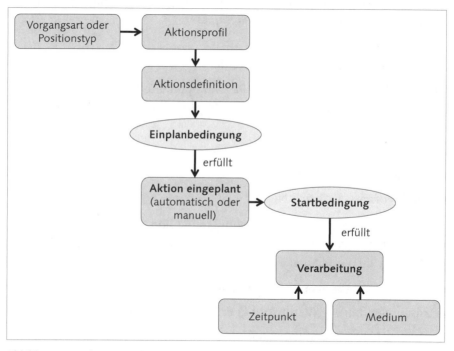

Abbildung 2.28 Aktionsverarbeitung im Ablauf

2.4.2 Typische Erweiterungen der Aktionsverarbeitung

Bei der Verwendung von Aktionen stößt man im Projektalltag schnell an Grenzen. Insbesondere der PPF-Bedingungseditor stellt häufig ein Problem dar, da die verfügbaren Felder zur Erstellung von Einplan- und Startbedingungen recht begrenzt sind. Wir zeigen Ihnen im Folgenden, wie sich dieses Dilemma mit relativ einfachen Mitteln lösen lässt.

Im Anschluss stellen wir vor, wie sich über den Aufruf kundeneigener Verarbeitungsmethoden nahezu beliebige Funktionen umsetzen lassen. Im Prinzip sind Sie hier nur durch die jeweilige Anwendungsumgebung beschränkt (z. B. das UI oder der Business-Objekt-Typ des bearbeiteten Objekts).

Erweiterung des Bedingungscontainers

Sowohl Einplan- als auch Startbedingungen werden in SAP CRM normalerweise mithilfe des PPF-Bedingungseditors erstellt. Zur Erstellung von Bedingungen kann man sich einer Reihe vorgegebener Felder bedienen, die entweder Systemfelder darstellen (z. B. *Datum*, *Uhrzeit*, *User*) oder dem Business-Objekt des Ursprungsgeschäftsvorgangs (bzw. der Geschäftsvorgangsposition) entstammen (z. B. *System-* und *Anwenderstatus*). Je nach Business-Objekt-Typ kann diese Feldauswahl unterschiedlich ausfallen (siehe Abbildung 2.29).

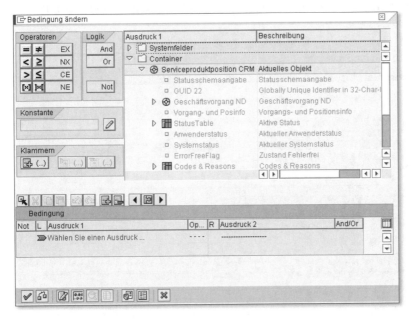

Abbildung 2.29 PPF-Bedingungseditor

> **Hinweis: Konditionstechnik und das BAdI /SAPCND/DET_REQUIRE**
>
> Seit SAP CRM 5.0 gibt es die Möglichkeit, *Aktionsprofile* anhand von Konditionstechnik zur Laufzeit zu ermitteln (IMG-Pfad: CUSTOMER RELATIONSHIP MANAGEMENT • GRUNDFUNKTIONEN • AKTIONEN • AKTIONSPROFILFINDUNG EINRICHTEN). Diese Findung bezieht sich aber auf das gesamte Aktionsprofil und ist unabhängig von Einplan- und Startbedingungen der *Aktionsdefinitionen*, die weiterhin greifen.

> In Verbindung mit der Konditionstechnik zur Aktionsprofilfindung gibt es auch ein neues BAdI für erweiterte Bedingungsprüfungen in Findungsschemata (/SAPCND/ DET_REQUIRE). Da an dieser Stelle nicht näher auf die Aktionsprofilfindung via Konditionstechnik eingegangen wird, beschreiben wir auch dieses BAdI nicht näher. Sie sollten jedoch für den konkreten Anwendungsfall prüfen, ob der Einsatz der Konditionstechnik (und gegebenenfalls des BAdIs) für Ihre Anforderung sinnvoll sein könnte.

Nach Murphys Gesetz kommt es leider vor, dass ausgerechnet das Feld, das Sie gerne in einer Einplan- oder Startbedingung prüfen würden, nicht im Bedingungseditor verfügbar ist. Wenn Sie beispielsweise in der Bedingung prüfen möchten, ob der Geschäftsvorgang einen Vorgängerbeleg hat, z. B. ein Angebot, ist dies mit den Standard-Feldern nicht möglich. Glücklicherweise lässt sich dieses Problem relativ leicht lösen: Auf dem Einstiegsbild für den Bedingungseditor können Sie eigene Parameter anlegen (siehe Abbildung 2.30).

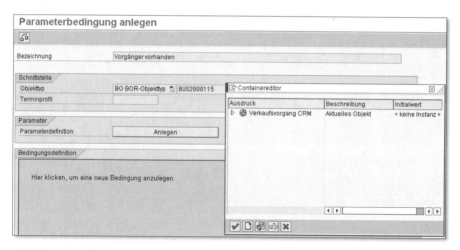

Abbildung 2.30 Eigene Parameter anlegen

Vergeben Sie zunächst einen Elementnamen (ein technischer Name, der nicht notwendigerweise im Kundennamensraum liegen muss; der Übersicht halber wird dies jedoch empfohlen), z. B. Z_PREDEC (für *Predecessor*). Vergeben Sie dann noch eine sprechende Bezeichnung und eine Kurzbeschreibung, oder machen Sie es sich leicht, wie wir in unserem Beispiel, und benennen einfach alles gleich. Nun müssen Sie sich noch entscheiden, welcher Art Ihr neues Feld sein soll, also welchen Datentyp es repräsentiert. Hier kommt es nun ganz darauf an, welches Ziel Sie mit der Bedingungsprüfung verfolgen. Bei einem Feld wie z. B. dem Status ist es natürlich nötig, in der Bedingung auf konkrete Status abzuprüfen. In unserem Beispiel ist jedoch eigentlich nur eine Ja/Nein-Entscheidung nötig (»Gibt es einen Vorgängerbeleg vom Typ *Angebot*?«), daher reicht ein Feld vom Typ BOOLEAN oder auch CHAR1, das Sie später in der Prüfung einfach auf *ja* (= X) bzw. *nein* (= leer) setzen (siehe Abbildung 2.31).

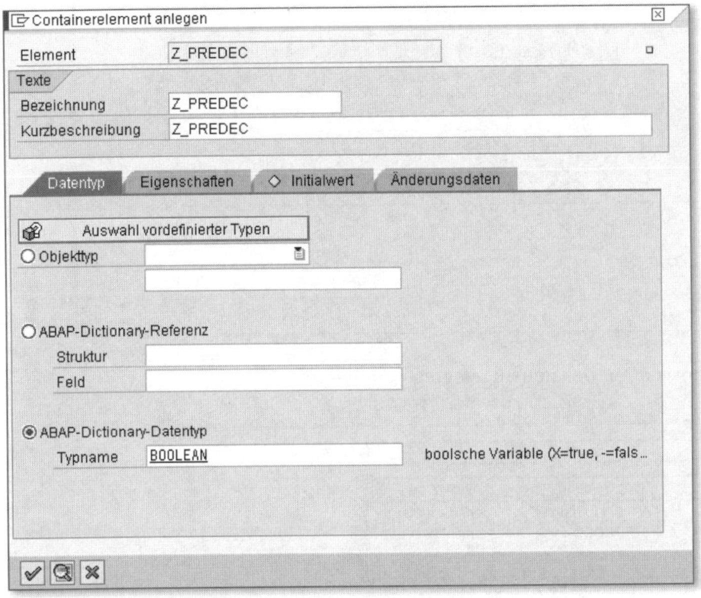

Abbildung 2.31 Bezeichnung und Datentyp für den neuen Parameter

Auf der Registerkarte EIGENSCHAFTEN müssen Sie nun noch entscheiden, ob Ihr Parameter ein Import- oder Exportparameter ist. In unserem Fall handelt es sich um einen Exportparameter, der von der Methode zurückgeliefert werden soll. Wenn Sie sich nicht sicher sind, werfen Sie einen Blick in die Kontexthilfe, oder haken Sie einfach beide Felder an, das schadet in diesem Fall nicht. Das Feld OBLIGATORISCH ist nur in Ausnahmefällen (z. B. Workflow) sinnvoll; wir benötigen es hier nicht. Darüber hinaus können Sie noch angeben, ob Ihr Parameter mehrzeilig ist, und gegebenenfalls einen Initialwert vergeben (siehe Abbildung 2.32); beides ist für unser Beispiel nicht nötig. Beenden Sie die Parametererstellung, indem Sie auf das grüne Häkchen klicken. Sie sehen das Ergebnis im Containereditor (siehe Abbildung 2.33).

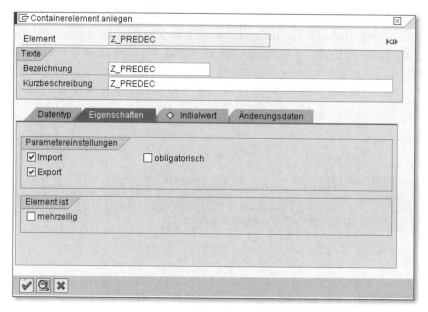

Abbildung 2.32 Eigenschaften des neu angelegten Parameters

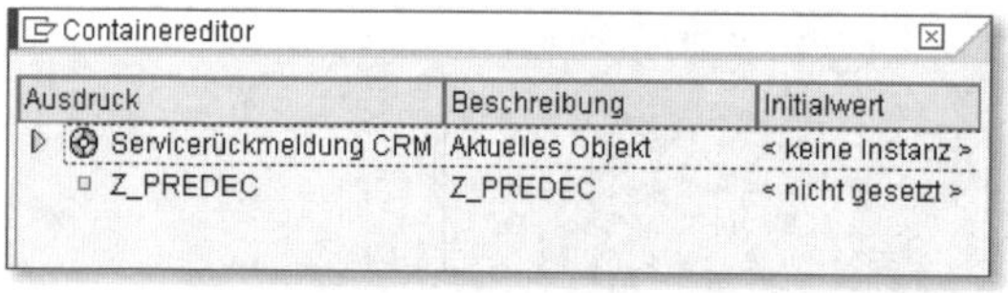

Abbildung 2.33 Neu erstellter Parameter im Containereditor

Diesen Parameter können Sie nun im Bedingungseditor verwenden – wenn Sie also prüfen wollen, ob der Geschäftsvorgang einen Vorgängerbeleg (vom Typ *Angebot*) hat, lautet die Bedingung Z_PREDEC = X (siehe Abbildung 2.34). Beenden Sie den Bedingungseditor, und speichern Sie die Bedingung. Voilá, die Prüfung auf einen selbst erstellten Parameter ist fertig. Aber fehlt nicht noch irgendetwas? Woher weiß das System, wann der neue Parameter auf X gesetzt werden muss? Sie haben natürlich Recht, ganz so einfach ist es nun doch nicht. Selbstverständlich müssen wir dem System noch beibringen, den Parameter dann auf X zu setzen, wenn der Geschäftsvorgang einen Vorgängerbeleg vom Typ *Angebot* hat. Dies geschieht in einem BAdI namens CONTAINER_PPF. Legen Sie dazu in der Transaktion SE18 eine neue Implementierung an (als Filterbedingung gilt der Business-Objekt-Typ, für den Ihre Aktion relevant ist!), und implementieren Sie die Methode MODIFY_CONTAINER.

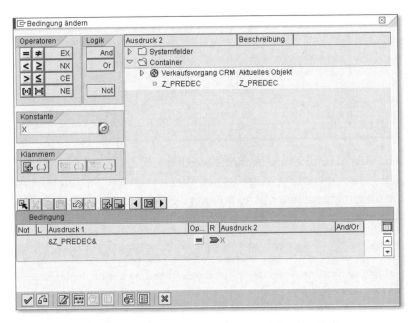

Abbildung 2.34 Verwendung eines eigenen Parameters in einer Bedingung

Innerhalb dieser Methode müssen Sie nun ermitteln, ob der Geschäftsvorgang einen Vorgängerbeleg vom Typ *Angebot* hat, und, falls das so ist, Ihren neu erstellten Bedingungsparameter auf X setzen. Ein komplettes Beispiel mit Quelltext finden Sie in Abschnitt 4.1, »Aktionsverarbeitung«; hier gehen wir daher nur auf die drei wichtigsten Funktionen ein:

1. Wie kommen Sie an die GUID des Vorgangs bzw. der Vorgangsposition?

```
DATA: ls_object TYPE sibflporb,
      lv_guid   TYPE crmt_object_guid.
CALL METHOD ci_container->get_value
    EXPORTING
      element_name = 'BUSINESSOBJECT'
    IMPORTING
      data     = ls_object.
      lv_guid  = ls_object-instid.
```

2. Wie kommen Sie an die Parameter des Bedingungseditors?

```
DATA: lt_value   TYPE swconttab.
CALL METHOD ci_parameter->get_values
    RECEIVING
         values = lt_value.
```

3. Wie setzen Sie Ihren Parameter?

```
DATA:   lv_return   TYPE sy-subrc.
CALL METHOD ci_parameter->set_value
        EXPORTING
            element_name = 'Z_PREDEC'
            data         = 'X'
        RECEIVING
            retcode      = lv_return.
```

Dazwischen muss nun nur noch geprüft werden, ob der Geschäftsvorgang einen Vorgängerbeleg vom Typ *Angebot* hat. Wenn ja, setzen Sie Ihren selbst erstellten Bedingungsparameter, wie in Punkt 3 beschrieben, und die Bedingung sollte greifen.

> **Hinweis: Alternative Bedingungsprüfung über BAdIs**
>
> Alternativ zum hier beschriebenen Verfahren der Erweiterung des Bedingungscontainers können Sie auch eine Einplan- oder Startbedingung direkt in einer BAdI-Implementierung prüfen. Dazu stehen die BAdI-Definitionen EVAL_SCHEDCOND_PPF und EVAL_STARTCOND_PPF zur Verfügung. Innerhalb der Aktionsdefinition muss der Regeltyp *COD* eingetragen werden (siehe Abbildung 2.35), der Filterwert Ihrer BAdI-Implementierung dient dann als Einplan- oder Startbedingung. Dies hat den Vorteil, dass Sie nicht zusätzlich den Bedingungseditor verwenden müssen. Ein Nachteil gegenüber der CONTAINER_PPF-Lösung ist dagegen die schlechtere Nachvollziehbarkeit der Bedingung im Beleg. Zudem ist eine Änderung der Bedingung nur über eine Änderung der BAdI-Implementierung selbst möglich und nicht, wie bei der Container-Erweiterung, über reines Customizing.

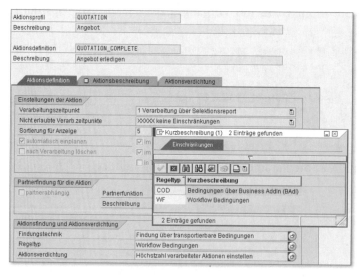

Abbildung 2.35 Direkte Prüfung der Aktionsbedingung über BAdIs

Methodenaufruf in Aktionen

Der Aufruf kundeneigener ABAP-Methoden innerhalb der Aktionsverarbeitung ist technisch über ein Business Add-In realisiert. Jede Methode, die Sie in einer Aktion aufrufen möchten, ist eine Implementierung des BAdIs `EXEC_METHODCALL_PPF`. Der CRM-Standard sieht bereits einige Implementierungen vor, z. B. `COPY_DOCUMENT` zur Erstellung eines Folgebelegs (siehe Abbildung 2.36). Sie können die vorhandenen Methoden verwenden und über das Customizing der Aktion mit eigenen Parametern versorgen (z. B. die Vorgangsart für den Folgebeleg bei `COPY_DOCUMENT`). Sie können sie aber auch kopieren und für Ihre eigenen Zwecke anpassen oder sogar komplett neue Methoden (BAdI-Implementierungen) erstellen, auf die Sie dann im Aktions-Customizing zugreifen können.

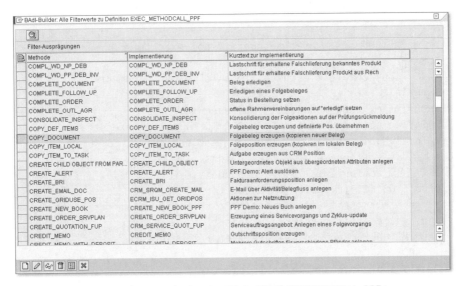

Abbildung 2.36 Vorhandene Methoden des BAdIs EXEC_METHODCALL_PPF im CRM-Standard

Tipp: Namensvergabe bei Implementierung des BAdIs EXEC_METHODCALL_PPF

Bei der Anlage einer neuen Implementierung erweckt der BAdI Builder den Eindruck, man müsse eine Methode auswählen – zur Verfügung stehen jedoch nur die Standard-Methoden, oder es ist gar keine Auswahlhilfe verfügbar (siehe Abbildung 2.37). Sie müssen den Namen für Ihre Methode hier selbst vergeben! Wählen Sie also möglichst eine sprechende Bezeichnung (aus dem Kundennamensraum). Der Name dieser Methode erscheint später in der Auswahlliste der Aktionsverarbeitung.

2 | CRM-Erweiterungskonzepte

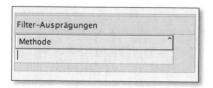

Abbildung 2.37 Filterausprägung festlegen

Für jede Implementierung des BAdIs `EXEC_METHODCALL_PPF` gibt es nur eine ausprogrammierbare ABAP-Methode: `EXECUTE`. Innerhalb dieser Methode muss die gesamte Verarbeitungslogik stattfinden. Über die Klasse `CL_ACTION_EXECUTE` lässt sich dabei die Referenz-GUID (also die aufrufende Vorgangs- oder Positions-GUID) lesen. Werfen wir dazu einen Blick auf die bereits angesprochene Standard-Implementierung `COPY_DOCUMENT` (siehe Listing 2.2).

```abap
*---------------------------------------------------------------*
*        METHOD if_ex_exec_methodcall_ppf~execute               *
*---------------------------------------------------------------*
*        copy complete document to a follow up document         *
*---------------------------------------------------------------*
METHOD if_ex_exec_methodcall_ppf~execute.
  DATA: lc_action_execute  TYPE REF TO cl_action_execute.
  DATA: lv_guid_ref        TYPE crmt_object_guid,
        lv_actionname      TYPE ppfdtt,
        lv_actiontext      TYPE ppfdttt.
  CREATE OBJECT lc_action_execute.
***************************************************************
* get parameter from reference object
  CALL METHOD lc_action_execute->get_ref_object
    EXPORTING
      io_appl_object  = io_appl_object
      ip_action       = ip_action
      ip_preview      = ip_preview
      ii_container    = ii_container
    IMPORTING
      ev_guid_ref     = lv_guid_ref
      ev_actionname   = lv_actionname
      ev_actiontext   = lv_actiontext.
***************************************************************
```

Listing 2.2 Folgebelege erzeugen mit der Methode COPY_DOCUMENT

Mithilfe der Referenz-GUID im Feld `LV_GUID_REF` können Sie nun alle benötigten Informationen aus dem Vorgang oder der Vorgangsposition nachlesen. Sie können jedoch auch per Customizing bereits Parameter an die Methode übergeben. Aus dem Customizing der Aktionsdefinition heraus erreichen Sie dazu den bereits aus dem Abschnitt »Erweiterung des Bedingungscontainers« bekannten Parametereditor. Der Elementname des zu übergebenden Parameters muss dabei dem jeweiligen Parameter im Business-Objekt entsprechen, für die Vorgangsart muss der Parameter also beispielsweise PROCESS_TYPE heißen. Im Business Object Repository (BOR) können Sie nachschauen, welche Felder zur Verfügung stehen und welchen technischen Parameternamen Sie verwenden müssen (z. B. über die Transaktion SE80 im Repository-Infosystem, siehe Abbildung 2.38).

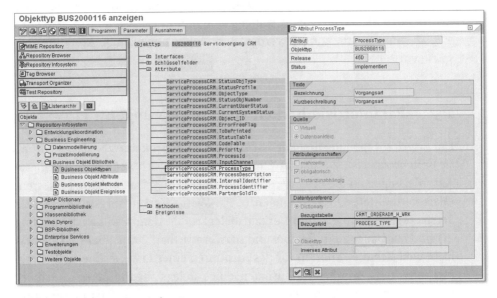

Abbildung 2.38 Repository-Infosystem

Wenn Sie Daten manipulieren möchten, ist zu beachten, dass die Methode EXECUTE nicht über Changing-Parameter verfügt. Das bedeutet, Sie müssen alle Änderungen »manuell« durchführen, z. B. mithilfe eines passenden Funktionsbausteins wie CRM_ORDER_MANTAIN. Für die Aktionsverarbeitung ist dann im Rahmen des Fehlerhandlings relevant, ob die Verarbeitung erfolgreich war oder nicht. Dazu muss der Parameter RP_STATUS entsprechend gesetzt werden:

- 0 = unverarbeitet (Aktionsstatus *gelb*)
- 1 = erfolgreich verarbeitet (Aktionsstatus *grün*)
- 2 = fehlerhaft verarbeitet (Aktionsstatus *rot*)

> **Tipp: Fehlerstatus als Default setzen**
>
> Es empfiehlt sich, den Parameter RP_STATUS bei Beginn der Verarbeitung bereits auf *2 – fehlerhaft verarbeitet* zu setzen. Damit ist gewährleistet, dass auch bei einem Abbruch aus der Verarbeitung (ohne korrektes Fehlerhandling) die Aktion den Status *fehlerhaft* erhält und nicht auf *unverarbeitet* stehen bleibt.

Grundsätzlich sind Ihnen für mögliche Funktionen im Rahmen einer Aktion kaum Grenzen gesetzt. Sie können beispielsweise auch Pop-up-Fenster einblenden, die eine User-Interaktion voraussetzen. Darüber hinaus können Sie über den Belegfluss Vor- oder Nachfolgerbelege manipulieren oder sogar per RFC in ein anderes System abspringen (z. B. ein ERP-Backend). In Abschnitt 4.1, »Aktionsverarbeitung«, werden wir hierzu noch einige konkrete Beispiele vorstellen.

2.5 Parametrisierbarkeit von Erweiterungen

Um Erweiterungen flexibel nutzbar zu machen, führt kein Weg daran vorbei, sie *parametrisierbar* zu machen. Im Idealfall lassen sich neue oder geänderte Anforderungen an die Erweiterung dann über reines Customizing umsetzen. »Hart verdrahtete« Erweiterungen (z. B. »Wenn Verkaufsorganisation oder Serviceorganisation = X und Verkaufsbelegart = Y, dann Zahlungsbedingung Z«) sind auf Dauer zu unflexibel und schwer wartbar. Unflexibel sind sie deshalb, weil sich die Kriterien für das Ausführen einer Erweiterung (z. B. Organisations- und Administrationsdaten eines Belegs) häufig ändern. Schwer wartbar sind sie deshalb, weil auch ein erfahrener Berater erst das entsprechende Coding lesen muss, um die Funktionsweise einer solchen Erweiterung nachvollziehen zu können. Änderungen gehen immer mit (mandantenübergreifenden) Coding-Änderungen einher, die streng genommen auch einen eingehenden Test erfordern. Ziel muss es daher sein, Erweiterungen so flexibel wie möglich zu gestalten. Erreicht wird dies über größtmögliche Parametrisierbarkeit, normalerweise durch kundeneigene Customizing-Tabellen.

Customizing-Tabellen erstellen Sie (wie auch jede andere Tabellenart) über die Transaktion SE11. Vergeben Sie einen Namen (aus dem Kundennamensraum) für Ihre neue Tabelle, und wählen Sie den Button ANLEGEN. Vergeben Sie eine Kurzbeschreibung, und wählen Sie dann den Tabellentyp C für *Customizing-Tabelle* (siehe Abbildung 2.39). Darüber hinaus müssen Sie die Option ANZEIGE/PFLEGE ERLAUBT wählen, damit Sie Ihre Tabelle später auch über die Transaktion SM30 pflegen können.

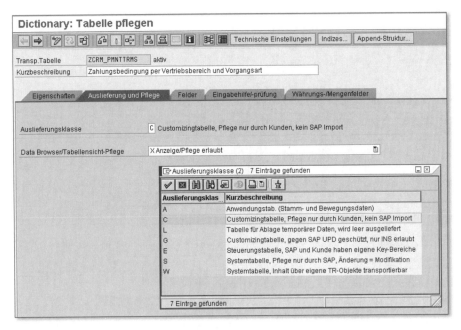

Abbildung 2.39 Tabelleneigenschaften pflegen

Wechseln Sie dann auf die Registerkarte FELDER, um der Tabelle Felder hinzuzufügen. Für unser oben angeführtes Beispiel (»Wenn Verkaufsorganisation = X und Verkaufsbelegart = Y, dann Zahlungsbedingung Z«) benötigen wir die Felder VERKAUFSORGANISATION, VERKAUFSBELEGART und ZAHLUNGSBEDINGUNG. Um die Tabelle noch generischer zu gestalten, sollten wir auch noch den VERTRIEBSWEG und die SPARTE hinzufügen – somit ist eine Steuerung nach dem gesamten Vertriebsbereich möglich und nicht nur pro Verkaufs- oder Serviceorganisation. Technisch gehört zudem bei mandantenabhängigen Tabellen immer ein Feld MANDANT dazu. Was die Wahl der Schlüsselfelder angeht, so soll einzig das Feld ZAHLUNGSBEDINGUNG von den anderen abhängig sein. Demnach sind alle Felder Schlüsselfelder bis auf die Zahlungsbedingung (siehe Abbildung 2.40).

Nun müssen Sie noch die technischen Tabelleneigenschaften wie in Abbildung 2.41 gezeigt definieren und gegebenenfalls die Erweiterungskategorie festlegen (bei Customizing-Tabellen ist dies im Normalfall unnötig) sowie, falls gewünscht, Wertehilfen hinterlegen. Danach sichern und aktivieren Sie Ihre neue Tabelle. Wenn bei der Aktivierung Warnungen auftreten, ist dies vermutlich auf eine fehlende Erweiterungskategorie zurückzuführen.

2 | CRM-Erweiterungskonzepte

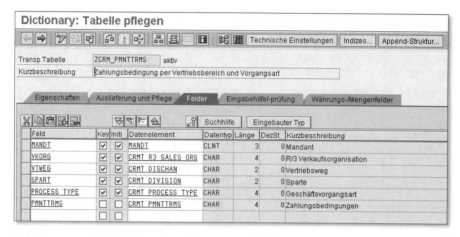

Abbildung 2.40 Felddefinition einer Customizing-Tabelle

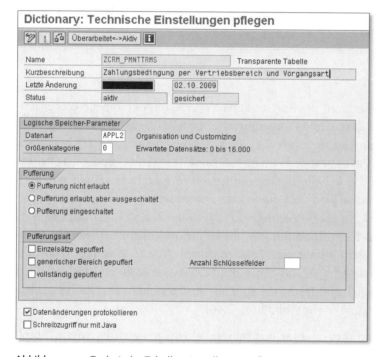

Abbildung 2.41 Technische Tabelleneinstellungen pflegen

> **Tipp: Verwendung der »ERP-Verkaufsorganisation«**
>
> Wenn Sie mit einem ERP-Backend arbeiten, sollten Sie unbedingt die ERP-Verkaufsorganisation bzw. in einem Servicescenario die Serviceorganisation (vierstellig, z. B. »1000«) verwenden und nicht die CRM-Verkaufsorganisation (Organisationseinheit, z. B. »O 50000008«). Der Hintergrund ist, dass CRM-Verkaufsorganisationen dynamisch im Organisationsmanagement vergeben werden und sich daher schneller ändern können als die ERP-Verkaufsorganisation, die dahintersteht. Wenn Sie in kundeneigenem Coding auf Ihre Customizing-Tabelle zugreifen, müssen Sie die ermittelte CRM-Verkaufsorganisation zunächst in den ERP-Wert konvertieren (z. B. mithilfe des Funktionsbausteins `CRM_MAPPING_SALES_ORG`). Dieser (relativ geringe) Aufwand ist in Anbetracht der Vorteile sicher zu verschmerzen.

Um die Tabelle nun pflegbar zu machen, benutzen Sie am besten den Tabellenpflegegenerator (erreichbar über das Menü HILFSMITTEL). Bevor Sie den Pflegegenerator starten können, benötigen Sie allerdings noch eine Funktionsgruppe, in der der generierte Customizing-View abgelegt wird. Sie können eine vorhandene (kundeneigene!) Funktionsgruppe nutzen oder eine eigene anlegen (z. B. mit der Transaktion SE80). Füllen Sie dann den Tabellenpflegegenerator, wie in Abbildung 2.42 gezeigt.

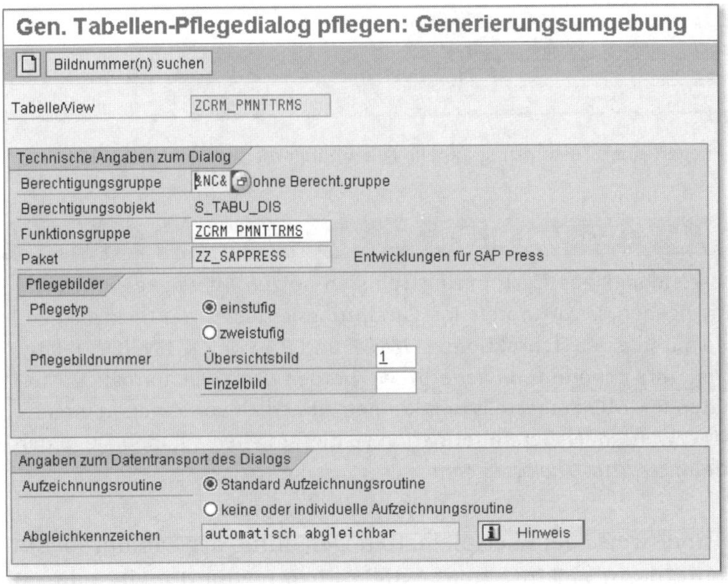

Abbildung 2.42 Tabellenpflegegenerator

Über die BERECHTIGUNGSGRUPPE können Sie berechtigungsseitig steuern, wer diese Tabelle pflegen darf. Da dies ein Pflichtfeld für den Pflegegenerator ist, müssen Sie auch dann einen Eintrag wählen, wenn Sie keine gesonderten Berechtigungen wünschen. Wählen Sie in dem Fall &NC&.

Über den PFLEGETYP steuern Sie, ob das Pflegebild der Tabelle einstufig oder zweistufig wird. Bei zweistufigen Pflegedialogen können Sie per Doppelklick auf eine Zeile auf ein Detailbild verzweigen; dies ist in der Regel jedoch nur bei einer großen Anzahl Felder sinnvoll, für unser Beispiel reicht ein einstufiger Pflegedialog.

Über den Button BILDNUMMER(N) SUCHEN werden in der verwendeten Funktionsgruppe die nächsten freien Bildnummern vorgeschlagen. Bei einer neuen Funktionsgruppe lautet die Nummer logischerweise 1. Klicken Sie nun auf den Button ANLEGEN, und Ihr Pflegedialog wird generiert. Sie können die Tabelle danach bereits mit der Transaktion SM30 pflegen (siehe Abbildung 2.43). Neue Einträge in der Tabelle erfordern einen Customizing-Transportauftrag.

Abbildung 2.43 Pflegen einer Customizing-Tabelle (View) über die Transaktion SM30

> **Tipp: Kundeneigener IMG-Knoten**
>
> Wenn Sie viele kundeneigene Customizing-Tabellen nutzen, ist es gegebenenfalls sinnvoll, einen eigenen IMG-Knoten im Einführungsleitfaden dafür anzulegen. Dies können Sie mithilfe der Transaktionen SIMGH und S_IMG_EXTENSION relativ einfach erledigen. Ihre generierten Pflege-Views werden dann wie normale Customizing-Aktivitäten im IMG dargestellt und können zusätzlich von Ihnen kommentiert und erläutert werden. Nähere Information zu diesem Thema finden Sie in der SAP-Onlinehilfe unter *http://help.sap.com*.

Im Coding, beispielsweise dem beispielhaften Defaulting der Zahlungsbedingung, würde ein Zugriff auf Ihre neu erstelle Customizing-Tabelle nun mit den Feldern VERKAUFSORGANISATION, VERTRIEBSWEG, SPARTE und VERKAUFSBELEGART erfolgen (siehe Listing 2.3). Als Ergebnis erhalten Sie die Zahlungsbedingungen, die für diese Schlüsselkombination im Customizing hinterlegt wurden.

```
Data: ls_ZCRM_PMNTTRMS TYPE ZCRM_PMNTTRMS.
select single * from ZCRM_PMNTTRMS into ls_ZCRM_PMNTTRMS
  where VKORG = lv_vkorg
  and   VTWEG = lv_vtweg
  and   SPART = lv_spart
  and   PROCESS_TYPE = lv_process_type.
If sy-subrc = 0.
  lv_pmnttrms = ls_ZCRM_PMNTTRMS-PMNTTRMS.
Endif.
```

Listing 2.3 Zugriff auf Customizing-Tabellen per ABAP-SELECT

2.6 Tipps und Tricks

Im Projektalltag verbringt man als SAP-Berater bzw. Entwickler häufig viel Zeit mit Suchen – sei es die Suche nach einem passenden BAdI, nach den richtigen Parametern für einen Funktionsbausteinaufruf oder nach einer versteckten Funktionalität. Mithilfe unserer Tipps und Tricks möchten wir Ihnen die Suche an einigen Stellen vereinfachen. Im Folgenden stellen wir Ihnen daher einen kleinen »Werkzeugkasten« mit nützlichen Hinweisen vor, die Ihnen die Arbeit im Projektalltag erleichtern sollen. Wie immer gilt: »Viele Wege führen nach Rom«. Die aufgezeigten Methoden führen nicht als einzige zum Ziel – sie sind aber praxiserprobt und haben sich bereits in diversen Projekten bewährt.

2.6.1 Passende BAdIs oder Callback-Events herausfinden

Jeder SAP-Berater kennt dieses Problem: Sie müssen eine Business-Anforderung systemseitig abbilden, die im SAP-Standard nicht vorgesehen ist oder nicht unterstützt wird. Zuerst müssen Sie sich nun fragen, mit welchen technischen Mitteln die Anforderungen am besten im System umzusetzen sind. Um Releasesicherheit zu gewährleisten und den Upgrade-Aufwand zu minimieren, wird fast immer eine modifikationsfreie Lösung präferiert. Die Möglichkeiten für modifikationsfreies Erweitern sind in SAP CRM jedoch begrenzt. Im Normalfall wird daher zunächst ein passendes Business Add-In für die gewünschte Anforderung gesucht. Sollte kein passendes BAdI gefunden werden, geht die Suche vermutlich bei den bereits vorgestellten Callback-Events weiter. Doch wie sucht man am geschicktesten nach BAdIs und Callback-Events?

Für BAdIs gilt leider immer noch, dass längst nicht alle im IMG hinterlegt sind. Die Suche nach der Bezeichnung oder einer Beschreibung bringt ebenfalls nur selten den gewünschten Erfolg. Für Callback-Events verhält es sich leider ähnlich – da es sich sowieso um ein spärlich dokumentiertes Feature in SAP CRM handelt, bleibt meist nur Ausprobieren, um die passende Stelle zu finden. Es gibt jedoch zwei kleine Tricks, die Ihnen die Suche hier erheblich erleichtern können und die wir Ihnen im Folgenden verraten.

Suche nach passenden BAdIs

Normalerweise ist der betriebswirtschaftliche Ablauf, in den Ihre Erweiterung eingreifen soll, bekannt. Nehmen wir als Beispiel ein Defaulting der Zahlungsbedingung im Auftrag nach kundeneigenen Regeln. Sobald Sie einen Auftrag angelegt und den Auftraggeber eingetragen haben, wird im SAP-Standard-Szenario die Zahlungsbedingung aus dem Auftraggeber-Stammsatz gelesen und in den Auftrag übernommen. Wenn Sie dies nicht wünschen, sondern die Zahlungsbedingung anhand anderer Kriterien vorbelegen möchten (z. B. anhand der Vorgangsart), müssen Sie bei der Auftragsanlage eingreifen. Der einfachste Weg, um herauszufinden, welche BAdIs im Verlauf der Auftragsanlage durchlaufen werden, führt nun über das Debugging. Setzen Sie einen Breakpoint bei der globalen Klasse CL_EXITHANDLER, Methode GET_INSTANCE. Denken Sie daran, einen externen Breakpoint zu setzen, wenn Sie das Web UI verwenden. Den Breakpoint können Sie direkt in der Methode setzen (z. B. über die Transaktion SE24) oder aus dem Debugging-Modus über das Menü (siehe Abbildung 2.44).

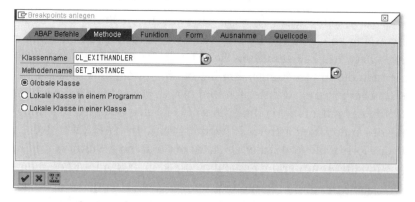

Abbildung 2.44 Breakpoint in der Methode einer globalen Klasse setzen

Starten Sie nun den Ablauf, den Sie untersuchen wollen, z. B. die Auftragserfassung. Der Debugger hält bei der Methode GET_INSTANCE der globalen Klasse CL_EXITHANDLER an. Schauen Sie sich nun den Inhalt der Variablen EXIT_NAME an (siehe Abbildung 2.45). Dies ist der Name der aktuell gerufenen BAdI-Definition (mit der Transaktion SE18 einsehbar). Jedes Mal, wenn Sie die Taste [F8] drücken, wird zum nächsten BAdI weitergesprungen. Auf diesem Weg erhalten Sie also alle BAdI-Definitionen, die im aktuellen Programmablauf durchlaufen werden. Um herauszufinden, welche davon zu Ihrer Anforderung passt, gehört nun ein bisschen Erfahrung: Wenn Sie beispielsweise wissen, dass sich die Zahlungsbedingungen innerhalb des One-Order-Konzepts im Segment PRICING verstecken, werden Sie beim BAdI CRM_PRICING_BADI ahnen, dass diese Stelle Erfolg versprechend ist.

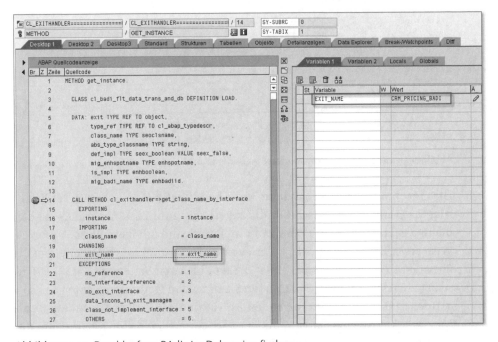

Abbildung 2.45 Durchlaufene BAdIs im Debugging finden

Grundsätzlich schadet es aber nicht, sich alle durchlaufenen BAdIs zu notieren und im Nachhinein mit der Transaktion SE18 anzuschauen. Wenn Sie in irgendeinem Export- oder Changing-Parameter das Feld für die Zahlungsbedingungen finden, haben Sie Ihr Ziel erreicht (siehe Abbildung 2.46).

2 | CRM-Erweiterungskonzepte

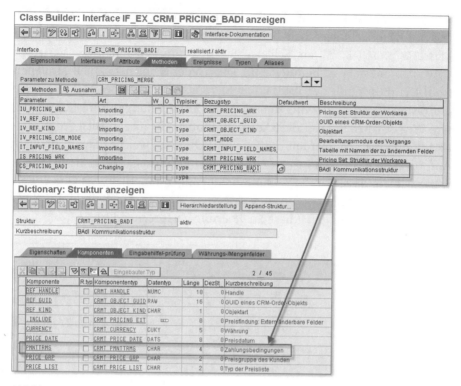

Abbildung 2.46 Schnittstellenparameter gefundener BAdIs untersuchen

Diese Methode, um durchlaufene BAdIs herauszufinden, führt unserer Erfahrung nach nur für klassische BAdIs zuverlässig zum Ziel. Für »neue« BAdIs, die in das Enhancement Framework integriert sind (ab Basisrelease SAP NetWeaver 7.0), empfehlen wir, im relevanten Programmkontext oder ebenfalls über den Debugging-Modus einen Breakpoint beim Statement CALL BADI zu setzen. In der Variable L_BADI finden Sie dann den Definitionsnamen des aufgerufenen BAdIs, und im folgenden Aufruf finden Sie die verwendete BAdI-Methode. Im Zweifelsfall kombinieren Sie einfach beide Suchmethoden, um alle relevanten Erweiterungsoptionen zu finden.

Suche nach passenden Callback-Events

Für Callback-Events gibt es einen ganz ähnlichen Trick, der jedoch diesmal nicht über das Debugging führt. Setzen Sie einen User-Parameter mit dem Namen CRM_EVENT_TRACE und dem Wert X in Ihrem Benutzerstammsatz. Die Pflege Ihres Benutzerstammsatzes erreichen Sie über das Menü SYSTEM • BENUTZERVORGABEN • EIGENE DATEN. Tragen Sie den Parameter dann auf der Registerkarte PARAMETER ein, und sichern Sie den Stammsatz. Führen Sie nun alle gewünschten Bearbeitungsschritte im Beleg durch (also für unser o.g. Beispiel das Anlegen eines neuen Auftrags und die Eingabe des Auftraggebers). Danach können Sie sich das Ergebnis des Event-Traces in der Transaktion CRMD_EVENT_TRACE anschauen (siehe Abbildung 2.47). Man sieht, dass für das Objekt PRICING beispielsweise zwei Callback-Bausteine zu drei verschiedenen Zeitpunkten durchlaufen wurden. Als Nächstes würde es nun Sinn ergeben, per Debugging im verwendeten Callback-Baustein (z.B. `CRM_PRICING_INIT_EC`) zu versuchen, die Zahlungsbedingungen zur Laufzeit zu beeinflussen.

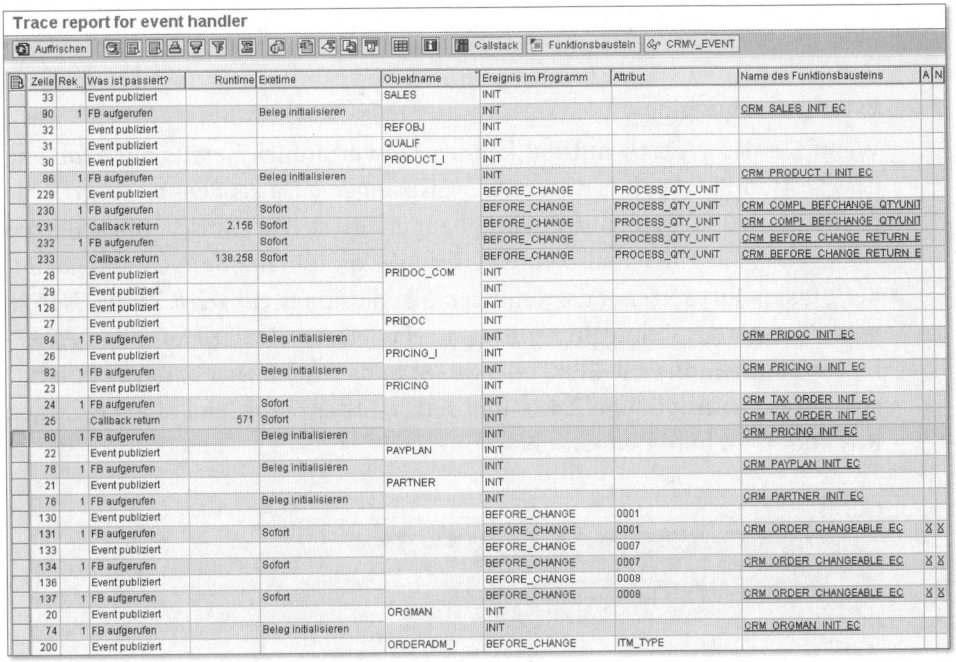

Zeile	Rek	Was ist passiert?	Runtime	Exetime	Objektname	Ereignis im Programm	Attribut	Name des Funktionsbausteins	A	N
33		Event publiziert			SALES	INIT				
90	1	FB aufgerufen		Beleg initialisieren		INIT		CRM_SALES_INIT_EC		
32		Event publiziert			REFOBJ	INIT				
31		Event publiziert			QUALIF	INIT				
30		Event publiziert			PRODUCT_I	INIT				
86	1	FB aufgerufen		Beleg initialisieren		INIT		CRM_PRODUCT_I_INIT_EC		
229		Event publiziert				BEFORE_CHANGE	PROCESS_QTY_UNIT			
230	1	FB aufgerufen		Sofort		BEFORE_CHANGE	PROCESS_QTY_UNIT	CRM_COMPL_BEFCHANGE_QTYUNIT		
231		Callback return	2.156	Sofort		BEFORE_CHANGE	PROCESS_QTY_UNIT	CRM_COMPL_BEFCHANGE_QTYUNIT		
232	1	FB aufgerufen		Sofort		BEFORE_CHANGE	PROCESS_QTY_UNIT	CRM_BEFORE_CHANGE_RETURN_E		
233		Callback return	138.258	Sofort		BEFORE_CHANGE	PROCESS_QTY_UNIT	CRM_BEFORE_CHANGE_RETURN_E		
28		Event publiziert			PRIDOC_COM	INIT				
29		Event publiziert				INIT				
128		Event publiziert				INIT				
27		Event publiziert			PRIDOC	INIT				
84	1	FB aufgerufen		Beleg initialisieren		INIT		CRM_PRIDOC_INIT_EC		
26		Event publiziert			PRICING_I	INIT				
82	1	FB aufgerufen		Beleg initialisieren		INIT		CRM_PRICING_I_INIT_EC		
23		Event publiziert			PRICING	INIT				
24	1	FB aufgerufen		Sofort		INIT		CRM_TAX_ORDER_INIT_EC		
25		Callback return	571	Sofort		INIT		CRM_TAX_ORDER_INIT_EC		
80	1	FB aufgerufen		Beleg initialisieren		INIT		CRM_PRICING_INIT_EC		
22		Event publiziert			PAYPLAN	INIT				
78	1	FB aufgerufen		Beleg initialisieren		INIT		CRM_PAYPLAN_INIT_EC		
21		Event publiziert			PARTNER	INIT				
76	1	FB aufgerufen		Beleg initialisieren		INIT		CRM_PARTNER_INIT_EC		
130		Event publiziert				BEFORE_CHANGE	0001			
131	1	FB aufgerufen		Sofort		BEFORE_CHANGE	0001	CRM_ORDER_CHANGEABLE_EC	X	X
133		Event publiziert				BEFORE_CHANGE	0007			
134	1	FB aufgerufen		Sofort		BEFORE_CHANGE	0007	CRM_ORDER_CHANGEABLE_EC	X	X
136		Event publiziert				BEFORE_CHANGE	0008			
137	1	FB aufgerufen		Sofort		BEFORE_CHANGE	0008	CRM_ORDER_CHANGEABLE_EC	X	X
20		Event publiziert			ORGMAN	INIT				
74	1	FB aufgerufen		Beleg initialisieren		INIT		CRM_ORGMAN_INIT_EC		
200		Event publiziert			ORDERADM_I	BEFORE_CHANGE	ITM_TYPE			

Abbildung 2.47 Ergebnisansicht in der Transaktion CRMD_EVENT_TRACE

Ist dies möglich, kann der Baustein (mit entsprechend geändertem Coding) in den Kundenamensraum kopiert und zum gleichen oder ähnlichen Zeitpunkt in der Eventverarbeitung eingetragen werden (siehe Abschnitt 2.2, »Event Handler«). Ist die Manipulation im Debugging nicht möglich, z.B. weil der vorhandene Callback-Baustein noch nicht für die Änderung des betreffenden Feldes ausgelegt ist, ist es dennoch sinnvoll, den identifizierten Zeitpunkt zu nutzen. Sie benötigen dann nur etwas mehr »Eigenleistung« für die Programmlogik.

Vergessen Sie bitte nicht, den User-Parameter nach abgeschlossener Analyse wieder aus Ihrem Benutzerstammsatz zu entfernen bzw. den Wert auf *leer* zu setzen. Das Tracing im Hintergrund führt sonst zu erheblichem Performanceverlust im laufenden Betrieb.

2.6.2 Debugging-Strategien

In diesem Abschnitt wollen wir Ihnen einige hilfreiche Tipps zum Thema Debugging geben. Gerade für die Fehlersuche in eigenen Entwicklungen ist es extrem wichtig, alle relevanten Konstellationen im Debugging durchlaufen zu können. Nicht immer ist dies jedoch ganz einfach, z. B. wenn es sich um Hintergrundprozesse handelt. Wir hoffen, dass Sie nach der Lektüre dieses Abschnitts für alle wichtigen »Debugging-Probleme« gerüstet sind.

Externes Debugging

Wenn Sie das Web UI nutzen, kennen Sie vermutlich bereits das Problem, dass Session-Breakpoints dort nicht »anspringen«. Da als Benutzeroberfläche nicht das SAP GUI benutzt wird, handelt es sich technisch um externes Debugging. Sie müssen also einen User-Breakpoint (alte Bezeichnung: externer Breakpoint) setzen – dazu müssen Sie allerdings zunächst Ihren Usernamen für externes Debugging eintragen. Navigieren Sie dazu aus einer ABAP-Editor-Transaktion (z. B. SE80 oder SE38) in das Menü HILFSMITTEL • EINSTELLUNGEN (siehe Abbildung 2.48), und setzen Sie anschließend einen externen Breakpoint im betreffenden Coding.

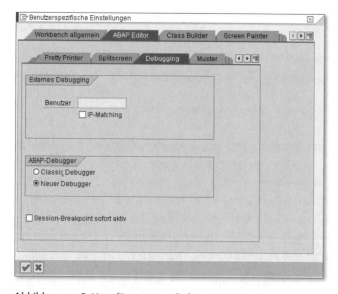

Abbildung 2.48 User für externes Debugging eintragen

Sie können auf diese Weise natürlich auch andere externe Prozesse debuggen. Tragen Sie dazu nicht Ihren eigenen, sondern den verwendeten Schnittstellen-User für externes Debugging ein.

Weitere Informationen zum externen Debugging, insbesondere zu HTTP-Debugging, finden Sie in SAP-Hinweis 668256. Falls Ihr CRM-System mit Lastverteilung auf mehreren Anwendungsservern (*Load Balancing*) läuft, müssen Sie zudem darauf achten, dass Sie den Breakpoint auf dem richtigen Server setzen. Tipps dazu finden Sie in SAP-Hinweis 1004248.

Debugging durch Übernahme von Prozessen

Externes Debugging haben Sie im vorangegangenen Abschnitt bereits kennengelernt. Manchmal hilft dies jedoch auch nicht weiter: Eine kundeneigene Funktionalität/Erweiterung, die im Hintergrund abläuft, funktioniert nicht richtig, und Sie würden sich das Problem gerne im Debugging anschauen, finden jedoch keinen Ansatzpunkt zum Einstieg? Für diesen Fall empfehlen wir eine etwas unkonventionelle Methode: Implementieren Sie im relevanten Coding möglichst weit am Anfang eine Endlosschleife, wie in Listing 2.4 gezeigt.

```
Data: LV_DEBUG TYPE I.
LV_DEBUG = 1.
WHILE LV_DEBUG = 1.
ENDWHILE.
```

Listing 2.4 Endlosschleife implementieren

Wenn Sie die Funktionalität nun ablaufen lassen, bleibt das Programm an der Endlosschleife »hängen«. Öffnen Sie die Transaktion SM50 (Workprozessübersicht): Sie sollten den betreffenden Prozess schnell erkennen. Markieren Sie ihn, und wählen Sie aus dem Menü PROGRAMM/MODUS • PROGRAMM • DEBUGGING. Sie landen im ABAP Debugger genau in Ihrer Endlosschleife und können diese nun verlassen, indem Sie die Variable LV_DEBUG auf einen anderen Wert als 1 setzen. Diese Debugging-Strategie funktioniert im Übrigen natürlich auch ohne Endlosschleife, wenn ein Prozess lange genug läuft, um ihn mithilfe der Transaktion SM50 zu »erwischen«.

Wenn Sie nur wissen möchten, ob eine bestimmte Coding-Stelle überhaupt durchlaufen wird, können Sie alternativ auch bewusst einen Kurzdump provozieren (z. B. mit einer Division durch 0). Sie sollten den Kurzdump sofort in der Transaktion ST22 finden, wenn Ihre manipulierte Coding-Stelle durchlaufen wurde.

Debugging im Anwendungsverbund aus SAP CRM und SAP ERP

Wenn Sie in einem Anwendungsverbund aus SAP CRM- und SAP ERP-System arbeiten, werden Sie hin und wieder vor dem Problem stehen, dass sich die Fehlersuche bzw. -analyse von Sales- oder Serviceprozessen schwieriger gestaltet als erwartet. Die wesentlichen Gründe dafür sind:

- Je nach betriebswirtschaftlichem Kontext werden einige Prozessschritte auf CRM- und einige auf ERP-Seite durchgeführt (z. B. Auftragserfassung im CRM-System, Belieferung auf ERP-Seite etc.).
- Diese Schritte erfolgen zum Großteil asynchron, da die Kommunikation zwischen CRM- und ERP-System auf queued RFC (qRFC) beruht.

Aus diesem Grund benötigen Sie eine spezielle »Debugging-Strategie«, um zu allen gewünschten Programmstellen gelangen zu können, auch wenn diese asynchron auf unterschiedlichen Systemen durchlaufen werden. Zu diesem Thema gibt es einige SAP-Hinweise im Support-Portal der SAP, von denen wir Ihnen die in Tabelle 2.1 aufgeführten besonders ans Herz legen möchten. Insbesondere SAP-Hinweis 490932 bietet einen aus unserer Sicht sehr praxisorientierten Einstieg.

SAP-Hinweis	Beschreibung
390592	qRFC-Monitoring
430980	CRM-Server: Analyse Delta-Datenaustausch R/3 → CRM
431345	CRM-Server: Analyse Datenaustausch CRM → R/3
490932	Datenaustausch von Verkaufsvorgängen CRM – R/3
656823	FAQ: Tipps & Tricks zum Überleitungs-Debugging
765236	FAQ: Queueing in CRM und R/3

Tabelle 2.1 Wichtige SAP-Hinweise

Anhand zweier Anwendungsbeispiele möchten wir Ihnen nun den Einstieg in die Thematik ermöglichen.

Debugging von Outbound-Prozessen (CRM → ERP)

Das Debugging von Outbound-Prozessen kann z. B. dann vorkommen, wenn das CRM-System zwischen dem für Sie letzten erreichbaren Dialogschritt und der zu debuggenden Stelle eine Ausgangsverarbeitung per Business Document (BDoc) vorgesehen hat. Eine solche Konstellation ist u. a. im Bereich der Überleitung von CRM-Fakturen ins Rechnungswesen des ERP-Systems gegeben: Nach dem Sichern der CRM-Faktura wird zunächst nur ein BDoc erstellt, das dann erst in einem zweiten Schritt die notwendigen Programme und Erweiterungen zur Überleitung ins Rechnungswesen des ERP-Systems durchläuft. Etwaige Breakpoints, die vor dem Sichern der Faktura gesetzt wurden, werden dann nicht berücksichtigt. Möchten Sie beispielsweise eine Implementierung des in diesem Kontext zentralen BAdIs BILL_ACC_IF im Debugging-Modus durchlaufen, können Sie dies durch folgenden kleinen »Umweg« erreichen: Setzen Sie vor dem letzten Dialogschritt im Prozessablauf, also z. B. vor dem Sichern einer CRM-Faktura, einen Breakpoint in der Methode PROCESS_OUTBOUND der globalen Klasse CL_SMW_MFLOW (siehe Abbildung 2.49).

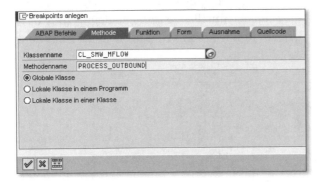

Abbildung 2.49 Hilfs-Breakpoint in der Methode PROCESS_OUTBOUND setzen

Anschließend springen Sie durch einmaliges Drücken der Taste [F8] in die Methode PROCESS_OUTBOUND. Drücken Sie einige weitere Male die Taste [F5] oder [F6], bis Sie an die in Abbildung 2.50 angegebene Stelle (Programmzeile 41) gelangt sind.

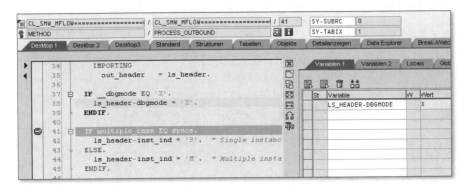

Abbildung 2.50 Umschalten eines BDocs in den Debugging-Modus

Hier müssen Sie nun der Variablen LS_HEADER_DBGMODE manuell den Wert X zuweisen. Durch diesen Schritt wird das gerade im Zugriff befindliche BDoc auf eine Verarbeitung per Debugging umgeschaltet und nicht einer sofortigen Verarbeitung zugeführt. Anschließend können Sie diese Methode durch erneutes Drücken der Taste [F8] wieder verlassen.

Je nach Anwendungsbeispiel wird die Methode PROCESS_OUTBOUND erneut durchlaufen. Wiederholen Sie dann das beschriebene manuelle Setzen der Variablen LS_HEADER_DBGMODE auf den Wert X.

Rufen Sie nun die Transaktion SMW01 auf, und selektieren Sie das BDoc, das Sie gerade auf eine Verarbeitung per Debugging umgeschaltet haben. Es empfiehlt sich, dazu den Status D01 und eventuell eine zeitliche Begrenzung (z. B. Sendedatum innerhalb der letzten fünf Minuten) zu nutzen (siehe Abbildung 2.51).

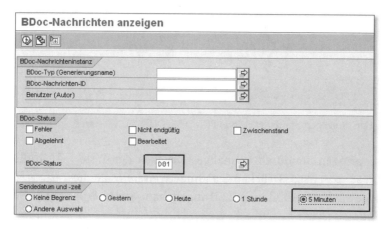

Abbildung 2.51 Selektion des zu debuggenden BDocs

Wenn Sie nun die Selektion ausführen, müsste Ihr BDoc in der Ergebnisliste angezeigt werden (siehe Abbildung 2.52).

Abbildung 2.52 Zu debuggendes BDoc in der Ergebnisliste der Transaktion SMW01

Nun können Sie wie gewohnt einen Breakpoint an der Stelle setzen, die Sie eigentlich debuggen wollen. Dazu markieren Sie in der Ergebnisliste die Zeile mit dem relevanten BDoc und geben den Befehl /H in das Kommandofeld ein, um das Debugging zu aktivieren. Anschließend klicken Sie auf den Button BDOC-NACHRICHT ERNEUT VERARB. (Tastenkombination [Umschalt]+[F7]). Das System wechselt nun in den Debugging-Modus, in dem Sie dann den gewünschten Breakpoint setzen können. In unserem Beispiel untersuchen wir die Methode ENRICH_ACC_DOCUMENT der BAdI-Implementierung Z_BILL_ACC_IF näher (siehe Abbildung 2.53).

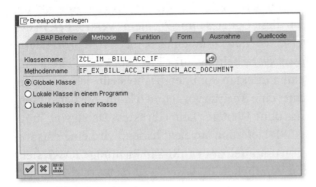

Abbildung 2.53 Breakpoints im eigentlichen Zielkontext setzen

Wenn Sie die dann folgende Sicherheitsabfrage des Systems (»Erneute Bearbeitung von BDoc-Nachrichten kann zu Inkonsistenzen führen«) mit JA bestätigen, wird die Verarbeitung des BDocs unter Beachtung des von Ihnen gesetzten Breakpoints fortgesetzt, und Sie können den gewünschten Zielkontext im Debugging-Modus durchlaufen.

> **Tipp: Überleitungs-Debugging für Sales-Aufträge**
>
> Wenn Sie die Überleitung von Sales-Aufträgen bis ins ERP-System verfolgen wollen, können Sie analog zum oben beschriebenen Verfahren vorgehen. Vor der Verarbeitung des entsprechenden BDocs vom Typ BUS_TRANS_MSG in der Transaktion SMW01 setzen Sie einen Breakpoint im Funktionsbaustein CRM_R3_SALESDOCUMENT_UPLOAD. Dort angekommen, suchen Sie nach der Coding-Zeile
>
> If gv_synchronous_call is initial.
>
> Setzen Sie dort einen Breakpoint, und ändern Sie den Wert von <initial> auf X. Über diesen Schritt gelangen Sie nun durch zweimaliges Drücken der Taste [F5] auf das entsprechende ERP-Backend-System. Unter anderem können Sie dann beim Funktionsbaustein SD_SALESDOCUMENT_CREATE bzw. SD_SALESDOCUMENT_CHANGE einen weiteren Breakpoint setzen. Diese Bausteine werden aufgerufen, wenn ein Kundenauftrag neu übertragen bzw. geändert wird. Bitte berücksichtigen Sie, dass

der verwendete RFC-User im ERP-System für ein systemübergreifendes Debugging als *Dialog-User* eingerichtet sein muss. Der in Tabelle 2.1 erwähnte SAP-Hinweis 656823 beschreibt diesen Zusammenhang und liefert Ihnen zusätzliche Informationen, wie Sie den relevanten RFC-User herausfinden können.

Debugging von Inbound-Prozessen (ERP → CRM)

Nun wollen wir die andere Richtung betrachten: Je nach Prozessschritt kommt es vor, dass vom ERP-System Update-Informationen in das CRM-System gesendet werden. Dabei kann es sich z. B. um Status- oder Belegflussänderungen für Kundenaufträge handeln, wenn auf ERP-Seite die logistische Abwicklung erfolgt. Im Normalfall werden diese Updates ohne Probleme verarbeitet. In der Praxis jedoch kann es aus verschiedenen Gründen (z. B. ungewollt prozessierte Erweiterungen bei der Eingangsverarbeitung auf CRM-Seite) auch einmal im CRM-System zu unerwünschten Effekten kommen. Dann stellt sich die Frage, wie man möglichst zielgerichtet eine Analyse vornehmen kann. Auch in diesem Fall besteht das Problem, dass ohne Weiteres kein »direktes« Debugging möglich ist: Sobald Sie z. B. eine ERP-Lieferung angelegt haben, wird eine entsprechende Änderungsinformation unmittelbar per qRFC in Richtung CRM-System gesendet und dort asynchron verarbeitet. In diesem Fall bietet es sich an, auf CRM-Seite die automatische Verarbeitung eingehender Änderungsinformationen vorübergehend zu stoppen. Dies geschieht über die Deregistrierung der relevanten Eingangsqueue im CRM-System (Transaktion SMQR).

Um herauszufinden, welche Queue die für Ihren Anwendungsfall richtige ist, gehen Sie wie folgt vor: Kreisen Sie den Prozessschritt auf ERP-Seite, der die Probleme beim CRM-System verursacht, thematisch möglichst eng ein. Nehmen wir an, das Anlegen einer Lieferung führt zu unerwarteten Effekten im CRM-Auftrag. Legen Sie auf ERP-Seite im Funktionsbaustein CRS_SEND_TO_SERVER einen externen Breakpoint für den RFC-User an, der für die Systemkommunikation zwischen ERP- und CRM-System relevant ist. Platzieren Sie den Breakpoint an der Stelle, an der der Funktionsbaustein CRM_MAP_XML_AND_SEND_TO_SERVER gerufen wird. Nun führen Sie den entsprechenden Prozessschritt auf ERP-Seite aus. Bevor Sie nun Ihre Änderungen (in unserem Fall die angelegte Lieferung) sichern, aktivieren Sie mithilfe des Befehls /H das Debugging. Stellen Sie sicher, dass Sie das Verbuchungs-Debugging aktiviert haben. Anschließend sollten Sie an der Stelle »ankommen«, die in Abbildung 2.54 zu sehen ist. Lassen Sie sich nun den Wert des Parameters GT_RFCDEST-RFC_QUEUE anzeigen: In unserem Fall lautet dieser R3AD_LEDELIV7. Das ist der Name der Inbound-Queue, die Sie nun auf CRM-Seite in der Transaktion SMQR deregistrieren können. Gehen Sie dazu vor, wie in Abbildung 2.55 gezeigt.

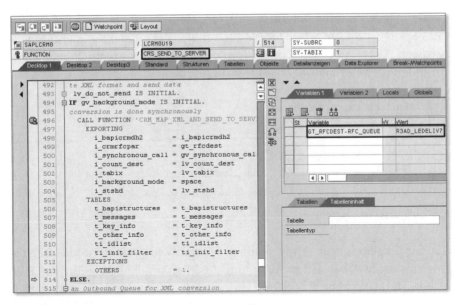

Abbildung 2.54 Ermittlung der relevanten Inbound-Queue

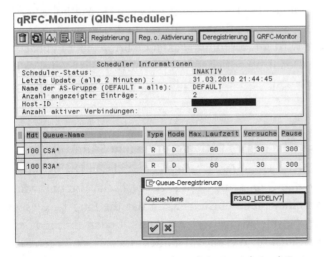

Abbildung 2.55 Deregistrierung der relevanten Inbound-Queue

Sie können übrigens auch mit Wildcards arbeiten, um die Anzahl der gestoppten Queues zu erweitern. In unserem Beispiel besagt die 7 am Ende des Queuenamens, dass nur Lieferungen mit der entsprechenden Endziffer an der sofortigen Verbuchung gehindert werden. Durch eine Deregistrierung der Queues R3AD_LEDELIV* ließe sich beispielsweise die Auswahl auf alle Lieferungen erweitern. Nachdem die Deregistrierung erfolgt ist, können Sie das Debugging mithilfe der Taste [F8] verlassen. Rufen Sie anschließend im CRM-System die Transaktion SMQ2 auf, um sich die Eingangsqueue anzeigen zu lassen. Dort sollten Sie einen Eintrag mit dem genannten Queuenamen vorfinden (siehe Abbildung 2.56).

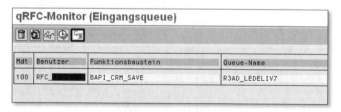

Abbildung 2.56 Eingangsqueue

Aus der Eingangsqueue heraus können Sie nun wie gewohnt in das Debugging einsteigen. Über den in Abbildung 2.56 hervorgehobenen Button LUW DEBUGGEN (LUW steht für *Logical Unit of Work*) starten Sie die Verarbeitung. Noch ein Tipp: Für den Fall, dass Sie ein »hausgemachtes« Problem z. B. aufgrund einer BAdI-Implementierung vermuten, können Sie an dieser Stelle durch Setzen eines Breakpoints in der Klasse CL_EXITHANDLER, Methode GET_INSTANCE, alle möglichen »Fehlerkandidaten« überprüfen. Die genaue Verwendung dieser Methode wird im Abschnitt »Passende BAdIs oder Callback-Events herausfinden« im Detail beschrieben. Noch ein Hinweis: Vergessen Sie nicht, die deregistrierte Queue nach Abschluss Ihrer Analyse wieder zu registrieren.

Debugging von Pop-ups und modalen Dialogfenstern (nur SAP GUI)

Normalerweise ist es im SAP GUI an jeder beliebigen Stelle im Dialog möglich, mit dem Befehl /H in den Debugging-Modus zu wechseln. Hin und wieder möchte man aber an einer Stelle einsteigen, an der die Eingabe dieses Befehls nicht möglich ist, beispielsweise weil ein Pop-up oder ein modales Dialogfenster geöffnet ist. Auch für diesen Fall gibt es einen Trick: Legen Sie eine neue SAP-GUI-Verknüpfung aus dem Menü heraus an, wie in Abbildung 2.57 gezeigt. Füllen Sie die Eigenschaften der Verknüpfung dann, wie in Abbildung 2.58 gezeigt, und tragen Sie zusätzlich die System-ID und den Mandanten Ihres Systems ein. In das Feld BENUTZER gehört Ihr Benutzername für das entsprechende System. Speichern Sie dann die Verknüpfung auf dem Desktop Ihres PCs.

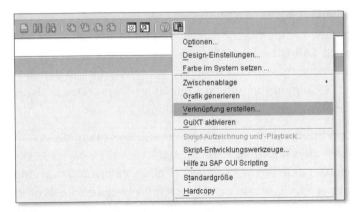

Abbildung 2.57 Anlegen einer SAP-GUI-Verknüpfung

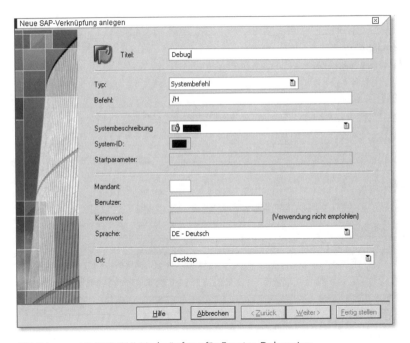

Abbildung 2.58 SAP-GUI-Verknüpfung für Fenster-Debugging

Wenn Sie nun in den Debugging-Modus einsteigen wollen, reicht es aus, die soeben erstellte Verknüpfung per Drag & Drop in das entsprechende Fenster im SAP GUI zu ziehen. Sie erhalten die Meldung »Debugging wurde eingeschaltet«, und Ihre nächste Aktion führt Sie direkt in den ABAP Debugger.

Conditional Breakpoints

Conditional Breakpoints, auch *bedingte Breakpoints*, gibt es erst seit SAP CRM 2007 (siehe dazu auch SAP-Hinweis 1225639). Ein Conditional Breakpoint kann direkt aus der Anwendung heraus definiert werden und ist an den Eintritt einer logischen Bedingung bei einem Ereignis geknüpft. Das Ereignis dazu könnte z. B. die Navigation über die Navigationsleiste sein.

Zur Nutzung von Conditional Breakpoints müssen Sie gegebenenfalls erst in der Transaktion SAAB die Checkpoint-Gruppe CRMUIF_CONDITIONAL_BREAKPOINTS für Ihren Benutzer aktivieren. Zudem ist es nötig, externes Debugging aus der laufenden Anwendung heraus zu aktivieren. Verwenden Sie dazu in der Komponenten-Workbench den Menüpfad DEBUGGING • AKTIVIEREN. Über die Tastenkombination [Alt]+[F2] erreichen Sie dann im Web UI ein Pop-up zur Definition der Breakpoints (siehe Abbildung 2.59).

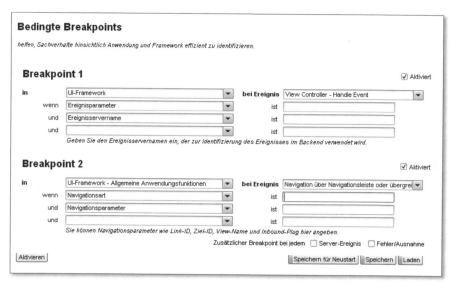

Abbildung 2.59 Conditional Breakpoints anlegen

2.6.3 Tipps zur Nutzung der Standard-CRM-APIs CRM_ORDER_READ und CRM_ORDER_MAINTAIN

Wer im SAP CRM-Umfeld programmiert, kommt an zwei Standard-APIs (*Application Programming Interface*) nicht vorbei: CRM_ORDER_READ zum Lesen und CRM_ORDER_MAINTAIN zum Anlegen oder Ändern von One-Order-Belegen. Wir möchten Ihnen in diesem Abschnitt einige Hinweise geben, die Ihnen die Verwendung dieser Funktionsbausteine vereinfachen.

Funktionsbaustein CRM_ORDER_READ

Dieser Funktionsbaustein ist die Standard-API zum Lesen von One-Order-Belegen im SAP CRM-Umfeld. Sämtliche Segmente des Belegs werden einzeln als Tabelle ausgegeben (z. B. ORDERADM_H oder PRICING_I). Wenn Sie sich die Importschnittstelle des Funktionsbausteins anschauen, sehen Sie, dass der Baustein mit einer Tabelle von Kopf-GUIDs und/oder Positions-GUIDs gefüllt wird. Darüber hinaus sind vor allem die folgenden Parameter interessant:

- **IV_ONLY_SPEC_ITEMS**
  Wenn dieser Parameter auf TRUE gesetzt wird, werden nur die Positionsdaten gelesen, deren GUIDs in der Tabelle IT_ITEM_GUID mitgegeben wurden. Andernfalls werden alle Positionen zu den in der Tabelle IT_HEADER_GUID mitgegebenen Kopf-GUIDs nachgelesen.

- **IT_REQUESTED_OBJECTS**
  Wenn diese Tabelle nicht oder leer übergeben wird, werden *alle* Segmente des One-Order-Belegs nachgelesen, was zu starken Performanceeinbußen führt. Bitte geben Sie hier immer die Namen der Objekte mit, die Sie lesen wollen, also beispielsweise ORDERADM_H oder PRICING_I. Sie können das Include CRM_OBJECT_NAMES_CON verwenden und damit die Tabelle IT_REQUESTED_OBJECTS aufbauen, wie in Listing 2.5 gezeigt.

- **IV_MODE**
  Hierbei geht es um den Bearbeitungsmodus des Belegs. Wenn Sie diesen Parameter auf B (Ändern) setzen, wird vor dem Lesen bereits eine Schreibsperre gesetzt. Dies ist wichtig, wenn Sie den Beleg im Anschluss ändern möchten.

Zum Testen des Funktionsbausteins CRM_ORDER_READ steht ein gleichnamiges Programm zur Verfügung, das Sie über die Transaktion SE38 ausführen können.

```
DATA: LT_REQUESTED_OBJECTS TYPE CRMT_OBJECT_NAME_TAB.
INCLUDE: CRM_OBJECT_NAMES_CON.
INSERT GC_OBJECT_NAME-PRICING_I INTO TABLE LT_REQUESTED_OBJECTS.
INSERT GC_OBJECT_NAME-ORDERADM_H INTO TABLE LT_REQUESTED_OBJECTS.
```

Listing 2.5 Tabelle REQUESTED_OBJECTS für den Funktionsbaustein CRM_ORDER_READ füllen

Funktionsbaustein CRM_ORDER_MAINTAIN

Das größte Problem bei der Nutzung dieses Funktionsbausteins zum Ändern oder Anlegen von One-Order-Belegen ist die richtige Verwendung bzw. das richtige Befüllen der Schnittstellenparameter. Vor allem die Tabelle CT_INPUT_FIELDS macht dabei immer wieder Probleme, weil sie manchmal nicht nachvollziehbare Daten enthält. Ein gutes Beispiel dafür ist das Löschen eines Partners – in diesem Fall wird das Feld `LOGICAL_KEY` innerhalb der Tabelle `CT_INPUT_FIELDS` nach dem Muster »0000«<Partnerfunktion><Partnernummer> und »BPBP« ab Stelle 28 gefüllt.

Aber wie findet man so etwas heraus? Ganz einfach: indem man den Standard debuggt. Setzen Sie einen Breakpoint in `CRM_ORDER_MAINTAIN`, führen Sie die gewünschte Aktion aus, schauen Sie sich im Debugger dann die relevanten Parameter an, und versuchen Sie, in Ihrem eigenen Programm den Standard exakt zu imitieren.

Wenn Sie Ihren Beleg nicht nur im Puffer ändern, sondern ihn auch sichern wollen, vergessen Sie nicht, im Anschluss den Funktionsbaustein `CRM_ORDER_SAVE` aufzurufen. Abschließend müssen die Änderungen dann noch der Datenbank mit einer Anweisung `COMMIT WORK` oder einem `BAPI_TRANSACTION_COMMIT`-Aufruf übergeben werden.

Auch für den Funktionsbaustein `CRM_ORDER_MAINTAIN` steht ein gleichnamiges Testprogramm zur Verfügung. Dieses können Sie ebenfalls über die Transaktion SE38 ausführen.

> **Tipp: Interessante globale Konstanten**
>
> Wie bereits am Beispiel der Tabelle `REQUESTED_OBJECTS` als Input für den Funktionsbaustein `CRM_ORDER_READ` gezeigt, können Sie Zeit sparen, indem Sie bestimmte globale Konstanten über ein Include in eigene Programme einbinden. Das vermutlich wichtigste Include, das dabei in SAP CRM zur Verfügung steht, heißt `CRM_DIRECT`. Wenn Sie sich dessen Inhalt mit der Transaktion SE38 anschauen, finden Sie weitere interessante Includes, die Sie auch einzeln für Ihre Programme verwenden können.

2.6.4 Programmübergreifender Variablenzugriff

Manchmal steht man vor dem Problem, dass man in einer Reihe von Abläufen auf Daten zugreifen möchte, die an einer vorherigen Stelle ermittelt wurden, ohne dass jedoch die Ermittlungsstelle direkt mit der Stelle des Zugriffs verbunden ist. Ein Beispiel wäre, dass Sie innerhalb der Kopiersteuerung beim Kopieren eines Belegs (BAdI `CRM_COPY_BADI`) ermittelt haben, ob der Vorlagebeleg einen Vorgänger hat. Beim Sichern des neuen Belegs (BAdI `ORDER_SAVE`) möchten Sie nun unter Umständen auf diese Information zugreifen, um den Belegfluss der Kopiervorlage zu erhalten.

Grundsätzlich gibt es verschiedene Möglichkeiten, Daten innerhalb eines Programmablaufs zu erhalten. Die beiden am häufigsten verwendeten stellen wir Ihnen hier kurz vor:

1. **Globale Variablen**

   Wenn Sie sich innerhalb des gleichen Entwicklungsobjekts befinden (z. B. verschiedene Funktionsbausteine derselben Funktionsgruppe oder verschiedene Methoden desselben BAdIs), können Sie Variablen global definieren. Sie können dann innerhalb des gesamten Entwicklungsobjekts auf diese Variablen zugreifen.

2. **EXPORT TO MEMORY und IMPORT FROM MEMORY**

   Innerhalb einer SAP-Session können Sie Informationen über das sogenannte *ABAP Memory* weitergeben. Speichern Sie Variablen in einer selbst gewählten eindeutigen Memory-ID (<key>), die bis zu 32 Zeichen lang sein kann. Die Variable <g> wird so unter dem Namen <f> an der Stelle <key> im Memory gespeichert:

   EXPORT <f> FROM <g> TO MEMORY ID <key>

   Um die Daten in einem anderen Programm (innerhalb derselben Session) zurückzulesen, verwenden Sie IMPORT FROM MEMORY analog:

   IMPORT <f> TO <g> FROM MEMORY ID <key>

   Sie löschen den Inhalt der Memory-ID mit dem Kommando FREE MEMORY [ID <key>].

Darüber hinaus gibt es weitere Möglichkeiten, z. B. den Befehl EXPORT TO DATABASE oder SPA/GPA-Parameter (*Set Parameter/Get Parameter*). Nutzen Sie die Onlinehilfe der SAP unter *http://help.sap.com*, um weitere Informationen zu diesen Methoden zu erhalten, falls Sie mit den beschriebenen Verfahren nicht zurechtkommen.

> **Tipp: Attribute in Z-Klassen für BAdI-Implementierungen**
>
> Wenn Sie innerhalb verschiedener Methoden einer BAdI-Implementierung Daten austauschen möchten, bietet es sich an, dafür eigene Attribute in der Implementierungsklasse anzulegen. Auf die Werte dieser Variablen können Sie aus allen Methoden Ihrer Implementierung heraus zugreifen. Ein entsprechendes Praxisbeispiel finden Sie in Abschnitt 3.2, »Kampagnenmanagement«.

Die im Marketing angesiedelten Geschäftsprozesse sind in der Praxis meist differenzierter als in den klassischen Bereichen Sales und Service. Daher stellen wir in diesem Kapitel möglichst allgemeingültige, funktionsorientierte Beispiele aus den drei wesentlichen Bereichen Segmentierung, Kampagnenmanagement und Marketingattribute vor.

3 Praxisbeispiele für den Bereich Marketing

Zwar lassen sich bei vielen Unternehmen ähnliche grundlegende Szenarien wie Segmentierung, Kampagnenplanung und -ausführung sowie -analyse ausmachen, doch im Detail sind oft zahlreiche Unterschiede feststellbar. Marketingprozesse sind meist wenig standardisiert. Um dennoch möglichst vielen Lesern einen Mehrwert zu bieten, beschreiben wir in diesem Kapitel eher funktionsorientierte Erweiterungen, die sehr häufig benötigt werden. Wir gehen dabei auf die drei wesentlichen Bereiche des Marketings in SAP CRM ein: die Segmentierung, das Kampagnenmanagement und die Klassifikation von Geschäftspartnern mithilfe von Marketingmerkmalen.

3.1 Segmentierung mit dem Segment Builder

In diesem Abschnitt zeigen wir Ihnen zwei typische Erweiterungen im Bereich der Segmentierung mithilfe des *Segment Builders*. Wir gehen dabei von Segmentierungsanforderungen mit normalem Datenvolumen (bis zu fünf Millionen Geschäftspartner) aus. Zunächst demonstrieren wir am Beispiel einer Selektionsattributliste, die auf einer InfoSet Query basiert, wie sich kundeneigene Selektionsattributlisten erstellen und versorgen lassen. Anschließend erweitern wir beispielhaft die Anzeige der Zielgruppenmitglieder (Ergebnisliste) um ein zusätzliches Feld.

> **Hinweis: Segment Builder Applet im Web UI**
>
> Im SAP CRM Web UI steht im Bereich SEGMENTE über den Button GRAFISCHE MODELLIERUNG ein Applet zur Verfügung, das den aus der SAP-GUI-Welt bekannten Segment Builder (Transaktion CRMD_MKTSEG) nahezu 1:1 nachbildet. Wir empfehlen dringend, vor der (produktiven) Nutzung dieses Applets nach relevanten SAP-Hinweisen zu suchen, da es eine Fülle von Korrekturen und Verbesserungen für das Segment Builder Applet gibt.

3.1.1 Eigene Selektionsattributlisten erstellen und versorgen

Selektionsattributlisten sind Listen von Selektionskriterien zur Modellierung von Zielgruppen. Einzelne Bestandteile einer Selektionsattributliste, die Sie bei der Segmentierung als Filterkriterien verwenden können, werden als Attribute bezeichnet (z. B. *Geschlecht* oder *Sprache*). Die Versorgung der Attributliste erfolgt über die Zuordnung einer Datenquelle. Als Datenquellen kommen in Betracht:

- Geschäftspartnerstammdaten (über InfoSet Querys)
- Marketingmerkmale
- Kennzahlen und Attribute aus SAP NetWeaver BW
- externe Daten aus dem External List Management

Anhand eines einfachen Beispiels wollen wir nun zeigen, wie Sie eine eigene Attributliste für Geschäftspartnerstammdaten erstellen können. Als Selektionskriterien sollen allgemeine Daten und Adressdaten der Geschäftspartner zur Verfügung stehen. Als Besonderheit sollen Geschäftspartner mit einer allgemeinen Kontaktsperre (Feld `BUT000-CONTACT = 2`) grundsätzlich nicht mitselektiert werden.

Im ersten Schritt müssen Sie eine InfoSet Query anlegen (Transaktion SQ02). Falls Sie schon einmal mit dem QuickViewer zur Erstellung einfacher Auswertungen gearbeitet haben, wird Ihnen die Oberfläche bekannt vorkommen. Wie Sie sehen, gibt es bereits einige vorgefertigte InfoSets in der Standard-Auslieferung – diese können Sie grundsätzlich auch für Attributlisten verwenden. Legen Sie nun aber ein neues InfoSet im Kundennamensraum an, und wählen Sie als Datenquelle TABELLEN-JOIN ÜBER TABELLE BUT000, wie in Abbildung 3.1 gezeigt.

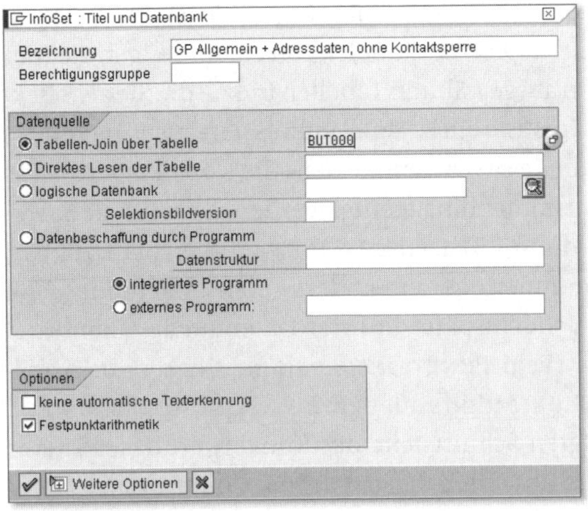

Segmentierung mit dem Segment Builder | 3.1

Abbildung 3.1 InfoSet als Tabellen-Join anlegen

Sie gelangen in den grafischen Join-Bedingungseditor: Fügen Sie hier über den Button TABELLE EINFÜGEN die Tabellen BUT020 und ADRC hinzu, und verbinden Sie die Schlüsselfelder BUT000-PARTNER = BUT020-PARTNER und BUT020-ADDRNUMBER = ADRC-ADDRNUMBER, wie in Abbildung 3.2 gezeigt. Die Verbindung der Schlüsselfelder mehrerer Tabellen (Join) ermöglicht es, auf den Datenbestand aller verbundenen Tabellen zuzugreifen, obwohl beispielsweise nur über Felder einer enthaltenen Tabelle selektiert wird.

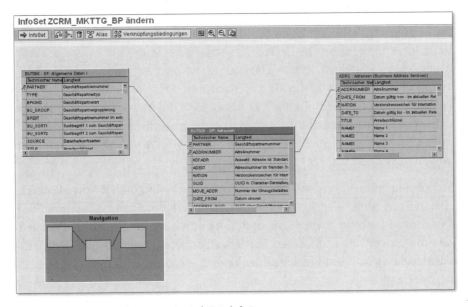

Abbildung 3.2 Join-Bedingungen im InfoSet definieren

Beenden Sie den grafischen Join-Editor (mit dem grünen Zurück-Pfeil). Legen Sie nun eine oder mehrere *Feldgruppen* für die Selektion an, und fügen Sie (per Drag & Drop) alle Felder aus den ausgewählten Tabellen hinzu, die Sie als Selektionskriterium nutzen wollen. In unserem Beispiel interessiert aus Tabelle ADRC nur die Postleitzahl und aus Tabelle BUT000 mindestens die Kontaktsperre. Das Feld PARTNER_GUID muss zudem immer hinzugefügt werden, da es für die Selektion benötigt wird (siehe Abbildung 3.3). Ist die PARTNER_GUID nicht verfügbar, können Sie auch die Partnernummer oder ein anderes identifizierendes Feld verwenden, dann müssen Sie jedoch später in Ihrer Datenquelle einen Konvertierungsbaustein eintragen (Feld FUNKTIONSBAUSTEIN, siehe dazu Abbildung 3.4). Verwenden Sie die Kontexthilfe auf dem Feld FUNKTIONSBAUSTEIN, um Informationen zur benötigten Schnittstelle des Konvertierungsbausteins zu bekommen. Generieren Sie abschließend das InfoSet über den entsprechenden Button, wenn Sie die Feldselektion abgeschlossen haben.

Abbildung 3.3 InfoSet – Felder zur Datenselektion auswählen

Im Einführungsleitfaden legen Sie anschließend eine neue Datenquelle auf Basis Ihres InfoSets an (IMG-Pfad: CUSTOMER RELATIONSHIP MANAGEMENT • MARKETING • SEGMENTIERUNG • DATENQUELLEN UND ATTRIBUTLISTEN BEARBEITEN). Zur Identifizierung des Geschäftspartnerfeldes verwenden Sie BUT000-PARTNER_GUID (siehe Abbildung 3.4). Legen Sie dann im gleichen IMG-Bereich eine neue Selektionsattributliste an, und ordnen Sie die zuvor erstellte Datenquelle zu. Markieren Sie die Felder, die Sie als Selektionskriterium benutzen wollen (hier KONTAKTSPERRE und POSTLEITZAHL), wie in Abbildung 3.5 gezeigt.

Sie können nun über den Button FILTER Filterbedingungen vordefinieren, also beispielsweise *Kontakterlaubnis ungleich verboten* (siehe Abbildung 3.6). Der Anwender kann so im Segment Builder durch die Kombination dieses Filters mit einem Filter auf einen Postleitzahlenbereich bereits alle Geschäftspartner des gewählten Postleitzahlenbereichs selektieren, für die keine Kontaktsperre gilt.

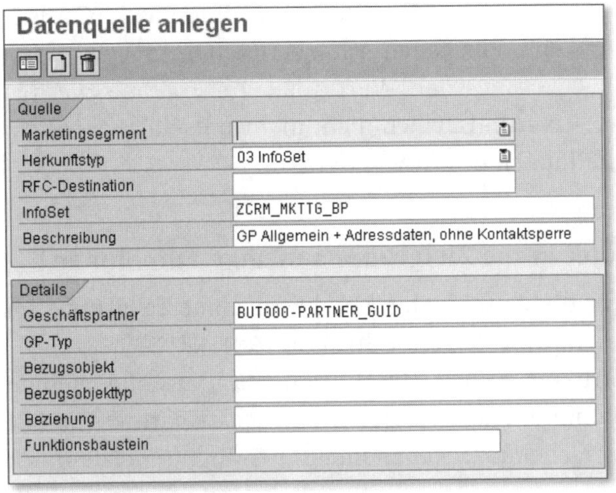

3.1 Segmentierung mit dem Segment Builder

Abbildung 3.4 Datenquelle auf Basis eines InfoSets anlegen

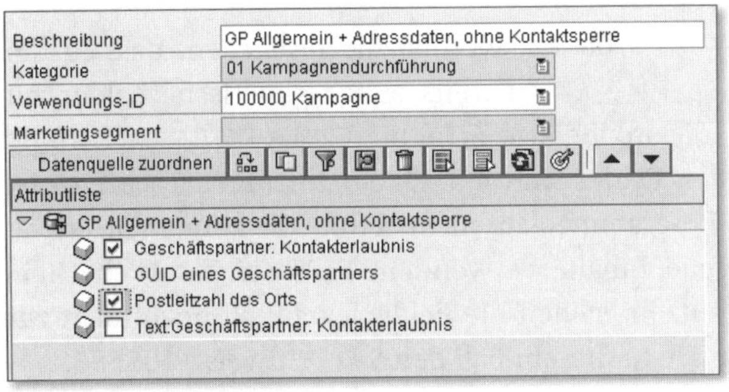

Abbildung 3.5 Festlegen der Selektionsfelder in einer Attributliste

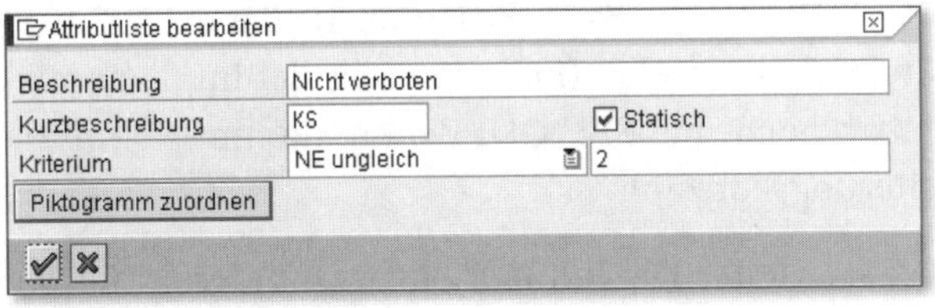

Abbildung 3.6 Filterdefinition in einer Selektionsattributliste

Wenn Sie diese Selektion nicht dem Anwender überlassen, sondern das Kriterium *Kontakterlaubnis ungleich verboten* fest vorgeben wollen, können Sie dies über das InfoSet erreichen: Öffnen Sie in Ihrem InfoSet über den Button ZUSÄTZE die Registerkarte CODING. Hier können Sie weitere Prüfungen hinterlegen, beispielsweise auch bezüglich der Kontakterlaubnis. Fügen Sie dazu das Statement `CHECK BUT000-CONTACT NE '2'` in den Coding-Block (Coding-Abschnitt *Satzverarbeitung*) ein. Für jeden verarbeiteten Satz wird dann geprüft, ob das Feld `BUT000-CONTACT` den Wert 2 hat. Im Ergebnis werden Partner mit `Kontaktsperre = 2` grundsätzlich nicht mehr mitselektiert, unabhängig von den Filtereinstellungen des Anwenders.

3.1.2 Zusätzliche Felder in die Zielgruppenanzeige aufnehmen

Die verfügbaren Felder für die Anzeige der Mitglieder einer Zielgruppe im Web UI werden durch die zugrunde liegende Struktur `CRMT_MKTTG_GENIL_TG_I_ATTR` definiert. Diese Struktur enthält eine Kombination aus allgemeinen Daten, Adressdaten und Kommunikationsdaten des Geschäftspartners und ist für die meisten Fälle ausreichend. Gegebenenfalls benötigen Sie dennoch zusätzliche Felder. Wir zeigen Ihnen daher, wie sich Zusatzfelder in die Zielgruppenanzeige integrieren lassen, hier am Beispiel der Umsatzsteuer-ID-Nummer.

Wenn Sie mit SAP CRM 7.0 arbeiten, werden Sie feststellen, dass in der Struktur `CRMT_MKTTG_GENIL_TG_I_ATTR` bereits einige generische Felder zur Verfügung stehen (über die inkludierte Struktur `CRMT_MKTTG_GENIL_TG_I_ENHANCE`). Diese generischen Felder sind mit `FIELD1` bis `FIELD30` bezeichnet und werden im Standard-Programmablauf nicht gefüllt. Sie können diese Felder somit für kundeneigene Inhalte verwenden. Falls Sie das Web UI in einem früheren Release nutzen, stehen die Felder eventuell noch nicht zur Verfügung; bitte beachten Sie in diesem Fall den SAP-Hinweis 1105585.

Sie müssen also keine zusätzlichen Felder anlegen, sondern können die vorhandenen generischen Felder nutzen. Zur Versorgung der Felder implementieren Sie das BAdI `CRM_MKTTG_SEG_MEM_EX`. Beachten Sie dabei die Filterabhängigkeit des BAdIs. Zudem gibt es eine (inaktive) Beispiel-Implementierung, die allerdings offenbar noch aus SAP-GUI-Zeiten stammt, denn sie verfolgt ein anderes Erweiterungskonzept.

Für unser Beispiel, die Umsatzsteuer-ID-Nummer, programmieren Sie die Methode `SELECT_TG_MEMBER_DETAILS` aus und halten sich an das in Listing 3.1 gezeigte Beispiel-Coding. Die Umsatzsteuer-ID-Nummer wird hier dem generischen Feld `Field10` zugewiesen.

```
METHOD if_ex_crm_mkttg_seg_member_ex~select_tg_member_details.
  DATA: lv_partner TYPE bu_partner,
        lt_tg_i TYPE crmt_mkttg_tg_i_tab,
        ls_tg_i TYPE crmt_mkttg_tg_i,
        lv_targetgrp_guid TYPE crmt_targetgrp_guid,
```

```abap
          ls_ret2 TYPE bapiret2,
          lv_read TYPE i,
          lv_input TYPE i,
          ls_structure TYPE crmt_mkttg_genil_tg_i_enhance,
          ls_dfkkbptaxnum TYPE dfkkbptaxnum.
  MOVE iv_targetgroup_guid TO lv_targetgrp_guid.
  CALL FUNCTION 'CRM_MKTTG_TG_I_READ_M_OW'
     EXPORTING
       iv_tg_guid      = lv_targetgrp_guid
       iv_max          = iv_member_max
       iv_del_read_db  = 'X'
     IMPORTING
       et_tg_i         = lt_tg_i.
  DELETE lt_tg_i WHERE bp_del = 'X'.
  IF lt_tg_i[] IS INITIAL.
     EXIT.
  ENDIF.
  LOOP AT lt_tg_i INTO ls_tg_i.
     CLEAR: lv_partner, ls_structure.
     IF NOT ls_tg_i-bp_guid IS INITIAL.
       MOVE ls_tg_i-bp_guid TO ls_structure-ref_guid_bp.
* Get tax number
       SELECT SINGLE partner FROM but000 INTO lv_partner
          WHERE partner_guid = ls_tg_i-bp_guid.
       IF sy-subrc = 0.
          SELECT SINGLE taxnum FROM dfkkbptaxnum INTO ls_structure-
             field10
             WHERE partner = lv_partner
             AND taxtype  = 'DE0'.
       ENDIF.
       INSERT ls_structure INTO TABLE et_members.
     ENDIF.
  ENDLOOP.
*** all BP found?
  DESCRIBE TABLE it_member_guid LINES lv_input.
  DESCRIBE TABLE et_members LINES lv_read.
  IF lv_input NE lv_read.
***    minimum one BP not found
     ls_ret2-type   = 'W'.
     ls_ret2-id     = 'CRM_MKTTG_TG'.
     ls_ret2-number = 087.
     APPEND ls_ret2 TO et_return.
  ENDIF.
ENDMETHOD.
```

Listing 3.1 Kundeneigene Felder in der Zielgruppenanzeige versorgen

Wie Sie sehen, enthält das Beispiel-Coding noch eine kleine weitere Besonderheit: Geschäftspartner mit Löschkennzeichen werden aus der Anzeigeliste entfernt. Wünschen Sie dies nicht, lassen Sie den entsprechenden Teil einfach weg.

Um die Umsatzsteuer-ID-Nummer nun auch an der Oberfläche sichtbar zu machen, verwenden Sie das UI-Konfigurationstool (Komponente SEGED_TG). Das Ergebnis sollte aussehen, wie in Abbildung 3.7 gezeigt.

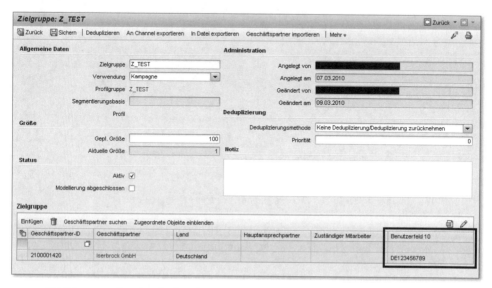

Abbildung 3.7 Anzeige des kundeneigenen Feldes »USt.-ID« in der Zielgruppenliste

Etwas unschön ist nun noch die Bezeichnung des Feldes (BENUTZERFELD 10). Sie können sie einfach in der UI-Konfiguration überschreiben, beispielsweise mit USt.-ID, wie in Abbildung 3.8 gezeigt. Auf diese Weise könnten Sie alle 30 generischen Zusatzfelder in der Zielgruppenanzeige mit kundeneigenen Daten belegen. Damit bleibt genug Raum für zukünftige Erweiterungen.

> **Hinweis: Segment Builder im SAP GUI**
>
> Die in diesem Abschnitt beschriebene Erweiterung funktioniert nur für das Web UI. Falls Sie ein älteres Release einsetzen und noch mit der Transaktion CRMD_MKTSEG arbeiten, gibt es einen ähnlichen Weg zur Erweiterung des Spaltenvorrats der Zielgruppenanzeige: Implementieren Sie das BAdI CRM_MKTTG_SEG_MEM_EX, und geben Sie in der Methode GET_TG_MEMBER_STRUCTURE eine DDIC-Struktur mit allen gewünschten Feldern an (z.B. eine kundeneigene Struktur, aufbauend auf BUPA_DATA_ALL). In der Methode SELECT_TG_MEMBER_DETAIL füllen Sie dann sämtliche Felder Ihrer Struktur mit Daten. Schauen Sie sich dazu die Beispiel-Implementierung CRM_MKTTG_SEG_MEM_RF als Vorlage an.

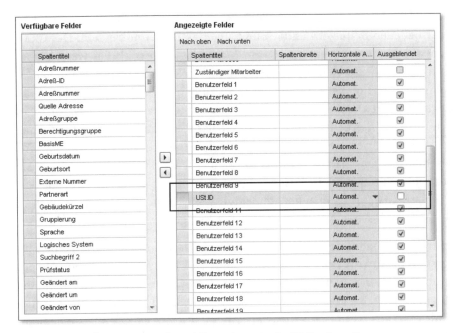

Abbildung 3.8 Überschreiben des Feldbezeichners in der UI-Konfiguration

3.2 Kampagnenmanagement

Die Steuerungsmöglichkeiten mittels Customizing für Marketingelemente wie beispielsweise Kampagnen sind eher überschaubar, dafür gibt es aber umfangreiche Möglichkeiten über BAdI-Implementierungen.

3.2.1 Automatische Vergabe von Kampagnen-IDs

In diesem Praxisbeispiel widmen wir uns der Frage, ob bzw. wie man die Vergabe externer IDs für Kampagnen im CRM Marketing Planner beeinflussen kann. Die externe ID kann als Vorgangsnummer einer Marketingkampagne verstanden werden, die den für den User zentralen Identifikator im Tagesgeschäft darstellt. Das entsprechende Feld ist neben Kampagnen auch für andere Marketingelemente bzw. Vorgänge vorgesehen, sodass dieses Praxisbeispiel auch auf Marketingpläne, Deals etc. angewandt werden kann.

Warum aber hat diese Frage eine solch große Praxisrelevanz? Schließlich verliert man in anderen Kontexten (z. B. One-Order-Vorgang) kaum ein Wort darüber, wie sich eine Vorgangsnummer ergibt. Dafür gibt es verschiedene Gründe: Einerseits haben Marketingelemente zumeist eine längere Laufzeit als ein Angebot oder ein Kundenauftrag und müssen in dieser Zeit auch von verschiedenen Benutzern einfach und zuverlässig auffindbar sein. Der CRM-Standard versteht die externe ID im Marketingkontext als ein wesentliches Suchkriterium und stellt daher an zahlreichen Stellen entsprechende Selektionen zur Verfügung. Da die externe ID zudem noch eine großzügige Feldlänge (40 Stellen) und eine flexible Typisierung (Character) aufweist, bietet es sich für das Unternehmen an, auf dieser Basis eine möglichst maßgeschneiderte Nummerierung seiner Marketingelemente zu implementieren. Als besondere Eigenschaft von Marketingelementen sei noch genannt, dass sie sich hierarchisch gliedern lassen (so enthält z. B. eine Kampagne gegebenenfalls verschiedene Kampagnenelemente), was sich in der Praxis oft auch in einer hierarchischen Nummerierung widerspiegelt.

Andererseits bietet der CRM-Standard an dieser Stelle so gut wie keine Einflussgrößen, um die Ermittlung einer externen ID für Marketingelemente per Customizing zu steuern. Anders als im One-Order-Umfeld besteht keine Möglichkeit, z. B. anhand der Vorgangs- bzw. Kampagnenart die resultierende externe ID ermitteln zu lassen. Ab SAP CRM 7.0 SP2 gibt es eine Standard-Implementierung des BAdIs `CRM_MKTPL_OL_OBJ`, die pro Objekttyp (z. B. Kampagne) eine Nummer nach folgender Systematik aufbaut:

1. einstelliges Präfix gemäß der Tabelle `CRMC_MKTPL_PRFIX` je nach Objekttyp, z. B. *C* für Kampagnen
2. einstelliger Separator: -
3. fortlaufende Nummer aus dem Nummernkreisintervall 01 des Nummernkreisobjekts `CRM_MKT_CP`

Zusätzlich lässt sich im Customizing das Ausgabeformat der externen ID durch die sogenannte *Maskierung* beeinflussen. Dadurch ist es möglich, die externe ID in mehrere Segmente zu unterteilen und diese Segmente durch verschiedene *Separatoren* zu begrenzen. Das Präfix bleibt dabei erhalten.

Für unser Praxisbeispiel nehmen wir an, die externe ID einer Kampagne solle anhand der folgenden Logik gebildet werden:

1. einstelliges Präfix gemäß der Tabelle `CRMC_MKTPL_PRFIX` je nach Objekttyp, z. B. *C* für Kampagnen
2. einstelliger Separator: -
3. Marketingorganisation (zugeordnete Verkaufsorganisation in SAP ERP)
4. einstelliger Separator: -
5. Kampagnenart

6. einstelliger Separator: -
7. fortlaufende Nummer aus einem Nummernkreisintervall, das je Kampagnenart zugeordnet werden kann

Der letzte Punkt bedingt, dass wir eine neue Z-Customizing-Tabelle benötigen, anhand derer ein Nummernkreisintervall je Kampagnenart ermittelt werden kann. Darüber hinaus beinhaltet dieser Lösungsansatz die Deaktivierung der in der Standard-Implementierung CRM_MKTPL_OL_OBJ hinterlegten Logik sowie die Umsetzung unserer eigenen Logik zur Bildung der externen ID einer Kampagne. Den Einstieg zum entsprechenden BAdI CRM_MKTPL_OL_OBJ finden Sie an folgender Stelle im Customizing-IMG: CUSTOMER RELATIONSHIP MANAGEMENT • MARKETING • MARKETINGPLANUNG UND KAMPAGNENMANAGEMENT • ZUSATZFELDER UND ZUSÄTZLICHE BUSINESS ADD-INS (BADIS) FÜR MARKETINGPLANUNG • BADI: ZUSÄTZLICHE PRÜF- UND STEUERUNGSMÖGLICHKEITEN FÜR MARKETING.

Die in der Standard-Implementierung verwendete Methode des BAdIs zur Findung einer externen ID für Marketingelemente (GENERATE_EXTERNAL_ID) kann in diesem Anwendungsbeispiel nicht sinnvoll eingesetzt werden, da zum Zeitpunkt der Methodenausführung noch nicht alle Informationen zur Verfügung stehen, die zur Bildung der ID benötigt werden. Dabei handelt es sich insbesondere um die Kampagnenart, die vom Benutzer erst ausgewählt werden kann, nachdem die erwähnte Methode bereits ausgeführt wurde. Stattdessen können Sie z. B. eine Umsetzung in der Methode SET_ATTRIBUTES_BEFORE vornehmen, die einerseits zu einem passenden Zeitpunkt durchlaufen wird und andererseits geeignete Changing-Parameter aufweist, mit denen u. a. auch die externe ID mit einem beliebigen Wert versehen werden kann.

Bevor Sie Änderungen an der Standard-Implementierung vornehmen, beachten Sie bitte den SAP-Hinweis 1169060. Dort ist beschrieben, welche Schritte notwendig sind, um modifikationsfrei die ausgelieferte Standard-Implementierung zu deaktivieren bzw. eine eigene Implementierung anzulegen. Abbildung 3.9 gibt einen Überblick über die empfohlene Erweiterungsstrategie:

1. Die Standard-Klasse CL_DEF_CRM_MKTPL_OL_OBJ ist der Standard-Implementierung CRM_MKTPL_OL_OBJ zugeordnet.
2. Sie legen zu dieser Standard-Klasse durch Vererbung eine eigene Subklasse an, z. B. ZCL_DEF_CRM_MKTPL_OL_OBJ. Durch die Vererbung stehen Ihnen auch in Ihrer eigenen Klasse die in der Standard-Implementierung ausgeprägten Methoden zur Verfügung.

3. Sie redefinieren in der eigenen Subklasse ZCL_DEF_CRM_MKTPL_OL_OBJ die Methoden, für die eine vom Standard abweichende Logik benötigt wird.
4. Sie legen mit Bezug auf die genannte Subklasse eine eigene BAdI-Implementierung an.
5. Die Filtereinstellungen unserer Implementierung können von Ihnen so gewählt werden, dass ausschließlich Kampagnen die geänderte Logik durchlaufen.

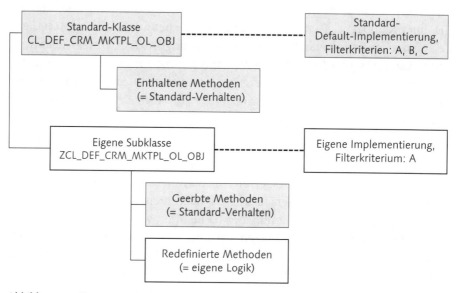

Abbildung 3.9 Erweiterungsstrategie für das BAdI CRM_MKTPL_OL_OBJ

Eine weitere Besonderheit dieses BAdIs ist darüber hinaus noch, dass es für jeden Objekttyp nur eine »zuständige« Implementierung geben darf. Dabei spielen die erwähnten Filterkriterien eine wichtige Rolle, sind aber nicht das alleinige Kriterium:

- Bei der Standard-Implementierung CRM_MKTPL_OL_OBJ handelt es sich um eine *Default-Implementierung* (siehe Abbildung 3.10), deren Filter verschiedene Marketingobjekttypen einschließt (u. a. auch Kampagnen). Die vorgesehenen Marketingobjekttypen können Sie in der Transaktion CRM_MKTGS_OL_MODEL nachvollziehen. Für Kampagnen lautet der entsprechende Wert *CPG* (siehe Abbildung 3.11).

- Eine Default-Implementierung wird nur dann vom System berücksichtigt, wenn für den jeweiligen Objekttyp keine normalen Implementierungen vorhanden sind (das Default-Kennzeichen ist in einer solchen Implementierung nicht gesetzt).

Das bedeutet: Sobald Sie eine eigene normale Implementierung angelegt und durch die Filterkriterien den Objekttyp CPG eingeschlossen haben, fällt nicht mehr ins Gewicht, dass sich die Filterkriterien der Standard-/Default- und unserer Implementierung für den Objekttyp CPG überschneiden – die Standard-/Default-Implementierung wird systemseitig nicht mehr berücksichtigt.

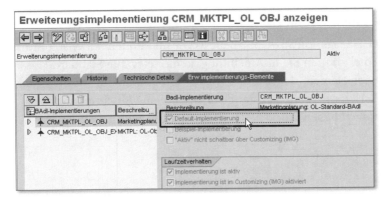

Abbildung 3.10 Standard-/Default-Implementierung CRM_MKTPL_OL_OBJ

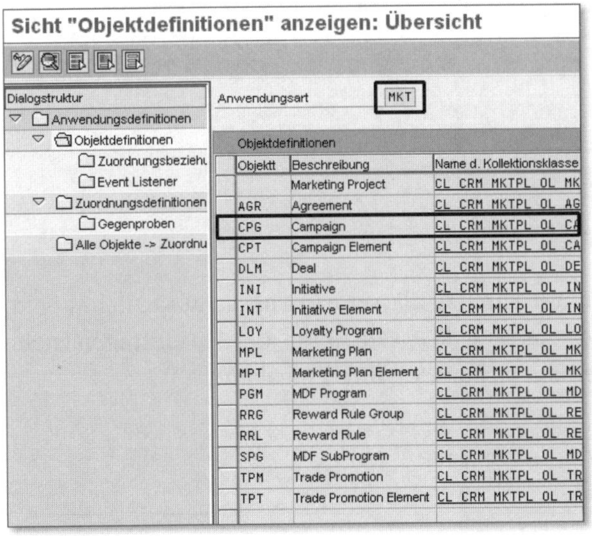

Abbildung 3.11 Objekttypen im Marketing

Hinweis: Filtereinstellungen für das BAdI CRM_MKTPL_OL_OBJ

Für jeden Marketingobjekttyp darf es in dem genannten BAdI nur exakt eine zuständige Implementierung geben. Eine eigene Implementierung mit einem lee-

> ren Filter wird vom System übrigens als »objekttypunabhängig« interpretiert und kollidiert daher mit jeder anderen Kundenimplementierung, deren Filtereinstellung einen oder mehrere Objekttypen explizit einschließt!

Nachdem nun die grundsätzliche Erweiterungsstrategie festgelegt worden ist, können wir die einzelnen Schritte des Lösungsansatzes im Detail betrachten.

Anlegen einer Subklasse zur Klasse CL_DEF_CRM_MKTPL_OL_OBJ

Legen Sie in der Transaktion SE24 eine neue Klasse im Kundennamensraum an. Für dieses Beispiel können Sie in Anlehnung an die relevante Standard-Klasse beispielsweise den Namen ZCL_DEF_CRM_MKTPL_OL_OBJ wählen. Sobald Sie das in Abbildung 3.12 dargestellte Fenster erreicht und eine Beschreibung für die neue Klasse gepflegt haben, klicken Sie auf den Button VERERBUNG ANLEGEN.

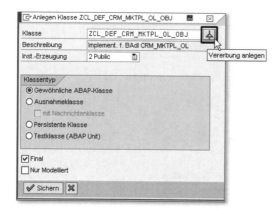

Abbildung 3.12 Anlage einer eigenen Subklasse

Anschließend öffnet sich unterhalb des Klassennamens ein zusätzliches Feld, in das Sie nun die Standard-Klasse CL_DEF_CRM_MKTPL_OL_OBJ eintragen (siehe Abbildung 3.13). Anschließend sichern Sie Ihre Eingaben.

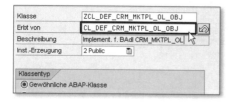

Abbildung 3.13 Festlegung der Vererbung zwischen zwei Klassen

Kampagnenmanagement | 3.2

Redefinition der relevanten Methoden

In diesem Schritt entkoppeln Sie die für dieses Beispiel relevanten Methoden GENERATE_EXTERNAL_ID und SET_ATTRIBUTES_BEFORE von der Standard-Implementierung. Dazu rufen Sie erneut die Transaktion SE24 auf und lassen sich die neue Subklasse ZCL_DEF_CRM_MKTPL_OL_OBJ anzeigen. Positionieren Sie anschließend auf der Registerkarte METHODEN den Cursor auf der Methode GENERATE_EXTERNAL_ID, wie in Abbildung 3.14 gezeigt. Klicken Sie dann auf den Button REDEFINIEREN.

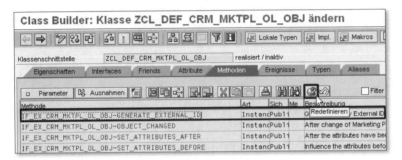

Abbildung 3.14 Redefinition der Methode GENERATE_EXTERNAL_ID

Aktivieren Sie auf dem Folgebild die nun redefinierte Methode. Verfahren Sie anschließend analog, um auch eine Redefinition für die Methode SET_ATTRIBUTES_BEFORE anzulegen. Überprüfen Sie abschließend, ob die Subklasse nach Durchführung aller notwendigen Änderungen wieder aktiv ist.

In einem späteren Schritt werden wir uns im Detail um die Implementierung der redefinierten Methode SET_ATTRIBUTES_BEFORE kümmern, durch die künftig die Ermittlung der externen IDs von Kampagnen erfolgen soll. Bezüglich der redefinierten Methode GENERATE_EXTERNAL_ID sind keine weiteren Schritte erforderlich: Durch den Vorgang der Redefinition wird die ursprünglich enthaltene Standard-Logik vollständig zurückgenommen, was in unserem Beispiel bereits dem Wunschzustand entspricht.

Anlegen einer neuen Erweiterungs- und BAdI-Implementierung

Rufen Sie nun die Transaktion SE18 auf, um sich die BAdI-Definition CRM_MKTPL_OL_OBJ anzeigen zu lassen. Sie werden dann automatisch in den zugrunde liegenden Enhancement Spot CRM_MKTPL geleitet. Dort positionieren Sie den Cursor auf der BAdI-Definition CRM_MKTPL_OL_OBJ, wie in Abbildung 3.15 gezeigt, und lassen sich durch einen Klick auf die rechte Maustaste das Kontextmenü anzeigen.

3 | Praxisbeispiele für den Bereich Marketing

Abbildung 3.15 Erweiterungsspot CRM_MKTPL

Führen Sie dann die angebotene Option BADI-IMPLEMENTIERUNG ANLEGEN aus. Auf dem Folgebild haben Sie anschließend die Möglichkeit, eine neue Erweiterungsimplementierung anzulegen. Als Namen wählen Sie in diesem Beispiel Z_MKTPL_OL_OBJ, wie in Abbildung 3.16 dargestellt.

Abbildung 3.16 Anlegen der Erweiterungsimplementierung Z_MKTPL_OL_OBJ

Nachdem Sie Ihre Eingaben bestätigt und die Erweiterungsimplementierung angelegt haben, steht Ihnen diese in der anschließend präsentierten Auswahlliste zur Verfügung (siehe Abbildung 3.17). Bitte markieren Sie die entsprechende Zeile, und bestätigen Sie Ihre Eingabe.

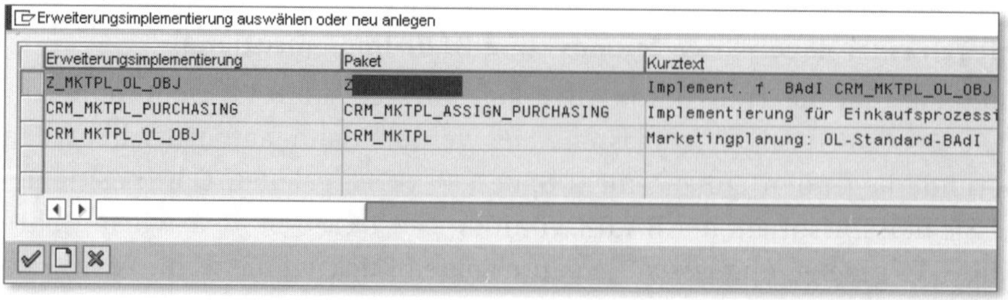

Abbildung 3.17 Auswahl der Erweiterungsimplementierung Z_MKTPL_OL_OBJ

Im folgenden Fenster haben Sie dann die Möglichkeit, den Namen, eine Beschreibung und die zugrunde liegende implementierende Klasse der neu anzulegenden BAdI-Implementierung anzugeben. In unserem Beispiel verwenden wir den gleichen Namen wie für die Erweiterungsimplementierung (Z_MKTPL_OL_OBJ). Entscheidend ist aber, dass Sie als implementierende Klasse die von Ihnen angelegte Subklasse ZCL_DEF_CRM_MKTPL_OL_OBJ zuordnen, wie in Abbildung 3.18 zu sehen ist.

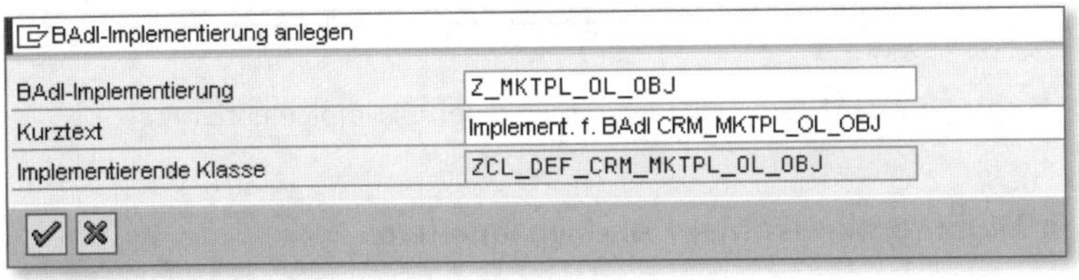

BAdI-Implementierung anlegen	
BAdI-Implementierung	Z_MKTPL_OL_OBJ
Kurztext	Implement. f. BAdI CRM_MKTPL_OL_OBJ
Implementierende Klasse	ZCL_DEF_CRM_MKTPL_OL_OBJ

Abbildung 3.18 Anlegen der BAdI-Implementierung Z_MKTPL_OL_OBJ

Danach können Sie in der Transaktion SE19 überprüfen, ob alle Schritte korrekt durchgeführt worden sind. Lassen Sie sich dort die neu angelegte Erweiterungsimplementierung anzeigen. Wie in Abbildung 3.19 hervorgehoben ist, sollte innerhalb der Erweiterungsimplementierung Z_MKTPL_OL_OBJ eine gleichnamige BAdI-Implementierung vorhanden sein, die der implementierenden Klasse ZCL_DEF_CRM_MKTPL_OL_OBJ zugeordnet ist.

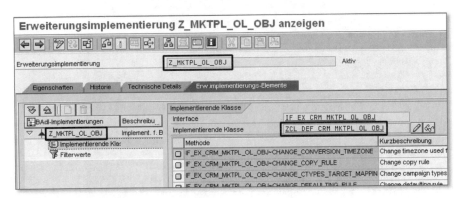

Abbildung 3.19 Kontrolle der Erweiterungsimplementierung

Nun müssen Sie nur noch den Filterwert für Ihre Implementierung ausprägen. Wie bereits erwähnt, müssen Sie dort für Kampagnen den Objekttyp CPG wählen (siehe Abbildung 3.20).

Abbildung 3.20 Ausprägung der Filterbedingung der Erweiterungsimplementierung

Definition von Nummernkreisobjekt und -intervallen

Um in einem späteren Schritt eine saubere Vergabe laufender Nummern sicherstellen zu können, benötigen wir als technische Grundlage ein geeignetes Nummernkreisobjekt sowie darin enthaltene Nummernkreise. Die entsprechenden Einstellungen können Sie in der Transaktion SNRO vornehmen. Bitte achten Sie darauf, eine für das jeweilige Anwendungsbeispiel geeignete Domäne für die Nummernlänge zuzuordnen (siehe Abbildung 3.21).

Abbildung 3.21 Anlegen eines eigenen Nummernkreisobjekts

Nun können Sie die gewünschten Nummernkreisintervalle pflegen. Bitte stellen Sie sicher, dass für unser Beispiel eine interne Nummernvergabe aktiv ist, d. h., das Flag EXT wird nicht gesetzt (siehe Abbildung 3.22).

3.2 Kampagnenmanagement

Abbildung 3.22 Anlegen eigener Nummernkreisintervalle

Definition der Customizing-Tabelle

Wie bereits erwähnt, soll sich das jeweilige Nummernkreisintervall je Kampagnenart zuordnen lassen. Da diese Abhängigkeit nicht über Standard-Customizing hergestellt werden kann, benötigen wir eine eigene Customizing-Tabelle. Einen Vorschlag zu deren Gestaltung finden Sie in Abbildung 3.23.

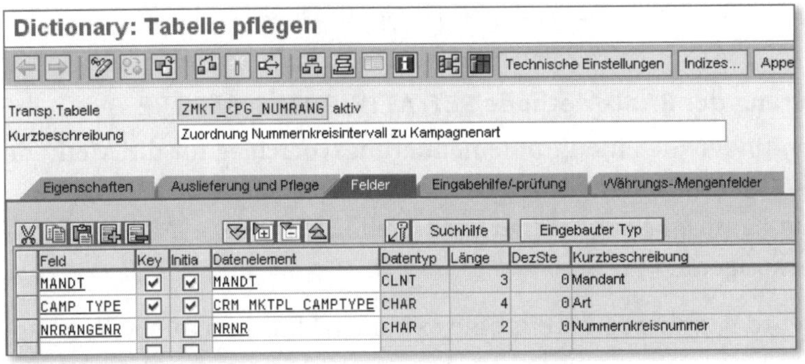

Abbildung 3.23 Eigene Customizing-Tabelle ZMKT_CPG_NUMRANG

Um die spätere Pflege dieser Tabelle möglichst einfach und sicher zu gestalten, bietet es sich an, eine stark eingrenzende Fremdschlüsselbeziehung für das Feld NRRANGENR (Nummernkreisintervall) zu definieren. Die Idee dabei ist, dem späteren Benutzer in einer Auswahlliste nur die Nummernkreisintervalle anzubieten, die auch für unseren Anwendungsfall zur Verfügung stehen. Legen Sie dazu für das Feld NRRANGENR eine neue Fremdschlüsselbeziehung gegen die Prüftabelle NRIV an. In dieser Tabelle werden systemintern die Nummernkreisintervalle elementarer CRM-Anwendungen auf der Basis spezifischer Nummernkreisobjekte verwaltet (z. B. One-Order-Belege, Fakturen). Für unser Beispiel haben wir bereits im letzten Abschnitt das Nummernkreisobjekt Z_MKT_CPG angelegt, auf das Sie sich nun in der Fremdschlüsselbeziehung beziehen können. Tragen Sie dazu den Wert Z_MKT_CPG für das Feld OBJEKT als Konstante in Hochkommata ein, wie in Abbildung 3.24 demonstriert. Nach einer erfolgreichen Sicherung und Aktivierung können Sie anschließend mit dem Tabellenpflegegenerator einen Pflegedialog für Ihre Customizing-Tabelle erzeugen.

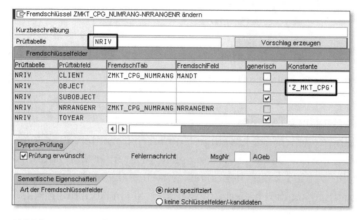

Abbildung 3.24 Definition einer stark eingrenzenden Fremdschlüsselbeziehung

Implementierung der BAdI-Methode SET_ATTRIBUTES_BEFORE

Im Folgenden finden Sie einen Implementierungsvorschlag für die Methode SET_ATTRIBUTES_BEFORE, in der die externe ID einer Kampagne erzeugt bzw. der jeweiligen Kampagne zugeordnet wird (siehe Listing 3.2). Dazu noch folgende Anmerkungen:

1. Zunächst wird geprüft, ob bereits eine externe ID für die aktuelle Kampagne erfasst oder ermittelt worden ist. Die Methode wird nur dann weiter durchlaufen, wenn das entsprechende Feld noch leer ist. Ebenso wird geprüft, ob die Marketingorganisation und die Kampagnenart bereits ermittelt bzw. vom User ausgewählt worden sind. Beide Angaben werden später benötigt, um die externe ID zusammenzusetzen.

2. Dann wird für die verfügbare Marketingorganisation die zugeordnete Verkaufsorganisation des ERP-Systems ermittelt. Dies kann nicht immer vorausgesetzt werden – eventuell befinden sich Marketingorganisation und ERP-Verkaufsorganisation auf unterschiedlichen Ebenen des Organisationsmodells. In diesem Fall müssen Sie die möglichen Pfade im Organisationsmodell ermitteln und analysieren.

3. Im nächsten Schritt wird je Kampagnenart das in unserer eigenen Customizing-Tabelle zugeordnete Nummernkreisintervall ermittelt.

Kampagnenmanagement | 3.2

4. Anschließend wird mit dem Standard-Funktionsbaustein `NUMBER_GET_NEXT` die nächste freie Nummer für unser Nummernkreisobjekt `Z_MKT_CPG` und das gewünschte Intervall ermittelt. Wenn der User die Kampagne anschließend nicht sichert, ist die bereits zugeordnete Nummer verbraucht!

5. Schließlich erfolgt der »Zusammenbau« der externen ID gemäß der gewünschten Struktur. Durch Zuordnung des Wertes zum entsprechenden Changing-Parameter wird die externe ID der aktuellen Kampagne zugeordnet.

```abap
METHOD IF_EX_CRM_MKTPL_OL_OBJ~SET_ATTRIBUTES_BEFORE.
* 0. Declaration:
  CONSTANTS: LC_C    TYPE C LENGTH 1 VALUE 'C',
             LC_SEP TYPE C LENGTH 1 VALUE '-',
             LC_Z_MKT_CPG TYPE INRI-OBJECT VALUE 'Z_MKT_CPG'.
  DATA: LV_VKORG TYPE VKORG,
        LV_EXTERNAL_ID TYPE CRM_MKTPL_EXTERNAL_ID,
        LV_NEW_NUMBER TYPE CRM_MKTPL_EXT_ID_NUMBER_RANGE,
        LS_NRRANGENR TYPE INRI-NRRANGENR.
* 1. --> External ID must be initial
*    --> Marketing ORG and campaign type must be filled
  CHECK ( CS_ATTRIBUTES_NEW-EXTERNAL_ID IS INITIAL )
    AND ( NOT CS_ATTRIBUTES_NEW-MKT_ORG IS INITIAL )
    AND ( NOT CS_ATTRIBUTES_NEW-CAMP_TYPE IS INITIAL ).
* 2. Determine assigned ERP sales org to marketing org:
  CALL FUNCTION 'CRM_MAPPING_SALES_ORG'
    EXPORTING
      IV_SALES_ORG    = CS_ATTRIBUTES_NEW-MKT_ORG
    CHANGING
      CV_VKORG        = LV_VKORG
    EXCEPTIONS
      VALUE_NOT_FOUND = 1
      OTHERS          = 2.
  CHECK SY-SUBRC = 0.
* 3. Get number range interval from own customizing table:
  SELECT SINGLE NRRANGENR FROM ZMKT_CPG_NUMRANG
               INTO LS_NRRANGENR
               WHERE CAMP_TYPE = CS_ATTRIBUTES_NEW-CAMP_TYPE.
  CHECK SY-SUBRC = 0.
* 4. Get next free number from relevant interval:
  CALL FUNCTION 'NUMBER_GET_NEXT'
    EXPORTING
      NR_RANGE_NR            = LS_NRRANGENR
      OBJECT                 = LC_Z_MKT_CPG
    IMPORTING
```

```
      NUMBER                    = LV_NEW_NUMBER
    EXCEPTIONS
      INTERVAL_NOT_FOUND        = 1
      NUMBER_RANGE_NOT_INTERN   = 2
      OBJECT_NOT_FOUND          = 3
      QUANTITY_IS_0             = 4
      QUANTITY_IS_NOT_1         = 5
      INTERVAL_OVERFLOW         = 6
      BUFFER_OVERFLOW           = 7
      OTHERS                    = 8.
  CHECK SY-SUBRC = 0.
* 5. Build and assign external campaign ID
  CONCATENATE LC_C
              LC_SEP
              LV_VKORG
              LC_SEP
              CS_ATTRIBUTES_NEW-CAMP_TYPE
              LC_SEP
              LV_NEW_NUMBER
              INTO LV_EXTERNAL_ID.
  CS_ATTRIBUTES_NEW-EXTERNAL_ID = LV_EXTERNAL_ID.
ENDMETHOD.
```

Listing 3.2 Methode SET_ATTRIBUTES_BEFORE

3.2.2 Erweiterung der Unvollständigkeitsprüfung für Kampagnen

Im Rahmen dieses Praxisbeispiels geht es um die Erweiterung der Unvollständigkeitsprüfung von Marketingelementen; speziell um die Verprobung von Kampagnen. Dies ist in der Praxis häufig ein Thema, da es standardmäßig möglich ist, auch sehr rudimentär gepflegte Kampagnen anzulegen und freizugeben, ohne dass der Erfasser auf initiale Felder aufmerksam gemacht wird. Dadurch kann es passieren, dass beispielsweise Kampagnen ohne elementare Angaben wie z. B. eine Gültigkeitsperiode angelegt und freigegeben werden, was in der Folge zu Problemen führen kann. Anders als beispielsweise im One-Order-Umfeld bietet das für den Marketingkontext zur Verfügung stehende Customizing leider keine Möglichkeiten, entsprechende Prüfungen im Standard abzubilden.

Grundsätzlich können Sie im Web UI per Konfiguration des entsprechenden Views entsprechende Feldeigenschaften festlegen. Sie können dort z. B. definieren, ob ein Feld eingabebereit sein darf und ob es sich um ein Mussfeld handeln soll. Abbildung 3.25 zeigt eine entsprechende Sicht für das Feld PLANSTART in einer Kampagne.

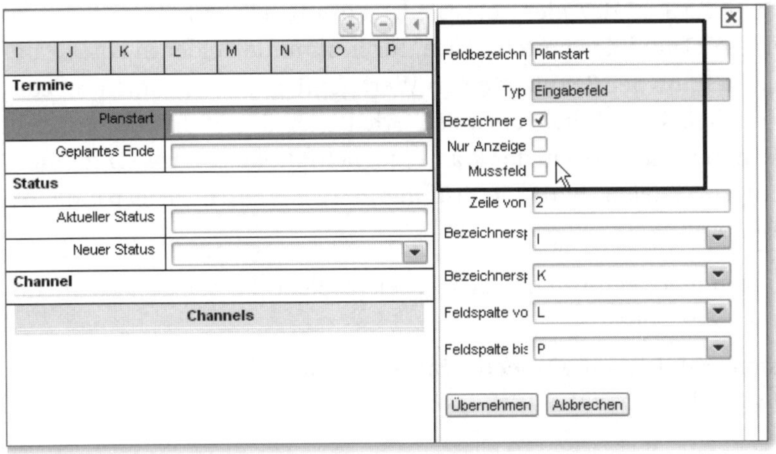

3.2 Kampagnenmanagement

Abbildung 3.25 Festlegung von Feldeigenschaften in der Web-UI-Konfiguration

Aber: Diese Änderungen gelten dann *generell* für die entsprechende Sicht. Eine gezielte Steuerung (z. B. »Feld X soll nur für Kampagnenart Y oder nur für Marketingorganisation Z ein Mussfeld darstellen«) ist durch diese Implementierungsform nicht abgedeckt und damit in der Praxis oft nicht einsetzbar. Für unser Beispiel nehmen wir als zusätzliche Anforderung an, dass es möglich sein soll, bei der Unvollständigkeitsprüfung pro Feld zu definieren, ob ein initialer Wert eine Warnung oder einen Fehler hervorrufen soll.

Speziell für die hier beschriebene Anforderung bietet SAP CRM 7.0 für den Marketingkontext ein interessantes BAdI (CRM_MKTPL_OL_OBJ), das Sie bereits aus dem letzten Abschnitt kennen. Die BAdI-Methode CHECK_ATTRIBUTES verfügt über großzügig bemessene Importparameter, sodass ebenfalls sämtliche Feldwerte eines Marketingelements für eine parametrisierte Unvollständigkeitsprüfung verwendet werden können. Die Exportparameter ET_MESSAGE_LOG sowie EV_HAS_ERRORS erlauben die Ausgabe der gewünschten Meldungen.

> **Tipp: Methode CHANGE_FIELD_ATTRIBUTES**
>
> Wenn Ihnen eine Kennzeichnung als reines Mussfeld (ohne Unterscheidung zwischen Warn- und Fehlermeldung) reicht, können Sie auch die Methode CHANGE_FIELD_ATTRIBUTES verwenden. Sie funktioniert unabhängig vom verwendeten UI und bietet Ihnen noch zusätzlich die Möglichkeit, Felder gezielt für die Eingabe zu sperren (nur Anzeigefunktion) bzw. ganz auszublenden.

In Abbildung 3.26 ist der hier vorgestellte Lösungsansatz in der Übersicht dargestellt. Die Grundidee besteht darin, für bestimmte Felder in einer Kampagne zu prüfen, ob der Benutzer einen Wert gepflegt hat. Wenn ein solches Mussfeld noch keinen Inhalt aufweist, erhält der Benutzer eine entsprechende Meldung. Um einen in der Praxis möglichst hohen Nutzwert für diese Erweiterung zu erzielen, wird die Prüfung in zweierlei Hinsicht parametrisierbar gestaltet:

1. Je Kampagnenart kann definiert werden, welche Felder als Mussfelder geprüft werden sollen.
2. Die Systemreaktion auf ein leeres Mussfeld kann als Warn- oder Fehlermeldung erfolgen.

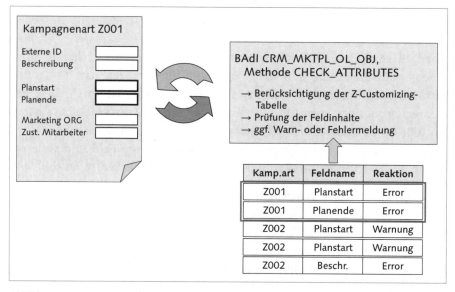

Abbildung 3.26 Lösungsansatz zur Unvollständigkeitsprüfung in Kampagnen

Parametrisierung der Unvollständigkeitsprüfung

Um die versprochene Parametrisierbarkeit der Unvollständigkeitsprüfung zu ermöglichen, bietet sich auch hier die Erstellung einer Z-Customizing-Tabelle an. Wie bereits erwähnt, soll je Kampagnenart auf Feldebene definierbar sein, wie das System auf fehlende Eingaben des Benutzers reagiert. Als mögliche Auswahl zu prüfender Felder stehen Ihnen hier die interne und externe Sicht auf die Attribute einer Marketingkampagne zur Verfügung. Wie Sie auch an den Importparametern IS_ATTRIBUTES und IS_ATTRIBUTES_EXT der Methode CHECK_ATTRIBUTES erkennen können, unterscheidet das CRM-

System zwischen der systeminternen und -externen Darstellung von Feldinhalten eines Marketingelements: Die Taktik (Feld TAKTIK) einer Kampagne beispielsweise wird systemintern im Feld TACTICS (Schlüssel des entsprechenden Customizing-Eintrags) gespeichert, dem Benutzer aber im Feld TACTICSTX (Bezeichnung der Taktik) dargestellt. Im Normalfall können Sie davon ausgehen, dass beide Felder gefüllt sind, wenn der Benutzer eine Taktik ausgewählt hat, und leer, wenn noch keine Taktik ausgewählt bzw. eine bereits eingegebene Taktik wieder entfernt wurde.

Nach unseren Erfahrungen funktioniert die Prüfung auf Felder der internen Sicht im Web UI zuverlässiger: Bei einigen Feldern (z. B. dem Feld PRIORITÄT) kam es vor, dass der Benutzer zwar schon einen zuvor gewählten Feldwert wieder entfernt hatte, vom System jedoch noch der alte Wert für den Importparameter IS_ATTRIBUTES_EXT ermittelt wurde. Im Zweifelsfall gilt auch hier: Ausprobieren!

Für unser Praxisbeispiel werden wir ausschließlich Felder der internen Sicht (IS_ATTRIBUTES) verwenden. In Abbildung 3.27 finden Sie einen Vorschlag dafür, wie die Z-Customizing-Tabelle definiert werden kann.

Abbildung 3.27 Definition der Z-Customizing-Tabelle zur Unvollständigkeitsprüfung in Marketingkampagnen

Um die Pflege von Tabelleneinträgen zu erleichtern, sollten Sie für alle relevanten Felder (CAMP_TYPE, FIELDNAME und SEVERITY) eine Eingabehilfe zur Verfügung stellen. Durch die Verwendung des Standard-Datenelements für die Kampagnenart ist dies bereits für das Feld CAMP_TYPE gegeben. Um dem Benutzer nur für den Kampagnenkontext relevante Felder im Feld FIELDNAME anzubieten, können Sie als pragmatische und einfache Möglichkeit ein eigenes Datenelement mit einer eigenen Domäne definieren, in der Sie ausgewählte Feldnamen des Importparameters IS_ATTRIBUTES als Domänenfestwerte zur Verfügung stellen (siehe Abbildung 3.28).

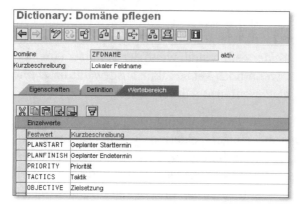

Abbildung 3.28 Domänenfestwerte als Auswahlhilfe für das Feld FIELDNAME

Für das Feld SEVERITY, das die Art der Systemnachricht (Warn- oder Fehlermeldung) festlegt, können Sie analog verfahren (siehe Abbildung 3.29).

Abbildung 3.29 Domänenfestwerte als Auswahlhilfe für das Feld SEVERITY

Implementierung der BAdI-Methode CHECK_ATTRIBUTES

Bitte lesen Sie unbedingt Abschnitt 3.2.1, »Automatische Vergabe von Kampagnen-IDs«, bevor Sie die hier beschriebene Implementierung vornehmen! Dort ist ausführlich beschrieben, welche Schritte durchgeführt werden müssen, damit aus Ihrer Erweiterung keine Modifikation wird und auch keine anderen Standard-Prozesse bzw. -funktionalitäten beeinträchtigt werden. Sie finden dort auch eine Erläuterung dazu, welche Filtereinstellungen Sie auswählen müssen, damit ausschließlich Kampagnen auf Unvollständigkeit geprüft werden.

Im folgenden Listing 3.3 finden Sie einen Implementierungsvorschlag für die Methode CHECK_ATTRIBUTES. Da wir im Falle eines nicht gefüllten Mussfeldes eine Warn- oder Fehlermeldung ausgeben wollen, bietet sich als Ergänzung dazu die Anlage einer eigenen Systemmeldung in der Transaktion SE91 an (siehe Abbildung 3.30).

Abbildung 3.30 Erstellung einer eigenen Nachrichtenklasse und Nachricht

Hier noch einige Erläuterungen zu dem Implementierungsvorschlag aus Listing 3.3:

1. Die Unvollständigkeitsprüfung wird erst dann durchgeführt, wenn der Benutzer sich für eine Kampagnenart entschieden hat.

2.1 Erst mit dieser Information werden die zu prüfenden Felder aus der Z-Customizing-Tabelle einmalig ausgelesen und in einer globalen internen Tabelle gespeichert. Die zu prüfenden Felder sowie die Systemreaktion stehen damit fest und brauchen nicht nochmals von der Datenbank gelesen zu werden. Die Verwendung globaler interner Tabellen setzt die Definition und Typisierung geeigneter Klassenattribute in Ihrer Z-Klasse voraus. Die Abbildungen 3.31 und 3.32 zeigen entsprechende Beispiele.

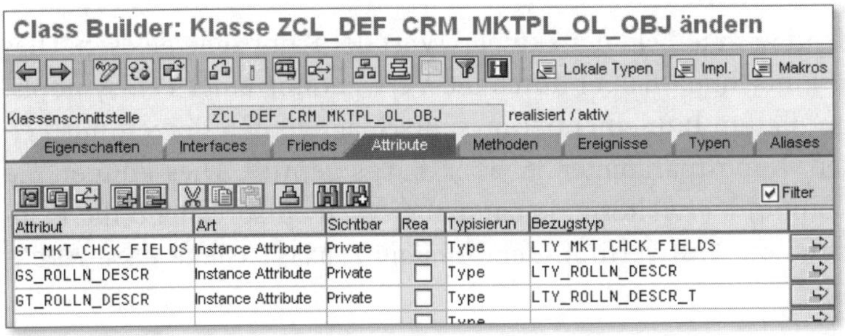

Abbildung 3.31 Definition globaler Variablen bzw. Tabellen

```
Class Builder: Klasse ZCL_DEF_CRM_MKTPL_OL_OBJ ändern
...
Lokale Typen          aktiv
 1  *"* use this source file for any type declarations (class
 2  *"* definitions, interfaces or data types) you need for method
 3  *"* implementation or private method's signature
 4    TYPES:
 5    lty_mkt_chck_fields TYPE TABLE OF zmkt_chck_fields ,
 6
 7      BEGIN OF lty_rolln_descr,
 8        fieldname TYPE fieldname,
 9        scrtext_m TYPE scrtext_m,
10      END OF lty_rolln_descr ,
11
12    lty_rolln_descr_t TYPE TABLE OF lty_rolln_descr .
```

Abbildung 3.32 Klassenlokale Typdefinitionen

2.2 Um dem Benutzer eine möglichst aussagefähige Meldung zu liefern, wird zunächst einmalig für jedes zu prüfende Feld das zugehörige Datenelement anhand der Tabelle DD03L ermittelt und anschließend dessen Bezeichnung in der Anmeldesprache des Benutzers aus der Tabelle DD04T hinzugelesen. Dies ist zwar keine 100%-Lösung, da diese Bezeichnung von derjenigen im Web UI leicht abweichen kann, in der Praxis hat sich diese Methode allerdings als ausreichend präzise bewährt. Alternativ wäre es auch möglich, für jedes geprüfte Feld die genaue Bezeichnung über die UI-Eigenschaften zu ermitteln. Um Performance bzw. Datenbankzugriffe zu sparen, werden alle so ermittelten Kombinationen aus Feldname und Bezeichnung des zugehörigen Datenelements ebenfalls in einer globalen internen Tabelle gespeichert.

3.1 Für die eigentliche Prüfung wird für jedes in der Z-Customizing-Tabelle angegebene Feld zunächst geprüft, ob ein initialer Wert zu einer Warn- oder Fehlermeldung führen soll.

3.2 Anschließend wird je Feld der aktuelle Wert der Kampagne gelesen. Dies erfolgt der Einfachheit halber durch die Verwendung eines Feldsymbols. Wichtig: In diesem Implementierungsvorschlag werden derzeit nur Felder aus dem Importparameter is_attributes geprüft. Dies können Sie natürlich ändern – erweitern Sie dann aber auch entsprechend die Feldauswahl bzw. die Festwerte in der Domäne ZFDNAME (siehe dazu Abbildung 3.28).

3.3 Wird ein leeres Mussfeld ermittelt, wird zunächst die Bezeichnung des verknüpften Datenelements aus der internen Tabelle gt_rolln_descr gelesen.

3.4 Anschließend wird eine entsprechende Warn- oder Fehlermeldung in den Exportparameter ET_MESSAGE_LOG eingestellt und der Parameter EV_HAS_ERRORS auf den Wert abap_true gesetzt.

```abap
METHOD if_ex_crm_mktpl_ol_obj~check_attributes.
*** 0. Declaration:
  CONSTANTS: lc_msgid TYPE c
             LENGTH 18
             VALUE 'Z_MKT_CHECK_FIELDS'.
  DATA: lt_mkt_chck_fields  TYPE
                              STANDARD TABLE OF zmkt_chck_fields,
        ls_mkt_chck_fields  TYPE zmkt_chck_fields,
        ls_badi_message     TYPE crms_mktgs_badi_msg,
        lt_rollname         TYPE STANDARD TABLE OF rollname,
        lv_rollname         TYPE rollname,
        lv_scrtext_m        TYPE scrtext_m,
        BEGIN OF ls_rolln_descr,
          fieldname TYPE fieldname,
          scrtext_m TYPE scrtext_m,
        END OF ls_rolln_descr.
  FIELD-SYMBOLS: <field_value> TYPE ANY.
*** 1. Check: User has decided for a campaign type:
  CHECK is_attributes-camp_type IS NOT INITIAL.
*** 2. Preparations
*** 2.1 Read only once own customizing table --> fields to
***     check and save them in global table:
  IF gt_mkt_chck_fields IS INITIAL.
    SELECT * FROM zmkt_chck_fields
           INTO TABLE gt_mkt_chck_fields
           WHERE camp_type = is_attributes-camp_type.
  ENDIF.
  IF gt_mkt_chck_fields IS NOT INITIAL.
*** 2.2  Read only once data element descriptions for every
***      field to check and save them in global table:
    IF gt_rolln_descr IS INITIAL.
      LOOP AT gt_mkt_chck_fields INTO ls_mkt_chck_fields.
        SELECT SINGLE rollname FROM dd03l INTO lv_rollname
               WHERE tabname  = 'CRMS_MKTPL_OL_ATTRIBUTES'
                 AND fieldname = ls_mkt_chck_fields-fieldname.
        SELECT SINGLE scrtext_m FROM dd04t INTO lv_scrtext_m
               WHERE rollname   = lv_rollname
                 AND ddlanguage = sy-langu.
        IF  ls_mkt_chck_fields-fieldname IS NOT INITIAL
        AND lv_scrtext_m IS NOT INITIAL.
          ls_rolln_descr-fieldname = ls_mkt_chck_fields-fieldname.
```

```
            ls_rolln_descr-scrtext_m = lv_scrtext_m.
          INSERT ls_rolln_descr INTO TABLE gt_rolln_descr.
            ENDIF.
            CLEAR: ls_mkt_chck_fields-fieldname,
                   lv_scrtext_m.
        ENDLOOP.
      ENDIF.
      LOOP AT gt_mkt_chck_fields INTO ls_mkt_chck_fields.
*** 3. Perform check for every relevant field:
*** 3.1  Check: Either warning or error message must be customized:
        IF ls_mkt_chck_fields-severity IS NOT INITIAL.
*** 3.2  Assign curr. value of requested campaign
***        field to field symb.:
          ASSIGN COMPONENT ls_mkt_chck_fields-fieldname
            OF STRUCTURE is_attributes TO <field_value>.
          IF <field_value> IS ASSIGNED
          AND <field_value> IS INITIAL.
*** 3.3  Relevant field was initial --> Read descriptions
***        for relevant data elements to prepare warning or
***        error message:
            READ TABLE gt_rolln_descr
            INTO ls_rolln_descr
            WITH KEY fieldname = ls_mkt_chck_fields-fieldname.
*** 3.4  Construct warning or error message:
            ev_has_errors = abap_true.
            ls_badi_message-msgid = lc_msgid.
            ls_badi_message-msgty = ls_mkt_chck_fields-severity.
            ls_badi_message-msgno = '000'.
            ls_badi_message-msgv1 = ls_rolln_descr-scrtext_m.
            INSERT ls_badi_message INTO TABLE et_message_log.
          ENDIF.
        ENDIF.
        CLEAR: ls_rolln_descr.
      ENDLOOP.
    ENDIF.
ENDMETHOD.
```

Listing 3.3 Unvollständigkeitsprüfung in Kampagnen

Das Ergebnis Ihrer Unvollständigkeitsprüfung sollte dann so aussehen wie in Abbildung 3.33: Das leere Feld PLANSTART hat eine Fehler- und das leere Feld TAKTIK eine Warnmeldung hervorgerufen.

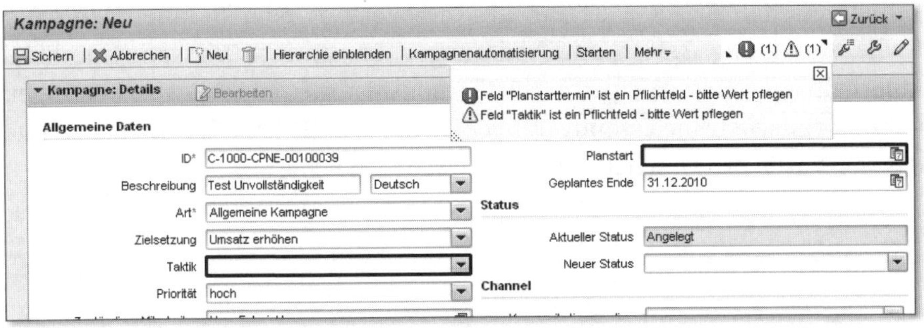

Abbildung 3.33 Ergebnis der eigenen Unvollständigkeitsprüfung

3.3 Marketingmerkmale

Marketingmerkmale sind im CRM-System das zentrale Instrument zur Klassifikation von Geschäftspartnern. Anhand dieser Klassifikationskriterien lassen sich im Segment Builder Zielgruppen aufbauen und anschließend zielgruppengerechte Kampagnen starten. Bei der Arbeit mit Marketingmerkmalen steht man jedoch immer wieder vor zwei Problemen: Zum einen werden Änderungen an den Marketingmerkmalen des Geschäftspartners im CRM-Standard leider nicht in den Änderungsbelegen fortgeschrieben, und zum anderen ist es sehr mühsam, alle zu klassifizierenden Geschäftspartner mit einem bestimmten Merkmal zu kennzeichnen. Für beide Probleme bietet dieser Abschnitt Lösungsansätze. Wir beschreiben, wie die Änderungsbelege des Geschäftspartners um die Marketingmerkmale ergänzt werden können, und stellen eine Methode vor, um Merkmalsbewertungen automatisiert aus CRM-Geschäftsvorgängen heraus vorzunehmen.

3.3.1 Änderungsbelege für Änderungen an Marketingmerkmalen

Um Änderungsbelege für Marketingmerkmale am Geschäftspartner anzuzeigen, bietet SAP den Standard-Report CRM_MKTBP_ATTR_HISTORY. Schöner wäre es jedoch, wenn die Änderungen direkt innerhalb der »normalen« Änderungshistorie eines Geschäftspartners sichtbar wären. Vor allem, wenn es sich um eine überschaubare Anzahl änderungsbelegrelevanter Merkmale handelt, ist die im Folgenden beschriebene Erweiterung gut geeignet, um dieses Ziel zu erreichen.

Als Beispiel nutzen wir ein Marketingmerkmal, das angibt, ob ein Kunde eine bestimmte Produktart gekauft hat, z. B. eine Pumpe. Es gibt zwei verschiedene Pumpenarten, A und B, somit haben wir es mit einem einstelligen Marketingmerkmal (CHAR1) zu tun, das die Werte A oder B annehmen kann (siehe Abbildung 3.34). Um Änderungen an diesem Marketingmerkmal innerhalb der Geschäftspartner-Änderungshistorie anzuzeigen, benötigen wir nun zunächst eine Dummy-Tabelle, in der wir die jeweils aktuellen Werte des Merkmals pro Geschäftspartner zwischenspeichern.

Abbildung 3.34 Marketingmerkmal »Pumpentyp«

Legen Sie eine Tabelle an, die als Felder die Geschäftspartnernummer und Ihr Marketingmerkmal hat (siehe Abbildung 3.35). Für Letzteres legen Sie ein eigenes Datenelement an, das Sie genauso bezeichnen wie das Marketingmerkmal und das auch den gleichen Datentyp besitzt, in unserem Fall also CHAR1 (siehe Abbildung 3.36). Die Bezeichnung des Datenelements ist sehr wichtig, da diese später in den Änderungsbelegen auftaucht!

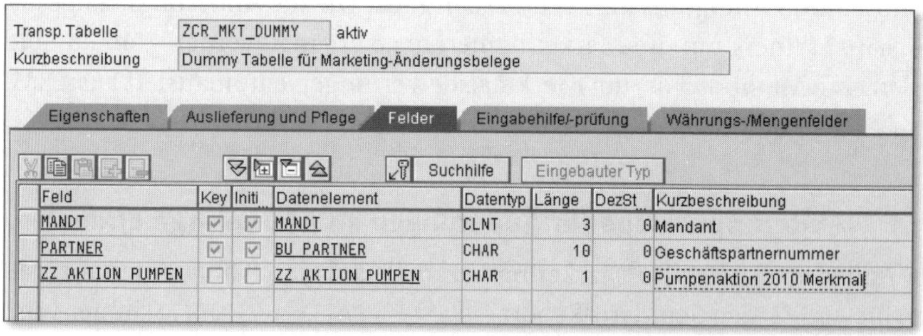

Abbildung 3.35 Dummy-Tabelle für änderungsbelegrelevante Marketingmerkmale

Das Ziel ist nun, bei jeder Änderung des relevanten Marketingmerkmals ZZ_AKTION_PUMPEN den neuen Merkmalswert zur Geschäftspartnernummer in der Dummy-Tabelle zwischenzuspeichern. Gleichzeitig kann für dieses Tabellenfeld dann ein Änderungsbeleg erzeugt werden. Zunächst ist jedoch zu entscheiden, zu welchem Zeitpunkt im Programmablauf unsere Logik eingreifen soll.

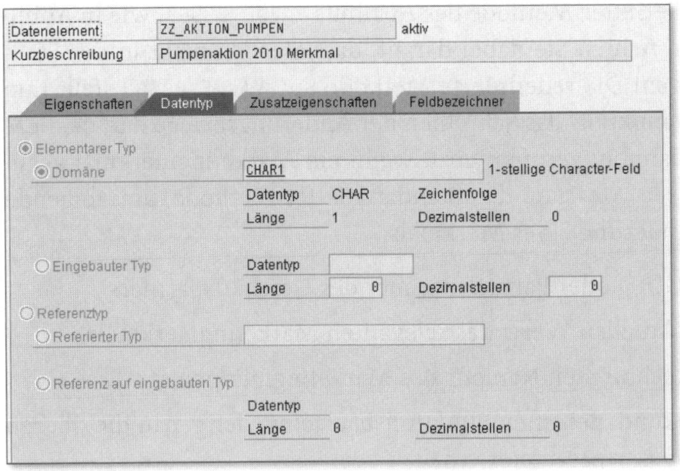

3.3 Marketingmerkmale

Abbildung 3.36 Dummy-Datenelement pro Merkmal anlegen

Leider gibt es kein BAdI, das bei Änderung eines Marketingmerkmals »anspringt«, deshalb wollen wir an dieser Stelle den Weg über eine Framework-Erweiterung gehen, wie bereits in Abschnitt 2.3, »UI-Erweiterungen«, vorgestellt. Wenn Sie die Taste [F2] auf dem Wert eines Marketingmerkmals im Web UI drücken, werden Sie mit den nötigen Informationen für die Erweiterung versorgt (siehe Abbildung 3.37). Erweitern Sie also die Komponente BP_DATA und darin den View MarketingAttributesEOVP.

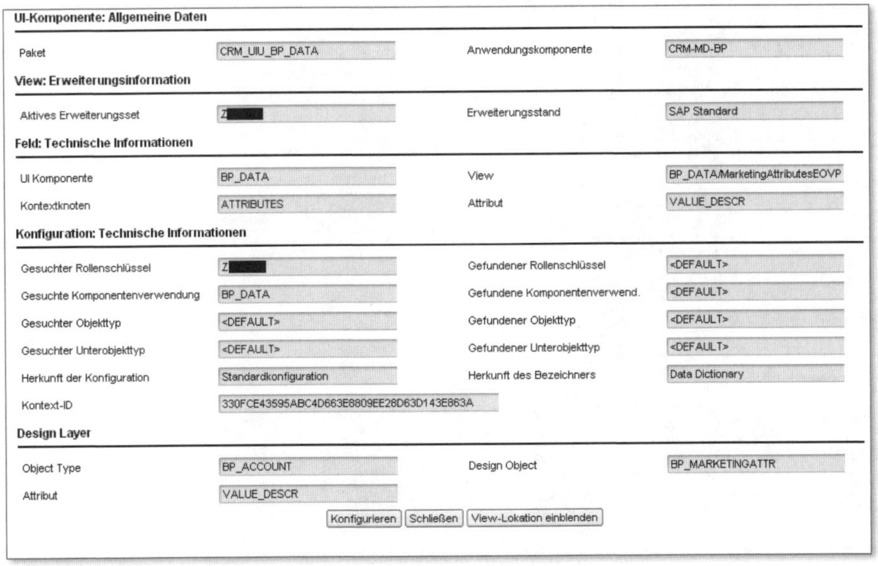

Abbildung 3.37 Technische Daten eines Merkmalswerts im Web UI

Redefinieren Sie die Setter-Methode des Attributs VALUE_DESCR, wie in Abbildung 3.38 gezeigt. Achten Sie dabei darauf, dass Sie sich nicht in der Standard-Klasse bewegen! Die redefinierte Methode SET_VALUE_DESCR stellt nun unseren Ausgangspunkt für das Schreiben der Änderungsbelege dar, da diese Methode immer dann aufgerufen wird, wenn ein Marketingmerkmal geändert wird. Ergänzen Sie nun die Standard-Setter-Methode um folgende Bestandteile bei Änderung eines Merkmals:

- Nachlesen der GUID oder Partnernummer des Geschäftspartners
- Nachlesen des aktuellen Werts des relevanten Marketingmerkmals
- Nachlesen des technischen Namens des Marketingmerkmals
- Aufrufen eines kundeneigenen Funktionsbausteins, der genau die oberen drei Werte als Importparameter erhält

Halten Sie sich dabei zum Beispiel an das in Listing 3.4 gezeigte Coding, das aus dem Programmcode der Standard-Methode und ergänzten Bestandteilen zusammengesetzt ist.

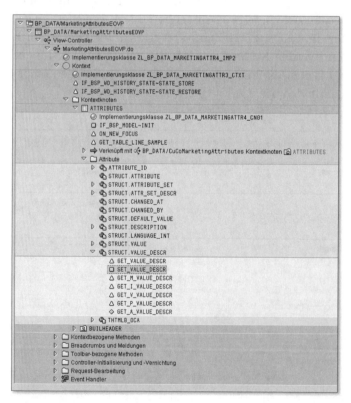

Abbildung 3.38 Setter-Methode für das Feld VALUE_DESCR redefinieren

```abap
METHOD SET_VALUE_DESCR.
  DATA:
    CURRENT TYPE REF TO IF_BOL_BO_PROPERTY_ACCESS,
    DREF    TYPE REF TO DATA,
    DREF2   TYPE REF TO DATA,
    DREF3   TYPE REF TO DATA,
    LV_BP_GUID    TYPE CHAR32,
    COPY       TYPE REF TO DATA,
    LV_TEXT    TYPE STRING,
    LR_ENTITY TYPE REF TO CL_CRM_BOL_ENTITY,
    LR_RESULT TYPE REF TO CL_CRM_BOL_ENTITY,
    LV_INDEX   TYPE SYTABIX.
  FIELD-SYMBOLS:
    <NVAL>        TYPE ANY,
    <OVAL>        TYPE ANY,
    <NVALUE>      TYPE ANY,
    <NVAL_ATTRID> TYPE ANY.
*    get current entity
  IF ITERATOR IS BOUND.
    CURRENT  = ITERATOR->GET_CURRENT( ).
    LV_INDEX = ITERATOR->GET_CURRENT_INDEX( ).
  ELSE.
    CURRENT  = COLLECTION_WRAPPER->GET_CURRENT( ).
    LV_INDEX = COLLECTION_WRAPPER->GET_CURRENT_INDEX( ).
  ENDIF.
*    get old value and dataref to appropriate type
  TRY.
      TRY.
          DREF = CURRENT->GET_PROPERTY( 'VALUE_DESCR' ).
        CATCH CX_CRM_CIC_PARAMETER_ERROR.
      ENDTRY.
    CATCH CX_SY_REF_IS_INITIAL CX_SY_MOVE_CAST_ERROR
          CX_CRM_GENIL_MODEL_ERROR.
      RETURN.
  ENDTRY.
*    assure that attribute exists
  CHECK DREF IS BOUND.
*    set <oval> to old value
  ASSIGN DREF->* TO <OVAL>.
*    create a copy for new value
  CREATE DATA COPY LIKE <OVAL>.
*    set <nval> to new value
  ASSIGN COPY->* TO <NVAL>.
*    fill new value using the right conversion
  TRY.
```

```
        CALL METHOD IF_BSP_MODEL_UTIL~CONVERT_FROM_STRING
          EXPORTING
            DATA_REF = COPY
            VALUE    = VALUE.
      CATCH CX_SY_CONVERSION_ERROR.
        RAISE EXCEPTION TYPE CX_BSP_CONV_FAILED
          EXPORTING
        NAME = 'VALUE_DESCR'.
    ENDTRY.
*    only set new value if value has changed
    IF <NVAL> <> <OVAL>.
      CURRENT->SET_PROPERTY(
           IV_ATTR_NAME = 'VALUE_DESCR'
               IV_VALUE     = <NVAL> ).
    LR_ENTITY ?= COLLECTION_WRAPPER->GET_CURRENT( ).
    CHECK LR_ENTITY IS BOUND.
    LR_RESULT ?= LR_ENTITY->GET_ROOT( ).
    CHECK LR_RESULT IS BOUND.
    CLEAR: LV_BP_GUID.
    CALL METHOD LR_RESULT->IF_BOL_BO_PROPERTY_ACCESS~
        GET_PROPERTY_AS_STRING
        EXPORTING
          IV_ATTR_NAME = 'BP_GUID'
        RECEIVING
          RV_RESULT    = LV_BP_GUID.
    CHECK LV_BP_GUID IS NOT INITIAL.
    TRY.
        DREF2 = CURRENT->GET_PROPERTY( 'VALUE' ).
      CATCH CX_CRM_CIC_PARAMETER_ERROR.
    ENDTRY.
    TRY.
        DREF3 = CURRENT->GET_PROPERTY( 'ATTRIBUTE' ).
      CATCH CX_CRM_CIC_PARAMETER_ERROR.
    ENDTRY.
    CHECK DREF2 IS BOUND AND DREF3 IS BOUND.
    ASSIGN DREF2->* TO <NVALUE>.
    ASSIGN DREF3->* TO <NVAL_ATTRID>.
    IF <NVALUE> IS ASSIGNED AND <NVAL_ATTRID> IS ASSIGNED.
      CALL FUNCTION 'Z_CRM_MKT_CD'
        EXPORTING
          IV_PARTNER_GUID_CHAR = LV_BP_GUID
          IV_VALUE             = <NVALUE>
          IV_ATTRIBUTE         = <NVAL_ATTRID>
        EXCEPTIONS
          PARTNER_NOT_FOUND    = 1
```

```abap
            OTHERS                   = 2.
    ENDIF.
  ENDIF.
  IF GV_NEW_VALUE = ABAP_FALSE.
    IF <OVAL> = SPACE AND <NVAL> <> <OVAL>.
      GV_NEW_VALUE = ABAP_TRUE.
      GV_INDEX     = LV_INDEX.
    ELSE.
      GV_NEW_VALUE = ABAP_FALSE.
    ENDIF.
  ENDIF.
ENDMETHOD.
```

Listing 3.4 Setter-Methode für das Feld VALUE_DESCR

Nun fehlt nur noch das tatsächliche Schreiben der Änderungsbelege im kundeneigenen Funktionsbaustein `Z_CRM_MKT_CD`. Zu beachten ist dabei, dass ein Änderungsbeleg nur dann geschrieben wird, wenn sich der Wert tatsächlich verändert hat, also der aktuelle Wert nicht mit dem übereinstimmt, den wir in der Dummy-Tabelle zwischengespeichert haben. Zudem müssen Sie noch das initiale Setzen des Marketingmerkmals und prinzipiell natürlich auch das Löschen abfangen (siehe Listing 3.5 – das Löschen des Merkmals ist in diesem Beispiel nicht berücksichtigt!).

```abap
FUNCTION Z_CRM_MKT_CD.
*"----------------------------------------------------------
*"*"Lokale Schnittstelle:
*"  IMPORTING
*"     REFERENCE(IV_PARTNER_GUID_CHAR) TYPE  CHAR32
*"     REFERENCE(IV_VALUE)             TYPE  CHAR30
*"     REFERENCE(IV_ATTRIBUTE)         TYPE  CHAR30
*"  EXCEPTIONS
*"     PARTNER_NOT_FOUND
*"     ATTRIBUTE_NOT_RELEVANT
*"----------------------------------------------------------
  DATA: LS_MKT_DUMMY_NEW TYPE ZCR_MKT_DUMMY,
        LS_MKT_DUMMY_OLD TYPE ZCR_MKT_DUMMY,
        LV_PARTNER TYPE BU_PARTNER,
        LV_PARTNER_GUID TYPE BU_PARTNER_GUID,
        LT_RETURN TYPE STANDARD TABLE OF  BAPIRET2,
        LV_OBJID TYPE CDHDR-OBJECTID.
  FIELD-SYMBOLS: <LS_BUT000_NEW> TYPE BUT000.
  INCLUDE CRM_DIRECT.
* Check attribute
  IF IV_ATTRIBUTE NE 'ZZ_AKTION_PUMPEN2'.
```

```abap
      RAISE ATTRIBUTE_NOT_RELEVANT.
      EXIT.
    ENDIF.
    CLEAR: LV_PARTNER, LS_MKT_DUMMY_OLD, LS_MKT_DUMMY_NEW,
           LV_PARTNER_GUID.
*   Get current BP from import
    MOVE IV_PARTNER_GUID_CHAR TO LV_PARTNER_GUID.
    SELECT SINGLE PARTNER FROM BUT000 INTO LV_PARTNER
      WHERE PARTNER_GUID = LV_PARTNER_GUID.
    IF SY-SUBRC NE 0.
      RAISE PARTNER_NOT_FOUND.
      EXIT.
    ENDIF.
*   Get old entry from dummy table
    SELECT SINGLE * FROM ZCR_MKT_DUMMY INTO LS_MKT_DUMMY_OLD
      WHERE PARTNER = LV_PARTNER.
    IF SY-SUBRC = 0.
      IF LS_MKT_DUMMY_OLD-ZZ_AKTION_PUMPEN
        = IV_VALUE.
*   No change
        EXIT.
      ELSEIF LS_MKT_DUMMY_OLD-ZZ_AKTION_PUMPEN
        NE IV_VALUE.
*   Prepare Z-table
        MOVE-CORRESPONDING LS_MKT_DUMMY_OLD TO LS_MKT_DUMMY_NEW.
        LS_MKT_DUMMY_NEW-ZZ_AKTION_PUMPEN =
        IV_VALUE.
*   Write change document to BP
        CLEAR: LV_OBJID.
        MOVE LV_PARTNER TO LV_OBJID.
        CALL FUNCTION 'CHANGEDOCUMENT_OPEN'
          EXPORTING
            OBJECTCLASS      = 'BUPA_BUP'
            OBJECTID         = LV_OBJID
          EXCEPTIONS
            SEQUENCE_INVALID = 1
            OTHERS           = 2.
        CALL FUNCTION 'CHANGEDOCUMENT_SINGLE_CASE'
          EXPORTING
            TABLENAME        = 'ZCR_MKT_DUMMY'
            WORKAREA_NEW     = LS_MKT_DUMMY_NEW
            WORKAREA_OLD     = LS_MKT_DUMMY_OLD
          EXCEPTIONS
            NAMETAB_ERROR    = 1
            OPEN_MISSING     = 2
```

3.3 Marketingmerkmale

```abap
          POSITION_INSERT_FAILED = 3
          OTHERS                 = 4.
      CALL FUNCTION 'CHANGEDOCUMENT_CLOSE'
        EXPORTING
          DATE_OF_CHANGE           = SY-DATLO
          OBJECTCLASS              = 'BUPA_BUP'
          OBJECTID                 = LV_OBJID
          TCODE                    = 'BP'
          TIME_OF_CHANGE           = SY-TIMLO
          USERNAME                 = SY-UNAME
        EXCEPTIONS
          HEADER_INSERT_FAILED     = 1
          NO_POSITION_INSERTED     = 2
          OBJECT_INVALID           = 3
          OPEN_MISSING             = 4
          POSITION_INSERT_FAILED   = 5
          OTHERS                   = 6.
      IF SY-SUBRC = 0.
* Update Z-table
        MODIFY ZCR_MKT_DUMMY FROM LS_MKT_DUMMY_NEW.
      ENDIF.
    ENDIF.
  ELSE.
* No entry for this partner exists in Z-table yet
* Create new entry for Z-table
    LS_MKT_DUMMY_NEW-PARTNER         = LV_PARTNER.
    LS_MKT_DUMMY_NEW-ZZ_AKTION_PUMPEN = IV_VALUE.
    MOVE-CORRESPONDING LS_MKT_DUMMY_NEW TO LS_MKT_DUMMY_OLD.
    CLEAR: LS_MKT_DUMMY_NEW-ZZ_AKTION_PUMPEN.
* Write change document to BP
    CLEAR: LV_OBJID.
    MOVE LV_PARTNER TO LV_OBJID.
    CALL FUNCTION 'CHANGEDOCUMENT_OPEN'
      EXPORTING
        OBJECTCLASS     = 'BUPA_BUP'
        OBJECTID        = LV_OBJID
      EXCEPTIONS
        SEQUENCE_INVALID = 1
        OTHERS           = 2.
    CALL FUNCTION 'CHANGEDOCUMENT_SINGLE_CASE'
      EXPORTING
        CHANGE_INDICATOR       = 'I'
        TABLENAME              = 'ZCR_MKT_DUMMY'
        WORKAREA_NEW           = LS_MKT_DUMMY_NEW
        WORKAREA_OLD           = LS_MKT_DUMMY_OLD
      EXCEPTIONS
```

```
            NAMETAB_ERROR            = 1
            OPEN_MISSING             = 2
            POSITION_INSERT_FAILED   = 3
            OTHERS                   = 4.
       CALL FUNCTION 'CHANGEDOCUMENT_CLOSE'
         EXPORTING
            DATE_OF_CHANGE           = SY-DATLO
            OBJECTCLASS              = 'BUPA_BUP'
            OBJECTID                 = LV_OBJID
            TCODE                    = 'BP'
            TIME_OF_CHANGE           = SY-TIMLO
            USERNAME                 = SY-UNAME
            OBJECT_CHANGE_INDICATOR  = 'I'
         EXCEPTIONS
            HEADER_INSERT_FAILED     = 1
            NO_POSITION_INSERTED     = 2
            OBJECT_INVALID           = 3
            OPEN_MISSING             = 4
            POSITION_INSERT_FAILED   = 5
            OTHERS                   = 6.
      IF SY-SUBRC = 0.
* Update Z-table
         MODIFY ZCR_MKT_DUMMY FROM LS_MKT_DUMMY_NEW.
       ENDIF.
    ENDIF.
ENDFUNCTION.
```

Listing 3.5 Kundeneigener Funktionsbaustein zum Erzeugen von Änderungsbelegen am Geschäftspartner

Sie haben nun erreicht, dass Ihr Funktionsbaustein bei jeder Änderung eines Marketingmerkmals am Geschäftspartner aufgerufen wird. Innerhalb des Funktionsbausteins prüfen Sie, ob es sich um ein relevantes Merkmal und eine tatsächliche Änderung bzw. Neuanlage handelt. Falls ja, schreiben Sie einen Änderungsbeleg. Das Ergebnis in der Änderungshistorie des Geschäftspartners sehen Sie in Abbildung 3.39.

Benutzer	Datum	Uhrzeit	Tabelle	Feld	Alter Wert	Neuer Wert
	08.02.2010	15:12	ZCR_MKT_DUMMY	Pumpenaktion 2010	B	A
	08.02.2010	15:11	ZCR_MKT_DUMMY	Pumpenaktion 2010	A	B
	08.02.2010	01:10	ZCR_MKT_DUMMY	Pumpenaktion 2010	B	A
	08.02.2010	01:09	ZCR_MKT_DUMMY	Pumpenaktion 2010	A	B

Abbildung 3.39 Erweiterte Änderungshistorie am Geschäftspartner

> **Tipp: Vorgehen für SAP-GUI-Releases**
>
> Falls Sie ein früheres Release verwenden, das noch nicht das Web UI nutzt, können Sie mit der beschriebenen Framework-Erweiterung leider nichts anfangen. Bis auf den »Ansatzpunkt«, also die Setter-Methode der Marketingmerkmale, bleibt das Vorgehen jedoch auch für ältere Releases gleich. Anstelle der Framework-Erweiterung können Sie das BAdI PARTNER_UPDATE (Methode CHANGE_BEFORE_OUTBOUND) als Ansatz verwenden. Den aktuellen Geschäftspartner erhalten Sie in diesem Fall mithilfe eines BUPA-Callback-Funktionsbausteins, beispielsweise BUPA_GENERAL_CALLBACK (dies funktioniert aufgrund eines veränderten Speichermanagements übrigens nicht im Web UI, zumindest dann nicht, wenn nur ein Marketingmerkmal geändert wurde!). Darüber hinaus müssen Sie dann noch den aktuellen Wert des betreffenden Merkmals nachlesen; dies können Sie z. B. mit dem Funktionsbaustein CRM_MKTBP_READ_CHAR erreichen.

3.3.2 Automatisierte Merkmalsbewertung aus SAP CRM-Geschäftsvorgängen

Mithilfe der Transaktion CRMD_MKT_TOOLS ist es zwar möglich, Massenänderungen oder Massenzuordnungen von Marketingmerkmalen zu Geschäftspartnern durchzuführen, vorher muss jedoch bereits eine passende Zielgruppe vorhanden sein. Häufig ist es aber gerade diese Zielgruppe, die für eine bestimmte Kampagne gesucht wird. Nehmen wir folgendes Beispiel an: Sie wollen im Jahr 2010 eine Cross-Selling-Aktion für alle Kunden starten, die im Jahr 2009 ein Produkt einer bestimmten Gattung gekauft haben, z. B. Pumpen. Um herauszufinden, welche Kunden mindestens eine Pumpe gekauft haben, möchten Sie ein Marketingmerkmal nutzen. Um dieses nun per Massenänderung zuordnen zu können, müssten Sie allerdings die Zielgruppe kennen – wir drehen uns also im Kreis. Natürlich ist es möglich, die Zielgruppe anhand eines passenden Kriteriums aufzubauen, z. B. anhand einer Produktgruppe. Dies ist jedoch nicht ohne diverse Erweiterungen machbar. Schöner und effizienter wäre es daher, wenn die Marketingmerkmale schon zu dem Zeitpunkt zugeordnet würden, wenn ein Kunde ein Produkt der Gattung »Pumpe« kauft. Wir wollen Ihnen daher zeigen, wie Sie dies automatisiert und ohne manuellen Aufwand erreichen können.

Es bietet sich an, Marketingmerkmale am Ende der Auftragsbearbeitung, also beim Sichern des Belegs, im Hintergrund für den relevanten Geschäftspartner zu setzen, z. B. den Auftraggeber. Technisch könnte dies mithilfe des BAdIs ORDER_SAVE oder mit einer Aktion gelöst werden. Die Aktion ist an dieser Stelle der bessere Weg, weil sie transparenter ist und den relevanten Vorgangsarten per Customizing hinzugefügt und auch wieder entzogen werden kann. Wenn Sie das automatisierte Anlegen der Merkmale beenden wollen, z. B. weil der Aktionszeitraum beendet ist, können Sie die Aktion einfach per Customizing deaktivieren und müssen keinen Entwickler bemühen, der das BAdI `ORDER_SAVE` anpasst. Zudem kann einfach per Customizing gesteuert werden, dass die Aktion nur einmalig und beim Sichern des Belegs ausgeführt werden soll.

Wir gehen im Folgenden davon aus, dass das Marketingmerkmal, das Sie zuordnen möchten, und die Merkmalsgruppe bereits vorhanden sind. Für unser Beispiel (siehe Abbildung 3.40) haben wir das bereits erstellte einfache Merkmal vom Typ `CHAR1` verwendet, das anzeigt, ob der Geschäftspartner eine Pumpe gekauft hat (Merkmalswert = X) oder nicht (Merkmalswert = leer bzw. überhaupt nicht zugeordnet).

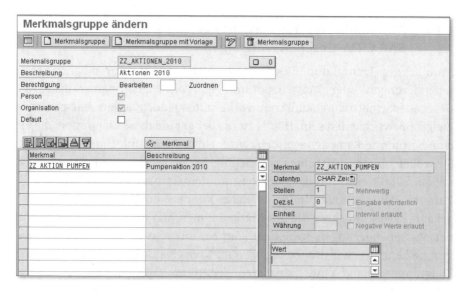

Abbildung 3.40 Merkmalsgruppe mit Merkmal »Pumpenaktion 2010«

Legen Sie nun eine Aktion für alle relevanten Vorgangsarten (z. B. Verkaufsaufträge) an, und implementieren Sie mithilfe des BAdIs `EXEC_METHODCALL_PPF` eine eigene Verarbeitungsmethode, wie bereits in Abschnitt 2.4, »Aktionsverarbeitung«, beschrieben. Innerhalb dieser Methode setzen Sie dann das Marketingmerkmal `ZZ_AKTION_PUMPEN` auf X. Die Prüfung der relevanten Produktgruppe erfolgt innerhalb der Aktionsbedingung; dafür müssen Sie das BAdI `CONTAINER_PPF` implementieren, wie ebenfalls in Abschnitt 2.4 gezeigt.

Starten Sie mit dem Customizing Ihrer Aktionsdefinition. Achten Sie dabei darauf, dass die Aktion automatisch eingeplant und nur einmal ausgeführt wird (siehe Abbildung 3.41). Als Verarbeitungsart tragen Sie METHODENAUFRUF ein und legen eine neue Methode an (dies entspricht einer Implementierung des BAdIs `EXEC_METHODCALL_PPF`).

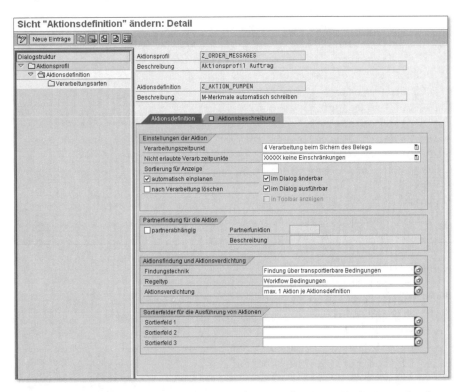

Abbildung 3.41 Aktionsdefinition zur automatischen Zuordnung von Marketingmerkmalen

Einen Coding-Vorschlag für das Setzen des Marketingmerkmals am Auftraggeber innerhalb der BAdI-Methode EXECUTE finden Sie in Listing 3.6. Hier sind die Namen der Merkmalsgruppe und des Merkmals fest vorgegeben – natürlich können Sie diese Daten zur universellen Verwendbarkeit auch aus einer kundeneigenen Customizing-Tabelle nachlesen.

```
METHOD if_ex_exec_methodcall_ppf~execute.
  DATA:  lcl_action_execute    TYPE REF TO cl_action_execute,
         lv_guid_ref           TYPE crmt_object_guid,
         lv_kind_ref           TYPE crmt_object_kind,
         lv_message            TYPE char80,
         lt_req_obj            TYPE crmt_object_name_tab,
         lt_guid               TYPE crmt_object_guid_tab,
```

3 | Praxisbeispiele für den Bereich Marketing

```abap
        lt_partner              TYPE crmt_partner_external_wrkt,
        ls_partner              TYPE crmt_partner_external_wrk,
        lv_profile_template_id  TYPE crmt_mktprof_keys-profile_
            template_id,
        lv_bp_guid              TYPE  crmt_mktprof_keys-bp_guid,
        lt_imp_seltab           TYPE STANDARD TABLE OF  crmt_
            mktprof_comw,
        ls_imp_seltab           TYPE crmt_mktprof_comw,
        lt_return               TYPE STANDARD TABLE OF  bapiret2,
        ls_return               TYPE bapiret2.
  INCLUDE crm_log_states_con.
  INCLUDE crm_object_kinds_con.
  INCLUDE crm_object_names_con.
*****************************************************************
* not relevant if preview is active
  IF NOT ip_preview IS INITIAL.
    MESSAGE s007(crm_action).
    EXIT.
  ENDIF.
  CREATE OBJECT lcl_action_execute.
* get parameter from reference object
  CALL METHOD lcl_action_execute->get_ref_object
    EXPORTING
      io_appl_object = io_appl_object
      ip_action      = ip_action
      ii_container   = ii_container
    IMPORTING
      ev_guid_ref    = lv_guid_ref
      ev_kind_ref    = lv_kind_ref.
*****************************************************************
* Only on header level
  CHECK lv_kind_ref EQ gc_object_kind-orderadm_h.
*****************************************************************
* Get partner Sold-To party
  REFRESH: lt_req_obj, lt_guid, lt_partner.
  INSERT gc_object_name-partner INTO TABLE lt_req_obj.
  INSERT lv_guid_ref INTO TABLE lt_guid.
  CALL FUNCTION 'CRM_ORDER_READ'
    EXPORTING
      it_header_guid       = lt_guid
      it_requested_objects = lt_req_obj
    IMPORTING
      et_partner           = lt_partner
    EXCEPTIONS
      document_not_found   = 1
```

3.3 Marketingmerkmale

```abap
            error_occurred        = 2
            document_locked       = 3
            no_change_authority   = 4
            no_display_authority  = 5
            no_change_allowed     = 6
            OTHERS                = 7.
    CLEAR: ls_partner.
    READ TABLE lt_partner INTO ls_partner
    WITH KEY ref_kind    = gc_object_kind-orderadm_h
             partner_fct = '00000001'.
    IF sy-subrc NE 0.
*     write message into ppf-log
      CALL METHOD cl_log_ppf=>add_message
        EXPORTING
          ip_problemclass = '2'
          ip_handle       = ip_application_log.
*     set return status
      rp_status = '2'.
      EXIT.
    ENDIF.
*****************************************************************
*   Write marketing attribute to Sold-To party
    lv_profile_template_id = 'ZZ_AKTIONEN_2010'.
    MOVE ls_partner-bp_partner_guid TO lv_bp_guid.
    ls_imp_seltab-atname  = 'ZZ_AKTION_PUMPEN'.
    ls_imp_seltab-atwrt   = 'X'.
    INSERT ls_imp_seltab INTO TABLE lt_imp_seltab.
    REFRESH: lt_return.
    CALL FUNCTION 'CRM_MKTBP_CHANGE_BP'
      EXPORTING
        iv_profile_template_id    = lv_profile_template_id
        iv_bp_guid                = lv_bp_guid
*       IV_XDESCR                 = ' '
        iv_fcode                  = 'C'
        IV_MSA                    = 'X'
        iv_commit                 = ' '
*       IV_PARTNER                =
        iv_convert_values         = 'X'
      TABLES
        it_imp_seltab             = lt_imp_seltab
        et_return                 = lt_return.
    CLEAR: ls_return.
    READ TABLE lt_return INTO ls_return
    WITH KEY type = 'E'. "Error occured
    IF sy-subrc = 0.
```

3 | Praxisbeispiele für den Bereich Marketing

```
*    write message into ppf-log
     CALL METHOD cl_log_ppf=>add_message
       EXPORTING
         ip_problemclass = '2'
         ip_handle       = ip_application_log.
*    set return status
     rp_status = '2'.
     EXIT.
   ELSE. "Succesful
     IF lt_return IS INITIAL."Nothing done
*      write message into ppf-log
       CALL METHOD cl_log_ppf=>add_message
         EXPORTING
           ip_problemclass = '2'
           ip_handle       = ip_application_log.
*      set return status
       rp_status = '2'.
       EXIT.
     ELSE.
*      set return status
       rp_status = '1'.
     ENDIF.
   ENDIF.
ENDMETHOD.
```

Listing 3.6 Verarbeitungsmethode zum automatisierten Schreiben von Marketingmerkmalen

Nun müssen Sie nur noch eine Startbedingung für Ihre Aktion erstellen, die die Voraussetzung zum Setzen des Marketingmerkmals für die »Pumpenaktion« prüft. In unserem Beispiel lässt sich anhand der vertriebsbereichsabhängigen PRODUKTGRUPPE 1 im Materialstamm erkennen, ob es sich bei dem Material um eine Pumpe handelt. Implementieren Sie das BAdI CONTAINER_PPF, und setzen Sie Ihren für die Startbedingung selbst erstellten Container-Parameter (Z_SFTMM im Beispiel), wenn die Bedingung zum Setzen des Marketingmerkmals erfüllt ist. Gehen Sie dabei vor, wie in Abschnitt 2.4, »Aktionsverarbeitung«, beschrieben, und halten Sie sich an das in Listing 3.7 gezeigte Coding.

```
METHOD if_ex_container_ppf~modify_container.
  INCLUDE: crm_direct.
  DATA: ls_object         TYPE sibflporb,
        lt_value          TYPE swconttab,
        ls_value          TYPE swcont,
        lv_return         TYPE sy-subrc,
        lv_guid           TYPE crmt_object_guid,
```

```
      lt_guid              TYPE crmt_object_guid_tab,
      lt_status            TYPE crmt_status_wrkt,
      ls_cont_status       TYPE j_status,
      lt_req_objects       TYPE crmt_object_name_tab,
      lt_orgman            TYPE crmt_orgman_wrkt,
      ls_orgman            TYPE crmt_orgman_wrk,
      lt_orderadm_i        TYPE crmt_orderadm_i_wrkt,
      ls_orderadm_i        TYPE crmt_orderadm_i_wrk,
      lv_set               TYPE boolean,
      ls_rel               TYPE comt_pr_frg_rel_orgd,
      ls_set_maintain      TYPE crmt_crmm_pr_salesg_maintain,
      ls_set_data          TYPE crmm_pr_salesg.
  CHECK: ci_container IS BOUND,
  ci_parameter IS BOUND.
* ------- Get the GUID ----------
  CALL METHOD ci_container->get_value
    EXPORTING
      element_name = 'BUSINESSOBJECT'
    IMPORTING
      data         = ls_object.
  lv_guid = ls_object-instid.
  CALL METHOD ci_parameter->get_values
    RECEIVING
      values = lt_value.
  LOOP AT lt_value INTO ls_value WHERE element = 'Z_SETMM'.
    CLEAR ls_value-value.
  ENDLOOP.
  IF sy-subrc NE 0.
    EXIT.
  ENDIF.
  CLEAR: lv_set.
  INSERT gc_object_name-orgman     INTO TABLE lt_req_objects.
  INSERT gc_object_name-orderadm_i INTO TABLE lt_req_objects.
  REFRESH: lt_guid.
  INSERT lv_guid INTO TABLE lt_guid.
  REFRESH: lt_orgman, lt_orderadm_i.
  IF NOT lt_guid IS INITIAL.
    CALL FUNCTION 'CRM_ORDER_READ'
      EXPORTING
        it_header_guid      = lt_guid
        it_requested_objects = lt_req_objects
      IMPORTING
        et_orderadm_i       = lt_orderadm_i
        et_orgman           = lt_orgman
      EXCEPTIONS
```

```abap
              document_not_found      = 1
              error_occurred          = 2
              document_locked         = 3
              no_change_authority     = 4
              no_display_authority    = 5
              no_change_allowed       = 6
              OTHERS                  = 7.
      ENDIF.
      READ TABLE lt_orgman INTO ls_orgman
      WITH KEY ref_kind = gc_object_kind-orderadm_h.
      IF sy-subrc = 0.
        LOOP AT lt_orderadm_i INTO ls_orderadm_i.
          CLEAR: ls_rel, ls_set_maintain, ls_set_data.
          MOVE ls_orgman-sales_org TO ls_rel-sales_org.
          MOVE ls_orgman-dis_channel to ls_rel-distr_chan.
          MOVE ls_orderadm_i-product TO ls_rel-product_guid.
          CALL FUNCTION 'CRM_CRMM_PR_SALESG_GET'
            EXPORTING
              iv_product_guid         = ls_orderadm_i-product
              is_rel                  = ls_rel
            IMPORTING
              es_set_maintain         = ls_set_maintain
            EXCEPTIONS
              not_found               = 1
              OTHERS                  = 2.
          IF sy-subrc <> 0.
            CONTINUE.
          ENDIF.
* Check product group 1 = '001'
          ls_set_data = ls_set_maintain-data.
          IF ls_set_data-prc_group1 = '001'.
            lv_set                    = true.
          ENDIF.
        ENDLOOP.
        IF lv_set = true.
* --------- Set parameter Z_SETMM -----------
          CALL METHOD ci_parameter->set_value
            EXPORTING
              element_name = 'Z_SETMM'
              data         = 'X'
            RECEIVING
              retcode      = lv_return.
        ELSE. "Parameter löschen
          CALL METHOD ci_parameter->set_value
            EXPORTING
```

```
            element_name = 'Z_SETMM'
            data         = ' '
         RECEIVING
            retcode      = lv_return.
      ENDIF.
    ENDIF.
ENDMETHOD.
```

Listing 3.7 BAdI CONTAINER_PPF zur Bedingungsprüfung auf Produktgruppe 1 des Materials

Wenn Sie die Startbedingung der Aktion eingestellt haben, wie in Abbildung 3.42 gezeigt, sollte das Ziel nun erreicht sein: Wenn sich im Auftrag (irgend)ein Material mit der vertriebsbereichsabhängigen Produktgruppe 1 = 001 = »Pumpen« befindet, wird die Aktion ausgeführt, die am Auftraggeber das Marketingmerkmal ZZ_AKTION_PUMPEN auf X (»Kunde hat Pumpe gekauft«) setzt. Mithilfe des Segment Builders können Sie nun eine Zielgruppe anhand dieses Merkmals aufbauen und erhalten somit alle Kunden, die im Aktionszeitraum eine Pumpe gekauft haben.

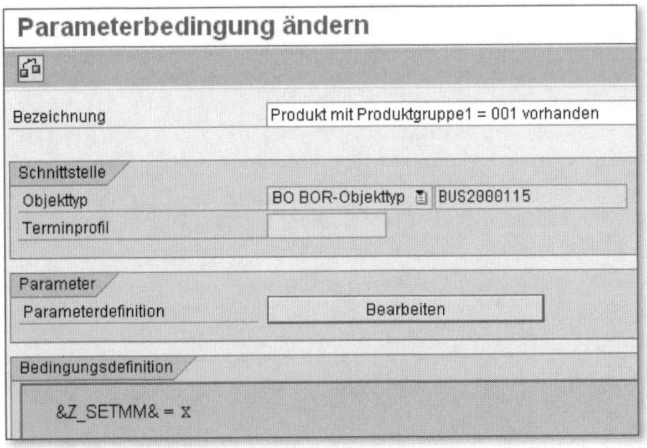

Abbildung 3.42 Startbedingung zum automatischen Setzen von Marketingmerkmalen

Bitte beachten Sie, dass es mit diesem Konzept noch nicht möglich ist, Merkmale automatisiert wieder zu löschen (beispielsweise weil der Kunde den Auftrag storniert oder die Pumpe retourniert hat). Mit dem bisher Gelesenen sollten Sie inzwischen jedoch in der Lage sein, diese Probleme zu lösen.

Wie bereits die Länge dieses Kapitels vermuten lässt: Einerseits bietet SAP CRM ein breites Spektrum von Prozessen, Funktionalitäten und Erweiterungsmöglichkeiten im Sales-Umfeld, andererseits sorgt die kreative Phantasie eines guten Vertriebsmitarbeiters in der Projektpraxis immer wieder für neue Herausforderungen für einen Anwendungsberater. Entsprechend viele und vielseitige Anwendungsbeispiele haben wir hier für Sie zusammengestellt.

4 Praxisbeispiele für den Bereich Sales

Wir widmen uns in diesem Kapitel den Sales-Grundfunktionen (Aktionsverarbeitung, Partnerfindung, Textfindung, Preisfindung) und gehen näher auf integrative Aspekte im Bereich des Marketings sowie der Logistik ein. Wir zeigen zudem praktische Features für die Auftragsabwicklung allgemein, die sich z. T. auch auf andere Szenarien (z. B. Service) übertragen lassen. Abschließend stellen wir Ihnen Erweiterungsmöglichkeiten der CRM-Fakturierung anhand von vier Praxisbeispielen im Detail vor.

4.1 Aktionsverarbeitung

Im Folgenden stellen wir Ihnen zwei Praxisbeispiele für die Anwendung der Aktionsverarbeitung im Sales-Sektor vor. In Abschnitt 4.1.1 geht es um das automatische Erledigen von Angeboten, die ihr Gültigkeitsende erreicht haben. Dabei sollen auch Aktivitäten, die zu einem Angebot bestehen, automatisch erledigt werden, wenn das Ursprungsangebot erledigt wird. Das Interessante an diesem Beispiel ist, dass sich das beschriebene Systemverhalten ohne Entwicklungsaufwand im CRM-Standard realisieren lässt, dies jedoch vielen CRM-Entwicklern nicht bekannt ist.

In Abschnitt 4.1.2, »Verteilen von Kopfwerten auf die Positionen«, zeigen wir Ihnen dann, wie sich Feldinhalte mithilfe der Aktionsverarbeitung einfach auf alle vorhandenen Positionen eines Belegs verteilen lassen. Hiermit schaffen wir eine Lösung für das Problem, viele bestehende Positionen im Nachhinein einzeln und manuell ändern zu müssen.

4.1.1 Erledigung von Angeboten und Folgeaktivitäten bei Erreichen des Gültigkeitsendes

Im Vertrieb werden Angebote normalerweise immer mit einem Gültigkeitszeitraum versehen. Bis zum Erreichen des Gültigkeitsendes ist das Unternehmen an die angebotenen Leistungen und Konditionen gebunden, danach muss gegebenenfalls neu verhandelt werden. Auch in SAP CRM wird mit Gültigkeitszeiträumen in Angeboten gearbeitet; dafür gibt es im Standard bereits entsprechende Terminarten (QUOTSTART und QUOTEND). Was aber passiert, wenn das Gültigkeitsende erreicht ist? Ohne weiteres Zutun passiert zunächst gar nichts. Im Normalfall bedeutet dies aber auch, dass die Belege weiterhin in ihrem letzten Status (z. B. *in Bearbeitung* oder *offen*) im System sind und auch weiterhin auf entsprechenden To-do-Listen der Vertriebsmitarbeiter auftauchen. Auch im Reporting oder sogar in Prognosen könnten diese Angebote noch auftauchen, weil sie nicht erledigt sind. Der Vertriebsmitarbeiter muss also manuell alle abgelaufenen Angebote auf den Status *erledigt* setzen, damit sie nicht mehr »stören«. Dies lässt sich durch die Aktionsverarbeitung vereinfachen: Sobald das Gültigkeitsende eines Angebots erreicht ist, soll es automatisch auf den Status *erledigt* gesetzt werden. Dies lässt sich durch eine Aktion mit Methodenaufruf erreichen. Es muss dafür in diesem Fall noch nicht einmal selbst programmiert werden, der Standard bietet bereits die Methode `COMPLETE_DOCUMENT`.

Was ist also zu tun? Sie brauchen ein Aktionsprofil für Ihre Angebotsart, eine Aktion, die die Methode `COMPLETE_DOCUMENT` aufruft, und eine Aktionsbedingung (Startbedingung), die das Gültigkeitsenddatum im Beleg mit dem Tagesdatum vergleicht. Seit SAP CRM 5.0 ist sogar dieses Aktionsprofil bereits im Standard vorhanden – Sie können einfach das Aktionsprofil QUOTATION bzw. die Aktionsdefinition QUOTATION_COMPLETE verwenden oder kopieren.

Lassen Sie uns nun etwas weiter denken: Vermutlich bestehen zu Ihrem Angebot weitere Folgebelege, beispielsweise Aktivitäten. Natürlich sind auch diese nicht mehr relevant, wenn das Angebot erledigt wurde (sei es aufgrund des Gültigkeitsendes oder weil ein Vertriebsmitarbeiter es manuell erledigt hat). Daher wäre es nützlich, wenn auch alle verknüpften Aktivitäten erledigt würden, wenn das Angebot selbst erledigt wird. Wir wollen also nun bei der Erledigung eines Angebots auch alle Folgebelege vom Typ *Aktivität* bzw. einer bestimmten Vorgangsart erledigen. Dabei ist es unerheblich, *wie* das Angebot erledigt wurde (manuell, durch eine Aktion, durch einen Report etc.).

Natürlich könnten Sie Ihr Ziel auch in diesem Fall wieder auf anderen Wegen erreichen – z. B. beim Statuswechsel über das BAdI `CRM_ORDER_STATUS` oder beim Sichern über das BAdI `ORDER_SAVE` oder sogar mit einem periodisch laufenden Report. Aktionen sind aber vor allem deshalb so beliebt, weil sie transparent sind – die Funktion läuft nicht unbemerkt ab, sondern lässt sich anhand diverser Protokolle verfolgen, sodass Fehler bemerkt werden können. Zudem gibt es keine Zeitverzögerung wie bei einer Report-Lösung.

Die erste Frage, die wir uns stellen müssen, ist, wo die Aktion ablaufen soll – am Angebot oder an den Aktivitäten. Grundsätzlich ist beides möglich, der performantere Weg ist jedoch, die Aktion am Angebot zu platzieren, da in diesem Fall das performanceintensive Lesen des Belegflusses nur dann stattfinden muss, wenn die Aktion wirklich ablaufen soll. Im umgekehrten Fall müsste bereits für die Prüfung der Bedingung (das Angebot hat den Status *erledigt*) der Belegfluss nachgelesen werden. Wir benötigen also eine Aktion mit Methodenaufruf am Angebot, die:

1. als Startbedingung auf den Status *erledigt* prüft
2. im Belegfluss nach Folgebelegen vom Typ *Aktivität* sucht
3. diese Folgebelege, sofern gefunden, auf den Status *erledigt* setzt

Die Aktion soll nur ein einziges Mal ablaufen, nämlich sobald das Angebot den Status *erledigt* erhält. Der CRM-Standard sieht für diesen Fall bereits die Verarbeitungsmethode `COMPLETE_FOLLOW_UP_DOCUMENT` vor. Sie können diese Methode für Ihre Aktionsdefinition verwenden, allerdings müssen Sie sie noch mit der Vorgangsart der zu erledigenden Nachfolgebelege »füttern«. Dies geschieht über den Parameter-Editor, ähnlich wie das Anlegen eines neuen Container-Parameters (siehe dazu auch Abschnitt 2.4, »Aktionsverarbeitung«). Über das Customizing der Aktionsdefinition im Bereich VERARBEITUNGSARTEN (Abbildung 4.1) können Sie nach dem Eintragen der Verarbeitungsmethode über den Button DEFINITION ÄNDERN einen neuen Parameter anlegen. Dieser muss in diesem Fall unbedingt `PROCESS_TYPE` heißen und vom Datentyp `CRMT_PROCESS_TYPE` sein, da die Methode intern darauf prüft. Zudem müssen Sie im Bereich INITIALWERT die gewünschte Vorgangsart hinterlegen, im Beispiel ist es 0000.

Wenn wir nun noch eine passende Startbedingung erstellen, die auf den Status *erledigt* prüft, haben wir unser Ziel erreicht: Sobald das Angebot erledigt wird, werden über die Aktion auch alle Folgebelege der Vorgangsart 0000 erledigt – und das ganz ohne eigene Programmierung. Falls Sie weitere Prüfungen benötigen, die sich nicht über den Bedingungseditor realisieren lassen, oder wenn Ihnen beispielsweise die Spezifizierung über die Vorgangsart nicht ausreicht, steht es Ihnen natürlich frei, auf Grundlage der Methode `COMPLETE_FOLLOW_UP_DOCUMENT` eine eigene Verarbeitungslogik zu implementieren.

4 | Praxisbeispiele für den Bereich Sales

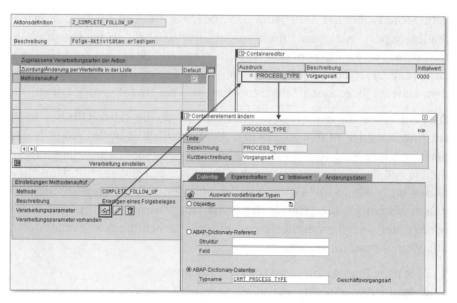

Abbildung 4.1 Vorgangsart als Parameter für die Methode COMPLETE_FOLLOW_UP_DOCUMENT

4.1.2 Verteilen von Kopfwerten auf die Positionen

Häufig stehen Anwender vor dem Problem, dass sie bereits sehr viele Positionen in einem Beleg eingegeben haben und dann nachträglich ein Feld in allen Positionen ändern müssen. Dies könnte z. B. das Wunschlieferdatum betreffen oder auch das Werk (CRM-Partnerfunktion 00000035 – *Lieferant*). Möglicherweise steht Ihnen zwar ein entsprechendes Kopffeld zur Verfügung, jedoch wird der Wert vom Kopf nur auf neue Positionen verteilt und nicht auf bereits vorhandene. (Achtung: Es gibt auch Felder, die auf bereits vorhandene Positionen verteilt werden, allerdings nur dann, wenn Sie das Feld noch nicht manuell auf Positionsebene geändert haben!) Das bedeutet, dass alle bereits vorhandenen Positionen manuell angepasst werden müssten, was sehr zeitaufwendig sein kann.

Mithilfe der Aktionsverarbeitung lässt sich hier jedoch eine komfortable Lösung erreichen, die alle Positionen in einem Zug ändert. Grundsätzlich können Sie dabei ein vorhandenes Kopffeld als Ausgangswert für die Verteilung auf die Positionen benutzen oder die möglichen Werte anderweitig ermitteln. In unserem Beispiel wollen wir das Werk, also den Partner in der Partnerfunktion *Lieferant*, in allen Positionen ändern. Im Normalfall wird das Werk auf Kopfebene im Beleg nicht benötigt, d. h., vor dem Ausführen der

Aktion muss der Partner auf Kopfebene hinzugefügt werden. Mittels einer Aktion soll er dann in alle Positionen verteilt bzw. dort geändert werden.

Legen Sie zunächst eine neue Implementierung des BAdIs `EXEC_METHODCALL_PPF` an, wie in Abschnitt 2.5, »Parametrisierbarkeit von Erweiterungen«, beschrieben, und verwenden Sie diese für eine Aktionsdefinition, die Sie z. B. *Werksänderung* nennen. Markieren Sie für die Aktion das Feld IN TOOLBAR ANZEIGEN, damit der Anwender sie möglichst problemlos erreichen kann, ohne dass er erst in den Aktionsbereich verzweigen muss. Die Aktion darf natürlich nicht automatisch eingeplant werden und muss im Dialog ausführbar sein. Der Ausführungszeitpunkt sollte *sofort* sein (siehe Abbildung 4.2). Start- und Einplanbedingungen sind für unser Beispiel nicht nötig.

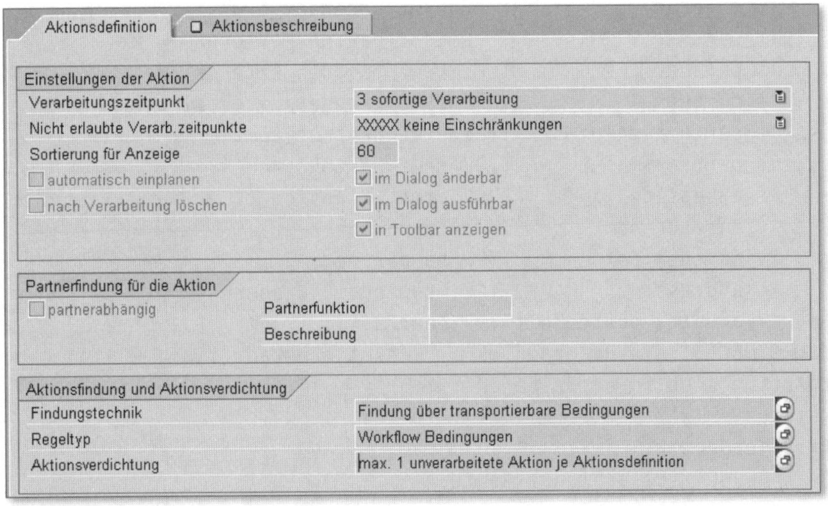

Aktionsdefinition	Aktionsbeschreibung	
Einstellungen der Aktion		
Verarbeitungszeitpunkt	3 sofortige Verarbeitung	
Nicht erlaubte Verarb.zeitpunkte	XXXXX keine Einschränkungen	
Sortierung für Anzeige	60	
☐ automatisch einplanen	☑ im Dialog änderbar	
☐ nach Verarbeitung löschen	☑ im Dialog ausführbar	
	☑ in Toolbar anzeigen	
Partnerfindung für die Aktion		
☐ partnerabhängig	Partnerfunktion	
	Beschreibung	
Aktionsfindung und Aktionsverdichtung		
Findungstechnik	Findung über transportierbare Bedingungen	
Regeltyp	Workflow Bedingungen	
Aktionsverdichtung	max. 1 unverarbeitete Aktion je Aktionsdefinition	

Abbildung 4.2 Aktionsdefinition »Werksänderung«

Innerhalb Ihrer Verarbeitungsmethode (BAdI-Implementierung) suchen wir uns nun zunächst den Business-Partner in der Partnerfunktion *Werk* auf Kopfebene. Das gefundene Werk wird dann im Folgenden in alle Positionen geschrieben, in denen vorher bereits ein Werk vorhanden war (siehe Listing 4.1).

```
METHOD if_ex_exec_methodcall_ppf~execute.
* General Constants for CRM
   INCLUDE crm_direct.
* Constants
   DATA: lc_problemclass2         TYPE bal_s_msg-probclass
                                  VALUE '2'
       , lc_partnerfct_vendor     TYPE crmt_partner_fct
                                  VALUE '00000035'.
```

```abap
* Objects
  DATA: lcl_action_execute    TYPE REF TO cl_action_execute.
* Data declaration
  DATA: lv_error              TYPE c LENGTH 1
      , ls_log_handle         TYPE balloghndl
      , ls_guid_ref           TYPE crmt_object_guid
      , ls_kind_ref           TYPE crmt_object_kind
      , lt_header             TYPE crmt_object_guid_tab
      , ls_requested_obj      TYPE crmt_object_name
      , lt_requested_obj      TYPE crmt_object_name_tab
      , lt_input_field_names  TYPE crmt_input_field_names_tab
      , ls_input_field_names  TYPE crmt_input_field_names
      , lt_input_fields       TYPE crmt_input_field_tab
      , ls_input_fields       TYPE crmt_input_field
      , lt_orderadm_i         TYPE crmt_orderadm_i_wrkt
      , lt_partner            TYPE crmt_partner_external_wrkt
      , ls_partner            TYPE crmt_partner_external_wrk
      , ls_partner_i          TYPE crmt_partner_external_wrk
      , lt_partner_maint      TYPE crmt_partner_comt
      , ls_partner_maint      TYPE crmt_partner_com
      , lt_exception          TYPE crmt_exception_t
      , lv_partner_no         TYPE bu_partner
      , lv_partner_no2        TYPE bu_partner
      , ls_address            TYPE  bapibus1006_address
      , lv_country_postcode   TYPE char20.
  FIELD-SYMBOLS: <ls_orderadm_i> TYPE crmt_orderadm_i_wrk.
* Set Action ends in error as default
  rp_status = '2'.
* Get ref object
  CREATE OBJECT lcl_action_execute.
* Get parameter from reference object
  CALL METHOD lcl_action_execute->get_ref_object
    EXPORTING
      io_appl_object = io_appl_object
      ip_action      = ip_action
      ii_container   = ii_container
    IMPORTING
      ev_guid_ref    = ls_guid_ref
      ev_kind_ref    = ls_kind_ref.
* Build requested objects for FM CRM_ORDER_READ
    ls_requested_obj = gc_object_name-partner.
  INSERT ls_requested_obj INTO TABLE lt_requested_obj.
    ls_requested_obj = gc_object_name-orderadm_i.
  INSERT ls_requested_obj INTO TABLE lt_requested_obj.
* Build table for select data
  INSERT ls_guid_ref INTO TABLE lt_header.
```

```abap
* Fill input fields names for FM CRM_ORDER_MAINTAIN
    ls_input_field_names-fieldname = 'DISPLAY_TYPE'.
  INSERT ls_input_field_names INTO TABLE lt_input_field_names.
    ls_input_field_names-fieldname = 'KIND_OF_ENTRY'.
  INSERT ls_input_field_names INTO TABLE lt_input_field_names.
    ls_input_field_names-fieldname = 'NO_TYPE'.
  INSERT ls_input_field_names INTO TABLE lt_input_field_names.
    ls_input_field_names-fieldname = 'PARTNER_NO'.
  INSERT ls_input_field_names INTO TABLE lt_input_field_names.
    ls_input_field_names-fieldname = 'PARTNER_FCT'.
  INSERT ls_input_field_names INTO TABLE lt_input_field_names.
* Read partner data and all item admin data
  CALL FUNCTION 'CRM_ORDER_READ'
    EXPORTING
      it_header_guid      = lt_header
      iv_mode             = gc_mode-display
      it_requested_objects = lt_requested_obj
    IMPORTING
      et_partner          = lt_partner
      et_orderadm_i       = lt_orderadm_i
    CHANGING
      cv_log_handle       = ls_log_handle
    EXCEPTIONS
      document_not_found  = 1
      error_occurred      = 2
      document_locked     = 3
      no_change_authority = 4
      no_display_authority = 5
      no_change_allowed   = 6
      OTHERS              = 7.
  IF sy-subrc <> 0.
    lv_error = true.
  ELSE.
* Get vendor from header partners
    CLEAR: ls_partner, lv_partner_no.
    READ TABLE lt_partner INTO ls_partner
    WITH KEY ref_kind   = gc_object_kind-orderadm_h
             partner_fct = lc_partnerfct_vendor
             mainpartner = true.
    IF sy-subrc NE 0.
      lv_error = true.
    ELSE.
      MOVE ls_partner-partner_no TO lv_partner_no.
    ENDIF.
* Check if at least one item has a vendor maintained
    READ TABLE lt_partner TRANSPORTING NO FIELDS
```

```abap
          WITH KEY ref_kind    = gc_object_kind-orderadm_i
                   partner_fct = lc_partnerfct_vendor
                   mainpartner = true.
      IF sy-subrc NE 0.
        lv_error = true.
      ENDIF.
      IF lv_error NE true.
* Set vendor on all items (replace)
        LOOP AT lt_orderadm_i ASSIGNING <ls_orderadm_i>.
          CLEAR ls_partner_i.
          READ TABLE lt_partner INTO ls_partner_i
            WITH KEY partner_fct = lc_partnerfct_vendor
                     ref_kind    = gc_object_kind-orderadm_i
                     ref_guid    = <ls_orderadm_i>-guid
                     mainpartner = true.
          IF sy-subrc = 0.
* Fill input fields
            CLEAR: ls_input_fields.
            ls_input_fields-field_names[]     = lt_input_field_names.
            ls_input_fields-ref_guid          = <ls_orderadm_i>-guid.
            ls_input_fields-ref_kind          = gc_object_kind-orderadm_i.
            ls_input_fields-objectname        = gc_object_name-partner.
            ls_input_fields-logical_key(4)    = '0000'.
            ls_input_fields-logical_key+4(8)  = lc_partnerfct_vendor.
            WRITE ls_partner_i-partner_no TO ls_input_fields-logical_
                 key+12(10) LEFT-JUSTIFIED NO-ZERO.
            ls_input_fields-logical_key+28(4) = 'BPBP'.
            INSERT ls_input_fields INTO TABLE lt_input_fields.
            CLEAR: ls_partner_maint, lv_partner_no2.
            ls_partner_maint-ref_guid         = <ls_orderadm_i>-guid.
            ls_partner_maint-ref_kind         = gc_object_kind-orderadm_i.
            ls_partner_maint-ref_partner_no   = ls_partner_i-partner_no.
            ls_partner_maint-ref_partner_fct  = lc_partnerfct_vendor.
            ls_partner_maint-ref_no_type      = 'BP'.
            ls_partner_maint-ref_display_type = 'BP'.
            ls_partner_maint-kind_of_entry    = 'C'.
            ls_partner_maint-partner_fct      = lc_partnerfct_vendor.
            IF lv_partner_no CO ' 0123456789'.
              UNPACK lv_partner_no TO lv_partner_no2.
            ELSE.
              lv_partner_no2 = lv_partner_no.
            ENDIF.
            ls_partner_maint-partner_no       = lv_partner_no2.
            ls_partner_maint-mainpartner      = true.
            ls_partner_maint-partner_guid     = ls_partner_i-partner_guid.
            ls_partner_maint-display_type     = 'BP'.
```

```abap
            ls_partner_maint-no_type          = 'BP'.
            INSERT ls_partner_maint INTO TABLE lt_partner_maint.
          ELSE.
* do nothing
          ENDIF.
        ENDLOOP.
        IF NOT lt_partner_maint IS INITIAL.
          CALL FUNCTION 'CRM_ORDER_MAINTAIN'
            EXPORTING
              it_partner         = lt_partner_maint
            IMPORTING
              et_exception       = lt_exception
            CHANGING
              ct_input_fields    = lt_input_fields
            EXCEPTIONS
              error_occurred     = 1
              document_locked    = 2
              no_change_allowed  = 3
              no_authority       = 4
              OTHERS             = 5.
          IF sy-subrc NE 0.
            lv_error = true.
          ENDIF.
        ELSE.
          lv_error  = true.
          rp_status = 2.
        ENDIF.
      ENDIF.
* Save the document
      IF lv_error = false.
        CALL METHOD lcl_action_execute->register_for_save
          EXPORTING
            iv_source_header_guid = ls_guid_ref
            ip_application_log    = ip_application_log
          IMPORTING
            rp_status             = rp_status.
        IF rp_status = '1'.
          MESSAGE text-002 TYPE gc_msgtype-success.
        ELSEIF rp_status = '2'.
        ENDIF.
      ELSE.
        rp_status = 2.
      ENDIF.
    ENDIF.
  ENDMETHOD.
```

Listing 4.1 Werksänderung für alle Positionen durchführen

Bitte beachten Sie den Aufbau des Feldes `LOGICAL_KEY` innerhalb der Tabelle `LT_INPUT_FIELD_NAMES`, die die zu ändernden Felder für den Funktionsbaustein `CRM_ORDER_MAINTAIN` angibt: Dieser (zugegebenermaßen etwas seltsame) Aufbau ist zwingend, wenn Sie bestehende Partner im Beleg ersetzen wollen!

Sie können diese Aktion vor dem Sichern beliebig oft hintereinander ausführen, das Werk wird dann jedes Mal erneut überschrieben. Bitte beachten Sie jedoch, dass zurzeit keine Plausibilitätsprüfung der Werksänderung durchgeführt wird; es wird vorausgesetzt, dass der Anwender »weiß, was er tut«. So werden nach der Werksänderung natürlich sämtliche Einteilungen der Positionen neu berechnet, und je nach Verfügbarkeitssituation können sich hier Differenzen ergeben. Für ein belastbares Fehlerhandling müssten Sie zudem noch die Ausnahmetabelle `LT_EXCEPTION` des Funktionsbausteins `CRM_ORDER_MAINTAIN` auf Fehlermeldungen untersuchen.

4.2 Partnerfindung

Eine der zentralen Funktionen eines CRM-Systems ist die Abbildung und Verwaltung von Kunden- bzw. Geschäftspartnerbeziehungen. Üblicherweise beschränkt sich diese Aufgabe nicht nur auf die Dokumentation von Geschäftspartner-Stammdaten. Normalerweise ist ein Unternehmen, das ein CRM-System einsetzt, auch daran interessiert, die für einen Geschäftsvorgang relevanten Geschäftspartner in den jeweiligen Bewegungsdaten nachzuhalten. Als Beispiel sei ein Angebot genannt, das an einen Interessenten versendet wird. Neben dem Interessenten als potenziellem Kunden können noch weitere Geschäftspartner an dem Geschäftsvorgang *Angebot* beteiligt sein, z. B. der zuständige Mitarbeiter des Vertriebsinnendienstes oder der für die Heimatregion des Interessenten zuständige Außendienstmitarbeiter des anbietenden Unternehmens.

SAP CRM stellt in diesem Kontext die *Partnerfindung* zur automatischen Ermittlung von Geschäftspartnern in CRM-Vorgängen zur Verfügung. Diese szenarioübergreifende Grundfunktion bringt bereits im Standard einen reichen Fundus an betriebswirtschaftlicher Logik und damit verbundenen parametrisierbaren (Vor-)Einstellungen mit. Damit ist für eine Vielzahl von Unternehmen eine solide Basis geschaffen, um die Partnerfindung an das eigene Geschäftsmodell anzupassen. Gleichwohl gerät man in Implementierungsprojekten hin und wieder an die Grenzen des Standards. Ein typisches Beispiel dafür ist der Kundenwunsch, eine eigene Partnerfunktion mittels einer

Logik zu ermitteln, die nicht durch die im Standard enthaltenen Quellen der CRM-Partnerfindung abgedeckt ist. Unter *Quellen* versteht man verschiedene Strategien zur Ermittlung eines Geschäftspartners, z. B. die Findung anhand von Geschäftspartnerbeziehungen, anhand eines Vorgängerbelegs oder des Organisationsmodells.

In diesem Abschnitt wollen wir uns der Frage widmen, wie sich die Partnerfindung in CRM-Vorgängen um eine eigene Quelle ergänzen lässt. Unser Praxisbeispiel geht von einer neuen Partnerfunktion *Produktmanager* aus, die je Angebotsposition ermittelt werden soll. Die Zuständigkeit eines Produktmanagers soll dabei anhand des Produktsortiments festlegbar sein. Eine solche Quelle ist im CRM-Standard nicht vorgesehen. Der beschriebene Implementierungsvorschlag orientiert sich an folgender Lösungsidee:

- Der zuständige Produktmanager kann anhand der Produkthierarchie in einer eigenen Customizing-Tabelle definiert werden. Diese Partnerfunktion bezieht sich auf Geschäftspartner vom Typ *Mitarbeiter*.
- Durch Implementierung des BAdIs `COM_PARTNER_BADI` stellen wir eine neue Quelle für die Partnerfindung zur Verfügung, die die in unserer Customizing-Tabelle enthaltenen Angaben verwendet.
- Durch die Einbindung bzw. Verwendung unserer Erweiterungen im »Standard«-Customizing der Partnerfindung (z. B. Definition einer entsprechenden Zugriffsfolge) können wir die gewünschte Ermittlung des relevanten Geschäftspartners erreichen.

Legen Sie als Erstes in der Transaktion SE11 eine eigene Customizing-Tabelle an, anhand derer die Findung des zuständigen Produktmanagers erfolgen soll. Um gleichzeitig eine hohe Flexibilität in der Findung und ein Minimum an Pflegeaufwand zu erzielen, bietet sich eine Zuordnung des Produktmanagers in Abhängigkeit von der Produkthierarchie (`CATEGORY_ID`) an:

- Wenn gewünscht, lässt sich bereits mit einem »allgemeinen« Eintrag die Zuordnung zu einer Vielzahl von Produkten vornehmen.
- Wenn notwendig, kann man mit einem sehr »spezifischen« Eintrag eine Zuordnung zu einer kleinen Anzahl von Produkten anlegen.

Abbildung 4.3 zeigt eine mögliche Definition unserer Customizing-Tabelle. Neben der Produkthierarchie `CATEGORY_ID` geht auch die Verkaufsorganisation `SALES_ORG` als Schlüsselbestandteil mit ein.

| Transp.Tabelle | ZPROD_MAN_ASSIGN | aktiv |
| Kurzbeschreibung | Zuordnung Produktmanager zu Produkthierarchie | |

Feld	Key	Initia	Datenelement	Datentyp	Länge	DezSte	Kurzbeschreibung
MANDT	✓	✓	MANDT	CLNT	3	0	Mandant
SALES_ORG	✓	✓	CRMT_R3_SALES_ORG	CHAR	4	0	R/3 Verkaufsorganisation
CATEGORY_ID	✓	✓	COMT_CATEGORY_ID	CHAR	20	0	Kategorie-ID
PARTNER			BU_PARTNER	CHAR	10	0	Geschäftspartnernummer

Abbildung 4.3 Customizing-Tabelle zur Ermittlung der Partnerfunktion »Produktmanager«

Um eine komfortable und sichere Pflege der Einträge in dieser Customizing-Tabelle sicherzustellen, sollten Sie dem Anwender Eingabehilfen zur Verfügung stellen. Für die in der Tabelle ZPROD_MAN_ASSIGN definierten Schlüssel- bzw. Attributfelder existieren glücklicherweise im CRM-Standard passende Suchhilfen, die Sie über den entsprechenden Button pro Feld zuordnen können:

- Feld SALES_ORG: Suchhilfe CRM_ORGMAN_R3_SALES_ORG
- Feld CATEGORY_ID: Suchhilfe COM_SALES_CATEGORY
- Feld PARTNER: Suchhilfe COM_PARTNER

Nun wenden wir uns der Implementierung des bereits erwähnten BAdIs COM_PARTNER_BADI zu. Den Einstieg finden Sie an folgender Stelle im Customizing-IMG: Customer Relationship Management • Partnerverarbeitung • Business Add-In für Partner. Bitte beachten Sie, dass das BAdI COM_PARTNER_BADI nicht mehrfach implementierbar ist – es kann also gleichzeitig immer nur eine Implementierung aktiv sein. Die für unser Beispiel interessanten Methoden lauten DETERMINATION_ADD_IN_1, DETERMINATION_ADD_IN_2 und DETERMINATION_ADD_IN_3. Welche Sie davon ausprägen, spielt inhaltlich keine Rolle – Sie müssen nur später darauf achten, dass das ergänzende Customizing (Zugriffsfolgen der Partnerfindung) die Auswahl der Methode berücksichtigt. Abbildung 4.4 verdeutlicht, wie Customizing und BAdI-Implementierung im Rahmen einer erweiterten Partnerfindung zusammenwirken. Jede der oben erwähnten Methoden des BAdIs entspricht einer vordefinierten Quelle, die im Customizing der Zugriffsfolgen verwendet werden kann:

- DETERMINATION_ADD_IN_1 gehört zu COM_PARTNER_X Business Add-In 1
- DETERMINATION_ADD_IN_2 gehört zu COM_PARTNER_X Business Add-In 2
- DETERMINATION_ADD_IN_3 gehört zu COM_PARTNER_X Business Add-In 3

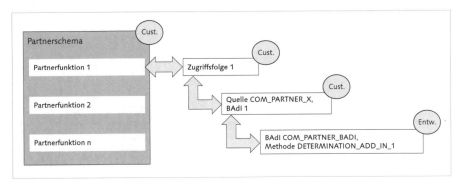

Abbildung 4.4 Zusammenspiel von Customizing und BAdI-Implementierung bei der erweiterten Partnerfindung

Das bedeutet: Durch die Definition einer Zugriffsfolge, die auf eine Quelle COM_PARTNER_X verweist, wird bei der automatischen Partnerfindung der relevanten Partnerfunktion die entsprechende Methode aufgerufen. In unserem Beispiel verwenden wir jeweils die Quelle/Methode 1. Die Implementierung der Methode muss Folgendes leisten:

1. Pro erfasster Position eines Geschäftsvorgangs müssen die Verkaufsorganisation sowie die Produkthierarchiezuordnung des jeweiligen Produkts ermittelt werden.

2. Diese Informationen können dann genutzt werden, um in der Customizing-Tabelle ZPROD_MAN_ASSIGN nach gültigen Zuordnungen bzw. einer Geschäftspartnernummer zu suchen.

3. Wenn mit der vollen Länge der Hierarchiezuordnung des Produkts kein Treffer erzielt werden kann, soll die Suche in der Tabelle auf eine »allgemeinere« Stufe der Produkthierarchie ausgeweitet werden. Durch diese Suchstrategie, die der Logik »das Spezielle vor dem Allgemeinen« folgt, lassen sich, wie bereits erwähnt, sowohl eine hohe Flexibilität in der Findung als auch ein Minimum an Pflegeaufwand realisieren. Bei der Ausweitung der Suche ist zu berücksichtigen, dass Anzahl und Länge der Stufen der Produkthierarchie vom Unternehmen frei definiert werden können – diese Struktur muss also zunächst ermittelt werden. Abbildung 4.5 veranschaulicht diese Suchstrategie.

4. Sobald ein gültiger Eintrag gefunden ist, wird die weitere Suche eingestellt und die ermittelte Geschäftspartnernummer als Ergebnis der Partnerfindung zurückgegeben.

4 | Praxisbeispiele für den Bereich Sales

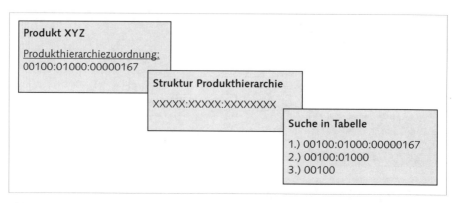

Abbildung 4.5 Suchstrategie »Das Spezielle vor dem Allgemeinen«

Einen Implementierungsvorschlag für die genannte Methode sehen Sie in Listing 4.2.

```
METHOD if_ex_com_partner_badi~determination_add_in_1.
  INCLUDE: crm_direct.
  CONSTANTS: lc_r3prodhier TYPE comt_scheme_id
                           VALUE 'R3PRODHIER'.
  DATA:
   lv_ref_object        TYPE crmt_object_guid,
   lv_ref_kind          TYPE crmt_object_kind,
   lt_item_guid         TYPE crmt_object_guid_tab,
   lt_req_objects       TYPE crmt_object_name_tab,
   lt_orderadm_i        TYPE crmt_orderadm_i_wrkt,
   ls_orderadm_i        TYPE crmt_orderadm_i_wrk,
   lt_orgman            TYPE crmt_orgman_wrkt,
   ls_orgman            TYPE crmt_orgman_wrk,
   lv_vkorg             TYPE vkorg,
   ls_prod_cat          TYPE comt_product_prodcat_rel_api,
   ls_prod_man_assign   TYPE zprod_man_assign,
   lt_scheme_seg        TYPE STANDARD TABLE OF comc_scheme_seg,
   ls_scheme_seg        TYPE comc_scheme_seg,
   lv_offset            TYPE i,
   lv_length            TYPE i,
   lv_access            TYPE i,
   ls_found_partners    TYPE comt_partner_found_via_badi,
   lv_partner_number    TYPE bu_partner_guid.
* 0. First get current item GUID:
  CALL FUNCTION 'CRM_PARTNER_GET_DECOUPL_VALUES'
    IMPORTING
      ev_ref_object = lv_ref_object
      ev_ref_kind   = lv_ref_kind.
```

```abap
      CHECK lv_ref_kind = gc_object_kind-orderadm_i.
*  1.1 Get ORGMAN and ORDERADM_I data from current
*      sales order item:
      INSERT lv_ref_object              INTO TABLE lt_item_guid.
      INSERT gc_object_name-orgman      INTO TABLE lt_req_objects.
      INSERT gc_object_name-orderadm_i  INTO TABLE lt_req_objects.
      CALL FUNCTION 'CRM_ORDER_READ'
        EXPORTING
          it_item_guid         = lt_item_guid
          iv_only_spec_items   = 'X'
          it_requested_objects = lt_req_objects
        IMPORTING
          et_orderadm_i        = lt_orderadm_i
          et_orgman            = lt_orgman
        EXCEPTIONS
          document_not_found   = 1
          error_occurred       = 2
          document_locked      = 3
          no_change_authority  = 4
          no_display_authority = 5
          no_change_allowed    = 6
          OTHERS               = 7.
      CHECK sy-subrc = 0.
      READ TABLE lt_orgman INTO ls_orgman
        WITH KEY ref_guid = lv_ref_object.
      READ TABLE lt_orderadm_i INTO ls_orderadm_i
        WITH KEY guid    = lv_ref_object.
      CALL FUNCTION 'CRM_MAPPING_SALES_ORG'
        EXPORTING
          iv_sales_org = ls_orgman-sales_org
        CHANGING
          cv_vkorg     = lv_vkorg.
      CHECK sy-subrc = 0.
*  1.2  Get Category ID from current product:
      CALL FUNCTION 'CRM_PRODUCT_SALES_READ_CATEG'
        EXPORTING
          iv_product_guid     = ls_orderadm_i-product
          iv_sales_org        = ls_orgman-sales_org
          iv_distr_chan       = ls_orgman-dis_channel
        IMPORTING
          es_product_category = ls_prod_cat
        EXCEPTIONS
          wrong_call          = 1
          internal_error      = 2
          OTHERS              = 3.
```

```abap
      CHECK ls_prod_cat-hierarchy_id = lc_r3prodhier.
*  2.  Check table ZPROD_MAN_ASSIGN for valid entry
*      First search with full length of product
*      hierarchy value
      SELECT SINGLE * FROM zprod_man_assign
       INTO ls_prod_man_assign
       WHERE category_id = ls_prod_cat-category_id.
      IF sy-subrc NE 0.
*  3.  Search was not yet successful
*      Analyze the customizing of the product hierarchy
        SELECT * FROM comc_scheme_seg
          INTO TABLE lt_scheme_seg
          WHERE scheme_id = lc_r3prodhier.
        LOOP AT lt_scheme_seg INTO ls_scheme_seg.
          lv_length = lv_length + ls_scheme_seg-digits.
        ENDLOOP.
        SORT lt_scheme_seg BY segment DESCENDING.
*       Check table ZPROD_MAN_ASSIGN with more generic term
        LOOP AT lt_scheme_seg INTO ls_scheme_seg.
          lv_offset = lv_offset + ls_scheme_seg-digits.
          lv_access = lv_length - lv_offset.
          IF lv_access > 0.
            SELECT SINGLE *
              FROM zprod_man_assign
              INTO ls_prod_man_assign
              WHERE category_id =
              ls_prod_cat-category_id(lv_access).
            IF sy-subrc IS INITIAL.
              EXIT.
            ENDIF.
          ENDIF.
        ENDLOOP.
      ENDIF.
      CHECK NOT ls_prod_man_assign IS INITIAL.
*  4.  If business partner was determined,
*      fill export parameters
      SELECT SINGLE partner_guid FROM but000
        INTO lv_partner_number
        WHERE partner = ls_prod_man_assign-partner.
      ls_found_partners-partner_number  = lv_partner_number.
      ls_found_partners-default_partner = 'X'.
      INSERT ls_found_partners
       INTO TABLE et_found_partners.
    ENDMETHOD.
```

Listing 4.2 Methode DETERMINATION_ADD_IN_1 des BAdIs COM_PARTNER_BADI

Hier noch einige Erläuterungen zu unserem Implementierungsvorschlag:

- Obwohl das BAdI für unser Beispiel auf Positionsebene durchlaufen wird, steht uns die Positions-GUID nicht als Importparameter zur Verfügung. Diese wird aber benötigt, um die Produkthierarchie des relevanten Produkts respektive der relevanten Position nachlesen zu können. Daher erfolgt in Schritt 0 der Aufruf des Funktionsbausteins CRM_PARTNER_GET_DECOUPL_VALUES. Dieser ermittelt einerseits, ob aktuell die Kopf- oder Positionsebene bearbeitet wird (LV_REF_KIND = A oder B), und liefert andererseits die identifizierende GUID (LV_REF_OBJECT) zurück.

- Wenn in der Tabelle ZPROD_MAN_ASSIGN kein sofortiger Treffer mit dem vollständigen Wert der Produkthierarchie möglich war, wird in Schritt 3 zunächst die Struktur der Produkthierarchie im aktuellen System analysiert. Die entsprechenden Customizing-Informationen (Anzahl und Länge der Stufen) befinden sich in der Tabelle COMC_SCHEME_SEG. Das Nummernschema (SCHEME_ID) kann für die ERP-Produkthierarchie im Normalfall als R3PRODHIER angegeben werden.

- Sobald ein gültiger Eintrag ermittelt wurde, wird die Suche in unserer eigenen Customizing-Tabelle ZPROD_MAN_ASSIGN beendet. Für einen sofortigen Treffer wird dies durch die IF-Anweisung in Schritt 2, für alle weiteren Treffer durch den EXIT-Befehl in Schritt 3 sichergestellt.

Wie zuvor in Abbildung 4.4 dargestellt, sind zusätzlich zu dieser BAdI-Implementierung Customizing-Einstellungen erforderlich, die wir uns ebenfalls noch im Detail anschauen wollen. Zuerst werfen wir einen Blick auf die Zugriffsfolge, die an folgender Stelle im Customizing-Leitfaden definiert werden kann: CUSTOMER RELATIONSHIP MANAGEMENT • GRUNDFUNKTIONEN • PARTNERVERARBEITUNG • ZUGRIFFSFOLGEN DEFINIEREN.

Entscheidend ist die Angabe der korrekten Quelle. Wie bereits erwähnt, gehören jeweils eine Methode sowie eine Quelle zusammen, sodass wir uns für den in Abbildung 4.6 gezeigten Eintrag COM_PARTNER_X BUSINESS ADD-IN 1 entscheiden. Dadurch wird die von uns implementierte Methode während der Partnerfindung aufgerufen.

Weiterhin müssen nun noch die neue Partnerfunktion PRODUKTMANAGER und deren Zuordnung zu einem Partnerschema im IMG eingerichtet werden. Ein entsprechender Customizing-Eintrag ist in Abbildung 4.7 dargestellt. Der Einstieg befindet sich unter: CUSTOMER RELATIONSHIP MANAGEMENT • GRUNDFUNKTIONEN • PARTNERVERARBEITUNG • PARTNERFUNKTIONEN DEFINIEREN bzw. PARTNERSCHEMA DEFINIEREN.

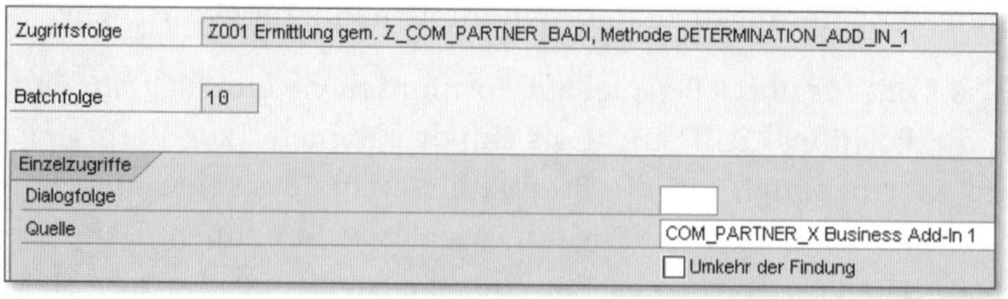

Abbildung 4.6 Zugriffsfolge der Partnerfindung

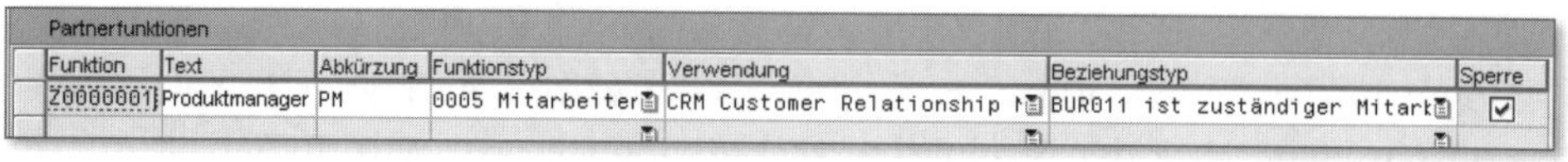

Abbildung 4.7 Definition der Partnerfunktion »Produktmanager«

Bitte achten Sie bei der Zuordnung der Partnerfunktion zum Partnerschema darauf, die passende Zugriffsfolge zu hinterlegen, sodass die von uns implementierte BAdI-Methode durchlaufen wird. Wie in unserem Beispiel zu sehen ist, empfehlen wir Ihnen den in Abbildung 4.8 hervorgehobenen Zeitpunkt IMMER WIEDER – dadurch ist gewährleistet, dass so oft wie möglich nach einem gültigen Geschäftspartner gesucht wird.

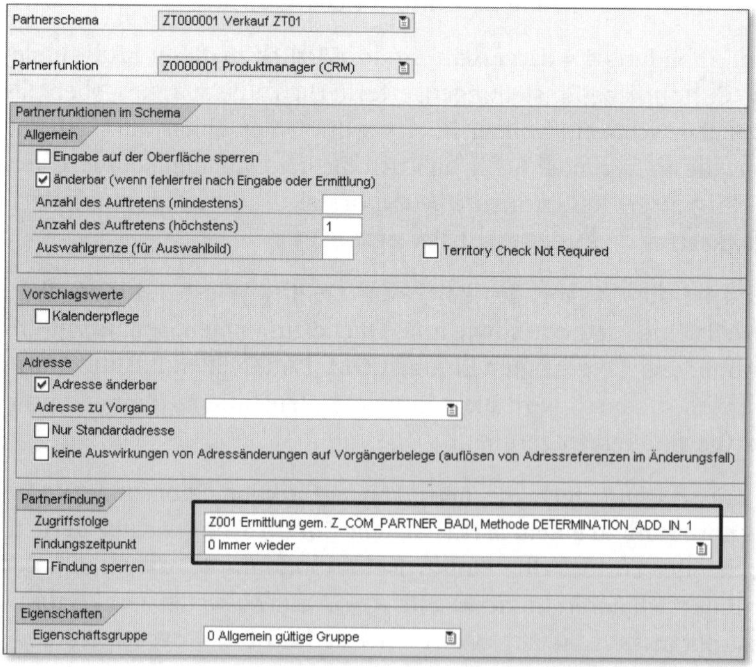

Abbildung 4.8 Zuordnung der Partnerfunktion »Produktmanager« zum Partnerschema

4.3 Textfindung

Textmanagement bzw. Textfindung ist eine sehr häufig in Vertriebsprozessen verwendete Funktionalität. Über Standard-Customizing lassen sich Langtexte beispielsweise aus beteiligten Geschäftspartner-Stammsätzen oder aus Vorgängerbelegen in den aktuellen Beleg übernehmen. Benötigt man darüber hinausgehende Funktionen, stößt man in SAP CRM jedoch relativ schnell an die Grenzen des Customizings. Für diesen Fall bietet SAP CRM jedoch die Möglichkeit, eine Textfindung mithilfe eines kundeneigenen Funktionsbausteins durchzuführen. Dass man dabei nicht nur auf das reine Finden von Texten beschränkt ist, soll das folgende Beispiel eines *Pop-up-Textes* verdeutlichen.

Wenn Sie grundsätzlich mit dem Textfindungs-Customizing in SAP CRM vertraut sind, wird Ihnen sicher bereits die Möglichkeit aufgefallen sein, innerhalb einer Zugriffsfolge einen Funktionsbaustein zu hinterlegen. Sie erreichen das Text-Customizing über den IMG-Pfad CUSTOMER RELATIONSHIP MANAGEMENT • GRUNDFUNKTIONEN • TEXTVERWALTUNG. Im Bereich TEXTSCHEMA DEFINIEREN können Sie in den Teilbereich der Zugriffsfolgen navigieren. Dort sehen Sie auf dem Detailbild einer Zugriffsfolge das Feld FUNKTION zum Hinterlegen eines kundeneigenen Funktionsbausteins.

Grundsätzlich ist die im Folgenden beschriebene Erweiterungsmöglichkeit auf eine bestimmte Text-ID (also eine *Textart*) bezogen. Dies liegt an der Struktur des SAP-Textmanagements: Innerhalb eines Textschemas bekommt jede einzelne Text-ID eine eigene Zugriffsfolge. Die Hinterlegung eines Funktionsbausteins in einer Zugriffsfolge bedeutet daher, dass die Funktion nur für die jeweilige Text-ID ausgeführt wird, für die die Zugriffsfolge hinterlegt ist. Das bedeutet nicht, dass Sie einen Funktionsbaustein nicht auch für mehrere Text-IDs verwenden können, Sie müssen dann allerdings alle relevanten Text-IDs mit der gleichen Zugriffsfolge versorgen und innerhalb des Funktionsbausteins dafür sorgen, dass zur Laufzeit auf den aktuell bearbeiteten Text abgefragt wird.

Zurück zu unserem konkreten Beispiel: Wie muss ein Funktionsbaustein »aussehen«, d. h., welche Schnittstellenparameter muss er haben, um in der Textfindung verwendet werden zu können? Schauen Sie sich dafür den SAP-Standard-Funktionsbaustein `COM_TEXT_DETERMINE_TEXT` an, und kopieren Sie ihn zur weiteren Verwendung in den Kundennamensraum.

> **Tipp: Vorbelegung von Langtexten mithilfe von Textbausteinen**
>
> Im Beispielfunktionsbaustein COM_TEXT_DETERMINE_TEXT finden Sie bereits den Hinweis darauf, wie Sie Standard-Texte (also Textbausteine, mit der Transaktion SO10 gepflegt) mithilfe eines Funktionsbausteins finden können. Dies kann sehr hilfreich sein, wenn Sie z. B. bestimmte Langtexte in Vertriebsbelegen immer mit dem gleichen Text vorbelegen wollen, beispielsweise mit einem Anschreiben, das dann belegspezifisch angepasst und später in einer Druckausgabe verwendet werden kann.
>
> Füllen Sie den Exportparameter des Funktionsbausteins einfach mit den bereits im Beispiel angegebenen vier Feldern; ES_REFERENCE-TDOBJECT = 'TEXT' und ES_REFERENCE-TDID = 'ST' sind dabei immer gleich und müssen nicht verändert werden. ES_REFERENCE-TDNAME füllen Sie mit dem Namen Ihres Textbausteins (angelegt mit der Transaktion SO10 für die Text-ID *ST*) und ES_REFERENCE-TDSPRAS mit der gewünschten Sprache (in der der Textbaustein natürlich vorhanden sein muss). Tragen Sie anschließend den Funktionsbaustein in einer Zugriffsfolge ein, dann wird die Text-ID, die Sie mit dieser Zugriffsfolge versorgen, zukünftig mit dem gewählten Standard-Text vorbelegt.
>
> Ein ausführliches Beispiel für die Vorbelegung von Langtexten finden Sie in Abschnitt 5.4, »Textfindung«. Zum Transport von Standard-Texten beachten Sie gegebenenfalls auch den SAP-Hinweis 65253.

Nehmen wir zur Fortführung unseres Beispiels folgende Situation an: Im Geschäftspartnerstammsatz gibt es einen Langtext *Wichtige Informationen*, den jeder Vertriebsmitarbeiter bei einer Auftragsanlage für diesen Geschäftspartner zunächst lesen soll. Wird der Text nun per Standard-Textfindung in den Auftrag übernommen, ist er dort zwar sichtbar, es besteht jedoch die große Gefahr, dass er übersehen wird. Schließlich müsste der Mitarbeiter proaktiv auf die Registerkarte Texte wechseln und kontrollieren, ob der betreffende Text gefüllt ist.

In SAP ERP gibt es die Möglichkeit, Texte per Customizing bei der Auftragsanlage als Pop-up anzeigen zu lassen, sodass der Vertriebsmitarbeiter den Text zunächst bestätigen muss, bevor er fortfahren kann. Leider gibt es diese Funktionalität nicht im SAP CRM-Standard, sodass wir sie hier über die Funktionsbaustein-Methode »nachbauen« müssen. Ziel ist es, eine bestimmte definierte Text-ID aus dem Auftraggeber (Stammsatz) nachzulesen und bei der Auftragsanlage in einem Pop-up zu präsentieren. Listing 4.3 zeigt eine mögliche Lösung mit zwei verschiedenen (UI-spezifischen) Pop-up-Methoden. Die auskommentierte Variante bezieht sich dabei auf die SAP-GUI-Lösung.

```
FUNCTION z_com_text_determination.
*"----------------------------------------------------------------------
*"*"Lokale Schnittstelle:
*"  IMPORTING
```

4.3 Textfindung

```abap
*"      REFERENCE(IV_OBJECT)              TYPE  COMT_TEXT_TEXTOBJECT
*"      REFERENCE(IV_PROCEDURE)           TYPE  COMT_TEXT_DET_PROCEDURE
*"      REFERENCE(IV_TEXTNAME)            TYPE  TDOBNAME
*"      REFERENCE(IV_TEXTID)              TYPE  COMT_TEXT_TEXTID
*"      REFERENCE(IT_COMSTRUC_FIELDTAB)   TYPE  COMT_TEXT_FIELD_VALUE_
*"        TAB OPTIONAL
*"      REFERENCE(IV_PREDECESSOR)         TYPE  TDOBNAME OPTIONAL
*"    EXPORTING
*"      REFERENCE(ES_REFERENCE)           TYPE  STXH_KEY
*"----------------------------------------------------------------
  INCLUDE: crm_direct.
* Data declaration
  DATA: lt_headerguid         TYPE crmt_object_guid_tab,
        lv_headerguid         TYPE crmt_object_guid,
        lt_partner            TYPE crmt_partner_external_wrkt,
        ls_partner            TYPE crmt_partner_external_wrk,
        lt_requested_objects  TYPE crmt_object_name_tab,
        lt_lines              TYPE TABLE OF tline,
        ls_lines              TYPE tline,
        lt_lines2             TYPE TABLE OF tdline,
        gv_partner_no         TYPE but000-partner,
        gv_textname           TYPE thead-tdname,
        lv_textid             TYPE comt_text_ref_textid,
        lr_comp_controller    TYPE REF TO cl_bsp_wd_component_
           controller,
        dec_popup             TYPE REF TO if_bsp_wd_popup,
        lv_title              TYPE string,
        lv_text               TYPE string.
  REFRESH: lt_headerguid,
           lt_partner,
           lt_requested_objects.
  IF iv_textid IS INITIAL.
    EXIT.
  ENDIF.
* Get GUID
  MOVE iv_textname TO lv_headerguid.
  INSERT lv_headerguid INTO TABLE lt_headerguid.
* Fill requested objects for FM CRM_ORDER_READ
  INSERT gc_object_name-partner INTO TABLE lt_requested_objects.
  CALL FUNCTION 'CRM_ORDER_READ'
    EXPORTING
      it_header_guid       = lt_headerguid
      it_requested_objects = lt_requested_objects
    IMPORTING
      et_partner           = lt_partner
    EXCEPTIONS
```

```
          document_not_found    = 1
          error_occurred        = 2
          document_locked       = 3
          no_change_authority   = 4
          no_display_authority  = 5
          no_change_allowed     = 6
          OTHERS                = 7.
* Get SOLD-TO-PARTY from order
  READ TABLE lt_partner INTO ls_partner
  WITH KEY partner_fct = '00000001'
  ref_kind = gc_object_kind-orderadm_h
  ref_guid = iv_textname.
  IF sy-subrc NE 0.
    EXIT.
  ENDIF.
* Move BP number to GV_TEXTNAME with leading zeros
  UNPACK ls_partner-partner_no TO gv_partner_no.
  MOVE gv_partner_no TO gv_textname.
* Read text from SOLD-TO-PARTY
  CALL FUNCTION 'READ_TEXT'
    EXPORTING
      id                      = iv_textid
      language                = sy-langu
      name                    = gv_textname
      object                  = 'BUT000'  " BP texts
    TABLES
      lines                   = lt_lines
    EXCEPTIONS
      id                      = 1
      language                = 2
      name                    = 3
      not_found               = 4
      object                  = 5
      reference_check         = 6
      wrong_access_to_archive = 7
      OTHERS                  = 8.
* Move text to another table (only text has to be displayed)
  REFRESH: lt_lines2.
  IF NOT lt_lines IS INITIAL.
    LOOP AT lt_lines INTO ls_lines.
      APPEND ls_lines-tdline TO lt_lines2.
    ENDLOOP.
  ELSE.
    EXIT.
  ENDIF.
* popup text -----> (START SAP GUI version)
```

```abap
*  CALL FUNCTION 'Z_POPUP_WITH_TABLE'
*    EXPORTING
*      ENDPOS_COL        = '85'
*      ENDPOS_ROW        = '15'
*      STARTPOS_COL      = '10'
*      STARTPOS_ROW      = '5'
*      TITLETEXT         = text-001
**   IMPORTING
**     CHOICE            =
*    TABLES
*      VALUETAB          = lt_lines2
*    EXCEPTIONS
*      BREAK_OFF         = 1
*      OTHERS            = 2
*            .
*   IF SY-SUBRC <> 0.
*     exit.
*   ENDIF.
* popup text ----->  (END SAP GUI version)
* Get comp_controller (from global variable)
CALL FUNCTION 'Z_GET_TEMP_COMPCONTROLLER'
 IMPORTING
   EV_COMP_CONTROLLER    = lr_comp_controller.
CHECK lr_comp_controller IS BOUND.
* set popup title
  lv_title = 'Wichtige Information!'. "Better use text symbol here!
* Build string from table for output
concatenate lines of lt_lines2 into lv_text
separated by space respecting blanks.
* Call popup from window manager
  CALL METHOD lr_comp_controller->window_manager->create_popup_2_
     confirm
     EXPORTING
       iv_title           = lv_title
       iv_text            = lv_text
       iv_btncombination  = if_bsp_wd_window_manager=>co_btncomb_close
     RECEIVING
       rv_result          = dec_popup.
* open popup
  dec_popup->open( ).
ENDFUNCTION.
```

Listing 4.3 Textfindungs-Funktionsbaustein für einen Pop-up-Text

Im Anschluss an das Nachlesen des betreffenden Textes (im Beispiel die Text-ID, für die die Zugriffsfolge eingetragen ist) wird das Pop-up inklusive Langtext erzeugt. Es gibt viele verschiedene Möglichkeiten – wir präsentieren Ihnen hier eine Variante für das Web UI und eine für das SAP GUI.

Für das SAP GUI schlagen wir eine besonders schnelle Lösung vor: Bedienen Sie sich doch einfach eines der vielen vorhandenen Pop-up-Funktionsbausteine der SAP, beispielsweise POPUP_WTH_TABLE. Allerdings muss dieser für unsere Zwecke leicht modifiziert werden: Kopieren Sie den Baustein also in den Kundennamensraum, und passen Sie ihn an, wie in Listing 4.4 gezeigt. Die Integration des Pop-up-Funktionsbausteins in die Textfindung finden Sie in Listing 4.3 (auskommentierter Bereich).

```
DATA: BEGIN OF hfield,              "#EC NEEDED
        tabname(8),
        filler(1),
        fieldname(10),
      END OF hfield.
DATA: BEGIN OF listtab OCCURS 1,
        field(280),
      END OF listtab.
DATA: hline    LIKE sy-tabix,
      hvalue   TYPE char255,
      ok_code LIKE sy-ucomm,
      title_text(80).
FUNCTION Z_POPUP_WITH_TABLE.
*"----------------------------------------------------------------------*
*"*"Lokale Schnittstelle:
*"  IMPORTING
*"     REFERENCE(ENDPOS_COL)
*"     REFERENCE(ENDPOS_ROW)
*"     REFERENCE(STARTPOS_COL)
*"     REFERENCE(STARTPOS_ROW)
*"     REFERENCE(TITLETEXT)
*"  EXPORTING
*"     VALUE(CHOICE)
*"  TABLES
*"     VALUETAB
*"  EXCEPTIONS
*"     BREAK_OFF
*"----------------------------------------------------------------------*
  REFRESH listtab. CLEAR listtab.
  LOOP AT valuetab.
    listtab = valuetab.
    APPEND listtab.
  ENDLOOP.
  title_text = titletext.
```

```
    CALL SCREEN 0100 STARTING AT startpos_col startpos_row
                    ENDING AT endpos_col endpos_row.
    choice = hvalue.
ENDFUNCTION.
AT USER-COMMAND.
  CASE sy-ucomm.
    WHEN 'SLCT'.
*       Getting cursor position deleted
        SET SCREEN 0.
        LEAVE SCREEN.
    WHEN 'ABR'.
      SET SCREEN 0.
      RAISE break_off.         "#EC *
      LEAVE SCREEN.            "#EC *
  ENDCASE.
*--------------------------------------------------------------*
*       MODULE SET_TITLE                                       *
*--------------------------------------------------------------*
*       Set the title given by calling program                 *
*--------------------------------------------------------------*
MODULE set_title OUTPUT.
  SET TITLEBAR '001' WITH title_text.
ENDMODULE.
*--------------------------------------------------------------*
*       MODULE LISTPROCESSING OUTPUT                           *
*--------------------------------------------------------------*
* Switches to list-processing and displays internal table data *
*--------------------------------------------------------------*
MODULE listprocessing OUTPUT.
  SET PF-STATUS 'PICK'.
  LEAVE TO LIST-PROCESSING AND RETURN TO SCREEN 100.
  LOOP AT listtab.
    WRITE: / listtab.
    If listtab is initial. " Also blank lines!
    WRITE: /.
    Endif.
  ENDLOOP.
  LEAVE SCREEN.
ENDMODULE.
```

Listing 4.4 Funktionsbaustein für Pop-up eines Langtextes im SAP GUI

Für das Web UI sieht die Lösung etwas anders aus: Auch in diesem Umfeld gibt es vordefinierte Pop-up-Bausteine, z. B. als Methoden des Interfaces IF_BSP_WD_WINDOW_MANAGER. Das Problem ist nur, dass diese Pop-ups immer aus einem *View* heraus aufgerufen werden müssen und damit nicht ohne Weiteres außerhalb des Web UI Frameworks verfügbar sind. Wir benötigen daher eine Möglichkeit, auch von außerhalb des UI-Frameworks auf die aktuelle Instanz des Window-Managers zuzugreifen. Wie Sie dieses Problem lösen, ist Ihnen überlassen.

Unser Ansatz ist es, sich die aktuelle Instanz zu einem beliebigen Zeitpunkt *vor* der Textfindung zu »merken«, sodass dort dann darauf zugegriffen werden kann. Technisch gibt es mehrere Möglichkeiten, dies zu erreichen: beispielsweise die Zwischenspeicherung in einer kundeneigenen Klasse oder in einer globalen Variablen innerhalb einer kundeneigenen Funktionsgruppe; letzteren Weg sind wir für dieses Beispiel gegangen. Die Funktionsgruppe Z_COMPCONTR_TEMP enthält zwei Funktionsbausteine: Z_GET_TEMP_COMPCONTROLLER und Z_SET_TEMP_COMPCONTROLLER. Der Set-Baustein wird benutzt, um innerhalb des Frameworks die aktuelle Instanz des Window-Managers, bzw. in diesem Fall des ganzen Komponenten-Controllers, zwischenzuspeichern. Die so zwischengespeicherte Instanz kann dann in der Textfindung mithilfe des Get-Bausteins wieder ausgelesen werden. Wo Sie den Set-Baustein innerhalb des Web UI Frameworks platzieren, ist im Prinzip unwichtig, es muss nur sichergestellt sein, dass die entsprechende Stelle *immer* durchlaufen wird, *bevor* die Textfindung startet. Für unser Beispiel haben wir die Methode WD_CREATE_CONTEXT der View-Controller-Klasse der Komponente BT115H_SLSO redefiniert (siehe Abbildung 4.9).

```abap
method WD_CREATE_CONTEXT.
*   create the context
    context = cl_bsp_wd_context=>get_instance(
            iv_controller = me
            iv_type = 'ZL_BT115H_S_DETAILS_CTXT' ).

    typed_context ?= context.

*   Added by wizard
    ztyped_context ?= context.

    CALL FUNCTION 'Z_SET_TEMP_COMPCONTROLLER'
      EXPORTING
        iv_comp_controller      = me->comp_controller
        .
endmethod.
```

Abbildung 4.9 Temporäres Zwischenspeichern der Comp-Controller-Instanz

Definieren Sie eine globale Variable für den Komponenten-Controller in Ihrer Funktionsgruppe, wie in Listing 4.5 gezeigt. Innerhalb des Set-Funktionsbausteins weisen Sie dann die aktuelle Instanz der globalen Variablen zu (gcl_comp_controller = IV_COMP_CONTROLLER, siehe auch Abbildung 4.9). Innerhalb des Get-Bausteins lesen Sie den Wert der globalen Variablen aus (EV_COMP_CONTROLLER = gcl_comp_controller).

```
FUNCTION-POOL Z_COMPCONTR_TEMP.          "MESSAGE-ID.
Data:
gcl_comp_controller type ref to CL_BSP_WD_COMPONENT_CONTROLLER.
```

Listing 4.5 Globale Variable für den Komponenten-Controller definieren

Mithilfe dieses Tricks erreichen wir, dass wir die Standard-Pop-up-Funktionalität auch außerhalb des UI-Frameworks verwenden können. Die eigentliche Pop-up-Technik können Sie Listing 4.3 entnehmen. Wir verwenden an dieser Stelle die Methode create_popup_2_confirm, da diese mit der Variablen IV_TEXT in der Lage ist, den gesamten Langtext komplett anzuzeigen (Datentyp STRING).

Binden Sie nun den Textfindungs-Funktionsbaustein Z_COM_TEXT_DETERMINATION in Ihre Zugriffsfolge ein, und testen Sie die Auftragsanlage. Sofern der gewünschte Text im Auftraggeber-Stammsatz gefüllt ist, sollte er nun in einem Pop-up-Fenster erscheinen, sobald Sie den Auftraggeber im Auftrag eingegeben haben (siehe Abbildung 4.10). Bestätigen Sie das Pop-up mit SCHLIESSEN.

Abbildung 4.10 Langtext als Pop-up bei Auftragsanlage

Bitte beachten Sie, dass die in diesem Abschnitt gezeigten Listings nicht zu 100 % auf Ihr System und Ihren Anwendungsfall übertragbar sein müssen. Gerade in Verbindung mit Pop-ups ist es wichtig, zu prüfen, auf welchem Weg die Belege in SAP CRM verbucht werden. Wenn Sie z. B. das Web UI nutzen, benötigen Sie (wie gezeigt) eine andere Pop-up-Technik als für das SAP GUI. Wenn Sie Belege mit einem anderen System (z. B. ERP-Backend) replizieren oder andere Schnittstellen nutzen, müssen Sie darauf achten, dass die Pop-ups nicht im Hintergrund bei der Verbuchung gerufen werden.

4.4 Preisfindung

Es lässt sich darüber streiten, ob die Preisfindung die »Königsdisziplin« in einem SAP-Projekt darstellt – die breite und komplexe Palette von Anforderungen einerseits sowie die vielfältigen Customizing- und Erweiterungsmöglichkeiten andererseits lassen daran aber eigentlich wenig Zweifel. Zumindest spielt dieses Thema in so gut wie jedem SAP-Implementierungsprojekt eine bedeutende Rolle, sofern Prozesse aus den Bereichen Sales oder Service abgedeckt werden sollen. Viele Unternehmen sind sich zwar weitestgehend einig darüber, wie der Belegfluss eines Lagerverkaufs oder einer Wertgutschrift auszusehen hat, doch die Frage, wie Verkaufspreise oder Rabatte für einen bestimmten Kunden und für ein bestimmtes Produkt automatisch systemseitig ermittelt werden sollen, wird zumeist sehr unterschiedlich beantwortet. Mögliche Gründe hierfür sind folgende:

- Die jeweilige Branche, Kundenstruktur oder das Produktsortiment eines Unternehmens erfordert betriebswirtschaftlich angepasste Lösungen. Eine allgemeine Best-Practice-Vorlage gibt es oft nicht.
- Häufig existiert in Unternehmen bereits eine historisch gewachsene Logik, nach der Verkaufspreise, Kundenrabatte etc. ermittelt werden.
- Zum Teil sorgen gesetzliche Vorgaben für sehr spezifische Anforderungen im Bereich der Preisfindung (z. B. bei der Berechnung von Recyclinggebühren).

Bevor wir Ihnen zwei Erweiterungsbeispiele aus dem Bereich der Preisfindung vorstellen, wollen wir noch einige grundlegende technische Hintergründe erläutern, die sich aus dem Zusammenspiel zwischen SAP CRM und SAP ERP ergeben:

- Allen vorgestellten Praxisbeispielen liegt bezüglich der Änderbarkeit von CRM-Belegen im ERP-System das sogenannte *Standard-Szenario* zugrunde, das u. a. in SAP-Hinweis 541113 beschrieben ist. Es besagt, dass im CRM-System angelegte Kundenaufträge nicht im ERP-System geändert werden können. Darüber hinaus gehen wir davon aus, dass Kundenaufträge ausschließlich im CRM-System angelegt werden.
- Bei der Überleitung von Verkaufsbelegen in das ERP-System wird standardmäßig die *Preisfindungsart G* angewendet. Dieses Kennzeichen besagt, dass alle Konditionen eines Verkaufsbelegs ohne Änderungen übernommen werden. Es wird lediglich eine Aktualisierung der Steuern durchgeführt. Dieses Systemverhalten wird im CRM-System in der Tabelle SMOFPARSFA durch den Parameter R3A_SALES/PRICINGTYPE festgelegt. Je nach Anforderung lässt sich auch eine Neuermittlung von Belegkonditionen beim Upload

erreichen – bei Interesse finden Sie zusätzliche Informationen in den SAP-Hinweisen 375016, 403065, 410907 sowie 449068.

Innerhalb dieses Standard-Szenarios erläutern wir Ihnen drei Strategien, wie eine »typische« erweiterte Preisfindung im Zusammenspiel zwischen SAP CRM und SAP ERP eingerichtet werden könnte. Die Frage, welche Strategie angewandt werden sollte, ergibt sich dabei hauptsächlich daraus, ob der Fakturierungsprozess im CRM- oder im ERP-System durchgeführt werden soll. Darüber hinaus können sich Unterschiede in der Strategie ergeben, wenn im Kalkulationsschema eines Sales-Vorgangs Konditionsarten existieren, deren Werte bei der Fakturierung neu ermittelt werden sollen. In Tabelle 4.1 finden Sie eine Übersicht der unterschiedlichen Strategien, deren Charakteristika wir Ihnen nun im Detail darlegen möchten.

Fakturierung	SAP ERP	SAP ERP	SAP CRM
Neuermittlung von Konditionen bei der Fakturierung	ja	nein	ja/nein
Initialer Customizing-Download der Preisfindung	obligatorisch	obligatorisch	empfohlen
Pflege der Konditionsstammdaten	ERP, Download nach CRM	ERP, Download nach CRM	ERP, Download nach CRM empfohlen, wenn technisch sinnvoll
Technik der Steuerermittlung	Konditionstechnik	Konditionstechnik	Konditionstechnik oder Transaction Tax Engine
Versorgung von Z-Feldern (CRM-One-Order)	obligatorisch	obligatorisch	obligatorisch
Versorgung von Z-Feldern (CRM-Billing/ERP-Fakturierung)	obligatorisch (ERP-Fakturierung)	empfohlen (ERP-Fakturierung)	obligatorisch (CRM-Billing)
Implementierung eigener VOFM-Routinen	ERP: obligatorisch (ABAP), CRM: obligatorisch (Java)	ERP: empfohlen (ABAP), CRM: obligatorisch (Java)	ERP: »leere Hülle« (ABAP), CRM: obligatorisch (Java)

Tabelle 4.1 Identifizierung wesentlicher Strategien der Preisfindung

Initialer Customizing-Download der Preisfindung

Unseren Überlegungen liegt grundsätzlich das Ziel zugrunde, für eine höchstmögliche Kongruenz der relevanten Customizing-Einstellungen (z. B. Kalkulationsschemata, Konditionsarten, Zugriffsfolgen) sowie Konditionstabellen zwischen ERP- und CRM-System zu sorgen. Dies lässt sich durch den initialen Customizing-Download der genannten Elemente erzielen. Soll die Fakturierung von Sales-Vorgängen im ERP-System erfolgen, ist ein entsprechender Download obligatorisch, da die ERP-Fakturierung zwingend ein vollständiges und zum CRM-System kongruentes Customizing der Preisfindung erfordert, um korrekte Fakturabelege erzeugen zu können. Wenn die Fakturierung auf CRM-Seite erfolgen soll, könnte man darauf verzichten, im ERP-System eine zum CRM-System identische Preisfindung einzurichten, da die entsprechende Funktionalität dort streng genommen nicht benötigt wird. Dies könnte dazu führen, dass der CRM- und der replizierte ERP-Auftrag unterschiedliche Konditionswerte enthalten, ohne dass die CRM-Faktura deshalb fehlerhafte Ergebnisse liefern würde. Wir empfehlen jedoch auch in diesem Fall, durch einen initialen Customizing-Download die Basis für eine kongruente Preisfindung zwischen den beiden Systemen zu schaffen: Abgesehen davon, dass es sich andernfalls um eine »unschöne« Lösung handelt, würden Sie dadurch auch die Möglichkeit verlieren, die Konditionsstammpflege im ERP-System vorzunehmen (siehe nächster Abschnitt). Sollten Sie zudem planen, Konditionen von Verkaufsbelegen in einem SAP NetWeaver BW-System auszuwerten, finden Sie nur auf ERP-Seite entsprechende Standard-Extraktoren.

Pflege der Konditionsstammdaten

Wenn Sie mittels des initialen Customizing-Downloads für ein konsistentes Customizing der Preisfindung zwischen CRM- und ERP-System gesorgt haben, können Sie durch geeignete Adapterobjekte Konditionssätze vom ERP- ins CRM-System übertragen (siehe Abschnitt 4.4.1, »Ermittlung von Kundenrabatten anhand der Umsatzkategorie eines Kunden«). Im Falle einer Fakturierung im CRM-System wäre dieses Verfahren eigentlich nicht notwendig, da inhaltlich eine Konditionspflege im CRM-System reichen würde (z. B. in der Transaktion /SAPCND/GCM). Nach unserer Erfahrung hat sich jedoch die Pflege von Konditionsstammdaten im ERP-System als praxistauglicher erwiesen: Neben einer schnelleren Erfassung bietet Ihnen die ERP-Konditionspflege noch eine Cut & Paste-taugliche Oberfläche sowie verschiedene Hilfsfunktionen (z. B. Massenänderung von Konditionswerten, verschiedene Kopiermöglichkeiten). Lediglich in den Fällen, in denen sich eine Pflege auf ERP-Seite technisch nicht anbietet (z. B. die Pflege von Konditionsstammsätzen in der CRM-Geschäftspartnerhierarchie), sollten Sie die Erfassung auf CRM-Seite durchführen. In diesem Fall müssen Sie in der Tabelle MNTCNT auf ERP-Seite definieren, welche Kombinationen aus Konditionstabelle und Konditionsart Sie auf welchem System pflegen möchten.

Technik der Steuerermittlung

Nur wenn Sie die CRM-Fakturierung einsetzen, haben Sie die Wahl, ob Sie zur Steuerberechnung die *Transaction Tax Engine* (TTE) oder die »normale« Konditionstechnik nutzen möchten (siehe IMG-Dokumentation sowie z. B. SAP-Hinweis 498150). Wenn Sie die Fakturierung Ihrer Sales-Vorgänge auf ERP-Seite durchführen möchten, ist der Einsatz der Konditionstechnik obligatorisch.

Versorgung von Z-Feldern (CRM-One-Order-Kontext)

Wie wir Ihnen noch in den beiden Praxisbeispielen zeigen werden, bietet das CRM-System die Möglichkeit, eigene Z-Schlüsselfelder für die automatische Ermittlung von Belegkonditionen zu nutzen. Damit der entsprechende Konditionszugriff funktioniert, muss die *Preisfindungs-Kommunikationsstruktur* gefüllt werden. Dies erfolgt im CRM-System im BAdI CRM_COND_COM_BADI. Dieser Schritt muss unabhängig davon durchgeführt werden, in welchem System die Fakturierung erfolgen soll. Da die Belegkonditionen beim Upload des Kundenauftrags unverändert übernommen werden, ist übrigens keine Versorgung im ERP-Auftragskontext (USEREXIT_PRICING_PREPARE_TKOMP bzw. USEREXIT_PRICING_PREPARE_TKOMK des Programms SAPMV45A) notwendig.

Versorgung von Z-Feldern (SAP CRM Billing/SAP ERP-Fakturierung)

Wenn die Fakturierung Ihrer Sales-Vorgänge im CRM-System erfolgen soll, müssen Sie eigene Z-Schlüsselfelder für den SAP CRM Billing-Kontext durch eine Implementierung des BAdIs BEA_CRMB_BD_PRC versorgen, das in Abschnitt 4.8.5, »Fakturierung von Frachtkonditionen mit der ersten (Teil-)Rechnung«, näher thematisiert wird. Auf ERP-Seite können Sie die Versorgung im User Exit USEREXIT_PRICING_PREPARE_TKOMK (Kopffelder) bzw. USEREXIT_PRICING_PREPARE_TKOMP (Positionsfelder) des Programms SAPLV60A durchführen. Die Versorgung ist obligatorisch, wenn durch eine entsprechende Faktura-Kopiersteuerung oder durch manuelles Auslösen innerhalb einer Faktura eine neue Preisfindung ausgelöst und dadurch ein entsprechendes Schlüsselfeld zur Neuermittlung einer Konditionsart herangezogen wird.

Implementierung eigener VOFM-Routinen

Unter *VOFM-Routinen* sind die in Kalkulationsschemata, Konditionsarten oder Zugriffsfolgen hinterlegbaren eigenen Konditionsbasis-, Konditionswert-, Staffelbasis- oder Gruppenkeyformeln sowie Preisfindungsbedingungen zu verstehen, die Sie in der Transaktion VOFM von SAP ERP finden. Wenn Sie über den Standard hinausgehende Routinen verwenden wollen, müssen diese grundsätzlich auf CRM-Seite für den IPC (*Internet Pricing Configurator*) in Java implementiert werden. In Abschnitt 4.8.5, »Fakturierung von Frachtkonditionen mit der ersten (Teil-)Rechnung«, finden Sie ein Praxisbeispiel aus dem Bereich der Frachtkonditionen. Eine 1:1-Implementierung Ihrer eigenen VOFM-Routinen auf ERP-Seite in ABAP brauchen Sie nur in den Fällen vorzunehmen, in denen Sie die Fakturierung Ihrer Sales-Vorgänge auf ERP-Seite durchführen möchten. Nur in diesem Fall kann u. U. eine Neuberechnung von Konditionswerten akut werden (siehe vorheriger Abschnitt »Versorgung von Z-Feldern (SAP CRM Billing/SAP ERP-Fakturierung)«). Falls die Fakturierung im CRM-System erfolgt, brauchen Sie auf ERP-Seite maximal »leere Hüllen dieser Objekte anzulegen. »Maximal« deshalb, weil dieser Schritt nur dann relevant ist, wenn Sie, wie zuvor erwähnt, das Customizing der Preisfindung vom ERP- ins CRM-System herunterladen möchten, um es zwischen beiden Systemen kongruent halten zu können.

4.4.1 Ermittlung von Kundenrabatten anhand der Umsatzkategorie eines Kunden

In diesem Praxisbeispiel gehen wir von der Anforderung aus, dass ein Kundenrabatt sich sowohl an der verkaufenden Organisationseinheit als auch anhand der Umsatzkategorie des Auftraggebers ermitteln lassen soll. Die Fakturierung soll im ERP-System erfolgen, und der Kundenrabatt soll zum Zeitpunkt der Fakturierung nicht neu ermittelt, sondern aus Auftragskonditionen übernommen werden.

Das Attribut *Umsatzkategorie* finden Sie im allgemeinen Segment des Kunden. Abbildung 4.11 zeigt einen entsprechenden Screenshot aus dem SAP GUI. Im CRM-System befindet sich das entsprechende Feld BEWERTUNG in der Tabelle CRMM_BUT_FRG0041 (technischer Feldname: CLASSIFIC); im ERP-System wird die entsprechende Information im Feld KUNDENKLASSE in der Tabelle KNA1 (technischer Feldname: KUKLA) abgelegt. Üblicherweise werden Kunden anhand ihres Vorjahresumsatzes verschiedenen Rabattkategorien zugeordnet. Je höher der erzielte Umsatz bzw. die erreichte Umsatzkategorie, desto höher soll der resultierende Kundenrabatt im Vergleich sein (siehe Tabelle 4.2).

Abbildung 4.11 Umsatzkategorie (Feld »Bewertung«) im CRM-Kundenstammsatz

Verkaufende Organisationseinheit	Umsatzkategorie	Kundenrabatt [%]
1000/10	01	3,00
1000/10	02	3,50
1000/10	03	4,00
(...)	(...)	(...)

Tabelle 4.2 Kundenrabatte in Abhängigkeit von der Umsatzkategorie

Die Überprüfung des Feldkatalogs der Preisfindung in SAP CRM mithilfe der Transaktion CTFM_CRM zeigt, dass das gewünschte Feld standardmäßig nicht für die Preisfindung unterstützt wird. Auch ein entsprechender Check im ERP-System ergibt, dass das gewünschte Feld im Standard nicht für die Preisfindung zur Verfügung steht. Der entsprechende Customizing-View in SAP ERP befindet sich im SAP-Customizing-Einführungsleitfaden unter VERTRIEB • GRUNDFUNKTIONEN • PREISFINDUNG • STEUERUNG DER PREISFINDUNG • KONDITIONSTABELLEN DEFINIEREN • KONDITIONEN: ERLAUBTE FELDER.

Wenn wir auf Basis der Umsatzkategorie eine automatische Ermittlung von Rabatten durchführen möchten, müssen wir dieses Feld von Grund auf für die Preisfindung einrichten. Wie geht man nun in einem solchen Fall vor? Abbildung 4.12 zeigt Ihnen unseren Lösungsansatz im Überblick, den wir Ihnen nun Schritt für Schritt erläutern möchten.

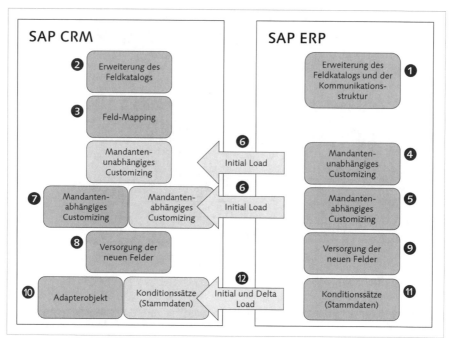

Abbildung 4.12 Aufnahme eines neuen Feldes für die Preisfindung

Die im Standard verfügbaren Felder, die für die Preisfindung genutzt werden können, sind sowohl auf ERP- als auch auf CRM-Seite im *Feldkatalog* der Preisfindung definiert (❶ und ❷). Zur Laufzeit, also während der Auftrags- oder Fakturabearbeitung, werden die Werte dieser Felder bereits automatisch durch das ERP- bzw. das CRM-System ermittelt und der Preisfindung zur Verfügung gestellt. Dies geschieht, indem beispielsweise der in einem konkreten Kundenauftrag aktuelle Wert der Verkaufsorganisation, des Vertriebswegs oder der Materialnummer in die sogenannte *Kommunikationsstruktur* übergeben wird. Alle relevanten Zugriffsfolgen, die die entsprechenden Felder enthalten, können dann mit den übergebenen Werten nach gültigen Konditionssätzen suchen. Wenn wie in unserem Beispiel ein Feld als Konditionsschlüssel verwendet werden soll, das nicht im Standard vorgesehen ist, müssen Sie zunächst den Feldkatalog bzw. im ERP-System zusätzlich noch die Kommunikationsstruktur erweitern. Auf CRM-Seite wird dieser Schritt automatisch durch eine Erweiterung des Feldkatalogs durchgeführt.

Das neue CRM-Feld muss als Vorbereitung für den Initial Load des mandantenunabhängigen Customizings auf das neue ERP-Feld der Preisfindung gemappt werden (❸). Dazu stehen entsprechende Customizing-Einstellungen im CRM-System zur Verfügung.

Um das neue Feld für eine automatische Ermittlung von Rabatten nutzen zu können, müssen Sie auf ERP-Seite mindestens eine darauf basierende Konditionstabelle bzw. eine darauf referenzierende Zugriffsfolge anlegen (❹ und ❺). Darüber hinaus müssen Sie dort auch Ihre Zugriffsfolge einer Konditionsart zuordnen, die in dem Kalkulationsschema verwendet wird, das für Ihre Sales-Vorgänge genutzt werden soll.

Das mandantenunabhängige und mandantenabhängige Customizing der Preisfindung muss auf beiden Systemen kongruent sein, um korrekte Preisfindungsergebnisse zu gewährleisten (❻). Aus diesem Grund gilt SAP ERP als das führende System: Das benötigte Customizing wird dort durchgeführt und initial auf das CRM-System heruntergeladen. Dabei werden im CRM-System automatisch alle benötigten Elemente (Konditionstabellen, Zugriffsfolgen, Konditionsarten, Kalkulationsschemata, weitere abhängige Objekte) generiert bzw. angelegt. Das Ergebnis des initialen Downloads sollte anschließend auf dem Zielsystem kontrolliert werden.

Einige mandantenabhängige Customizing-Einstellungen sind nicht für einen Download vom ERP-System vorgesehen, z. B. die Ermittlung von Kalkulationsschemata im Verkaufsvorgang (❼). Diese müssen parallel auf beiden Systemen durchgeführt werden. Ein Abgleich ist nur manuell möglich.

Die neuen Felder müssen nun noch *gefüllt* werden, d. h., der zur Laufzeit korrekte Wert muss ermittelt und in das entsprechende Feld eingestellt werden (❽ und ❾). In unserem obigen Beispiel müsste also die gültige Umsatzkategorie des jeweiligen Auftraggebers während der Auftragsbearbeitung ermittelt und dem entsprechenden Feld zugeordnet werden. Wenn wir annehmen können, dass während der Fakturierung im ERP-System keine Neuermittlung des Kundenrabatts erfolgt, brauchen wir dort keine Versorgung vorzunehmen.

Wie zuvor beschrieben, sollte die Pflege von Konditionssätzen in diesem Beispiel im ERP-System durchgeführt werden (❿, ⓫ und ⓬). Die Konditionssätze können über einen initialen bzw. über einen Delta-Download auf das CRM-System geladen werden. Als Voraussetzung für diesen Austausch wird auf CRM-Seite noch ein *Konditions-Adapterobjekt* benötigt.

Erweiterung des Feldkatalogs und der Preisfindungs-Kommunikationsstruktur auf ERP-Seite

Bevor der Feldkatalog der Preisfindung im regulären Customizing erweitert werden kann, muss die sogenannte Kommunikationsstruktur der Preisfindung erweitert werden. Diese Erweiterung wird im Data Dictionary durchgeführt und setzt eine SSCR-Registrierung (*SAP Software Change Registration*) der entsprechenden Strukturen voraus.

Erfreulicherweise sind die im ERP-System durchzuführenden Aktivitäten sehr gut dokumentiert. Sie finden eine Beschreibung im Customizing-Leitfaden unter: VERTRIEB • SYSTEMANPASSUNG • AUFNAHME NEUER FELDER (MIT KONDITIONSTECHNIK) • NEUE FELDER FÜR DIE PREISFINDUNG. Wie dort beschrieben ist, müssen die folgenden Strukturen erweitert werden, um neue Felder für die Preisfindung bereitzustellen:

- Kopffelder werden im Include KOMKAZ der Struktur KOMK aufgenommen.
- Positionsfelder werden im Include KOMPAZ der Struktur KOMP aufgenommen.

In unserem Beispiel können wir von einem neuen Kopffeld für die Preisfindung ausgehen, da es sich um eine Information handelt, die aus dem Auftraggeber gewonnen werden soll. Dieser wird immer ausschließlich auf der Kopfebene eines Kundenauftrags eingegeben und gilt gleichzeitig für alle enthaltenen Positionen.

Wie bereits erläutert, ist die in Abschnitt 4.4, »Preisfindung«, beschriebene Versorgung der neuen Felder in Routinen des ERP-Programms SAPLV60A in unserem Beispiel nicht notwendig, da laut Praxisbeispiel zum Zeitpunkt der Fakturierung keine neue Preisfindung auf ERP-Seite durchgeführt zu werden braucht. Die Erweiterung der Kommunikationsstruktur und des Feldkatalogs dient lediglich dazu, darauf basierende Konditionstabellen im ERP-System anzulegen, die anschließend mit einem Initial Download auf das CRM-System heruntergeladen werden können.

Durch Aufruf der Transaktion SE11 gelangen Sie in das Data Dictionary, wo Sie im Feld DATENTYP die Struktur KOMK eingeben und zunächst in den Anzeigemodus wechseln. Auf dem Folgebild können Sie anschließend durch einen Doppelklick auf den Komponententyp KOMKAZ in den Bereich der Preisfindungs-Kommunikationsstruktur verzweigen, in dem zusätzliche Schlüsselfelder der Preisfindung hinzugefügt werden können. Dazu wechseln Sie nun in den Änderungsmodus, der eine Registrierung des aktuellen Entwicklers und des zu ändernden Objekts KOMKAZ im SAP Support Portal voraussetzt, falls bislang noch keine Erweiterung des Auslieferungszustands vorgenommen wurde.

Nach der Registrierung kann die Erweiterung um das gewünschte Feld erfolgen. Dazu lässt sich zusätzlich zu dem im Auslieferungszustand enthaltenen Feld Dummy eine neue Zeile einfügen. Achten Sie bei der Bezeichnung neuer Felder darauf, dass diese im Kundennamensraum angelegt werden. Das bedeutet, dass das neue Feld möglichst mit dem Präfix ZZ beginnen sollte. In diesem Beispiel könnte der Feldname ZZ_KUKLA gewählt werden. Der Hintergrund ist, dass zur Laufzeit das neu hinzugefügte Feld unter KOMK-<Feldname> angesprochen werden kann – d. h., im unwahrscheinlichen Fall, dass der entsprechende Feldname zukünftig durch eine geänderte Standard-Auslieferung des ERP-Systems belegt ist, würde es zu Konflikten kommen. Die Typisierung sollte sich am Originalfeld (im Beispiel KNA1-KUKLA) orientieren. Abbildung 4.13 zeigt die erweiterte Struktur KOMKAZ.

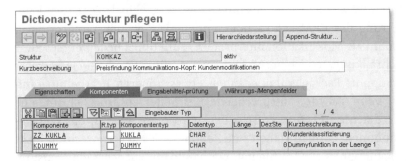

Abbildung 4.13 Um ein neues Feld erweiterte und aktivierte Struktur KOMKAZ

Nach erfolgreicher Aktivierung der Struktur KOMK bzw. KOMKAZ kann nun das neue Feld in den Feldkatalog der Preisfindung aufgenommen werden (siehe Abbildung 4.14).

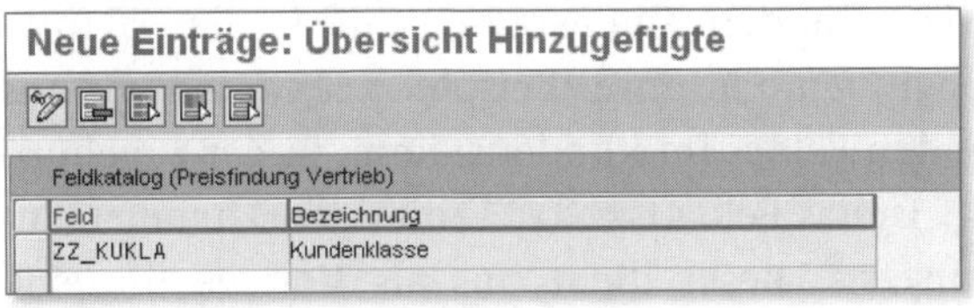

Abbildung 4.14 In den Feldkatalog der Preisfindung aufgenommenes Feld ZZ_KUKLA

Dies geschieht im Einführungsleitfaden an folgender Stelle: VERTRIEB • GRUNDFUNKTIONEN • PREISFINDUNG • STEUERUNG DER PREISFINDUNG • KONDITIONSTABELLEN DEFINIEREN • KONDITIONEN: ERLAUBTE FELDER. Nachdem das Feld ZZ_KUKLA an dieser Stelle dem Feldkatalog hinzugefügt wurde, steht es für die Anlage von Konditionstabellen zur Verfügung.

Erweiterung des Feldkatalogs auf CRM-Seite

Analog zu der zuvor beschriebenen Erweiterung des Feldkatalogs und der Kommunikationsstruktur der Preisfindung auf ERP-Seite müssen auch die entsprechenden Strukturen im CRM-System angepasst werden. Anders als bei SAP ERP reicht CRM-seitig eine Erweiterung des Feldkatalogs aus, da die benötigten abhängigen Objekte (z. B. die Kommunikationsstruktur) automatisch nach einer entsprechenden Änderung generiert werden.

Als vorbereitende Maßnahme muss zuvor noch für das neue Feld ein neuer Datentyp im Kundennamensraum angelegt werden. Dieser Schritt ist erforderlich, damit das System die Änderung des Feldkatalogs als releasesichere Kundenerweiterung und nicht als Modifikation wertet. Verwendet man nämlich (wie im ERP-System problemlos möglich) den »Original«-Datentyp, kann die Erweiterung des CRM-Feldkatalogs nur im SAP-Namensraum erfolgen und wird somit als Modifikation interpretiert. Funktional bedeutet dies zwar keine Einschränkung, jedoch verursacht eine Modifikation bei Releasewechseln bzw. Support Packages immer einen etwas höheren Bearbeitungsaufwand: Erst wenn sich der entsprechende Bearbeiter ausdrücklich für eine Übernahme der Modifikation entscheidet, wird diese auch in das Folgerelease übernommen. Oftmals stehen zum Zeitpunkt des Releasewechsels nicht alle Dokumentationen zur Verfügung, weshalb dann zunächst eine entsprechende Recherche betrieben werden muss. Zudem kann eine Modifikation dazu führen, dass die Bearbeitung von OSS-Meldungen erschwert wird, wenn zumindest theoretisch eine inhaltliche Parallele zwischen Modifikation und einem aktuellen Problem gezogen werden kann.

In der Transaktion SE11 kann der benötigte Datentyp als Kopie des Standard-Datentyps angelegt werden. Der Kundennamensraum schließt alle Datentypen ein, die mit Y* oder Z* beginnen. Für unser Beispiel orientieren wir uns am Datentyp des entsprechenden Feldes im Kundenstamm. In der zugehörigen Tabelle CRMM_BUT_FRG0041 ist das Feld CLASSIFIC mit dem Datenelement CRMT_BU_CUST_CLASSIFIC typisiert. Dieses dient uns als Vorlage für eine Kopie in den Kundennamensraum, z. B. ZZ_BU_CUST_CLASSIFIC. Nach dem erfolgreichen Kopiervorgang muss das neue Datenelement noch aktiviert werden (siehe Abbildung 4.15).

Anschließend kann die eigentliche Erweiterung des Feldkatalogs durchgeführt werden. Die entsprechende Customizing-Einstellung erreichen Sie entweder direkt über die Transaktion CTFC_CRM oder über den folgenden Customizing-Leitfaden: CUSTOMER RELATIONSHIP MANAGEMENT • GRUNDFUNKTIONEN • PREISFINDUNG • PREISFINDUNG EINRICHTEN • FELDKATALOG BEARBEITEN. Es stehen verschiedene Eingabemöglichkeiten zur Verfügung, die im Folgenden erläutert werden.

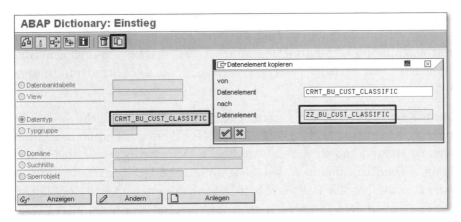

Abbildung 4.15 Kopieren des Datenelements CRMT_BU_CUST_CLASSIFIC in den Kundennamensraum

Feldtyp

Handelt es sich um ein reines Kopf- oder Positionsfeld? Oder steht das Feld sowohl auf Kopf- als auch auf Positionsebene zur Verfügung? Sie müssen dementsprechend den Feldtyp wählen:

- H: Das Feld steht im rufenden Auftrag ausschließlich auf Kopfebene zur Verfügung.
- I: Das Feld steht ausschließlich auf Positionsebene zur Verfügung.
- M: Als sogenanntes »gemischtes« Feld steht dieses Feld sowohl auf Kopf- als auch Positionsebene zur Verfügung.

> **Tipp: Gemischte Felder**
>
> Felder, die im Kundenauftrag sowohl auf Kopf- als auch auf Positionsebene zur Verfügung stehen (z. B. *Zahlungsbedingung*), sollten stets als *gemischte Felder* (Feldtyp M) und nicht als reine Positionsfelder definiert werden. Für gemischte Felder wird (wie für Kopffelder auch) systemseitig vorab ein Schritt der Ermittlung von Konditionssätzen durchgeführt, der die Performance steigern kann.

In unserem Beispiel handelt es sich bei der *Umsatzkategorie* um ein reines Kopffeld, da diese Information aus dem Auftraggeber ermittelt werden soll, der pro Kundenauftrag eindeutig ist. Dementsprechend wählen Sie also Feldtyp *H*.

Implementierungsart

Dieses Kennzeichen regelt das Verhalten des entsprechenden Feldes bei der Pflege von Konditionssätzen im CRM-System. Es legt für ein Feld der Preisfindung fest, ob man z. B. für dessen Eingabehilfe, Feldprüfung, Ermittlung von Kurztexten oder dessen Feldkonvertierung eine eigene Logik in einer Implementierung der BAdI-Definition /SAPCND/ROLLNAME vornehmen oder stattdessen eine »generische« Prozessierung gemäß CRM-Standard festlegen will.

Wenn keine Konvertierung zwischen interner und externer Sicht eines Feldwerts (Datenbankdarstellung versus sichtbarer Wert im Konditionssatz) notwendig ist und zudem der entsprechende Datentyp bzw. die damit verknüpfte Domäne auf eine Wertetabelle mit zugehöriger Texttabelle verweist oder aber die Domäne Festwerte besitzt, kann mitunter auf eine BAdI-Implementierung verzichtet werden. In einem solchen Fall könnte der Wert 1 (vollständig generisch) oder 2 (teilweise generisch) gesetzt werden. Wenn Sie unsicher sind, ob die Kriterien für eine generische Prozessierung erfüllt sind, oder wenn die generische Prozessierung nicht wie erwartet funktioniert, sollte der Wert <blank> (BAdI-Implementierung) gewählt werden. In diesem Fall müssen Sie noch eine Implementierung des BAdIs /SAPCND/ROLLNAME vornehmen. Weitere Informationen finden Sie in der Dokumentation der BAdI-Definition /SAPCND/ROLLNAME.

Feldname

Analog zur Erweiterung der Strukturen KOMK bzw. KOMKAZ im ERP-System muss auch hier ein Feldname aus dem Kundennamensraum gewählt werden. In unserem Beispiel entscheiden wir uns für den gleichen Feldnamen wie auf ERP-Seite: ZZ_KUKLA.

Virtuell

Mit diesem Kennzeichen können Sie u. a. festlegen, ob es sich um ein reines Zugriffsfeld handelt oder ob Sie das entsprechende Feld auch in Konditionssätzen verwenden möchten. Auch wenn Sie nicht vorhaben, Konditionssätze auf CRM-Seite anzulegen, kann es sinnvoll sein, sich dort die vom ERP-System heruntergeladenen Konditionssätze anzeigen zu lassen (bitte denken Sie an die Einrichtung einer geeigneten Konditionspflegegruppe). Insofern können Sie in den meisten Fällen den Wert C wählen (interne und externe Verwendung).

Sichtbarkeit eines Feldes in der Konditionspflege

Für bestimmte Felder kann es sinnvoll sein, sie bei der Konditionspflege nicht explizit einzublenden (z. B. den Namen des logischen Systems, auf dem man sich gerade befindet). In den meisten Fällen ist jedoch Sichtbarkeit erforderlich und sinnvoll. Daher können Sie im Normalfall immer den Wert <blank> wählen.

Selektionsart

Dieses Feld regelt, ob bzw. wie das entsprechende Feld zur Selektion von Konditionssätzen verwendet werden kann. Wenn Sie sich die Konditionssätze auch im CRM-System anzeigen lassen möchten, können Sie entweder den Wert A, B oder C wählen (beliebige Selektion, Selektion von Einzelwerten ohne/mit Operator).

Zeitstempel

Dieses Kennzeichen muss nur dann gesetzt werden, wenn es sich bei dem entsprechenden Feld um eine Datumsangabe handelt. In unserem Beispiel ist dies nicht der Fall.

Datenelement

Hier wird der zu Beginn dieses Abschnitts angelegte Datentyp ZZ_BU_CUST_CLASSIFIC hinterlegt. Alle weiteren Felder (Bezeichnung, Datentyp, Länge) ergeben sich anhand des eingegebenen Datentyps. Abschließend muss der geänderte Feldkatalog noch gesichert werden, wodurch automatisch eine Generierung abhängiger Objekte und Strukturen durchgeführt wird. Abbildung 4.16 zeigt den benötigten Eintrag im Feldkatalog der CRM-Preisfindung.

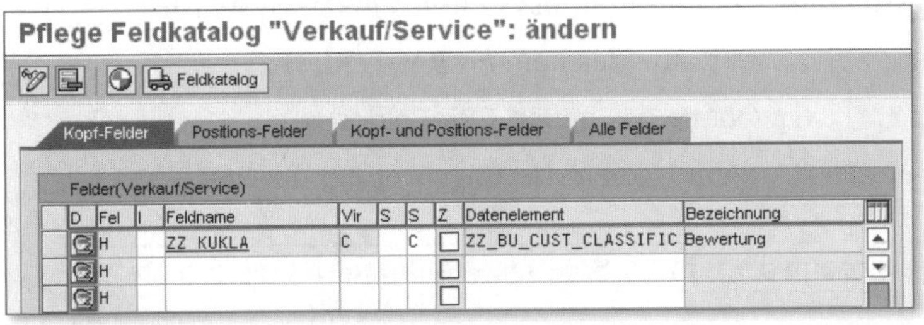

Abbildung 4.16 Um das neue Feld ZZ_KUKLA erweiterter Feldkatalog der Preisfindung

Tipp: Erfolgreiche Aktivierung des Feldkatalogs prüfen

Eine erfolgreiche Aufnahme des neuen Feldes in die Kommunikationsstruktur der CRM-Preisfindung lässt sich durch Anzeige der Struktur CRMT_ACS_H_COM für Kopffelder sowie CRMT_ACS_I_COM für Positionsfelder in der Transaktion SE11 prüfen. Dort muss der entsprechende Feldname enthalten sein.

Sollte die Aktivierung nicht funktioniert haben, kann dies z. B. an unverarbeiteten *messaging Business Documents* (mBDocs) liegen (ein entsprechendes Protokoll lässt sich ganz unten in der Transaktion CTFC_CRM einblenden). Diese müssen aus Konsistenzgründen bearbeitet sein, bevor durch die Generierung eine Änderung an verschiedenen abhängigen Objekten und Strukturen durchgeführt werden darf. Wenden Sie sich in einem solchen Fall an die Kolleginnen und Kollegen der Systemverwaltung.

Mapping des neuen CRM- und ERP-Feldes

In den nächsten Schritten soll auf ERP-Seite u. a. noch eine Konditionstabelle und Zugriffsfolge angelegt werden, die dann mittels eines initialen Customizing-Downloads auf das CRM-System übertragen werden. Vorher jedoch muss auf CRM-Seite das neue, aus dem ERP-System kommende Feld noch »bekannt gemacht« werden. Erst wenn ein entsprechendes Mapping zwischen ERP- und CRM-Feld definiert wurde, kann durch den initialen Customizing-Download die gewünschte Generierung der neuen Konditionstabelle bzw. die Anlage der entsprechenden Zugriffsfolge auf CRM-Seite durchgeführt werden.

Für ein erfolgreiches Mapping von Schlüsselfeldern für Konditionstabellen müssen Sie folgende Einstellungen im CRM-System vornehmen: Die erste Einstellung kann im Customizing des CRM-Systems an folgender Stelle vorgenommen werden: CUSTOMER RELATIONSHIP MANAGEMENT • STAMMDATEN • KONDITIONEN UND KONDITIONSTECHNIK • ERWEITERUNGEN FÜR KONDITIONSAUSTAUSCH MIT ERP • SCHLÜSSELFELDER VON KONDITIONSTABELLEN KONVERTIEREN. Für unser Beispiel wird folgende Einstellung benötigt (siehe Abbildung 4.17):

- Umsetzungsrichtung: A (vom Fremdsystem ins lokale System)
- Lokales Feld: ZZ_KUKLA (Name des neuen CRM-Feldes)
- Fremdfeld: ZZ_KUKLA (Name des neuen ERP-Feldes)
- Konvertierungsart: A (keine Konvertierungsroutine; direktes Kopieren)

Abbildung 4.17 Konvertierung des neuen Schlüsselfeldes ZZ_KUKLA

Die zweite Einstellung beinhaltet eine manuelle Änderung der Struktur CND_MAPT_ACS_REM_CUST mithilfe der Transaktion SE11. Die genannte Struktur muss um ein Feld erweitert werden, das den Namen des ERP-Feldes trägt. Der Komponententyp orientiert sich an der Typisierung des entsprechenden ERP-Feldes. Da in unserem Beispiel eine auf ERP- und CRM-Seite identische Typisierung vorliegt, können Sie das CRM-Datenelement nutzen (siehe Abbildung 4.18).

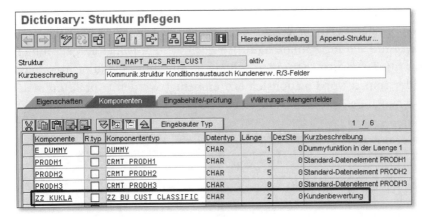

Abbildung 4.18 Erweiterung der Struktur CND_MAPT_ACS_REM_CUST um das neue Feld ZZ_KUKLA

> **Hinweis: Mapping für Experten**
>
> Das dargestellte Beispiel nutzt nur einen kleinen Teil der Möglichkeiten, die das CRM-System zum Mapping und zur Konvertierung preisfindungsrelevanter Felder zur Verfügung stellt. Falls notwendig, kann z. B. eine Konvertierung implementiert werden, die unterschiedliche Formate des inhaltlich gleichen Feldes zwischen SAP ERP und SAP CRM verarbeiten kann (Beispiel: Produkthierarchie). SAP-Hinweis 514952 liefert einen entsprechenden Einstieg.

Mandantenunabhängiges Customizing auf ERP-Seite

Das mandantenunabhängige Customizing im ERP-System für dieses Beispiel umfasst die Anlage einer neuen Konditionstabelle sowie die Erweiterung einer bestehenden oder die Anlage einer neuen Zugriffsfolge. Beide Aktivitäten erreichen Sie über den folgenden Customizing-Pfad: VERTRIEB • GRUNDFUNKTIONEN • PREISFINDUNG • STEUERUNG DER PREISFINDUNG • KONDITIONSTABELLEN DEFINIEREN • KONDITIONSTABELLEN ANLEGEN bzw. ZUGRIFFSFOLGEN DEFINIEREN. Der wählbare Kundennamensraum für Konditionstabellen umfasst den Bereich von 501 bis 999. Bei dem späteren initialen Download der Customizing-Einstellungen vom ERP- auf das CRM-System werden entsprechende Konditionstabellen dann als kundenspezifische Objekte erkannt und in einem ebenfalls separaten Namensraum des CRM-Systems generiert (CUS501 bis CUS999). Kundenspezifische Konditionstabellen, die direkt (also ohne initialen Download) auf CRM-Seite angelegt werden, besitzen einen getrennten Kundennamensraum (CUS00501 bis CUS00999).

Als Schlüsselfelder unserer neuen Konditionstabelle wählen wir die Verkaufsorganisation, den Vertriebsweg sowie das neue Feld ZZ_KUKLA. Je nach Kontext bzw. Anforderung können natürlich noch weitere Felder aufgenommen werden. Aus Performancegründen sollten Sie allerdings darauf achten, dass Kopffelder immer vor Positionsfeldern eingefügt werden. Abbildung 4.19 zeigt die neu angelegte Konditionstabelle 501.

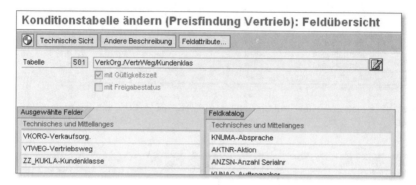

Abbildung 4.19 Auf Basis des neuen Feldes ZZ_KUKLA angelegte Konditionstabelle 501

Nachdem die Konditionstabelle erfolgreich aktiviert worden ist, kann sie nun in eine Zugriffsfolge aufgenommen werden. In unserem Beispiel entscheiden wir uns für die Anlage einer neuen Zugriffsfolge Z001 (KUNDENRABATT NEU), wie in Abbildung 4.20 dargestellt. Die neue Zugriffsfolge muss dann noch der jeweiligen Konditionsart zugeordnet werden, für die der neue Zugriff auch tatsächlich in der Preisfindung ausgeführt werden soll. Dieser Schritt ist im folgenden Abschnitt »Mandantenunabhängiges Customizing auf ERP-Seite« beschrieben.

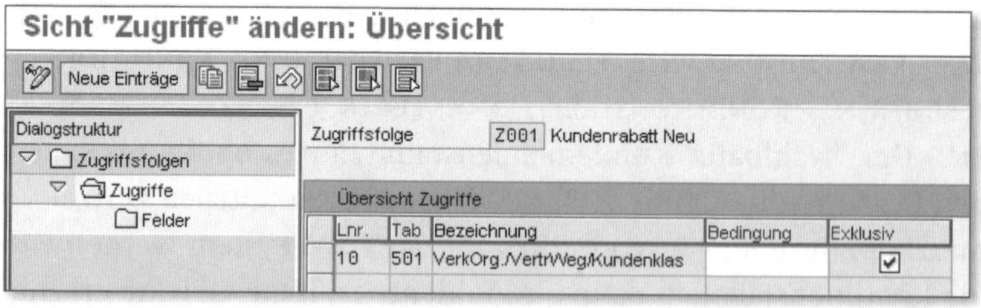

Abbildung 4.20 Zugriffsfolge Z001 auf Basis der neuen Tabelle 501

Achten Sie beim Customizing des neuen Zugriffs darauf, dass alle Ebenen bis hinab zur Feldzuordnung »durchgeklickt« werden – erst danach steht ein funktionierender Zugriff zur Verfügung (siehe Abbildung 4.21).

Abbildung 4.21 Feldzuordnung des Zugriffs auf die Konditionstabelle 501

> **Tipp: Reihenfolge der Zugriffe**
>
> Um eine möglichst gute Performance und einen geringeren Pflegeaufwand von Konditionssätzen im Bereich der Preisfindung zu gewährleisten, sollte die Reihenfolge der Zugriffe in einer Zugriffsfolge stets nach dem Prinzip »das Spezielle vor dem Allgemeinen« aufgebaut sein.
>
> Gleichzeitig muss das Feld EXKLUSIV markiert sein. Dieses Kennzeichen sagt aus, dass die Suche nach einem gültigen Konditionssatz mit dem ersten Treffer eingestellt wird. Dadurch ist einerseits gewährleistet, dass nur so viele Zugriffsversuche erfolgen wie notwendig. Andererseits kann man meist mit der Pflege nur weniger Konditionssätze auf dem »allgemeinsten« Zugriff das Gros der in der Praxis auftretenden Konstellationen abfangen.

Mandantenabhängiges Customizing auf ERP-Seite

Dieser Schritt besteht im Wesentlichen darin, dass Sie Ihre im letzten Schritt angelegte Zugriffsfolge einer Konditionsart zuordnen, die in einem Kalkulationsschema enthalten ist, das für Ihre Sales-Vorgänge eingesetzt werden soll. Die notwendigen Einstellungen finden Sie an folgender Stelle im IMG: VERTRIEB • GRUNDFUNKTIONEN • PREISFINDUNG • STEUERUNG DER PREISFINDUNG • KONDITIONSARTEN DEFINIEREN bzw. KALKULATIONSSCHEMATA DEFINIEREN UND ZUORDNEN.

Initial Load des Customizings

Nach diesen Vorbereitungen kann nun der initiale Download des Preisfindungs-Customizings vom ERP- auf das CRM-System durchgeführt werden. Um sowohl mandantenabhängige als auch mandantenunabhängige Einstellungen und Objekte in SAP CRM zu transferieren, sollte mittels der Transaktion R3AS das Standard-Downloadobjekt DNL_CUST_CNDALL geladen werden (siehe Abbildung 4.22). In der Transaktion R3AM1 können Sie für das genannte Adapterobjekt verfolgen, wann der Download abgeschlossen ist.

4 | Praxisbeispiele für den Bereich Sales

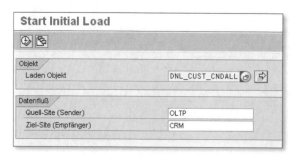

Abbildung 4.22 Start des initialen Customizing-Downloads der Preisfindung

> **Hinweis: Protokoll des initialen Customizing-Downloads**
>
> Mit der Transaktion CND_MAP_LOG_DISPLAY kann anschließend das Log des Downloadvorgangs kontrolliert werden. Sollte das Ergebnis nicht den Erwartungen entsprechen, lassen sich hier gegebenenfalls Rückschlüsse auf mögliche Ursachen ziehen.

Abschließend sollten Sie im CRM-System überprüfen, ob die gewünschten Einstellungen auch erfolgreich übertragen wurden. Insbesondere bei mandantenübergreifenden Objekten wie Konditionstabellen und Zugriffsfolgen kann es mitunter zu Schwierigkeiten kommen. Folgende kurze Checks sind in diesem Zusammenhang sinnvoll:

- Wie aus Abbildung 4.23 hervorgeht, muss die Konditionstabelle im korrekten Namensraum (CUS501) angelegt und aktiviert sein.

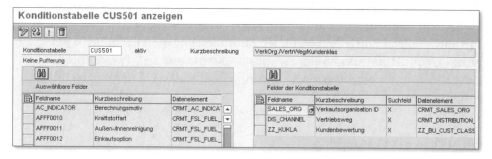

Abbildung 4.23 Im CRM-System angelegte und aktivierte Konditionstabelle 501

- Die Zugriffsfolge muss insbesondere für Zugriffe auf kundenspezifische Konditionstabellen eine vollständige Feldzuordnung enthalten (siehe Abbildung 4.24).

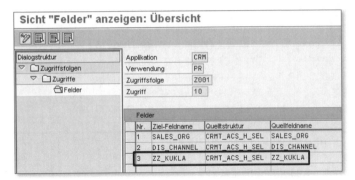

Abbildung 4.24 Feldzuordnung für das neue Feld ZZ_KUKLA in der Zugriffsfolge Z001

Mandantenabhängiges Customizing im CRM-System

In diesem Schritt können Sie die Findung des Kalkulationsschemas einstellen, das Sie für Ihre Sales-Vorgänge verwenden möchten. Bitte achten Sie darauf, dass Sie für die Kombination aus Vertriebsbereich, Beleg- und Kundenschema das gleiche Schema ermitteln wie auf ERP-Seite. Die notwendigen Einstellungen finden Sie an folgender Stelle im IMG: CUSTOMER RELATIONSHIP MANAGEMENT • GRUNDFUNKTIONEN • PREISFINDUNG • PREISFINDUNG IM VORGANG • KALKULATIONSSCHEMTA ERMITTELN.

Versorgung des neuen Feldes im CRM-System

Nun sind alle benötigten strukturellen Erweiterungen auf ERP- sowie auf CRM-Seite erfolgt, es fehlt aber noch die Versorgung des neuen Feldes im CRM-System. Die Umsatzkategorie des jeweiligen Auftraggebers muss zur Laufzeit (also während der Auftragsbearbeitung im CRM) ermittelt und der CRM-Preisfindung zur Verfügung gestellt werden. Zu diesem Zweck können Sie die BAdI-Definition CRM_COND_COM_BADI nutzen. Je nachdem, ob es sich bei dem zu füllenden Feld um ein Kopf- oder ein Positionsfeld handelt, sind die folgenden Methoden relevant:

- HEADER_COMMUNICATION_STRUCTURE
- ITEM_COMMUNICATION_STRUCTURE

In Listing 4.6 finden Sie ein Beispiel-Coding für die Methode HEADER_COMMUNICATION_STRUCTURE, die die gewünschte Versorgung für das neue Konditionsschlüsselfeld ZZ_KUKLA durchführt.

```
method IF_EX_CRM_COND_COM_BADI~HEADER_COMMUNICATION_STRUCTURE.
* Declaration:
  INCLUDE CRM_DIRECT.
```

```abap
      CONSTANTS: LC_SOLD_TO_FCT    TYPE CRMT_PARTNER_FCT
                                   VALUE '00000001'.
      DATA: LT_HEADER_GUID         TYPE CRMT_OBJECT_GUID_TAB,
            LS_HEADER_GUID         TYPE CRMT_OBJECT_GUID,
            LT_REQUESTED_OBJECTS   TYPE CRMT_OBJECT_NAME_TAB,
            LT_PARTNER             TYPE CRMT_PARTNER_EXTERNAL_WRKT,
            LS_PARTNER             TYPE CRMT_PARTNER_EXTERNAL_WRK,
            LV_CLASSIFIC           TYPE CRMT_BU_CUST_CLASSIFIC.
* Use the header guid (CS_ACS_H_COM-HEADER)
* to determine the sold-to-party:
      LS_HEADER_GUID = CS_ACS_H_COM-HEADER.
      INSERT LS_HEADER_GUID
      INTO TABLE LT_HEADER_GUID.
      INSERT GC_OBJECT_NAME-PARTNER
      INTO TABLE LT_REQUESTED_OBJECTS.
      CALL FUNCTION 'CRM_ORDER_READ'
        EXPORTING
          IT_HEADER_GUID       = LT_HEADER_GUID
          IV_ONLY_SPEC_ITEMS   = 'X'
          IT_REQUESTED_OBJECTS = LT_REQUESTED_OBJECTS
        IMPORTING
          ET_PARTNER           = LT_PARTNER
        EXCEPTIONS
          DOCUMENT_NOT_FOUND   = 1
          ERROR_OCCURRED       = 2
          DOCUMENT_LOCKED      = 3
          NO_CHANGE_AUTHORITY  = 4
          NO_DISPLAY_AUTHORITY = 5
          NO_CHANGE_ALLOWED    = 6
          OTHERS               = 7.
* Determine the GUID of the sold-to-party
* and read CRMM_BUT_FRG0041:
      IF SY-SUBRC = 0.
        READ TABLE LT_PARTNER
        INTO LS_PARTNER
        WITH KEY REF_GUID = LS_HEADER_GUID
                 PARTNER_FCT = '00000001'.
        IF SY-SUBRC = 0 AND NOT LS_PARTNER IS INITIAL.
          SELECT SINGLE CLASSIFIC FROM CRMM_BUT_FRG0041
                                  INTO LV_CLASSIFIC
                                  WHERE PARTNER_GUID = LS_PARTNER-BP_
                                  PARTNER_GUID.
          IF SY-SUBRC = 0 AND NOT LV_CLASSIFIC IS INITIAL.
* ZZ_KUKLA could be filled successfully:
            CS_ACS_H_COM-ZZ_KUKLA = LV_CLASSIFIC.
```

```
      ENDIF.
    ENDIF.
  ENDIF.
endmethod.
```

Listing 4.6 Befüllung des Konditionsschlüsselfeldes ZZ_KUKLA

Download von Konditionssätzen

Nun stellt sich noch die Frage, wie Konditionssätze eigener Konditionstabellen vom ERP- in das CRM-System geladen werden können. Die Voraussetzung für diesen Schritt ist, dass zuvor das Customizing der relevanten Konditionsarten und Zugriffsfolgen durch einen initialen Customizing-Load fehlerfrei vom ERP- in das CRM-System übertragen wurde. Wenn dies erfolgt ist, können Konditionsstammdaten durch ein passendes *Adapterobjekt* aus dem ERP- in das CRM-System geladen werden. Grundsätzlich lassen sich auf CRM-Seite drei verschiedene Typen von *Adapterobjekten* unterscheiden:

- **Business-Objekte**
  für den Austausch von Bewegungs- und Stammdaten außer Konditionen
  (Beispiel: Materialstamm)

- **Customizing-Objekte**
  für den Download von Customizing-Einstellungen
  (Beispiel: Customizing des Geschäftspartnerstamms)

- **Konditionsobjekte**
  z. B. für den Download von Konditionsstammdaten und -Customizing

Im Bereich der Konditionstechnik wird üblicherweise für jede Konditionstabelle ein eigenes Adapterobjekt angelegt. Um ein eigenes Konditions-Adapterobjekt zu erstellen, rufen Sie im CRM-System die Transaktion R3AC5 auf. Unser Adapterobjekt für Konditionssätze der Tabelle A501 müsste dann wie folgt angelegt werden:

- Objektname: z. B. Z_DNL_COND_A501
- Objektklasse: CONDITIONS
- verknüpfter BDoc-Typ: CND_MAST_DEEP_SUP
- Blockgröße: 1.000
- Registerkarte INITIALE FLOW-KONTEXTE: Hier sollte das für Ihren Systemverbund relevante ERP-Backend auswählbar sein.

- Registerkarte TABELLE/STRUKTUREN: Außer der gewünschten Konditionstabelle auf ERP-Seite (z. B. A501) müssen Sie hier zusätzlich die Tabellen KONH, KONM, KONP, KONW sowie TMC1K angeben.

- Registerkarte MAPPING-BAUST. R/3 CRM: Der relevante Bausteinname lautet CND_MAP_MAST_EXCHANGE_MAIN_MBD, die Auftragsfolge ist 1.2.

Nach dem Sichern Ihres Adapterobjekts können Sie den initialen Download in der Transaktion R3AS starten und in der Transaktion R3AM1 überwachen. Detaillierte Log-Informationen des Ladevorgangs stehen Ihnen in der Transaktion CND_MAP_LOG_DISPLAY zur Verfügung (Objekt: COND_EXCHANGE, Unterobjekt: CONDITIONS). Sobald der initiale Download erfolgreich für mindestens einen Konditionssatz durchgeführt wurde, lassen sich alle weiteren neuen oder geänderten Konditionssätze der entsprechenden Konditionstabelle automatisch per Delta-Load vom ERP- an das CRM-System übertragen.

4.4.2 Verwendung von Z-Feldern des CRM-Produktstamms für die automatische Preisfindung

Neben dem Kundenstamm spielt bei vielen einsetzenden Unternehmen auch der Material- bzw. Produktstamm eine große Rolle, was mögliche Kriterien bzw. Schlüsselfelder für eine automatische Preisfindung angeht. In diesem Praxisbeispiel gehen wir von der Anforderung aus, dass ein Zusatzfeld *Farbe* auf Ebene der allgemeinen Materialstammdaten für die automatische Findung eines Preisaufschlags genutzt werden soll. Das bedeutet, dass dieses Kriterium (ähnlich wie im letzten Beispiel die Umsatzkategorie des Kunden) als Schlüsselfeld für Konditionszugriffe eingerichtet und versorgt werden muss.

Im Beispiel können wir davon ausgehen, dass die zuvor benötigte Implementierung des Stammdaten-Zusatzfeldes selbst bereits im ERP- und CRM-System durchgeführt wurde: Auf ERP-Seite beinhaltet dies technisch z. B. die releasesichere Erweiterung der relevanten Materialstammtabelle MARA um das Feld ZZ_COLOUR durch ein Append, während auf CRM-Seite die Erweiterung der Stammdatenstrukturen üblicherweise durch Einrichtung eines eigenen Settyps bzw. eines eigenen Attributs vorgenommen wird. Ein funktionierender Pflegeprozess (Pflege des Materialstamms im führenden ERP- und Replikation der Änderungen in das CRM-System) wird ebenfalls vorausgesetzt.

Sollen Stammdaten-Zusatzfelder, die mittels Settypen bzw. Attributen auf CRM-Seite implementiert wurden, für die Preisfindung des CRM-Systems genutzt bzw. ausgelesen werden, sind einige Besonderheiten zu beachten, die wir in diesem Abschnitt schwerpunktmäßig behandeln. Unser Lösungsansatz besteht aus den folgenden Schritten:

1. Der Feldkatalog und die Preisfindungs-Kommunikationsstruktur auf ERP-Seite werden um ein Feld erweitert, das sich bezüglich seiner Typisierung an dem bereits erwähnten Materialstammfeld MARA-ZZ_COLOUR orientiert.

2. Anschließend kann eine Konditionstabelle im ERP-System angelegt werden, die das Feld ZZ_COLOUR als Schlüsselkriterium verwendet. Darüber hinaus muss mindestens eine Zugriffsfolge um einen Zugriff auf die neue Konditionstabelle ergänzt werden.

3. Auf CRM-Seite muss ebenfalls der Feldkatalog der Preisfindung um das neue Feld erweitert werden.

4. Das neue CRM-Feld wird zur Vorbereitung des Initial Loads des mandantenunabhängigen Customizings auf das neue ERP-Feld gemappt. Diese Zuordnung erfolgt im Customizing des CRM-Systems.

5. Anschließend kann der Initial Load des mandantenunabhängigen Customizings durchgeführt werden. Dabei werden im CRM-System automatisch alle benötigten technischen Objekte (Konditionstabellen, Zugriffsfolgen, weitere abhängige Objekte) generiert.

6. Das neue Feld muss nun für die Preisfindungs-Kommunikationsstruktur versorgt werden. Zu diesem Zweck steht im CRM-System ein geeignetes BAdI zur Verfügung.

Wie Sie sicherlich bereits bemerkt haben, handelt es sich hierbei um annähernd die gleiche Vorgehensweise wie für unser letztes Praxisbeispiel. Da die dortigen Erläuterungen auch für dieses Beispiel gültig sind, werden die einzelnen Schritte hier nicht mehr so detailliert beschrieben. Stattdessen wollen wir uns in diesem Abschnitt auf die Unterschiede bzw. Besonderheiten konzentrieren. Bitte schlagen Sie gegebenenfalls in Abschnitt 4.4.1, »Ermittlung von Kundenrabatten anhand der Umsatzkategorie eines Kunden«, den entsprechenden Schritt nach, wenn Sie zusätzliche Informationen wünschen.

Erweiterung der Preisfindungs-Kommunikationsstruktur und des Feldkatalogs der Preisfindung auf ERP-Seite

Bevor wir im Customizing den Feldkatalog der ERP-Preisfindung erweitern können, muss das Feld ZZ_COLOUR in die Preisfindungs-Kommunikationsstruktur aufgenommen werden. Anders als bei unserem letzten Praxisbeispiel handelt es sich dieses Mal um ein Feld auf Positionsebene, da es die Farbe eines Produkts beschreibt. Daher müssen wir das Feld in das Include KOMPAZ der Struktur KOMP aufnehmen, wie in Abbildung 4.25 gezeigt.

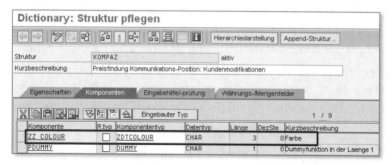

Abbildung 4.25 Erweiterung der Preisfindungsstruktur KOMPAZ für Positionsfelder

Anschließend können wir über den folgenden Pfad im Customizing-IMG das Feld in den Feldkatalog der Preisfindung aufnehmen: VERTRIEB • GRUNDFUNKTIONEN • PREISFINDUNG • STEUERUNG DER PREISFINDUNG • KONDITIONSTABELLEN DEFINIEREN • KONDITIONEN: ERLAUBTE FELDER.

Mandantenunabhängiges Customizing auf ERP-Seite

Zunächst legen wir die neue Konditionstabelle an. Analog zu unserem letzten Praxisbeispiel fügen wir neben ZZ_COLOUR noch die ergänzenden Schlüsselfelder *Verkaufsorganisation* und *Vertriebsweg* hinzu (siehe Abbildung 4.26).

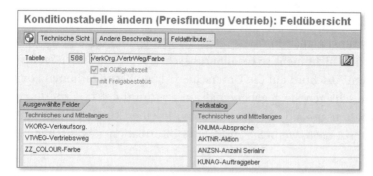

Abbildung 4.26 Konditionstabelle 508 auf Basis des neuen Feldes ZZ_COLOUR

Den Einstieg zur Anlage von Konditionstabellen in SAP ERP finden Sie an folgender Stelle im Customizing: VERTRIEB • GRUNDFUNKTIONEN • PREISFINDUNG • STEUERUNG DER PREISFINDUNG • KONDITIONSTABELLEN DEFINIEREN • KONDITIONSTABELLEN ANLEGEN. Je nachdem, welchen konkreten Anforderungen Sie sich bezüglich der benötigten Findungskriterien der Konditionen gegenübersehen, können Sie natürlich weitere Schlüsselfelder hinzufügen oder andere weglassen. Bitte beachten Sie die im letzten Praxisbeispiel empfohlene Reihenfolge, in der Sie Schlüsselfelder in eine Konditionstabelle aufnehmen sollten: Indem Sie zuerst die Kopf- und dann die Positionsfelder hinzufügen, sparen Sie einerseits Performance beim Zugriff, und andererseits ermöglicht diese Anordnung eine komfortablere Pflege der Konditionssätze.

Analog zu unserem ersten Praxisbeispiel im letzten Abschnitt legen wir nun noch eine Zugriffsfolge an, die einen Zugriff auf die neue Konditionstabelle A508 enthält (siehe Abbildung 4.27). Die relevante Customizing-Aktivität finden Sie im IMG an folgender Stelle: VERTRIEB • GRUNDFUNKTIONEN • PREISFINDUNG • STEUERUNG DER PREISFINDUNG • ZUGRIFFSFOLGEN DEFINIEREN.

Abbildung 4.27 Feldzuordnung des Zugriffs auf die Konditionstabelle 508

Erweiterung des Feldkatalogs auf CRM-Seite

Bevor wir nun den Preisfindungs-Feldkatalog des CRM-Systems erweitern können, müssen wir einen eigenen Datentyp zur Typisierung des neuen Feldes anlegen. Wie Sie bereits im letzten Praxisbeispiel erfahren haben, ist dies notwendig, damit das CRM-System unsere Erweiterung als eine releasesichere Kundenerweiterung erkennt und die Änderungen nicht als Modifikation in einem SAP-Paket unterbringen will. Anschließend ergänzen wir, wie in Abbildung 4.28 dargestellt, den Feldkatalog um das Positionsfeld ZZ_COLOUR (Feldtyp = I). Bitte beachten Sie auch hier, dass vor einer Erweiterung des Feldkatalogs und anschließenden Generierung der abhängigen Objekte und Strukturen alle unbearbeiteten BDocs vom Typ CND_M_SUP und PRODUCT_MAT prozessiert werden müssen. An folgender Stelle im Customizing können Sie die beschriebene Erweiterung des Feldkatalogs durchführen: CUSTOMER RELATIONSHIP MANAGEMENT • GRUNDFUNKTIONEN • PREISFINDUNG • PREISFINDUNG EINRICHTEN • FELDKATALOG BEARBEITEN.

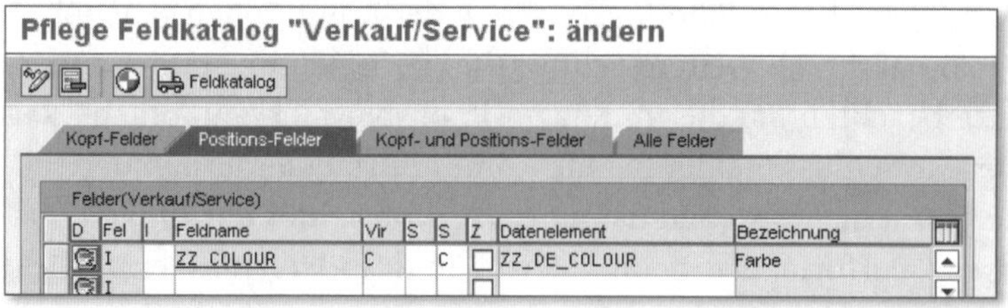

Abbildung 4.28 Um das neue Feld ZZ_COLOUR erweiterter Feldkatalog der Preisfindung im CRM-System

Mapping des neuen CRM- und ERP-Feldes

Bevor der initiale Customizing-Load der Preisfindung durchgeführt werden kann, muss nun noch ein Mapping des ERP- und des CRM-Schlüsselfeldes erfolgen. Dies geschieht in zwei Schritten, die bereits im letzten Praxisbeispiel detailliert beschrieben wurden. Der erste Schritt beinhaltet einen Eintrag in folgender Customizing-Aktivität (siehe auch Abbildung 4.29): CUSTOMER RELATIONSHIP MANAGEMENT • STAMMDATEN • KONDITIONEN UND KONDITIONSTECHNIK • ERWEITERUNGEN FÜR KONDITIONSAUSTAUSCH MIT ERP • SCHLÜSSELFELDER VON KONDITIONSTABELLEN KONVERTIEREN.

Abbildung 4.29 Konvertierung des neuen Schlüsselfeldes ZZ_COLOUR

Der zweite Schritt sieht die manuelle Erweiterung der Struktur CND_MAPT_ACS_REM_CUST über die Transaktion SE11 vor (siehe Abbildung 4.30).

Abbildung 4.30 Erweiterung der Struktur CND_MAPT_ACS_REM_CUST um das neue Feld ZZ_COLOUR

Initial Load des Customizings

Nun kann in der Transaktion R3AS der initiale Customizing-Download der Preisfindung gestartet werden. Um auch die mandantenunabhängigen Objekte (z. B. Konditionstabellen, Zugriffsfolgen) zu übertragen, kann das Downloadobjekt DNL_CUST_CNDALL verwendet werden.

Bitte überprüfen Sie nach erfolgtem Download, ob alle gewünschten Objekte korrekt im CRM-System angekommen sind: Einerseits sollte dort die Konditionstabelle CUS508 angelegt und aktiviert worden sein, andererseits sollte die Zugriffsfolge eine korrekte Feldzuordnung aufweisen. Zusätzlich können Sie die durch den Download erzeugten Logeinträge in der Transaktion CND_MAP_LOG_DISPLAY (Objekt: COND_EXCHANGE, Unterobjekt: CUSTOMIZING) prüfen.

Versorgung des neuen Feldes auf CRM-Seite

Nun können wir uns der Befüllung des neuen Schlüsselfeldes für die Preisfindung widmen. Wie auch in unserem letzten Praxisbeispiel wird dies durch das BAdI CRM_COND_COM_BADI erfolgen. Genauer gesagt, werden wir einen Implementierungsvorschlag für die Methode ITEM_COMMUNICATION_STRUCTURE erarbeiten, die für die Versorgung von Positionsfeldern zuständig ist. Doch zunächst werfen wir einen Blick auf den beteiligten Settyp und das beteiligte Attribut. Dazu rufen Sie die Transaktion COMM_ATTRSET auf, in der Sie einen guten Überblick über die beteiligten Elemente erhalten.

In Abbildung 4.31 sehen Sie, dass unser Settyp organisationsunabhängig, also für die allgemeine Materialstammsicht definiert worden ist. Das bedeutet, dass die enthaltenen Attribute je Material-ID nur einmalig hinterlegt werden können. Wäre der Settyp für die Vertriebssicht erstellt worden, ließe sich für jeden gültigen Vertriebsbereich eine entsprechende Pflege durchführen. Auf der Registerkarte ZUGEORDNETE ATTRIBUTE können Sie die für diesen Settyp gültigen Attribute sehen. In unserem Beispiel ist lediglich das Attribut ZATTR_0001 vorgesehen. Durch einen Doppelklick auf die entsprechende Zeile gelangen Sie in die Detailsicht des Attributs, wo Sie sich z. B. über dessen Typisierung informieren können. In unserem Beispiel handelt es sich technisch um ein CHAR3-Feld, dessen mögliche Werte über eine eigene Wertetabelle (ZCOLOUR) vorgegeben werden, wie in Abbildung 4.32 dargestellt.

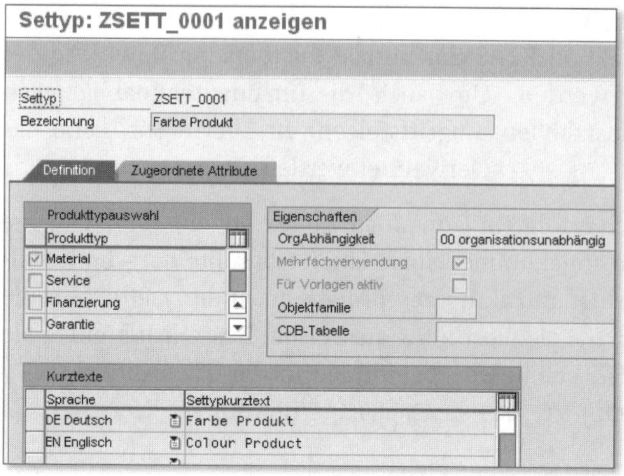

Abbildung 4.31 Settyp ZSETT_0001

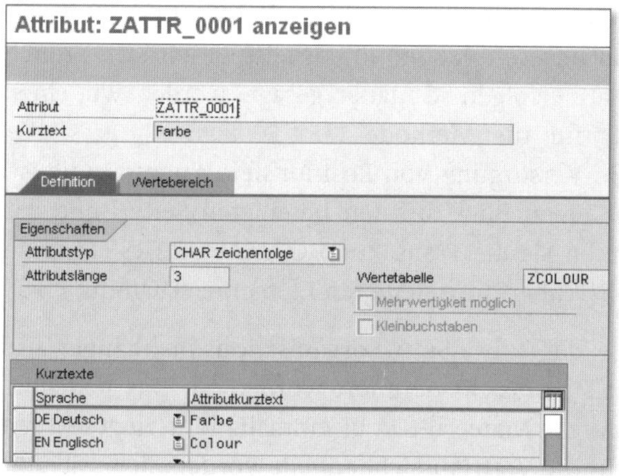

Abbildung 4.32 Attribut ZATR_0001

Nun lautet also die Frage, wie wir den im jeweiligen Materialstamm hinterlegten Farbcode auslesen können, um diesen als Schlüsselattribut für die Preisfindung zur Verfügung zu stellen. Die schlechte Nachricht lautet: Systemseitig erfolgt die Ablage entsprechender Attributwerte in relativ komplexen Datenstrukturen. So wird beispielsweise je Settyp ein Eintrag in der Tabelle COMC_SETTYPE erzeugt, dessen FRGTYPEGUID neben der Produkt-GUID zur Ermittlung einer produktspezifischen FRAGMENT_GUID in der Tabelle COMM_PR_FRG_ROD benötigt wird. Damit schließlich kann in der je Settyp automatisch angelegten Tabelle (z. B. ZSETT_0001) nach dem gewünschten Datensatz gesucht werden.

Die gute Nachricht lautet: All das brauchen Sie eigentlich gar nicht zu wissen! Denn bei der Anlage von Settypen bzw. der Zuordnung von Attributen werden systemseitig auch einige spezifische Funktionsbausteine generiert, mit deren Hilfe ein komfortables Auslesen entsprechender Daten möglich ist. Um diese Funktionsbausteine aufzufinden, führen Sie einfach eine [F4]-Suche in der Transaktion SE37 mit folgendem Suchbegriff durch: *<Name des Settyps>* (also z. B. *ZSETT0001*). Abbildung 4.33 zeigt ein entsprechendes Suchergebnis.

```
Repository Infosystem: Funktionsbausteine suchen (18 Treffer)

Funktionsgruppe              Kurztext Funktionsgruppe
Name des Funktionsbausteins  Kurztext zum Funktionsbaustein

ZOM_ZSETT_0001               Farbe Produkt
ZOM_ZSETT_0001_CHECK         Konsistenzprüfung
ZOM_ZSETT_0001_FREE          Puffer löschen
ZOM_ZSETT_0001_GET           Erweitertes Lesen
ZOM_ZSETT_0001_HIST_GET      Lesen der Historien
ZOM_ZSETT_0001_MAINT_MUL     Erweitertes Anlegen / Ändern lokal ( Pflegefunktion )
ZOM_ZSETT_0001_MAINT_RD      Erweitertes Lesen lokal ( Pflegefunktion )
ZOM_ZSETT_0001_MAINT_RDP     Erweitertes Lesen lokal zum Produkt ( Pflegefunktion )
ZOM_ZSETT_0001_MAINT_UPD     Erweitertes Anlegen / Ändern lokal ( Pflegefunktion )
ZOM_ZSETT_0001_READ_MULT     Lesen
ZOM_ZSETT_0001_READ_SI       Lesen
ZOM_ZSETT_0001_READ_SIM      Lesen lokal ( Pflegefunktion )
ZOM_ZSETT_0001_READ_TFW      Lesen (referenzierte Daten) für Settyp <SETTYPE_ID>
ZOM_ZSETT_0001_SAVE          Sichern
ZOM_ZSETT_0001_SAVE_DB       Änderungen auf der DB Sichern
ZOM_ZSETT_0001_SAVE_LOCL     Sichern lokale Daten ( Pflegefunktion )

ZOM_ZSETT_0001_UI            Farbe Produkt
ZOM_ZSETT_0001_UI_INIT       Initialisierung
ZOM_ZSETT_0001_UI_PAI        Funktionsbaustein für PAI
ZOM_ZSETT_0001_UI_PBO        Funktionsbaustein für PBO
```

Abbildung 4.33 Verfügbare Funktionsbausteine für Settyp ZSETT_0001

Besonders komfortabel für unser Praxisbeispiel sind Funktionsbausteine, bei denen die Angabe der Produkt-GUID als Importparameter ausreicht. Entsprechende Muster sind in Abbildung 4.33 hervorgehoben. Darunter befindet sich auch der Funktionsbaustein ZOM_ZSETT_0001_GET, den wir im Rahmen unseres Implementierungsvorschlags für das BAdI CRM_COND_COM_BADI einsetzen wollen.

Bitte prüfen Sie in Ihrem Anwendungsfall unbedingt die Ausgabestruktur der für Sie relevanten Funktionsbausteine, da systemintern der Name eines Attributs nicht auch als Feldname verwendet wird. Dies wird in Abbildung 4.34 deutlich: Der dem Attribut ZATTR_0001 entsprechende Feldname wurde vom System auf ZZ0010 festgelegt. Die entsprechende Typisierung ZATTR_0001 ermöglicht jedoch eine eindeutige und einfache Zuordnung.

4 | Praxisbeispiele für den Bereich Sales

Struktur	ZSETT_0001_MV	aktiv
Kurzbeschreibung	Struktur zur Pflege von Settyp ZSETT_0001	

Eigenschaften | **Komponenten** | Eingabehilfe/-prüfung | Währungs-/Mengenfelder

Eingebauter Typ 1 / 10

Komponente	R.typ	Komponententyp	Datentyp	Länge	DezSte	Kurzbeschreibung
.INCLUDE		COMT_FRG_KEY		0	0	Fragment Schlüssel
CLIENT		MANDT	CLNT	3	0	Mandant
FRG_GUID		COMT_FRG_GUID	RAW	16	0	Set-GUID
.INCLUDE		COMT_PRODUCT_ADM		0	0	Produkt Verwaltungsdaten
VALID_FROM		COMT_VALID_FROM	DEC	15	0	Gültig ab (Zeitstempel)
VALID_TO		COMT_VALID_TO	DEC	15	0	Gültig bis (Zeitstempel)
UPNAME		COMT_UPNAME	CHAR	12	0	Name des Benutzers, der das Set zuletzt geändert hat
HISTEX		COMT_HISTEX	CHAR	1	0	Historie vorhanden
LOGSYS		COMT_LOGSYS	CHAR	10	0	Originalsystem
ZZ0010		ZATTR_0001	CHAR	3	0	Farbe

Abbildung 4.34 Ausgabestruktur des Funktionsbausteins ZOM_ZSETT_0001_GET

In Listing 4.7 finden Sie einen Implementierungsvorschlag, mit dessen Hilfe Sie den Wert des Attributs ZATTR_0001 als Schlüsselfeld für die automatische Preisfindung bereitstellen können. Bitte beachten Sie, dass beim Aufruf des Funktionsbausteins zwar der Importparameter IS_REL vorhanden sein muss, aber leer sein darf.

```
METHOD IF_EX_CRM_COND_COM_BADI~ITEM_COMMUNICATION_STRUCTURE.
* Fill pricing attribute ZZ_COLOUR from
* attribute value ZZ0010 of settype
* ZSETT_0001:
  DATA: LS_SET_MAINTAIN TYPE ZSETT_0001_MAINTAIN,
        LS_REL          TYPE COMT_PR_FRG_REL.
  IF NOT CS_ACS_I_COM-PRODUCT IS INITIAL.
    CALL FUNCTION 'ZOM_ZSETT_0001_GET'
      EXPORTING
        IV_PRODUCT_GUID = CS_ACS_I_COM-PRODUCT
        IS_REL          = LS_REL
      IMPORTING
        ES_SET_MAINTAIN = LS_SET_MAINTAIN
      EXCEPTIONS
        NOT_FOUND       = 1
        OTHERS          = 2.
    IF SY-SUBRC = 0.
      CS_ACS_I_COM-ZZ_COLOUR = LS_SET_MAINTAIN-DATA-ZZ0010.
    ENDIF.
  ENDIF.
ENDMETHOD.
```

Listing 4.7 Produkt-Attributwert als Schlüsselattribut für die Preisfindung ermitteln

4.5 Logistikintegration: Sonderbestandsarten

Nicht wenige Unternehmen, die heute ein SAP CRM-System im Bereich der Vertriebsabwicklung einsetzen, haben dort früher auf ein R/3- oder ERP-System gesetzt. Mit dem Einsatz eines CRM-Systems sind im Kontext der Auftragsbearbeitung viele Dinge einfacher, komfortabler und fortschrittlicher geworden. Dies gilt so leider nicht unbedingt für das Zusammenspiel zwischen der Auftragsbearbeitung und der Logistik: Ein großer Vorteil bestand seinerzeit darin, dass systemseitig ein hoher Grad an Integration zwischen Sales- und Logistikprozessen gegeben war. Den zum Teil unterschiedlichen technischen Konzepten und der physischen Trennung zwischen CRM und ERP fielen im Standard leider einige Features und unterstützte Prozesse in diesem Umfeld zum Opfer: Es ist beispielsweise nicht vorgesehen, dass der Benutzer in einer CRM-Auftragsposition eine Route oder einen Lagerort auswählen kann, was die Gestaltungsmöglichkeiten einiger Prozesse stark einschränkt. Derlei Einschränkungen beschreibt u. a. SAP-Hinweis 1303519.

Entsprechende Restriktionen betreffen leider auch Verkaufsprozesse, die auf sogenannten *Sonderbestandsarten* basieren. Dazu gehören u. a. die Verwaltung von Kundenleihgutbeständen sowie zentrale Prozesse im Bereich der Kundenkonsignation. Sowohl bei der *Kundenleihgut-* als auch bei der *Kundenkonsignationsabwicklung* liefern Sie Ware an Ihren Kunden, diese bleibt jedoch weiterhin Eigentum Ihres Unternehmens. Einer der Hauptunterschiede zwischen diesen beiden Prozessen zeigt sich darin, mit welchem originären Ziel entsprechende Güter an den Kunden versendet werden: Während es sich bei Leihgut häufig um Verpackungen, Transportbehälter o. Ä. handelt, mit deren Hilfe das eigentliche Produkt sicher befördert wird, stellt die Konsignationsware selbst das vom Kunden gewünschte Produkt dar. Entsprechend unterschiedlich gestalten sich die Folgeprozesse: Konsignationsware ist primär für einen Verbrauch durch den Kunden vorgesehen, Leihgut wird im Normalfall nach Gebrauch vom Kunden zurückgegeben. Eine anschließende Berechnung ist im Konsignationsfall eher die Regel, kommt im Leihgutfall hingegen eigentlich nur dann vor, wenn die Ware nicht zu einem vereinbarten Zeitpunkt in vollem Umfang zurückgegeben wird.

Damit Sie bestandsmäßig nicht den Überblick verlieren, an welchen Kunden Sie welche Ware als Leihgut bzw. als Konsignationsware geliefert haben, stehen Ihnen in SAP ERP die Sonderbestandsarten zur Verfügung. Diese ermöglichen eine vom restlichen Lagerbestand getrennte Sicht auf entsprechende Bestände, die sich physisch beim Kunden befinden. Wenn Sie Ihrem Kunden beispielsweise den Verbrauch eines Konsignations- oder Leihgutes in Rechnung stellen möchten, stehen Ihnen dazu auf ERP-Seite passende Auftragsarten sowie Positions- und Einteilungstypen in der Vertriebsabwicklung zur Verfügung:

- Auftragsart LN mit Positionstyp LNN (»Leihgutnachbelastung«) und Einteilungstypen C2 bzw. C3
- Auftragsart KE mit Positionstyp KEN (»Konsignationsentnahme«) und Einteilungstypen C0 und C1

Beide Prozessvarianten ermöglichen es Ihnen, während der Auftragserfassung durch eine ATP-Prüfung (*Available to Promise*) die Verfügbarkeit des jeweiligen Sonderbestands zu prüfen. Dadurch können Sie bereits zu einem frühen Zeitpunkt sicherstellen, dass nicht mehr Ware belastet bzw. entnommen wird, als bestandsmäßig verfügbar ist.

Leider wird die Verwendung von Sonderbeständen bei einer Auftragsbearbeitung im CRM-System standardmäßig nicht unterstützt, wie u. a. die SAP-Hinweise 856727 und 1310727 beschreiben:

- Eine lokale ATP- bzw. Verfügbarkeitsprüfung, die ausgehend von einem CRM-System auf einem SAP ECC- bzw. SAP ERP-System durchgeführt wird, kann keine Sonderbestände berücksichtigen.
- Beim Upload von Kundenaufträgen aus dem CRM- in ein ERP-System werden sonderbestandsrelevante Kontierungsinformationen nicht fortgeschrieben.

Mit dem im folgenden Abschnitt detailliert vorgestellten Lösungsansatz können Sie diese Einschränkungen im Rahmen eines parametrisierbaren Erweiterungskonzepts beheben.

4.5.1 Parametrisierung des erweiterten ATP-Checks

Um den zuvor genannten Einschränkungen im Rahmen eines parametrisierbaren Erweiterungskonzepts entgegenzuwirken, sind verschiedene Schritte nötig (siehe Abbildungen 4.35 und 4.36), die ausführlich in Abschnitt 4.5.2, »Erweiterung der ATP-Prüfung (CRM- und ERP-System)«, beschrieben werden. Wie in Schritt ❶ in Abbildung 4.35 angedeutet, spielt der Positionstyp in unserem Szenario eine wichtige Rolle: Anhand des CRM-Positionstyps soll festgelegt werden können, ob die zugehörige Auftragsposition die erweiterte ATP-Prüfung durchläuft bzw. gegen welchen Sonderbestand geprüft wird.

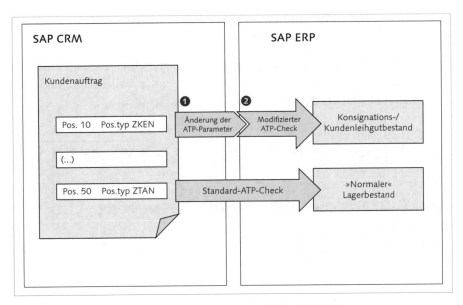

Abbildung 4.35 Notwendige Erweiterungen im Bereich der ATP-Prüfung

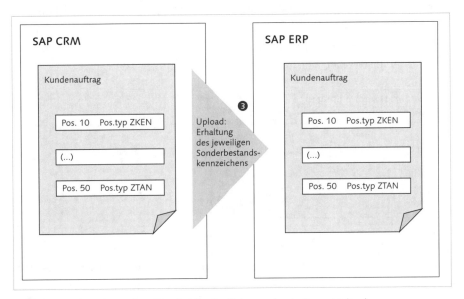

Abbildung 4.36 Notwendige Erweiterung im Rahmen des Auftrags-Uploads

Damit orientieren wir uns an der im ERP-System geltenden Logik, wonach der Positionstyp festlegt, ob der zugehörige Vertriebsprozess auf einem Sonderbestand basieren soll. Auf ERP-Seite wird dies durch das Kennzeichen V_ TVAP-SOBKZ (*Sonderbestandskennzeichen*) bestimmt: Der Wert V kennzeichnet dabei Kundenleihgutbestand, während Kundenkonsignationsgut durch die Sonderbestandsart W abgebildet wird.

Abbildung 4.37 zeigt einen Vorschlag zur Definition einer eigenen Customizing-Tabelle. Das Kennzeichen `SPECIAL_STOCK` legt je Tabelleneintrag bzw. Positionstyp die zu verwendende Sonderbestandsart fest.

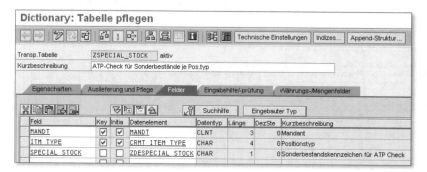

Abbildung 4.37 Z-Customizing-Tabelle ZSPECIAL_STOCK

Damit bei der Pflege von Tabelleneinträgen keine Sonderbestandskennzeichen erfasst werden, die nicht systemseitig unterstützt werden, können Sie für das relevante Datenelement `ZDESPECIAL_STOCK` eine eigene Domäne mit passenden Festwerten definieren, wie in Abbildung 4.38 gezeigt.

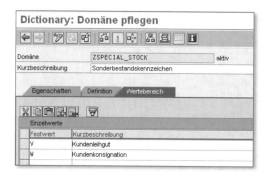

Abbildung 4.38 Festlegung der unterstützten Sonderbestandsarten durch Domänenfestwerte

> **Hinweis: Weitere Customizing-Einstellungen**
>
> Wie bereits erwähnt, können Sie sich bezüglich des Customizings auf ERP-Seite am Belegfluss des Positionstyps LNN (Leihgutnachbelastung) bzw. KEN (Konsignationsentnahme) orientieren. Auf CRM-Seite können Sie den Positionstyp TAN als Kopiervorlage nutzen. Dabei ist wichtig, dass der CRM-Positionstyp als relevant für die ATP-Prüfung gegen das ERP-System gekennzeichnet ist.

4.5.2 Erweiterung der ATP-Prüfung (CRM- und ERP-System)

Wie zuvor in Schritt ❶ in Abbildung 4.35 dargestellt, ist eine Veränderung der ATP-Parameter erforderlich, wenn aus dem CRM-System eine ATP-Prüfung gegen Sonderbestände auf ERP-Seite durchgeführt werden soll: Im CRM-Standard wird bei einer ATP-Prüfung lediglich der »normale« anonyme Bestand im ERP-System geprüft. Technisch geschieht dies durch eine »hart verdrahtete« Nutzung der ATP-Prüfregel A, die Ihnen sicherlich aus der Steuerung der Verfügbarkeitsprüfung im ERP-System bekannt ist. Für eine Verfügbarkeitsprüfung gegen die erwähnten Sonderbestände muss stattdessen Prüfregel AV (Kundenleihgut) bzw. AW (Kundenkonsignation) angewandt werden. Eine entsprechende Änderung der Inputparameter für die ATP-Prüfung können Sie auf CRM-Seite durch Implementierung der Methode CHANGE_APO_ITEM_INPUT des BAdIs CRM_AV_CHECK_APO_01 erreichen.

Neben der geänderten Prüfregel müssen Sie dort noch zwei weitere ATP-Parameter anpassen: Für eine erfolgreiche Prüfung gegen einen Kundenleihgut- bzw. Kundenkonsignationsbestand werden auch noch die Auftraggebernummer des jeweiligen CRM-Kundenauftrags als *Bestandsschlüssel* sowie das relevante Sonderbestandskennzeichen benötigt.

Im folgenden Listing 4.8 finden Sie einen Vorschlag zur Implementierung der genannten BAdI-Methode, zu dem wir Ihnen noch folgende Hinweise geben möchten: Auch in diesem Implementierungsvorschlag bietet es sich an, eine globale Variable zu verwenden, die Sie als Klassenattribut auf der Ebene Ihrer implementierenden Z-Klasse definieren können (Schritt 1). In unserem Beispiel können wir so durch Verwendung der internen Tabelle GT_SPECIAL_STOCK das mehrfache Nachlesen der Customizing-Einstellungen aus der Tabelle ZSPECIAL_STOCK vermeiden. Einen geeigneten klassenlokalen Typ für die interne Tabelle GT_SPECIAL_STOCK finden Sie in Abbildung 4.39.

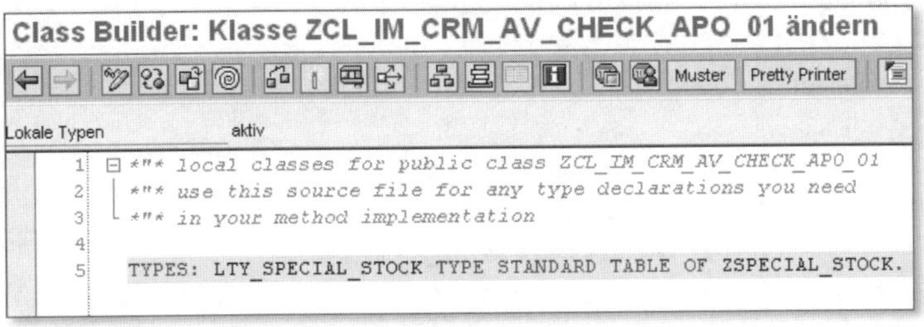

Abbildung 4.39 Klassenlokaler Typ LTY_SPECIAL_STOCK

Den genauen ATP-Prüfungsumfang können Sie in Parametern der Struktur CT_APOREQ festlegen (Schritt 2). Pro ATP-geprüfter Kundenauftragsposition ist darin ein Eintrag vorhanden, den Sie mit dem benötigten Sonderbestandskennzeichen, der gewünschten ATP-Prüfregel sowie dem relevanten Auftraggeber versorgen können. Der ATP-Feldkatalog (Parameter CT_FIELDCAT) enthält pro Position sowohl den Auftraggeber als auch den jeweiligen Positionstyp (CHARACTERISTIC_FIELD_NAME: KUNNR bzw. PSTYV) zur Vervollständigung der ATP-Parameter.

In den Schritten 3 und 4 wird dann gemäß der im letzten Abschnitt erläuterten Z-Customizing-Tabelle entschieden, ob bzw. welcher Sonderbestand je Kundenauftragsposition geprüft werden soll. Anschließend werden die beschriebenen drei Parameter gesetzt.

```
METHOD if_ex_crm_av_check_apo_01~change_apo_item_input.
*** 0. Declaration:
  CONSTANTS: lc_bus_event_av TYPE prreg VALUE 'AV',
             lc_bus_event_aw TYPE prreg VALUE 'AW',
             lc_spec_stock_v TYPE sobkz VALUE 'V',
             lc_spec_stock_w TYPE sobkz VALUE 'W'.
  DATA: lv_itm_type TYPE crmt_item_type.
*         ls_special_stock TYPE zspecial_stock.
  FIELD-SYMBOLS: <aporeqgrp>     TYPE crmt_aporeqgrp,
                 <aporeq>        TYPE crmt_aporeq,
                 <fcat>          TYPE crmt_apofieldcatalog,
                 <special_stock> TYPE zspecial_stock.
*** 1. Preparations:
***    Read customizing table ZSPECIAL_STOCK only once:
  IF gt_special_stock IS INITIAL.
    SELECT * FROM zspecial_stock INTO TABLE gt_special_stock.
  ENDIF.
*** 2. Detect item category:
  LOOP AT ct_aporeqgrp ASSIGNING <aporeqgrp>.
    LOOP AT ct_aporeq ASSIGNING <aporeq>
      WHERE requirement_group_index = <aporeqgrp>-requirement_
        group_index.
      READ TABLE ct_fieldcat ASSIGNING <fcat>
          WITH KEY item_number = <aporeq>-item_number
                   characteristic_field_name = 'PSTYV'.
      CHECK sy-subrc = 0 AND <fcat>-characteristic <> space
      lv_itm_type = <fcat>-characteristic.
      UNASSIGN <fcat>.
*** 3. Check if ATP for special stock is required:
** buffer customizing settings -> also used in method CHANGE_APO_
      RESULT_CRM_FORM
```

```
            READ TABLE gt_special_stock ASSIGNING <special_stock>
                                 WITH KEY itm_type = lv_itm_type.
            IF sy-subrc = 0 AND <special_stock>-special_
              stock IS NOT INITIAL.
*** 4. Fill business event, special stock indicator and key:
              CASE <special_stock>-special_stock.
                WHEN lc_spec_stock_v.
                  <aporeq>-business_event = lc_bus_event_av.
                  <aporeq>-spec_stock_ind = lc_spec_stock_v.
                  READ TABLE ct_fieldcat ASSIGNING <fcat>
                    WITH KEY item_number = <aporeq>-item_number
                         characteristic_field_name = 'KUNNR'.
                WHEN lc_spec_stock_w.
                  <aporeq>-business_event = lc_bus_event_aw.
                  <aporeq>-spec_stock_ind = lc_spec_stock_w.
                  READ TABLE ct_fieldcat ASSIGNING <fcat>
                    WITH KEY item_number = <aporeq>-item_number
                         characteristic_field_name = 'KUNNR'.
              ENDCASE.
              IF <fcat>-characteristic IS NOT INITIAL.
                <aporeq>-spec_stock_key = <fcat>-characteristic.
              ENDIF.
            ENDIF.
          ENDLOOP.
      ENDLOOP.
ENDMETHOD.
```

Listing 4.8 Parameter für eine ATP-Prüfung aus dem CRM-System ändern

Neben der beschriebenen Erweiterung der ATP-Prüfung im BAdI `CRM_AV_CHECK_APO_01` müssen wir auch noch einen kleinen Eingriff auf ERP-Seite vornehmen, wie in Schritt ❷ in Abbildung 4.35 vermerkt: Für aus dem CRM-System kommende ATP-Anfragen steht im Standard nicht der von uns benötigte Bestandsschlüssel *Kundennummer* zur Verfügung. Durch systemübergreifendes Debugging können Sie nachvollziehen, dass die Befüllung des ATP-Feldkatalogs im ERP-System im Unterprogramm `DATEN_ANREICHERN` des Funktionsbausteins `R3_SD_AVAILABILITY_CHECK` durchgeführt wird. Leider steht kein User Exit o. Ä. zur Verfügung, sodass eine kleine Modifikation erforderlich ist. Da der genannte Funktionsbaustein aber ausschließlich für ATP-Prüfungen aus dem CRM-System gerufen wird, werden keine anderen Prozesse tangiert. Die benötigte Information (Auftraggebernummer) steht glücklicherweise in dem relevanten Kontext (`VBAK`) zur Verfügung. Einen geeigneten Implementierungsvorschlag finden Sie in Listing 4.9.

```
            (...)
            et_atpterm-wadat     = lv_wadat.
            et_atpterm-wauhr     = lv_wauhr.

            et_atpterm-xline     = ls_reqitm-idx.
            et_atpterm-tline     = ls_reqitm-idx.
            APPEND et_atpterm.

*       Prepare ATPCS
*{      INSERT    1
* This routine is called as preparation for the ATP-Check
* from CRM. In standard, the check of special stocks (e.g.
* consignment) is not supported. On CRM side, the input
* parameters for ATP check are changed for consignment items,
* but still here in ERP the customer number is not available
* in standard.
            IF ( et_atpcs-sobkz = charw OR et_atpcs-sobkz = charv )
            AND et_atpcs-kunnr   = space.
                et_atpcs-kunnr   = vbak-kunnr.
            ENDIF.
*}      INSERT
            et_atpcs-vbtyp       = vbak-vbtyp.
            et_atpcs-werks       = vbap-werks.
            et_atpcs-berid       = vbap-berid.
            et_atpcs-meins       = vbap-meins.
            et_atpcs-chmod       = t459k-bedar.
            et_atpcs-bdart       = t459k-bedar+0(2).
            et_atpcs-plart       = t459k-bedar+2(1).
            et_atpcs-delkz+0(1)  = charv.
            (...)
```

Listing 4.9 Modifikation der ATP-Prüfung des ERP-Systems für CRM-Aufträge

4.5.3 Erweiterung des Auftrags-Uploads (ERP-System)

Wie bereits eingangs erwähnt, sorgt im Standard der Kontierungsmanager dafür, dass keine kontierungsrelevanten Daten in Auftragspositionen übernommen werden, die vom CRM- in das ERP-System übertragen werden. Dazu zählt auch das Sonderbestandskennzeichen, das wir zwar im Customizing des entsprechenden ERP-Positionstyps hinterlegen können, das dann aber beim Upload nicht in die Auftragsposition übernommen werden würde. Dies geschieht laut SAP-Hinweis 1310727 aus Konsistenzgründen, da auf Sonderbeständen basierende Verkaufsprozesse im Anwendungsverbund aus CRM- und ERP-System nicht unterstützt werden. Daher ist ein weiterer Eingriff notwendig, wie in Schritt ❸ in Abbildung 4.36 dargestellt: Um das Löschen des Sonderbestandskennzeichens bei der Übertragung des Kundenauftrags zu verhindern, ist eine kleine Modifikation im Include `FV45PFAP_VBAP_FUELLEN_IAOM` des Programms `SAPFV45P` notwendig. Dort lässt sich durch eine Auskommentierung des Standard-Codings erreichen, dass das Sonderbestandskennzeichen einer Auftragsposition nicht mehr initialisiert wird. In Listing 4.10 finden Sie einen Vorschlag zur Umsetzung.

```
    (...)
    vbap-vbelv      = da_cobl-kdauf.
    vbap-posnv      = da_cobl-kdpos.
*{  REPLACE         EXX901          1
*\  vbap-sobkz      = da_cobl-sobkz.
* Program SAPFV45P, Include FV45PFAP_VBAP_FUELLEN_IAOM
* During upload of CRM Sales Orders, the special stock
* indicator is lost in standard.
*}  REPLACE
    vbap-kzbws      = da_cobl-kzbws.
    vbap-kzvbr      = da_cobl-kzvbr.
    (...)
```

Listing 4.10 Erhalt des Sonderbestandskennzeichens beim Upload von Kundenauftragspositionen

> **Hinweis: Überbestätigungen bei ATP-Prüfung gegen Sonderbestände**
>
> Sie werden feststellen, dass es in unserer Lösung bei paralleler ATP-Prüfung zu *Überbestätigungen* kommen kann. Das bedeutet, dass die verfügbare ATP-Menge z. B. fälschlicherweise mehreren Auftragspositionen »zugesagt« wird, wenn diese zeitgleich erfasst werden. Dieses Phänomen ist jedoch kein spezifisches Problem der ATP-Prüfung aus dem CRM-System, sondern grundlegender Natur: SAP-Hinweis 1119296 stellt klar, dass diese Einschränkung auch bei ATP-Prüfungen von Sonderbeständen innerhalb des ERP-Systems gilt.

4.6 Marketingintegration: Kampagnenfindung

In diesem Abschnitt wollen wir Ihnen einen Lösungsansatz vorstellen, mit dessen Hilfe Sie eine pragmatische Integration der Kampagnenfindung während der Auftragserfassung realisieren können. Durch die Zuordnung von Kampagnen können z. B. in einer Auftragsposition spezielle Rabatte ermittelt werden, die nur für einen festgelegten Kundenkreis (Zielgruppe der Kampagne), für bestimmte Produkte bzw. während einer festgelegten Periode gelten. Grundsätzlich lassen sich dabei zwei unterschiedliche »Spielarten« der Kampagnenfindung bzw. -zuordnung unterscheiden. An folgender Stelle im IMG können Sie festlegen, ob mehrere oder genau eine Kampagne in einer Auftragsposition hinterlegt werden darf: CUSTOMER RELATIONSHIP MANAGEMENT • GRUNDFUNKTIONEN • KAMPAGNENFINDUNG • FINDUNGSSCHEMA ZUORDNEN. Für die Anwendung ergeben sich aus dieser Einstellung folgende Konsequenzen im CRM-Standard:

- Es darf laut Customizing nur eine Kampagne zugeordnet werden: Sollten parallel mehrere gültige Kampagnen für eine erfasste Auftragsposition existieren, kann das System *keine* automatische Zuordnung vornehmen.
- Es dürfen laut Customizing mehrere Kampagnen zugeordnet werden: Im beschriebenen Fall mehrerer gültiger Kampagnen werden *alle* entsprechenden Kampagnen »gleichberechtigt« der Auftragsposition zugeordnet.

Beide Varianten haben ohne eine Erweiterung der bestehenden Logik ihre Tücken: Im ersten Fall würde die mögliche Zuordnung einer gültigen Kampagne versäumt, im zweiten Fall könnten gleichzeitig mehrere Kampagnen der Auftragsposition zugeordnet werden, eventuell mit ungewollten Effekten in der Preisfindung. Wir möchten Ihnen eine Lösungsidee aufzeigen, wonach die Zuordnung mehrerer Kampagnen erlaubt ist, die automatische Zuordnung von uns aber durch eine zusätzliche Logik verfeinert wird.

Die systemseitig ermittelten, gültigen Kampagnen werden einem Ranking unterzogen: Das wichtigste Kriterium sei die *Priorität* einer Kampagne, das zweitwichtigste Kriterium sei das *geplante Startdatum*. Das bedeutet: Bei gleicher Priorität »gewinnt« die Kampagne mit dem spätesten geplanten Starttermin. Diese Logik hat den Charme, dass dadurch aktuelle Kampagnen grundsätzlich älteren Kampagnen vorgezogen werden. Die Kampagne mit dem höchsten Ranking soll dann als Hauptkampagne zugeordnet werden, alle anderen Kampagnen werden ebenfalls zugeordnet, sollen aber das Kennzeichen *inaktiv* erhalten, sodass keine unerwünschten Effekte bei der Berechnung von Rabatten verursacht werden können. Zusätzlich soll der Benutzer eine entsprechende Information erhalten, dass parallel mehrere gültige Kampagnen ermittelt wurden und vom System eine automatische Auswahl getroffen werden musste. Bei Bedarf kann der Erfasser dann korrigierend eingreifen.

Technisch gesehen, spielt sich der größte Teil unseres Lösungsansatzes im BAdI `CRM_CAMPAIGN_BADI` ab. Diese Erweiterung finden Sie im IMG an folgender Stelle: CUSTOMER RELATIONSHIP MANAGEMENT • GRUNDFUNKTIONEN • KAMPAGNENFINDUNG • BADI: KAMPAGNENVALIDIERUNG-, -AUSWAHL UND DATENÜBERNAHME IN DEN AUFTRAG. Dieses BAdI enthält eine Vielzahl von

Methoden, deren Gültigkeit zum Teil auf bestimmte Szenarien beschränkt ist: Die Methoden SELECT_MAIN_CAMPAIGN, SELECT_EXCLUSIVE_CAMPAIGN und DETERMINE_CAMP_SEQ werden beispielsweise nur dann aufgerufen, wenn laut Customizing eine mehrfache Kampagnenzuordnung erlaubt ist. Die Methode SELECT_CAMPAIGN wird lediglich bei der Hintergrundverarbeitung (z. B. bei der Auftragserfassung über die Schnittstelle) prozessiert. Unser Implementierungsvorschlag, den Sie in Listing 4.11 finden, nutzt ausschließlich die Methode DETERMINE_CAMP_SEQ, in der wir das beschriebene Ranking durchführen können.

```
METHOD if_ex_crm_campaign_badi~determine_campaign_sequence.
* 0. Declaration:
  FIELD-SYMBOLS: <campaign_data> TYPE crmt_campaign_data.
  DATA: lr_comp_controller  TYPE REF TO cl_bsp_wd_component_controller,
        dec_popup           TYPE REF TO if_bsp_wd_popup,
        lv_title TYPE string,
        lv_text TYPE string,
        lt_cgpl_project TYPE STANDARD TABLE OF cgpl_project,
        ls_cgpl_project TYPE cgpl_project.
* 1. Determine latest campaign with highest priority:
  LOOP AT ct_campaign_data ASSIGNING <campaign_data>.
    IF <campaign_data> IS ASSIGNED.
      SELECT SINGLE * FROM cgpl_project
                     INTO ls_cgpl_project
                     WHERE guid = <campaign_data>-campaign_guid.
      IF sy-subrc = 0 AND ls_cgpl_project IS NOT INITIAL.
        INSERT ls_cgpl_project INTO TABLE lt_cgpl_project.
      ENDIF.
    ENDIF.
  ENDLOOP.
  CLEAR: ls_cgpl_project.
  UNASSIGN <campaign_data>.
  SORT lt_cgpl_project BY priority  ASCENDING
                          planstart DESCENDING.
* 2. Inactivate all other campaigns:
  READ TABLE lt_cgpl_project INTO ls_cgpl_project INDEX 1.
  LOOP AT ct_campaign_data ASSIGNING <campaign_data>.
    IF <campaign_data>-campaign_guid NE ls_cgpl_project-guid.
      <campaign_data>-invalid = 'X'.
    ENDIF.
  ENDLOOP.
* 3. Present popup information for user:
* --> Get comp_controller (from global variable)
  CALL FUNCTION 'Z_GET_TEMP_COMPCONTROLLER'
    IMPORTING
```

4 | Praxisbeispiele für den Bereich Sales

```
        ev_comp_controller = lr_comp_controller.
  CHECK lr_comp_controller IS BOUND.
* --> Set popup title / text (Better use text-symbol here!)
  lv_title = 'Kampagnenzuordnung prüfen'.
  lv_text  = 'Bitte prüfen Sie die automatische Kampagnenzuordnung.'.
* --> Call popup from window manager
  CALL METHOD lr_comp_controller->window_manager->create_popup_2_
      confirm
    EXPORTING
      iv_title          = lv_title
      iv_text           = lv_text
      iv_btncombination = if_bsp_wd_window_manager=>co_btncomb_close
    RECEIVING
      rv_result         = dec_popup.
  dec_popup->open( ).
ENDMETHOD.
```

Listing 4.11 Durchführung eines Rankings bei der Kampagnenfindung

Neben der beschriebenen BAdI-Implementierung ist noch eine Erweiterung im Web UI Framework notwendig, um dem Benutzer bei Bedarf eine Information bezüglich der automatisch vorgenommenen Kampagnenzuordnung per Pop-up-Fenster übermitteln zu können. Dazu verwenden wir den gleichen Trick wie in Abschnitt 4.3, »Textfindung«: Durch einen eigenen Funktionsbaustein (Z_SET_TEMP_COMPCONTROLLER) »merken« wir uns die aktuelle Instanz des Komponenten-Controllers, die wir dann in unserer BAdI-Implementierung durch einen anderen Funktionsbaustein (Z_GET_TEMP_COMPCONTROLLER) wieder auslesen. Die Herausforderung besteht auch hier wieder darin, zum Zwischenspeichern der Instanz eine Stelle im Framework zu finden, die zum passenden Zeitpunkt durchlaufen wird. In unserem Fall haben wir den View BT115IT_SLSO/Items der Komponente BT115IT_SLSO erweitert und die Methode DO_PREPARE_OUTPUT redefiniert. Achten Sie stets darauf, dass vor Aufruf eines entsprechenden Funktionsbausteins eine gültige Instanz existiert (CHECK lr_comp_controller IS BOUND.). Anschließend sollte ein Benutzer bei der Erfassung einer Auftragsposition das in Abbildung 4.40 gezeigte Pop-up-Fenster erhalten, falls für die jeweilige Konstellation mehr als eine gültige Kampagne existiert.

Das Ergebnis unseres Rankings können Sie anschließend auf der Positionsebene des Auftrags prüfen. Es sollte sich dabei herausstellen, dass die Kampagne mit der höchsten Priorität bzw. diejenige mit dem jüngsten Startdatum als *Hauptkampagne* markiert wird. Alle anderen Kampagnen sollten mit dem Kennzeichen UNGÜLTIG gekennzeichnet sein (siehe Abbildung 4.41).

Abbildung 4.40 Pop-up-Fenster bei mehreren gültigen Kampagnen

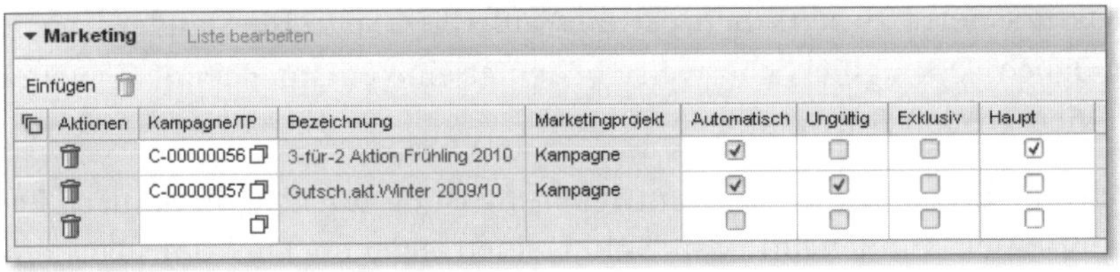

Aktionen	Kampagne/TP	Bezeichnung	Marketingprojekt	Automatisch	Ungültig	Exklusiv	Haupt
🗑	C-00000056	3-für-2 Aktion Frühling 2010	Kampagne	✓	☐	☐	✓
🗑	C-00000057	Gutsch.akt.Winter 2009/10	Kampagne	✓	✓	☐	☐
🗑				☐	☐	☐	☐

Abbildung 4.41 Ergebnis der automatischen Kampagnenfindung

4.7 Sales Order Management

In diesem Abschnitt möchten wir Ihnen drei praktische Features im Bereich des Sales Order Managements vorstellen, die nach unserer Erfahrung oft nachgefragt werden: Zunächst zeigen wir Ihnen, wie Sie in CRM-Vorgängen automatisch Fakturasperren setzen können. Anschließend stellen wir Ihnen einen Lösungsansatz vor, mit dessen Hilfe Sie eine eigene Unvollständigkeitsprüfung für Felder im CRM-Vorgang durchführen können, die nicht über die Standard-Funktionalität abgedeckt sind. Abschließend demonstrieren wir, wie Sie beim Upload von CRM-Aufträgen in das ERP-System dafür sorgen können, dass der Anwenderstatus auf Kopfebene synchron gehalten wird.

4.7.1 Automatisches Setzen von Fakturasperren

Jeder, der sich schon einmal mit der Implementierung von Retouren- bzw. Gutschriftprozessen auseinandersetzen durfte, kennt diese Anforderung: Wenn eine Gutschriftanforderung bzw. ein Retourenauftrag angelegt wird, sollen diese automatisch nach ihrer Erfassung mit einer Fakturasperre versehen werden. Das heißt, erst nach Herausnahme dieser Sperre kann der zugehörige Faktura- bzw. Gutschriftbeleg erzeugt werden. Bei zumeist auftragsbezogen fakturierten Gutschriftanforderungen ist dies häufig erwünscht, da normalerweise bereits nach dem Sichern des Belegs ein Fakturavorratseintrag vorhanden ist, der durch wenige Klicks – eventuell ungewollt bzw. ungeprüft –

als Gutschrift auf dem Konto des Kunden landet. Bei lieferbezogenen Retourengutschriften wird ein Fakturavorratseintrag zwar üblicherweise erst dann vom System gebildet, wenn der Wareneingang gebucht ist, sich die Ware also wieder im eigenen Hause befindet. Doch allein der physische Zugang sagt in der Praxis relativ wenig über den Zustand der retournierten Ware und damit auch über den Gutschriftbetrag aus, der dem Kunden erstattet werden soll.

Während es im ERP-System noch mittels Customizing der Verkaufsbelegart und des Positionstyps möglich war, neue Auftragspositionen automatisch mit einer Fakturasperre zu versehen, ist dies auf CRM-Seite im Standard nicht mehr möglich. Doch glücklicherweise bedeutet eine entsprechende Erweiterung keinen großen Aufwand:

- Durch eine Erweiterung der Eventsteuerung ist es möglich, direkt nach Erfassung einer Kundenauftragsposition einen eigenen Funktionsbaustein aufzurufen. Dieser Funktionsbaustein hinterlegt für die Position im zugehörigen Segment `Billing` die gewünschte Fakturasperre.

- Das Setzen der Fakturasperre soll nur für bestimmte Positionstypen durchgeführt werden, daher bietet sich eine Parametrisierung unserer Erweiterung durch eine eigene Steuerungstabelle an. In dieser kann dann auch hinterlegt werden, welche Fakturasperre jeweils für welchen Positionstyp ermittelt werden soll.

Nun können wir die in Abschnitt 2.6, »Tipps und Tricks«, beschriebene Tracing-Methode für die Suche nach geeigneten Callback-Events nutzen, um eine passende Stelle zu finden, an der wir kurz nach der Erzeugung einer Kundenauftragsposition »einhaken« können: Dazu aktivieren wir den Userparameter `CRM_EVENT_TRACE` und erfassen eine Position in einem Kundenauftrag. Anschließend werten wir das Trace-Protokoll aus, wie in Abbildung 4.42 dargestellt.

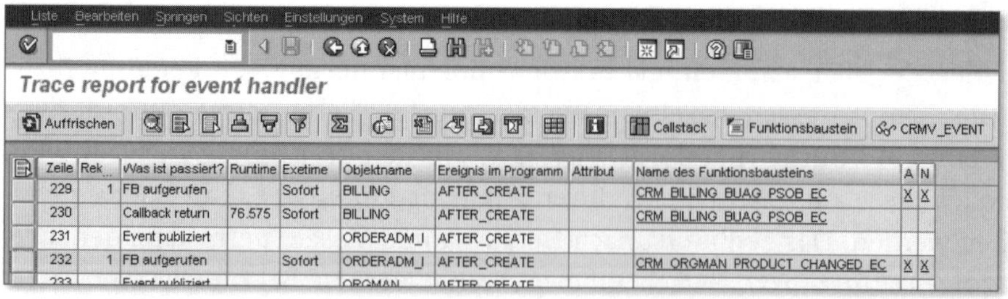

Abbildung 4.42 Event-Trace beim Erfassen einer Kundenauftragsposition

Um eines vorwegzunehmen: *Die* richtige Stelle für die Einbettung eigener Callbacks gibt es selten. Oftmals hilft die Trace-Analyse sehr gut dabei, die möglichen Kandidaten einzukreisen, doch meistens ist vor allem auch Ausprobieren notwendig: Wir möchten ein Feld im Bereich der Fakturadaten der CRM-Geschäftsposition ändern. Unser Eingriff soll möglichst frühzeitig nach Erzeugung der Positionsdaten erfolgen, gleichwohl sollten etwaige im Standard enthaltene Schritte zur Initialisierung des Zielsegments zu diesem Zeitpunkt bereits abgeschlossen sein. Die in Abbildung 4.42 markierte Zeile stellt den ersten Callback im CRM-Standard für das Objekt ORDERADM_I (Administrationssicht der Geschäftsvorgangsposition) dar, der nach den ersten Callbacks des Objekts Billing stattfindet. Diese Stelle erscheint vielversprechend, daher wollen wir uns nun dort »einklinken«:

Zunächst sollten wir die Tauglichkeit der gefundenen Stelle überprüfen: Wir platzieren dazu einen eigenen, leeren Funktionsbaustein in der Eventsteuerung und setzen dort zunächst nur einen Breakpoint. Den Standard-Funktionsbaustein, der in der markierten Zeile in Abbildung 4.42 hinterlegt ist (CRM_ORGMAN_PRODUCT_CHANGED_EC) nutzen wir dazu als Kopiervorlage – damit haben wir bereits die passenden Import-/Exportparameter definiert. Danach registrieren wir unseren Funktionsbaustein Z_SET_BILL_BLOCK für die Eventsteuerung (Abbildung 4.43). Dies geschieht im View CRMV_FUNC_ASSIGN, die Sie mithilfe der Transaktion SM30 pflegen können. Dort hinterlegen Sie das Objekt CRM_ORDERADM_I, in dessen Kontext wir diesen Funktionsbaustein ausführen möchten.

Abbildung 4.43 Pflege des Views CRMV_FUNC_ASSIGN

Nun können Sie noch überprüfen, wie unsere »Kopiervorlage« in der Standard-Eventsteuerung verwendet wird. Auch dies hilft häufig dabei, geeignete Customizing-Einstellungen für eigene Erweiterungen des Event Handlers zu finden. Rufen Sie zu diesem Zweck die Transaktion CRMV_EVENT auf. Dort geben Sie im Feld CALLBACK den Namen des gesuchten Funktionsbausteins ein und klicken auf den Button CALLBACK ZU TYP/OBJ./EREIGNIS (siehe Abbildung 4.44).

4 | Praxisbeispiele für den Bereich Sales

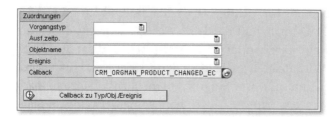

Abbildung 4.44 Suche nach den Standard-Callbacks für einen Funktionsbaustein

Die nun folgenden Treffer können Sie auf das Objekt ORDERADM_I eingrenzen. Darüber hinaus haben wir bei der Suche nach einem geeigneten Callback-Event lediglich eine Kundenauftragsposition erfasst – weder mit Bezug zu einem Vorgängerbeleg, noch haben wir die eingegebene Produktnummer anschließend geändert. Damit bleibt nur ein Referenzeintrag übrig, wie in Abbildung 4.45 gezeigt.

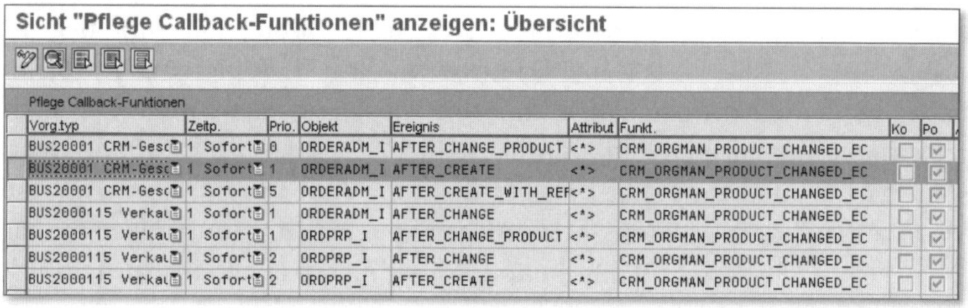

Abbildung 4.45 Standard-Eventsteuerung als Vorlage

Durch einen Doppelklick auf die in Abbildung 4.45 markierte Zeile gelangen Sie in die Detailsicht, anhand derer wir nun unseren eigenen Funktionsbaustein in die Eventsteuerung integrieren. Dazu rufen Sie den folgenden IMG-Pfad auf: CUSTOMER RELATIONSHIP MANAGEMENT • VORGÄNGE • GRUNDEINSTELLUNGEN • EVENT-HANDLER-TABELLE BEARBEITEN. Der nun anzulegende Eintrag sollte im Feld PRIORITÄT einen möglichst hohen Wert (= niedrige Priorität) erhalten. Damit kann das Risiko für Konflikte durch eventuell nachträglich in den Standard aufgenommene Callbacks (z. B. durch SAP-Hinweise) verringert werden. Abbildung 4.46 zeigt einen entsprechenden Eintrag.

Nach einem erfolgreichen Check, ob unser Funktionsbaustein auch wirklich »angesprungen« wird, können wir uns anschließend um die Anlage einer eigenen Customizing-Tabelle (Transaktion SE11) kümmern, anhand derer das Setzen einer Fakturasperre parametrisiert werden soll. Einen Vorschlag finden Sie in Abbildung 4.47.

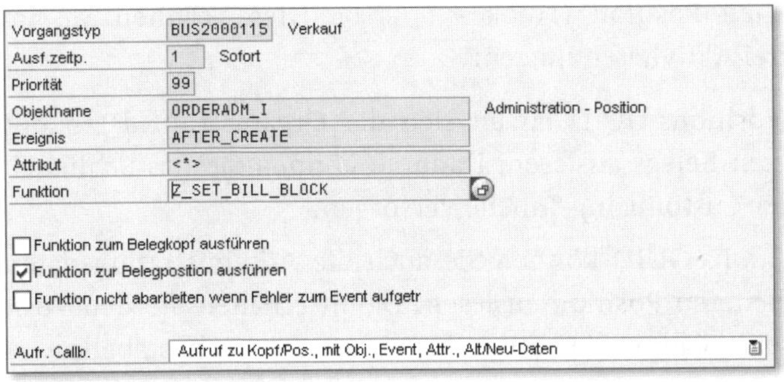

Abbildung 4.46 Callback für unseren eigenen Funktionsbaustein

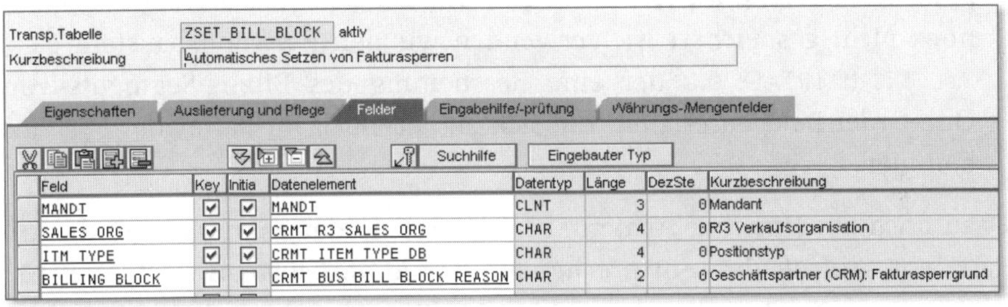

Abbildung 4.47 Eigene Customizing-Tabelle zum Setzen von Fakturasperren

Neben einer Abhängigkeit von zumindest der Verkaufsorganisation bietet es sich an, auch eine vorgangsspezifische Komponente als Schlüsselkriterium zu nutzen. Wir entscheiden uns in diesem Beispiel für den Positionstyp.

> **Tipp: Typisierung von Tabellenfeldern**
>
> Um sich Arbeit zu sparen, sollten Sie stets versuchen, vorhandene Datenelemente in SAP CRM zu verwenden, die auch im Standard für den jeweiligen Feldinhalt genutzt werden, z. B. CRMT_ITM_TYPE_DB zur Typisierung des Positionstyps. Die Vorteile sind folgende: Ihnen steht damit oftmals eine Fremdschlüsselbeziehung zur Verfügung, die eine bereits funktionierende Wertehilfe (F4) mit sich bringt. Dies erleichtert hinterher die Pflege von Einträgen in Ihrer eigenen Tabelle. In einigen Fällen (z. B. CRMT_R3_SALES_ORG) existiert zwar keine Fremdschlüsselbeziehung, doch Sie können bestehende Standard-Suchhilfen verwenden (CRM_ORGMAN_R3_SALES_ORG). Auch sind meistens bereits eine Beschreibung und Übersetzung der Standard-Datenelemente vorhanden, was Ihnen die Pflege eigener Feldbezeichner erspart.

Nun können wir uns um das eigentliche Coding unseres Funktionsbausteins kümmern. Als zentralen Importparameter erhalten wir zur Laufzeit die GUID der gerade angelegten Position (IV_OBJECT_GUID). Diese können Sie im Wesentlichen für drei Aktivitäten nutzen:

1. Anhand dieser Positions-GUID lassen sich die Organisationsdaten des gerade bearbeiteten Belegs auslesen. Dadurch können Sie das Schlüsselfeld SALES_ORG der Customizing-Tabelle versorgen.
2. Durch diese Positions-GUID können Sie auch die Administrationsdaten der gerade bearbeiteten Position auslesen. Damit erhalten Sie den Positionstyp als weiteres Schlüsselkriterium für unsere Steuerungstabelle.
3. Schließlich können Sie anhand der besagten Positions-GUID auch eine Pflege des Billing-Segments auf Positionsebene vornehmen, um die gewünschte Fakturasperre zu setzen. Da der Beleg zu diesem Zeitpunkt noch nicht gespeichert ist, verwenden wir den Funktionsbaustein CRM_BILLING_MAINTAIN_OW, der eine Bearbeitung des Billing-Segments von One-Order-Belegen erlaubt, die sich aktuell noch im Puffer des Systems befinden.

Dazu noch ein Hinweis: Achten Sie beim Setzen der Fakturasperre darauf, dass vor Aufruf des entsprechenden Funktionsbausteins CRM_BILLING_MAINTAIN_OW die zu ändernden Felder (Billing_Block) auf *änderbar* gesetzt werden. In Listing 4.12 finden Sie einen Vorschlag zur Implementierung eines entsprechenden Callback-Bausteins.

```
  INCLUDE: CRM_DIRECT.
  DATA: LT_ITEM_GUID      TYPE CRMT_OBJECT_GUID_TAB,
        LT_REQ_OBJECTS    TYPE CRMT_OBJECT_NAME_TAB,
        LT_ORDERADM_I     TYPE CRMT_ORDERADM_I_WRKT,
        LS_ORDERADM_I     TYPE CRMT_ORDERADM_I_WRK,
        LT_ORGMAN         TYPE CRMT_ORGMAN_WRKT,
        LS_ORGMAN         TYPE CRMT_ORGMAN_WRK,
        LV_SALES_ORG      TYPE VKORG,
        LV_BILLING_BLOCK  TYPE CRMT_BUS_BILL_BLOCK_REASON,
        LS_BILLING        TYPE CRMT_BILLING_COM,
        LT_FIELD_NAMES    TYPE CRMT_INPUT_FIELD_NAMES_TAB,
        LS_FIELD_NAMES    TYPE CRMT_INPUT_FIELD_NAMES.
* 1. Read Org.data and...
* 2. ...determine item category:
  INSERT IV_OBJECT_GUID INTO TABLE LT_ITEM_GUID.
  INSERT GC_OBJECT_NAME-ORDERADM_I INTO TABLE LT_REQ_OBJECTS.
  INSERT GC_OBJECT_NAME-ORGMAN     INTO TABLE LT_REQ_OBJECTS.
  CALL FUNCTION 'CRM_ORDER_READ'
    EXPORTING
      IT_ITEM_GUID        = LT_ITEM_GUID
```

```
        IV_ONLY_SPEC_ITEMS    = 'X'
        IT_REQUESTED_OBJECTS = LT_REQ_OBJECTS
     IMPORTING
        ET_ORDERADM_I         = LT_ORDERADM_I
        ET_ORGMAN             = LT_ORGMAN
     EXCEPTIONS
        DOCUMENT_NOT_FOUND    = 1
        ERROR_OCCURRED        = 2
        DOCUMENT_LOCKED       = 3
        NO_CHANGE_AUTHORITY   = 4
        NO_DISPLAY_AUTHORITY  = 5
        NO_CHANGE_ALLOWED     = 6
        OTHERS                = 7.
  CHECK SY-SUBRC = 0.
  READ TABLE LT_ORGMAN INTO LS_ORGMAN
    WITH KEY REF_GUID = IV_OBJECT_GUID.
  READ TABLE LT_ORDERADM_I INTO LS_ORDERADM_I
    WITH KEY GUID    = IV_OBJECT_GUID.
  CHECK SY-SUBRC   = 0.
  CALL FUNCTION 'CRM_MAPPING_SALES_ORG'
     EXPORTING
        IV_SALES_ORG    = LS_ORGMAN-SALES_ORG
     CHANGING
        CV_VKORG        = LV_SALES_ORG
     EXCEPTIONS
        VALUE_NOT_FOUND = 1
        OTHERS          = 2.
  CHECK SY-SUBRC = 0.
  SELECT SINGLE BILLING_BLOCK FROM ZSET_BILL_BLOCK
     INTO LV_BILLING_BLOCK
     WHERE SALES_ORG = LV_SALES_ORG
       AND ITM_TYPE  = LS_ORDERADM_I-ITM_TYPE.
  CHECK SY-SUBRC = 0.
* Set field = changeable:
  LS_FIELD_NAMES-FIELDNAME   = 'BILLING_BLOCK'.
  LS_FIELD_NAMES-CHANGEABLE = 'X'.
  INSERT LS_FIELD_NAMES INTO TABLE LT_FIELD_NAMES.
* Prepare billing block:
  LS_BILLING-BILLING_BLOCK  = LV_BILLING_BLOCK.
  LS_BILLING-REF_GUID       = IV_OBJECT_GUID.
  LS_BILLING-REF_KIND       = 'B'.
* 3. Set billing block in order item:
  CALL FUNCTION 'CRM_BILLING_MAINTAIN_OW'
     EXPORTING
        IS_BILLING_COM       = LS_BILLING
```

```
    CHANGING
      CT_INPUT_FIELD_NAMES = LT_FIELD_NAMES
    EXCEPTIONS
      ERROR_OCCURRED        = 1
      OTHERS                = 2.
```

Listing 4.12 Funktionsbaustein zum automatischen Setzen von Fakturasperren in One-Order-Belegpositionen

Nun können Sie den Funktionsbaustein zum automatischen Setzen einer Fakturasperre testen – dabei sollten Sie auch immer Augenmerk darauf legen, ob es zu unbeabsichtigten Seiteneffekten kommt, wie z. B. folgende:

- Die Fakturasperre wird zwar automatisch gesetzt, lässt sich auch, falls gewünscht, manuell entfernen, taucht aber nach dem Sichern des Belegs wieder auf.
- Die Fakturasperre wird automatisch gesetzt, lässt sich auch, falls gewünscht, manuell entfernen, wird aber nach einer Änderung der Position (z. B. Mengenänderung) wieder gesetzt.

In diesem Fall sollte die Erweiterung wie erwartet funktionieren: Die jeweils laut Customizing-Tabelle gewünschte Fakturasperre wird automatisch bei Anlage der Position aktiviert, lässt sich bei Bedarf manuell entfernen und wird anschließend auch nicht mehr vom System gesetzt.

4.7.2 Erweiterung der Unvollständigkeitsprüfung

Nur wenn bestimmte Mindestangaben in Geschäftsvorgängen gemacht werden, können darauf basierende Folgeprozesse ohne erneuten manuellen Eingriff ablaufen. Wenn beispielsweise die *Zahlungsbedingung* nicht im Kundenauftrag angegeben ist, spielt das zum Zeitpunkt der Auftragserfassung u. U. noch keine Rolle. Sobald aber die zugehörige Rechnung erzeugt werden soll, gerät der Ablauf ins Stocken, da dann die Angabe einer Zahlungsbedingung obligatorisch ist. Ein aussagekräftiges Reporting im Vertrieb kann ebenfalls nur dann erfolgen, wenn gewisse Angaben in Geschäftsvorgängen vorausgesetzt werden können (z. B. zuständiger Mitarbeiter).

In der Auftragsbearbeitung spielt die *Unvollständigkeitsprüfung* daher eine wichtige Rolle: Um automatisiert überprüfen zu können, ob bestimmte Felder eines One-Order-Belegs gefüllt sind, stellt das CRM-System für diesen Zweck eine parametrisierbare Unvollständigkeitsprüfung zur Verfügung. Mittels dieser Customizing-Einstellungen lässt sich feldgenau festlegen, ob das Fehlen entsprechender Angaben eine Warnung oder einen Fehler hervorrufen soll. Obschon diese Funktionalität bereits sehr leistungsfähig und flexibel ist, gerät man in der Praxis immer wieder an ihre Grenze, da nicht alle auftretenden Fälle abgedeckt werden müssen.

Ein solches Beispiel wollen wir hier näher betrachten: Das Feld AUFTRAGSGRUND wird oftmals eingesetzt, um auf Kopfebene eines Kundenauftrags zu dokumentieren, welcher Grund maßgeblich für einen Kunden war, seine Bestellung aufzugeben. So könnte mittels dieses Feldes beispielsweise abgebildet werden, wie ein Kunde auf das jeweilige Unternehmen aufmerksam geworden ist (z. B. Fernsehwerbung, Printwerbung, Empfehlung etc.). Um ein aussagekräftiges Reporting auf diesem Feld aufbauen zu können, sollte es für die relevanten Vorgangs- bzw. Kundenauftragsarten stets gefüllt sein. Dies lässt sich durch Customizing der Unvollständigkeitsprüfung leider nicht sicherstellen: Die Erfassung des Auftragsgrundes durch den Benutzer erfolgt im betriebswirtschaftlichen Kontext bzw. auf der Registerkarte KONTAKT des Kundenauftrags. Technisch gesehen jedoch, wird die Information im Segment SERVICE_OS des CRM-Auftrags gespeichert. Damit sitzen wir etwas »zwischen den Stühlen«: Die betriebswirtschaftliche Logik des CRM-Systems erlaubt, dass eine Verkaufsbelegart (führender Geschäftsvorgangstyp: BUS2000115) im Customizing mit einem weiteren Geschäftsvorgangstyp KONTAKT (BUS2000126) kombiniert werden kann. Eine Zuordnung weiterer Geschäftsvorgangstypen wie REKLAMATION oder SERVICEVORGANG ist jedoch nicht zulässig. Nur diese würden jedoch theoretisch das Segment SERVICE_OS bzw. dessen Felder für eine Pflege durch den Benutzer zur Verfügung stellen. Es besteht nun folgendes Problem:

- Für Verkaufsbelegarten lässt sich zwar einerseits eine funktionierende Unvollständigkeitsprüfung für Felder aus dem Bereich KONTAKT (Objektname ACTIVITY_H) einstellen – dort ist aber leider das entsprechende Feld des Auftragsgrundes (CODE) nicht verfügbar.
- Andererseits ist das Feld CODE zwar im Bereich SERVICE_OS für die Unvollständigkeitsprüfung verfügbar. Die dadurch hervorgerufene Prüfung im Kundenauftrag jedoch schlägt fehl, weil die Eingabe eines Auftragsgrundes durch den Benutzer nicht registriert wird – der Beleg bleibt unvollständig.

Im Folgenden wird nun ein Lösungsansatz beschrieben, mit dessen Hilfe Sie eine Unvollständigkeitsprüfung für Felder implementieren können, die nicht über das Standard-Customizing abgedeckt werden können. Der Vorteil dieser Variante besteht u. a. darin, dass sich die Systemreaktion auf einen fehlenden Feldinhalt für den Benutzer (Warnung oder Fehler) quasi nicht von der Unvollständigkeitsprüfung des CRM-Standards unterscheidet:

- Wie auch in unserem letzten Beispiel verwenden wir die Eventsteuerung, um einen eigenen Funktionsbaustein zur Laufzeit aufzurufen.
- In diesem Funktionsbaustein wird das Vorhandensein des Auftragsgrundes geprüft. Ist das entsprechende Feld im Auftrag gefüllt, erhält der Benutzer keine weitere Information. Ist das entsprechende Feld leer, wird eine Meldung ausgegeben.
- Auch in diesem Beispiel ist die Parametrisierung durch eine eigene Customizing-Tabelle durchaus sinnvoll: Einerseits sollte einstellbar sein, welche Vorgangsarten die entsprechende Prüfung durchlaufen sollen. Andererseits sollte festgelegt werden können, ob eine Warn- oder Fehlermeldung die Folge ist.

Wie zuvor nutzen wir die Trace-Analyse des Event Handlers, um einerseits einen vielversprechenden Aufrufzeitpunkt und andererseits eine Kopiervorlage für unseren neu anzulegenden Funktionsbaustein zu erhalten. Folgende Konstellationen sollten Sie bei der Analyse berücksichtigen:

- Die Unvollständigkeitsprüfung soll bei möglichen Änderungen am Auftragsgrund durchlaufen werden. Damit können wir entsprechend reagieren, wenn der Benutzer einen Auftragsgrund eventuell gelöscht oder gesetzt hat.
- Die Prüfung soll auch immer beim Anlegen eines Auftrags durchgeführt werden, ohne dass der User dies durch explizite Änderungen am Auftragsgrund auszulösen bräuchte. Dadurch ist sichergestellt, dass ein Auftrag nicht als *vollständig* gesichert werden kann, wenn er ohne Änderungen direkt vom Benutzer gesichert wird. (Hinweis: Dieser Check kann erst dann erfolgen, wenn die Organisationsdatenfindung durchgeführt wurde. Dies ist erforderlich, weil wir den Wert der VERKAUFSORGANISATION als Schlüsselfeld in unserer Customizing-Tabelle benötigen.)

Aktivieren Sie den Parameter CRM_EVENT_TRACE, und pflegen Sie zunächst das Feld AUFTRAGSGRUND in einem bestehenden Kundenauftrag. Das daraus resultierende Trace-Protokoll lässt darauf schließen, dass es sich bei dem im Hintergrund bearbeiteten Objekt um das Objekt SERVICE_OS handelt. Der Aufruf Ihres Funktionsbausteins sollte nicht zu früh erfolgen, damit bereits alle Bearbeitungsschritte des CRM-Standards für dieses Objekt durchgeführt worden sind, bevor Sie mit der zusätzlichen Prüfung eingreifen. Daher erscheint ein eigener Callback im Bereich des in Abbildung 4.48 markierten Endes der Bearbeitung von SERVICE_OS sinnvoll.

259	1	FB aufgerufen		Ende der Kopfbearbeitung	SERVICE_OS	AFTER_CHANGE	CRM_SERV_OS_STAREASON_CHECK_EC	X	X
260		Callback return	1.729.836	Ende der Kopfbearbeitung			CRM_SERV_OS_STAREASON_CHECK_EC		
261	1	FB aufgerufen		Ende der Kopfbearbeitung	SERVICE_OS	AFTER_CHANGE	CRM_ORGMAN_ACTRSN_CHANGED_EC	X	X
262		Exetime gesetzt		ENDE ORGMAN					

Abbildung 4.48 Event-Trace beim Erfassen eines Auftragsgrundes

Legen Sie nun einen neuen Kundenauftrag an, und rufen Sie die Transaktion CRMD_EVENT_TRACE direkt nach Durchführung der Organisationsdatenfindung auf. Dem Trace-Protokoll in Abbildung 4.49 können Sie entnehmen, mit welchen Parametern Sie diese Konstellation durch einen eigenen Callback abfangen können.

589		Callback return	10.532.751	Ende der Belegverarbeitung	PRICING	AFTER_CHANGE	CRM_PRIDOC_COM_DET_PRCTYPE_EC		
590	1	FB aufgerufen		Ende der Belegverarbeitung	ORGMAN	AFTER_CHANGE	CRM_PAYPLAN_CHANGE_MERCHANT_EC	X	X
591		Callback return	1.158.900-	Ende der Belegverarbeitung	ORGMAN	AFTER_CHANGE	CRM_PAYPLAN_CHANGE_MERCHANT_EC		
592	1	FB aufgerufen		Ende der Belegverarbeitung	PRIDOC_COM	AFTER_CHANGE	CRM_PRIDOC_UPDATE_EC		

Abbildung 4.49 Event-Trace beim Anlegen eines Auftrags

Jetzt können Sie Ihren eigenen, »leeren« Funktionsbaustein (z. B. Z_CHECK_INCOMPL) als Kopie des in Abbildung 4.48 dargestellten Funktionsbausteins CRM_ORGMAN_ACTRSN_CHANGED_EC anlegen. Anschließend kann der neue Funktionsbaustein im View CRMV_FUNC_ASSIGN für das relevante Objekt CRM_SERVICE_OS registriert werden (siehe Abbildung 4.50).

Sicht "Zuordnung Event Handler Bausteine zur Objekt

Funktionsbaustein	Objektfunktion
Z_CHECK_INCOMPL	CRM_SERVICE_OS

Abbildung 4.50 Registrierung des Funktionsbausteins Z_CHECK_INCOMPL für CRM_SERVICE_OS

Legen Sie nun, basierend auf den in den Abbildungen 4.48 und 4.49 dargestellten Ergebnissen der Trace-Analyse, zwei eigene Callbacks für den neuen Funktionsbaustein an (siehe Abbildungen 4.51 und 4.52). Der zugehörige Pfad im Customizing-Leitfaden lautet: CUSTOMER RELATIONSHIP MANAGEMENT • VORGÄNGE • GRUNDEINSTELLUNGEN • EVENT-HANDLER-TABELLE BEARBEITEN.

4 | Praxisbeispiele für den Bereich Sales

Abbildung 4.51 Einrichtung eines eigenen Callbacks für das Objekt SERVICE_OS

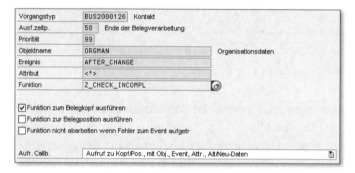

Abbildung 4.52 Einrichtung eines eigenen Callbacks für das Objekt ORGMAN

Wie in unserem letzten Praxisbeispiel sollten Sie auch hier ausprobieren, ob der Funktionsbaustein Z_CHECK_INCOMPL zu den passenden Zeitpunkten »angesprungen« wird. Dies sollte sowohl beim Anlegen des Auftrags als auch nach der Änderung des Auftragsgrunds in einem bestehenden Auftrag geschehen.

Nun können Sie die Customizing-Tabelle anlegen, mit der die zusätzliche Unvollständigkeitsprüfung parametrisiert werden soll. Einen Vorschlag dazu finden Sie in Abbildung 4.53.

> **Tipp: Typisierung von Tabellenfeldern**
>
> Zur Typisierung eigener Auswahlfelder, die nur eine überschaubare Anzahl unterschiedlicher Werte annehmen können (z. B. *W* für Warnung, *E* für Fehler), eignen sich bestens Datenelemente, die auf Domänen mit Festwerten verweisen. Dadurch steht ohne weiteren Aufwand eine Wertehilfe (F4) zur Verfügung, die hinterher die Pflege von Einträgen in Ihrer eigenen Tabelle sicherer und komfortabler macht.

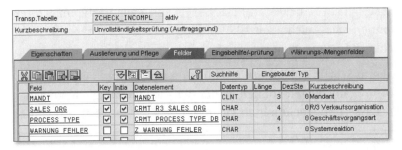

Abbildung 4.53 Eigene Customizing-Tabelle zur Steuerung der Unvollständigkeitsprüfung

Neben der Organisationseinheit VERKAUFSORGANISATION sollte auch ein vorgangsspezifisches Schlüsselattribut enthalten sein. Die Auftrags- bzw. Vorgangsart eignet sich bestens dafür. Für diese Schlüsselkombination kann dann als Ergebnis eine Warn- oder Fehlermeldung definiert werden.

Im folgenden Listing 4.13 finden Sie einen Implementierungsvorschlag für den Funktionsbaustein Z_CHECK_INCOMPL, der auf folgender Vorgehensweise basiert:

1. Anhand der zur Verfügung stehenden Header-GUID des gerade bearbeiteten oder angelegten Kundenauftrags lesen wir die Organisationsdaten ORGMAN, die allgemeinen Kopfdaten ORDERADM_H sowie das Segment SERVICE_OS aus. Die beiden erstgenannten Segmente werden benötigt, um einen vollständigen Schlüssel zum Zugriff auf unsere Customizing-Tabelle zu erhalten (Verkaufsorganisation und Vorgangsart). Das letztgenannte Segment enthält das Feld für den Auftragsgrund (Feldname Code) und wird bereits aus Performancegründen mit ausgelesen, sodass kein weiterer Aufruf des Funktionsbausteins CRM_ORDER_READ notwendig ist, wenn gemäß Customizing-Tabelle eine Unvollständigkeitsprüfung für den Auftragsgrund durchgeführt werden soll.

2. Anhand der Verkaufsorganisation und der Vorgangsart wird gemäß der Customizing-Tabelle ZCHECK_INCOMPL entschieden, ob eine entsprechende Unvollständigkeitsprüfung durchgeführt werden und welche Systemreaktion gegebenenfalls erfolgen soll (LS_REACTION).

3. Falls eine entsprechende Unvollständigkeitsprüfung durchgeführt werden soll, wird das Segment SERVICE_OS dahingehend ausgelesen. Je nach dem Wert von LS_REACTION wird entweder eine Warn- bzw. Fehlermeldung in den CRM-Vorgang eingestellt, oder es werden etwaige aus früheren negativen Prüfungsergebnissen stammende Meldungen gelöscht. Zu diesem Zweck stehen uns im CRM-Standard zwei passende Funktionsbausteine

(`CRM_MESSAGE_COLLECT` bzw. `CRM_MESSAGES_DELETE`) zur Verfügung. Alternativ können Sie auch den BSP-Message-Service nutzen, um die gewünschten Meldungen zu erzeugen.

Damit wir die in Schritt 3 erwähnte Technik von Warn- bzw. Fehlermeldungen im CRM-Vorgang nutzen können, bietet sich die Erstellung einer eigenen Nachrichtenklasse und -meldung an (Transaktion SE91), wie in Abbildung 4.54 zu sehen.

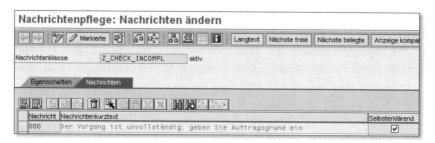

Abbildung 4.54 Einrichtung einer eigenen Nachrichtenklasse und Nachricht

Falls gewünscht, können Sie hier auch noch einen Meldungslangtext pflegen, um dem Benutzer zusätzliche Informationen zur Verfügung zu stellen. Das Kennzeichen SELBSTERKLÄREND sollte dann deaktiviert werden.

```
FUNCTION Z_CHECK_INCOMPL.
*"----------------------------------------------------------
*"*"Lokale Schnittstelle:
*"  IMPORTING
*"     REFERENCE(IV_HEADER_GUID)    TYPE  CRMT_OBJECT_GUID OPTIONAL
*"     REFERENCE(IV_OBJECT_GUID)    TYPE  CRMT_OBJECT_GUID OPTIONAL
*"     REFERENCE(IV_OBJECT_NAME)    TYPE   CRMT_OBJECT_NAME
*"     REFERENCE(IV_EVENT_EXETIME)  TYPE CRMT_EVENT_EXETIME
*"     REFERENCE(IV_EVENT)          TYPE CRMT_EVENT
*"     REFERENCE(IV_ATTRIBUT)       TYPE CRMT_EVENT OPTIONAL
*"     REFERENCE(IV_STRVAL_OLD)     TYPE ANY OPTIONAL
*"     REFERENCE(IV_STRVAL_NEW)     TYPE ANY OPTIONAL
*"     REFERENCE(IV_RCODE_STATUS)   TYPE   SY-SUBRC OPTIONAL
*"----------------------------------------------------------
  INCLUDE: CRM_DIRECT.
  DATA: LT_REQ_OBJECTS  TYPE CRMT_OBJECT_NAME_TAB,
        LT_HEADER_GUID  TYPE CRMT_OBJECT_GUID_TAB,
        LT_ORDERADM_H   TYPE CRMT_ORDERADM_H_WRKT,
        LS_ORDERADM_H   TYPE CRMT_ORDERADM_H_WRK,
        LT_ORGMAN       TYPE CRMT_ORGMAN_WRKT,
        LS_ORGMAN       TYPE CRMT_ORGMAN_WRK,
```

```abap
        LT_SERVICE_OS   TYPE CRMT_SRV_OSSET_WRKT,
        LS_SERVICE_OS   TYPE CRMT_SRV_OSSET_WRK,
        LV_VKORG        TYPE VKORG,
        LS_OSSET        TYPE CRMT_SRV_OSSET_WRK1,
        LS_SUBJECT      TYPE CRMT_SRV_SUBJECT_WRK,
        LV_INCOMPLETE   TYPE BOOLEAN,
        LS_REACTION     TYPE Z_WARNUNG_FEHLER,
        LT_R_MSGIDNO    TYPE BAL_R_IDNO,
        LS_R_MSGIDNO    TYPE BAL_S_IDNO.
* 1. Read Org.-, ORDERADM_H- and SERVICE_OS-
*    data of current sales order
  INSERT GC_OBJECT_NAME-ORGMAN      INTO TABLE LT_REQ_OBJECTS.
  INSERT GC_OBJECT_NAME-ORDERADM_H  INTO TABLE LT_REQ_OBJECTS.
  INSERT GC_OBJECT_NAME-SERVICE_OS  INTO TABLE LT_REQ_OBJECTS.
  INSERT IV_HEADER_GUID             INTO TABLE LT_HEADER_GUID.
  CALL FUNCTION 'CRM_ORDER_READ'
    EXPORTING
      IT_HEADER_GUID       = LT_HEADER_GUID
      IV_ONLY_SPEC_ITEMS   = 'X'
      IT_REQUESTED_OBJECTS = LT_REQ_OBJECTS
    IMPORTING
      ET_ORDERADM_H        = LT_ORDERADM_H
      ET_ORGMAN            = LT_ORGMAN
      ET_SERVICE_OS        = LT_SERVICE_OS
    EXCEPTIONS
      DOCUMENT_NOT_FOUND   = 1
      ERROR_OCCURRED       = 2
      DOCUMENT_LOCKED      = 3
      NO_CHANGE_AUTHORITY  = 4
      NO_DISPLAY_AUTHORITY = 5
      NO_CHANGE_ALLOWED    = 6
      OTHERS               = 7.
  CHECK SY-SUBRC = 0.
  READ TABLE LT_ORGMAN INTO LS_ORGMAN
  WITH KEY REF_GUID = IV_HEADER_GUID.
  READ TABLE LT_ORDERADM_H INTO LS_ORDERADM_H
  WITH KEY GUID     = IV_HEADER_GUID.
  CHECK SY-SUBRC   = 0.
  CALL FUNCTION 'CRM_MAPPING_SALES_ORG'
    EXPORTING
      IV_SALES_ORG    = LS_ORGMAN-SALES_ORG
    CHANGING
      CV_VKORG        = LV_VKORG
    EXCEPTIONS
      VALUE_NOT_FOUND = 1
```

```abap
              OTHERS            = 2.
    CHECK SY-SUBRC = 0.
*  2. Decide whether additional incompleteness check
*     shall be performed:
    SELECT SINGLE WARNUNG_FEHLER
    FROM ZCHECK_INCOMPL
    INTO LS_REACTION
    WHERE SALES_ORG = LV_VKORG
      AND PROCESS_TYPE = LS_ORDERADM_H-PROCESS_TYPE.
    CHECK NOT LS_REACTION IS INITIAL.
*  3. Perform incompleteness check
    READ TABLE LT_SERVICE_OS INTO LS_SERVICE_OS
    WITH KEY REF_GUID = IV_HEADER_GUID.
    CHECK SY-SUBRC = 0.
    READ TABLE LS_SERVICE_OS-OSSET INTO LS_OSSET
    WITH KEY PROFILE_TYPE = 'F'.
    CHECK SY-SUBRC = 0.
    LOOP AT LS_OSSET-SUBJECT INTO LS_SUBJECT
    WHERE CATALOG_TYPE = 'F'
    AND NOT CODE IS INITIAL.
    ENDLOOP.
    CASE LS_SUBJECT-CODE.
      WHEN ''. "Incomplete
        CALL FUNCTION 'CRM_MESSAGE_COLLECT'
          EXPORTING
            IV_CALLER_NAME = GC_OBJECT_NAME-SERVICE_OS
            IV_REF_OBJECT  = IV_HEADER_GUID
            IV_REF_KIND    = 'A'
            IV_MSGNO       = '000'
            IV_MSGID       = 'Z_CHECK_INCOMPL'
            IV_MSGTY       = LS_REACTION
          EXCEPTIONS
            NOT_FOUND      = 1
            APPL_LOG_ERROR = 2
            OTHERS         = 3.
      WHEN OTHERS. "Complete
        LS_R_MSGIDNO-SIGN        = 'I'.
        LS_R_MSGIDNO-OPTION      = 'EQ'.
        LS_R_MSGIDNO-LOW-MSGID = 'Z_CHECK_INCOMPL'.
        LS_R_MSGIDNO-LOW-MSGNO = '000'.
        INSERT LS_R_MSGIDNO INTO TABLE LT_R_MSGIDNO.
        CALL FUNCTION 'CRM_MESSAGES_DELETE'
          EXPORTING
            IT_R_MSGIDNO   = LT_R_MSGIDNO
            IV_REF_OBJECT  = IV_HEADER_GUID
```

```
            IV_REF_KIND     = 'A'
            IV_CALLER_NAME  = GC_OBJECT_NAME-SERVICE_OS
         EXCEPTIONS
            APPL_LOG_ERROR  = 1
            OTHERS          = 2.
   ENDCASE.
ENDFUNCTION.
```

Listing 4.13 Funktionsbaustein Z_CHECK_INCOMPL zur Durchführung einer eigenen Unvollständigkeitsprüfung

4.7.3 Synchronisation des Anwenderstatus von Kundenaufträgen zwischen SAP CRM und SAP ERP

Anwenderstatus sind ein in der Praxis häufig genutztes Feature im Bereich der Auftragsabwicklung. Es bieten sich zahlreiche Möglichkeiten der Nutzung: Mithilfe spezifischer Anwenderstatus kann ein Benutzer beispielsweise kennzeichnen, dass sich ein Geschäftsvorgang in einem bestimmten Bearbeitungszustand befindet (z. B. *Kaufmännisch zu prüfen*). Oftmals geht damit auch einher, dass der Anwenderstatus als Selektionskriterium für die Bildung von Arbeitsvorräten in der Auftragsabwicklung genutzt wird. Im ERP-System steht dafür z. B. die Transaktion V.26 zur Verfügung, im CRM-System ist eine Suche von Sales-Vorgängen nach Anwenderstatus derzeit leider nicht im Standard vorgesehen.

Das Setzen oder Löschen eines Anwenderstatus kann zudem mit Berechtigungsprüfungen verknüpft werden, was die elegante Abbildung einfacher »Genehmigungsverfahren« in der Auftragsbearbeitung ermöglicht. Als Beispiel sei genannt, dass Gutschriften ab einem bestimmten Wert nur durch einen eingeschränkten Mitarbeiterkreis zur Auszahlung freigegeben werden sollen. Bei diesem und ähnlichen Anwendungsfällen wird oft noch ein weiterer integrativer Aspekt der Anwenderstatus genutzt: Durch das Setzen eines bestimmten Anwenderstatus kann die Ausführung sogenannter *betriebswirtschaftlicher Vorgänge* unterbunden werden. Das Anlegen einer Lieferung soll beispielsweise so lange für einen Kundenauftrag unterbunden werden, bis bestimmte Vorarbeiten durch einen Mitarbeiter in der Auftragsbearbeitung erledigt sind.

Der letzte beschriebene Anwendungsfall führt uns zu diesem Praxisbeispiel: Zwar kann man durch ein entsprechendes Customizing auf ERP-Seite dafür sorgen, dass ein bestimmter ERP-Anwenderstatus die Belieferung für einen Kundenauftrag verhindert. Jedoch gibt es standardmäßig keine Verbindung zwischen dem Anwenderstatus in einem CRM-Auftrag und dem Anwenderstatus in einem replizierten ERP-Auftrag: Einerseits ist das relevante Customizing zwischen CRM und ERP vollständig voneinander unabhängig, sodass der betriebswirtschaftlich gleiche Status technisch jeweils einen unterschiedlichen Wert aufweisen kann (z. B. E0001 im CRM- und E0003 im ERP-System). Andererseits ist standardmäßig auch keine Synchronisation des Auftrags-Anwenderstatus zwischen SAP CRM und SAP ERP vorgesehen. Für unser Szenario, in dem das CRM-System das führende System der Auftragsbearbeitung darstellt, bedeutet dies: Egal, welcher Anwenderstatus im CRM-System für den Geschäftsvorgang gesetzt wird – dieser Schritt führt nicht zu einer automatischen Anpassung des Anwenderstatus auf ERP-Seite. Kurz gesagt: Im Standard ist es nicht möglich, den Anwenderstatus für einen Kundenauftrag zwischen CRM und ERP konsistent zu halten.

Wie lässt sich nun diese Aufgabe lösen? Als elementare Voraussetzung wird zunächst eine technische Möglichkeit benötigt, um eine zusätzliche Information während des Replikationsvorgangs vom CRM- in das ERP-System zu transferieren. Aus dieser Information soll hervorgehen, welcher Anwenderstatus im replizierten Auftrag zu setzen ist. Denn ohne diese zusätzliche Angabe kann das ERP nicht »wissen«, welcher Status auf seiner Seite gewählt werden soll. Zu diesem Zweck legen Sie über das in Abschnitt 2.3, »UI-Erweiterungen«, beschriebene Verfahren (*Application Enhancement Tool*) ein neues Z-Feld auf Kopfebene des Geschäftsvorgangs an. Sehen Sie das neue Feld auch für eine Replikation ins SAP ERP vor, damit die zugehörigen BDoc-Strukturen automatisch für einen entsprechenden Datenaustausch erweitert werden. Richten Sie das neue Feld als Character-Feld der Länge 5 ein, um darin den gewünschten Ziel-Anwenderstatus unterbringen zu können (mögliche Werte: E0001 bis E9999). In unserem Beispiel wurde dazu systemseitig das Feld `ZZORDERADM_H0104` generiert, das sowohl auf CRM- als auch auf ERP-Seite im Auftragskopf zur Verfügung steht.

Abbildung 4.55 gibt einen Überblick, welche weiteren Schritte zur Umsetzung dieses Praxisbeispiels erforderlich sind. Die ersten drei Schritte werden sich im CRM-System abspielen: Wird dort ein neuer Kundenauftrag angelegt oder ändert ein Benutzer dort einen Kundenauftrag und speichert diesen Beleg, können Sie in einer Implementierung für das BAdI `ORDER_SAVE` auf diese Situation reagieren. Bevor der Upload des Kundenauftrags eingeleitet wird, haben Sie dort die Möglichkeit, den jeweils aktuellen Ziel-Anwenderstatus zu ermitteln und an das ERP-System zu übergeben.

Abbildung 4.55 Notwendige Schritte zur Synchronisation des Auftrags-Anwenderstatus zwischen CRM- und ERP-System

Letzteres geschieht, indem der Ziel-Anwenderstatus im neuen Z-Feld auf Kopfebene des Kundenauftrags »zwischengespeichert« wird. Im letzten Schritt schließlich wird dieser Wert auf ERP-Seite wieder ausgelesen und als Anwenderstatus für den replizierten Auftrag gesetzt.

Ermittlung des Ziel-Anwenderstatus

Um auf mögliche Customizing-Änderungen vorbereitet zu sein, bietet es sich an, ein parametrisierbares Mapping zwischen CRM- und ERP-Anwenderstatus herzustellen. Die Herausforderung liegt darin, dass uns auf der CRM-Seite nicht die im ERP-System vorhandenen Customizing-Einstellungen bezüglich der Anwenderstatus vorliegen und umgekehrt. Das bedeutet: Eine entsprechende eigene Customizing-Tabelle könnte immer nur für eine Seite eine durch Auswahlhilfen (F4) unterstützte Pflege bieten, was in der Praxis durch versehentliche Fehleingaben schnell zu Problemen führen könnte. Diese Schwierigkeit können Sie dadurch in den Griff bekommen, dass Sie die relevanten ERP-Customizing-Einstellungen per initialem Customizing-Load in neu im CRM-System anzulegende *Schattentabellen* laden. Dort lassen sich diese Tabelleninhalte zur Herstellung von Fremdschlüsselbeziehungen in der neuen Customizing-Tabelle sowie als Basis für eigene Suchhilfen verwenden.

Erstellung der Schattentabellen ZZTJ30 und ZZTJ30T

Wie in Abbildung 4.56 zu sehen ist, befinden sich die für uns relevanten Customizing-Einstellungen in den Tabellen TJ30 und TJ30T. Diese enthalten den vollständigen Inhalt (Schlüssel und Bezeichnungen) der Anwenderstatus-Schemata.

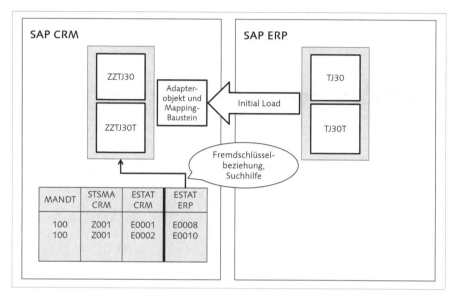

Abbildung 4.56 Download von ERP-Customizing in Schattentabellen zur Eingabeprüfung von CRM-Customizing

> **Vorsicht: Das kann richtig schiefgehen …**
>
> Da die gleichen Customizing-Tabellen (TJ30, TJ30T) auch im CRM-System für das Customizing der dortigen Anwenderstatus genutzt werden, muss der initiale Customizing-Load auf jeden Fall in eigene Z-Tabellen geleitet werden! Ansonsten besteht die Gefahr, dass die entsprechenden Customizing-Einstellungen im CRM-System vollständig verloren gehen! In unserem Beispiel sorgt ein Mapping-Baustein dafür, dass die korrekten Zieltabellen verwendet werden. Dieser Baustein wird im folgenden Abschnitt »Adapterobjekt und Mapping-Baustein« detailliert beschrieben.

Legen Sie im ersten Schritt im CRM-System Kopien der Tabellen TJ30 und TJ30T im Kundennamensraum an. Dazu können Sie die Kopierfunktion in der Transaktion SE11 nutzen. Da Feldauswahl und Typisierung dieser Tabellen im ERP- und CRM-System identisch sind, brauchen keine strukturellen Änderungen vorgenommen zu werden. Anschließend legen Sie lediglich für das Feld ESTAT (Anwenderstatus) in der Tabelle ZZTJ30T eine Fremdschlüsselbeziehung für die Tabelle ZZTJ30 an, wie in Abbildung 4.57 gezeigt. Dieser

Schritt ist später die Voraussetzung für eine funktionierende Suchhilfe. Aktivieren Sie nun beide Tabellen.

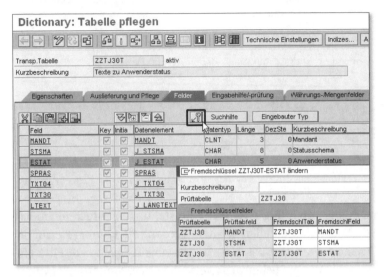

Abbildung 4.57 Pflege einer Fremdschlüsselbeziehung für die Tabelle ZZTJ30T

Adapterobjekt und Mapping-Baustein

Der nächste Schritt beinhaltet die Vorbereitungen für den initialen Customizing-Load: Zunächst wird ein Customizing-Adapterobjekt benötigt, das Sie in der Transaktion R3AC3 im CRM-System anlegen können. Bitte orientieren Sie sich an den Einstellungen, die in den Abbildungen 4.58 bis 4.60 dargestellt sind.

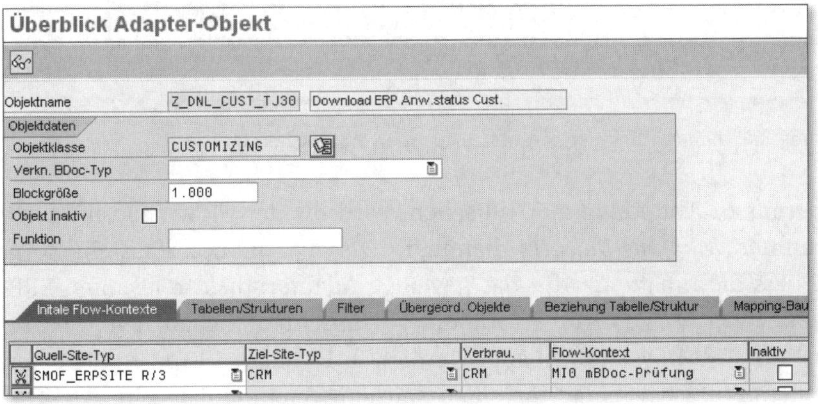

Abbildung 4.58 Einrichtung eines Customizing-Adapterobjekts (allgemeiner Teil und Flow-Kontext)

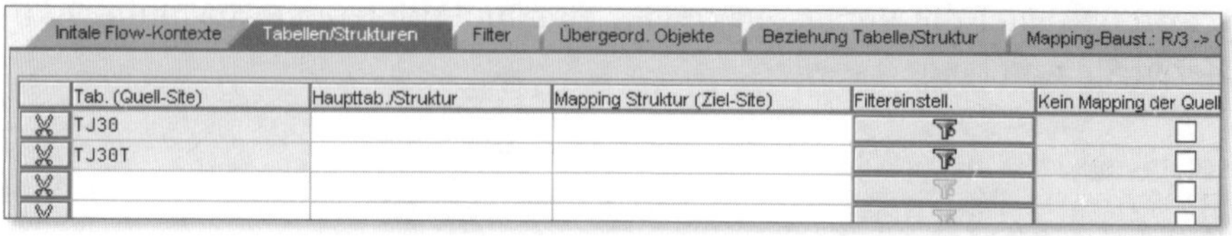

4 | Praxisbeispiele für den Bereich Sales

Abbildung 4.59 Einrichtung eines Customizing-Adapterobjekts (Tabellen)

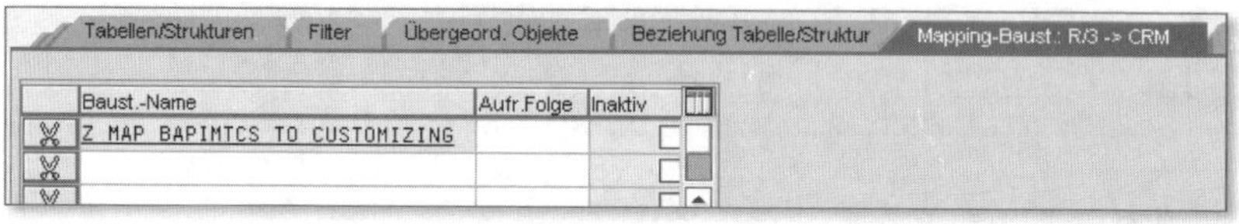

Abbildung 4.60 Einrichtung eines Customizing-Adapterobjekts (Mapping-Baustein ERP → CRM)

Wenn Sie den Umfang von ERP-Customizing-Einstellungen reduzieren möchten, der in die CRM-Schattentabellen geladen werden soll, können Sie auf der Registerkarte TABELLEN/STRUKTUREN des Adapterobjekts geeignete Filtereinstellungen definieren. Wenn Sie beispielsweise die relevanten bzw. herunterzuladenden Statusschemata eingrenzen können, bietet sich eine Filtereinstellung an, wie in Abbildung 4.61 gezeigt. Durch diese Eingrenzung würden lediglich die Statusschemata Z0000001 bis Z0000100 vom ERP- in das CRM-System geladen. Als QUELL-SITE geben Sie die für Sie relevante ERP-Instanz an.

Abbildung 4.61 Eingrenzung der herunterzuladenden Statusschemata

Wie bereits in Abbildung 4.60 zu sehen, wird für den Download noch ein sogenannter *Mapping-Baustein* benötigt. Dieser Funktionsbaustein sorgt dafür, dass die Inhalte der für das jeweilige Adapterobjekt relevanten ERP-Tabellen (TJ30, TJ30T) sauber auf die gewünschten Zieltabellen (ZZTJ30, ZZTJ30T) im CRM-System gemappt werden. In Listing 4.14 finden Sie einen Implementierungsvorschlag für einen solchen Mapping-Baustein. Als Vorlage hat hier der Standard-Funktionsbaustein MAP_BAPIMTCS_TO_CUSTOMIZING gedient. Eine detaillierte Erläuterung der einzelnen Schritte würde den hier gegebenen Rahmen sprengen, daher ziehen Sie bei Bedarf bitte noch spezifische Informationsquellen zum Thema Middleware zurate (z. B. SAP Developer Network).

```
FUNCTION Z_MAP_BAPIMTCS_TO_CUSTOMIZING.
*"----------------------------------------------------------
*"*"Lokale Schnittstelle:
*"  IMPORTING
*"     VALUE(I_BAPICRMDH2) LIKE  BAPICRMDH2 STRUCTURE  BAPICRMDH2
*"     VALUE(I_OBJ_CLASS) LIKE  SMOFOBJECT-OBJCLASS
*"  EXPORTING
*"     VALUE(E_DO_NOT_CALL_GDH) LIKE  SMOF_PARA-XFELD
*"  TABLES
*"      TI_BAPIMTCS STRUCTURE    BAPIMTCS OPTIONAL
*"      T_MESSAGES STRUCTURE     BAPICRMMSG OPTIONAL
*"      TI_KEY_INFO STRUCTURE    BAPICRMKEY
*"      TI_OTHER_INFO STRUCTURE  BAPIEXTC
*"      TO_SMOOGENSB STRUCTURE   SMOOGENSB
*"  CHANGING
*"     VALUE(E_OBJ_NAME) LIKE  SMOFOBJECT-OBJNAME
*"----------------------------------------------------------
* Map data to container
* data definitions ---------------------------------------
  CONSTANTS: LC_R3_TAB     TYPE TABNAME VALUE 'TJ30',
             LC_TX_R3_TAB  TYPE TABNAME VALUE 'TJ30T',
             LC_CRM_TAB    TYPE TABNAME VALUE 'ZZTJ30',
             LC_TX_CRM_TAB TYPE TABNAME VALUE 'ZZTJ30T'.
  DATA: LT_R3DATA   LIKE BAPIMTCS OCCURS 0,
        LT_R3DDIC   LIKE BAPITABSTR OCCURS 0,
        LS_R3DATA   LIKE BAPIMTCS,
        LS_R3DDIC   LIKE BAPITABSTR,
        LS_R3       TYPE ZZTJ30,
        LS_TX_R3    TYPE ZZTJ30T.
  DATA: BEGIN OF LT_TAB OCCURS 0,
        TABNAME LIKE SMOFTABLES-R3TABNAME.
  DATA: END OF LT_TAB.
  DATA: LS_TAB LIKE LINE OF LT_TAB.
  FIELD-SYMBOLS:
        <LFS_R3>    TYPE ZZTJ30,
        <LFS_TX_R3> TYPE ZZTJ30T.
* tables for DB update
  DATA: LT_TJ30    TYPE STANDARD TABLE OF ZZTJ30,
        LS_TJ30    TYPE ZZTJ30,
        LT_TJ30T   TYPE STANDARD TABLE OF ZZTJ30T,
        LS_TJ30T   TYPE ZZTJ30T.
```

```abap
* Preparation ---------------------------------------------
* Stop message flow
  E_DO_NOT_CALL_GDH = 'X'.
* Map ti_bapimtcs to lt_r3data and lt_r3ddic
  CALL FUNCTION 'TI_BAPIMTCS_MAPTO_DATA_DDIC'
    TABLES
      PT_BAPIMTCS = TI_BAPIMTCS
      PT_R3DATA   = LT_R3DATA
      PT_R3DDIC   = LT_R3DDIC.
* Get all tables to be mapped
  LOOP AT LT_R3DDIC INTO LS_R3DDIC.
    LS_TAB-TABNAME = LS_R3DDIC-TABNAME.
    COLLECT LS_TAB INTO LT_TAB.
  ENDLOOP.
* Post data -----------------------------------------------
* 1. R/3-Table TJ30 - User status settings ----------------
  LOOP AT LT_TAB INTO LS_TAB WHERE TABNAME = LC_R3_TAB.
*   Get container data & map to crm format
    LOOP AT LT_R3DATA INTO LS_R3DATA WHERE TABNAME = LS_TAB-TAB-
        NAME.
*     Get container data
      ASSIGN LS_R3DATA-DATA TO <LFS_R3> CASTING.
      LS_R3 = <LFS_R3>.
*     Map to CRM format (internal table)
      MOVE-CORRESPONDING LS_R3 TO LS_TJ30.
      INSERT LS_TJ30 INTO TABLE LT_TJ30.
    ENDLOOP."LT_R3DATA
  ENDLOOP.
* Check if any data received for DB update
  IF NOT LT_TJ30[] IS INITIAL.
*   Replace all data in DB table
    DELETE FROM ZZTJ30.
    INSERT ZZTJ30 FROM TABLE LT_TJ30.
    COMMIT WORK.
  ENDIF.
* 2. R/3-Table TJ30T - User status descriptions
  LOOP AT LT_TAB INTO LS_TAB WHERE TABNAME = LC_TX_R3_TAB.
*   Get container data & map to CRM format
    LOOP AT LT_R3DATA INTO LS_R3DATA WHERE TABNAME = LS_TAB-TAB-
        NAME.
*     Get container data
      ASSIGN LS_R3DATA-DATA TO <LFS_TX_R3> CASTING.
      LS_TX_R3 = <LFS_TX_R3>.
*     Map to crm format (internal table)
      MOVE-CORRESPONDING LS_TX_R3 TO LS_TJ30T.
```

```
        INSERT LS_TJ30T INTO TABLE LT_TJ30T.
      ENDLOOP."LT_R3DATA
    ENDLOOP.
* Check if any data received for db update
    IF NOT LT_TJ30T[] IS INITIAL.
*     Replace all data in DB table
      DELETE FROM ZZTJ30T.
      INSERT ZZTJ30T FROM TABLE LT_TJ30T.
      COMMIT WORK.
    ENDIF.
ENDFUNCTION.
```

Listing 4.14 Mapping-Baustein zum Customizing-Download der ERP-Tabellen TJ30 und TJ30T

Wenn das Adapterobjekt und der Mapping-Baustein angelegt sind, können Sie in der Transaktion R3AS den initialen Customizing-Download durchführen. Den Status des Ladevorgangs können Sie in der Transaktion R3AM1 überwachen. Nach erfolgtem Load überprüfen Sie bitte in den Schattentabellen ZZTJ30 und ZZTJ30T, ob die gewünschten Einträge angekommen sind.

> **Hinweis: Testbetrieb versus Tagesgeschäft**
>
> Wenn Sie diese oder eine ähnliche Lösung im Tagesgeschäft einsetzen wollen, denken Sie bitte daran, dass auch ein regelmäßiger Download der Tabellen TJ30 und TJ30T noch nicht dafür sorgt, dass Sie im CRM-System einen zum ERP-System konsistenten Stand bezüglich des Mappings der Anwenderstatus erhalten. Wie bereits erwähnt, hilft Ihnen dieser Schritt lediglich bei einer sicheren und komfortablen Tabellenpflege des Mappings (siehe Abschnitt »Definition der Customizing-Tabelle«). Die Tabellenpflege als solche muss aber weiterhin manuell auf CRM-Seite nachgezogen werden, wenn sich die Customizing-Voraussetzungen ERP-seitig geändert haben.

Definition der Customizing-Tabelle

Nun haben wir alle Voraussetzungen beisammen, um die benötigte Customizing-Tabelle anzulegen. Da ein Anwenderstatus erst dann eindeutig identifizierbar ist, wenn sowohl das zugrunde liegende Statusschema als auch der Status selbst angegeben sind, bieten sich diese Felder (STSMA, ESTAT) neben dem Mandanten als Schlüsselkombination an. Einen Vorschlag zur Definition der Customizing-Tabelle finden Sie in Abbildung 4.62. Wie Sie dort sehen können, wurde für den Ziel-Anwenderstatus (Feld ESTAT_ERP) eine Kopie des Standard-Datenelements J_ESTAT im Kundennamensraum angelegt (ZZ_ESTAT). Dadurch ist es Ihnen möglich, passende Feldbezeichner zu pflegen

(*Anwenderstatus ERP* statt nur *Anwenderstatus*). Diese eindeutige Bezeichnung erleichtert später die Tabellenpflege.

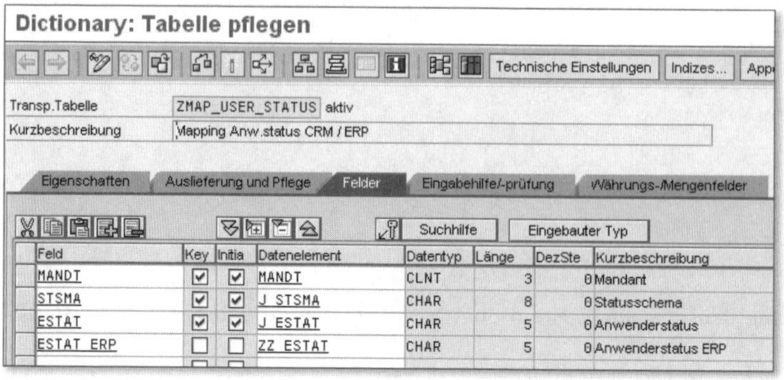

Abbildung 4.62 Mapping-Tabelle ZMAP_USER_STATUS

Legen Sie nun für die Felder STSMA, ESTAT und ESTAT_ERP eine Fremdschlüsselbeziehung an, um dem Benutzer die spätere Tabellenpflege durch Auswahlhilfen zu erleichtern. Bei den Feldern STSMA und ESTAT können Sie den Vorschlag des Systems akzeptieren (Prüfung gegen Tabelle TJ20 bzw. TJ30), beim Feld ESTAT_ERP ist ein manuelles Eingreifen erforderlich: Geben Sie als Prüftabelle die Schattentabelle ZZTJ30T an, und markieren Sie die Felder STSMA und SPRAS als GENERISCH (siehe Abbildung 4.63).

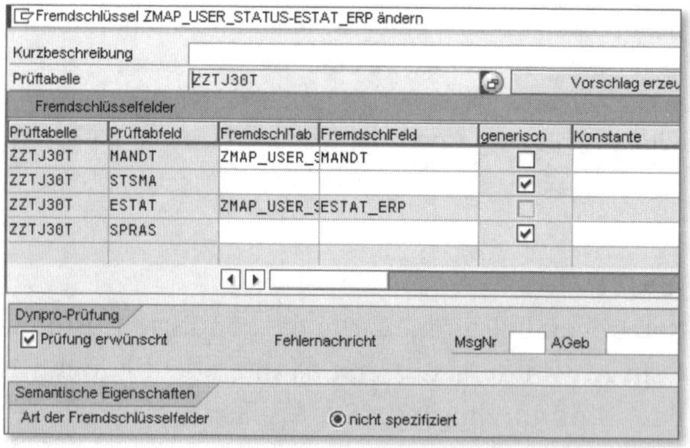

Abbildung 4.63 Fremdschlüsselbeziehung für das Feld ESTAT_ERP

Damit haben wir bereits sichergestellt, dass bei der Pflege von Tabelleneinträgen nur gültige ERP-Anwenderstatus ausgewählt werden können. Leider werden dem Erfasser durch diese Maßnahme noch nicht die Bezeichnungen der ERP-Anwenderstatus angezeigt. Dies können Sie erreichen, indem Sie eine passende Suchhilfe erstellen. Legen Sie dazu in der Transaktion SE11 eine

Kopie der Standard-Suchhilfe H_TJ30 im Kundennamensraum an. Tauschen Sie anschließend die Selektionsmethode bzw. Tabelle TJ30 gegen die Schattentabelle ZZTJ30 aus. Deaktivieren Sie anschließend noch das Kennzeichen EXPORT für den Suchhilfeparameter STSMA, da ansonsten bei der Pflege von Einträgen das CRM-Statusschema durch das implizit gewählte ERP-Statusschema überschrieben würde (siehe Abbildung 4.64).

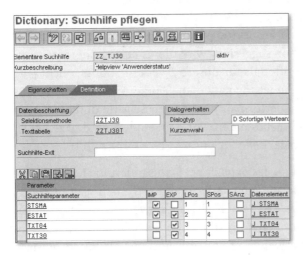

Abbildung 4.64 Eigene Suchhilfe für den ERP-Anwenderstatus

Nachdem Sie die eigene Suchhilfe erfolgreich aktiviert haben, ordnen Sie diese bitte dem Feld ESTAT_ERP zu. Nach einer Aktivierung der Tabelle können Sie den Tabellenpflegedialog generieren. Abbildung 4.65 zeigt, wie anschließend die Auswahlhilfe für das Feld ESTAT_ERP aussehen sollte.

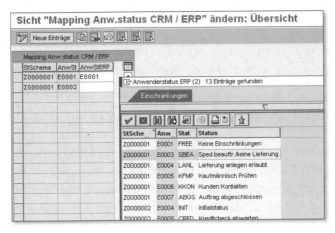

Abbildung 4.65 Mapping der Anwenderstatus zwischen SAP CRM und SAP ERP

Dazu noch ein Hinweis: Aus den verfügbaren Angaben geht für den Erfasser nicht hervor, welches Statusschema der ERP-Auftragsart im Customizing zugeordnet ist. Diese Information muss separat eingeholt werden.

»Merken« des Ziel-Anwenderstatus

Wie bereits erwähnt, eignet sich eine Implementierung des BAdIs ORDER_SAVE (Methode PREPARE) dazu, den jeweils gültigen Ziel-Anwenderstatus in dem neu geschaffenen Z-Feld auf Auftragskopfebene zwischenzuspeichern. Wie der Name des BAdIs schon suggeriert, wird dieses beim Sichern des Auftrags aufgerufen und damit öfter als für unsere Zwecke benötigt: Nicht jede vom Benutzer gespeicherte Änderung hat einen geänderten Anwenderstatus als Ursache. Da jedoch keine performanceintensiven Schritte durchzuführen sind, erscheint unsere Wahl insbesondere vor dem Hintergrund akzeptabel, dass es keine wirklich optimale Stelle für unsere Erweiterung gibt:

- Das BAdI CRM_ORDER_STATUS, das explizit bei Statusänderungen aufgerufen wird, benötigt als Filterangabe einen oder mehrere System- bzw. Anwenderstatus. Anwenderstatus erscheinen als Filterkriterium nicht praktikabel, da Customizing-Änderungen im laufenden Betrieb nicht auszuschließen sind. Um bei der Verwendung von Systemstatus als Filterkriterium sichergehen zu können, dass unsere Erweiterung auch in allen möglichen Bearbeitungszuständen eines Kundenauftrags durchlaufen wird, müsste eine große Bandbreite möglicher Systemstatus als Filterwerte angegeben werden. Der Performancevorteil wäre damit dahin.

- Das BAdI CRM_ORDERADM_H_BADI wird nicht zu den passenden Zeitpunkten durchlaufen, sodass nicht in allen Konstellationen der jeweils aktuelle Anwenderstatus als Grundlage für den Ziel-Anwenderstatus ermittelt werden kann.

- Eine Trace-Analyse der Eventsteuerung lieferte bei entsprechenden Versuchen ebenfalls keine Erfolg versprechende Stelle, an der wir uns hätten »einklinken« können.

In Listing 4.15 finden Sie einen Implementierungsvorschlag für die Methode PREPARE des BAdIs ORDER_SAVE. Bitte beachten Sie, dass dies noch keine 100%-Lösung darstellt: Es ist derzeit noch nicht definiert, wie das System reagieren soll, wenn im CRM-Auftrag vormals ein »gemappter« Anwenderstatus gesetzt war und durch einen »ungemappten« Anwenderstatus ersetzt wird. Der Implementierungsvorschlag würde den alten Anwenderstatus ohne weitere Rückfrage bestehen lassen. Man könnte sich als Alternative aber auch eine entsprechende Warnung bzw. Fehlermeldung für den Benutzer vorstellen, die auf diese Lücke bzw. Inkonsistenz im Customizing hinweist.

```abap
METHOD IF_EX_ORDER_SAVE~PREPARE.
    INCLUDE CRM_DIRECT.
*** 0. Declaration:
  DATA: LV_DIALOG_STATUS       TYPE C,
        LT_HEADER_GUID         TYPE CRMT_OBJECT_GUID_TAB,
        LT_REQUESTED_OBJECTS   TYPE CRMT_OBJECT_NAME_TAB,
        LT_ORDERADM_H          TYPE CRMT_ORDERADM_H_WRKT,
        LS_ORDERADM_H          TYPE CRMT_ORDERADM_H_WRK,
        LT_STATUS              TYPE CRMT_STATUS_WRKT,
        LS_STATUS              TYPE CRMT_STATUS_WRK,
        LV_ESTAT               TYPE J_ESTAT,
        LT_ORDERADM_H_MAINT    TYPE CRMT_ORDERADM_H_COMT,
        LS_ORDERADM_H_MAINT    TYPE CRMT_ORDERADM_H_COM,
        LT_INPUT_FIELDS        TYPE CRMT_INPUT_FIELD_TAB,
        LS_INPUT_FIELDS        TYPE CRMT_INPUT_FIELD,
        LT_INPUT_FIELD_NAMES   TYPE CRMT_INPUT_FIELD_NAMES_TAB,
        LS_INPUT_FIELD_NAMES   TYPE CRMT_INPUT_FIELD_NAMES,
        LT_EXCEPTION           TYPE CRMT_EXCEPTION_T.
*** 1. Not to be executed in background:
*       CRM inbound queues could run on error otherwise
  IF NOT SY-BATCH IS INITIAL.
    EXIT.
  ENDIF.
  IF NOT SY-BINPT IS INITIAL.
    EXIT.
  ENDIF.
  CLEAR: LV_DIALOG_STATUS.
  CALL FUNCTION 'DIALOG_GET_STATUS'
    IMPORTING
      DIALOG_STATUS = LV_DIALOG_STATUS.
  CHECK LV_DIALOG_STATUS EQ SPACE.
*** 2. Prepare and run CRM_ORDER_READ:
  INSERT IV_GUID                     INTO TABLE LT_HEADER_GUID.
  INSERT GC_OBJECT_NAME-ORDERADM_H INTO TABLE LT_REQUESTED_OBJECTS.
  INSERT GC_OBJECT_NAME-STATUS       INTO TABLE LT_REQUESTED_OBJECTS.
  CALL FUNCTION 'CRM_ORDER_READ'
    EXPORTING
      IT_HEADER_GUID        = LT_HEADER_GUID
      IV_ONLY_SPEC_ITEMS    = 'X'
      IT_REQUESTED_OBJECTS  = LT_REQUESTED_OBJECTS
    IMPORTING
      ET_ORDERADM_H         = LT_ORDERADM_H
      ET_STATUS             = LT_STATUS
    EXCEPTIONS
```

```abap
        DOCUMENT_NOT_FOUND   = 1
        ERROR_OCCURRED       = 2
        DOCUMENT_LOCKED      = 3
        NO_CHANGE_AUTHORITY  = 4
        NO_DISPLAY_AUTHORITY = 5
        NO_CHANGE_ALLOWED    = 6
        OTHERS               = 7.
  CHECK SY-SUBRC = 0.
  READ TABLE LT_STATUS INTO LS_STATUS WITH KEY GUID = IV_GUID
                                               STATUS(1) = 'E'
                                               ACTIVE = 'X'.
*** 3. Check if a mapping has to be done:
  SELECT SINGLE ESTAT_ERP FROM ZMAP_USER_STATUS INTO LV_ESTAT
    WHERE STSMA = LS_STATUS-USER_STAT_PROC
      AND ESTAT = LS_STATUS-STATUS.
  CHECK SY-SUBRC = 0 AND NOT LV_ESTAT IS INITIAL.
*** 4. Memorize old content of ORDERADM_H:
  READ TABLE LT_ORDERADM_H INTO LS_ORDERADM_H WITH KEY GUID = IV_GUID.
  MOVE-CORRESPONDING LS_ORDERADM_H TO LS_ORDERADM_H_MAINT.
*** 5. Set target user status for ERP in Z-field:
  LS_ORDERADM_H_MAINT-ZZORDERADM_H0104 = LV_ESTAT.
*** 6. Prepare and run CRM_ORDER_MAINTAIN:
  INSERT LS_ORDERADM_H_MAINT INTO TABLE LT_ORDERADM_H_MAINT.
  LS_INPUT_FIELDS-REF_GUID      = IV_GUID.
  LS_INPUT_FIELDS-REF_KIND      = GC_OBJECT_REF_KIND-ORDERADM_H.
  LS_INPUT_FIELDS-OBJECTNAME    = GC_OBJECT_NAME-ORDERADM_H.
  LS_INPUT_FIELD_NAMES-FIELDNAME = 'ZZORDERADM_H0104'.
  INSERT LS_INPUT_FIELD_NAMES INTO TABLE LT_INPUT_FIELD_NAMES.
  LS_INPUT_FIELDS-FIELD_NAMES   = LT_INPUT_FIELD_NAMES.
  INSERT LS_INPUT_FIELDS INTO TABLE LT_INPUT_FIELDS.
  CALL FUNCTION 'CRM_ORDER_MAINTAIN'
    IMPORTING
      ET_EXCEPTION     = LT_EXCEPTION
    CHANGING
      CT_ORDERADM_H    = LT_ORDERADM_H_MAINT
      CT_INPUT_FIELDS  = LT_INPUT_FIELDS
    EXCEPTIONS
      ERROR_OCCURRED      = 1
      DOCUMENT_LOCKED     = 2
      NO_CHANGE_ALLOWED   = 3
      NO_AUTHORITY        = 4
      OTHERS              = 5.
ENDMETHOD.
```

Listing 4.15 Zwischenspeichern des Ziel-Anwenderstatus

Setzen des Ziel-Anwenderstatus

Während der Replikation des Kundenauftrags wird auf ERP-Seite u. a. der User Exit USER_EXIT_SAVE_DOCUMENT_PREPARE des Programms SAPMV45A durchlaufen, der Prüfungen oder Änderungen an einem Auftrag erlaubt, bevor dieser gesichert wird. In unserem Beispiel muss der vom CRM-System in das neue Z-Feld zwischengespeicherte Anwenderstatus lediglich ausgelesen und als Anwenderstatus für den replizierten Auftrag gesetzt werden. Für das Setzen des Anwenderstatus empfiehlt sich die Nutzung des Standard-Funktionsbausteins STATUS_CHANGE_EXTERN. Bei der Befüllung der Importparameter dieses Bausteins müssen Sie die Objektnummer des Kundenauftragskopfes in der Statusverwaltung wie folgt zusammenbauen: *VB <10-stellige Belegnummer> 000000 (Initiale Positionsnummer= Kopfebene des Belegs)*.

Die Status-Objektnummer für einen Kundenauftragskopf mit der Belegnummer 25000234 würde demnach VB0025000234000000 lauten – Sie können sich bei Bedarf auch in der relevanten Tabelle JEST entsprechende Beispieleinträge anschauen. Listing 4.16 liefert Ihnen einen Implementierungsvorschlag für das Setzen des Anwenderstatus auf ERP-Seite.

```
* Keep user status for CRM sales orders consistent in ERP:
  DATA: LV_OBJNR LIKE JSTO-OBJNR,
        LV_USER_STATUS TYPE JEST-STAT.
  IF NOT VBAK-ZZORDERADM_H0104 IS INITIAL.
    CONCATENATE 'VB' VBAK-VBELN '000000' INTO LV_OBJNR.
    LV_USER_STATUS = VBAK-ZZORDERADM_H0104.
    CALL FUNCTION 'STATUS_CHANGE_EXTERN'
      EXPORTING
        CHECK_ONLY            = ' '
        CLIENT                = SY-MANDT
        OBJNR                 = LV_OBJNR
        USER_STATUS           = LV_USER_STATUS
        SET_CHGKZ             = 'X'
        NO_CHECK              = 'X'
      EXCEPTIONS
        OBJECT_NOT_FOUND      = 1
        STATUS_INCONSISTENT   = 2
        STATUS_NOT_ALLOWED    = 3
        OTHERS                = 4.
  ENDIF.
```

Listing 4.16 Setzen des Ziel-Anwenderstatus auf ERP-Seite

4.8 SAP CRM Billing

Nach unserer Erfahrung wird die CRM-Fakturierung in Sales-Szenarien weniger häufig eingesetzt als die Fakturierung im ERP-System. Das ist eigentlich schade, da die CRM-Fakturierung aus einer sehr flexibel erweiterbaren Architektur besteht und sehr gut in angrenzende Grundfunktionen wie Preisfindung und Partnerfindung integriert ist.

Im Folgenden stellen wir Ihnen vier Praxisbeispiele aus dem Umfeld von SAP CRM Billing vor. Zunächst zeigen wir, wie Sie Kopftexte aus dem Kundenauftrag in den Fakturabeleg übernehmen können. Anschließend erweitern wir beispielhaft die Selektionskriterien für den Fakturavorrat um zwei Felder. Unser drittes Praxisbeispiel befasst sich mit der Erweiterung der Erlöskontenfindung um ein neues Schlüsselfeld, bevor wir abschließend einen Lösungsansatz zur vollständigen Fakturierung von Frachtkonditionen mit der ersten Teilrechnung vorstellen.

4.8.1 Ermittlung von Fakturakopftexten

Vom Vertriebsinnendienst werden üblicherweise textliche Ergänzungen in Kundenaufträgen, Gut- und Lastschriften vorgenommen, die anschließend auf der Kundenrechnung bzw. -gutschrift angedruckt werden (z. B. *Preiskorrektur für Auftrag X*). Standardmäßig wird die automatische Ermittlung entsprechender Texte auf Kopfebene der CRM-Faktura nur aus dem Kundenstamm, nicht aber vorgangsbezogen aus dem zugehörigen Kundenauftrag unterstützt. Das bedeutet, dass vorgangsbezogene Informationen lediglich auf Positionsebene in die Faktura übermittelt werden können, was in vielen Anwendungsfällen als nicht ausreichend empfunden wird.

In diesem Praxisbeispiel wollen wir eine Möglichkeit aufzeigen, wie man einen entsprechenden Auftragskopftext 1:1 in einen Fakturakopftext übertragen kann. Grundsätzlich muss bei diesem Beispiel hervorgehoben werden, dass eine solche Vorgehensweise nur dann sinnvoll ist, wenn keine Sammelfaktura durchgeführt wird. Das heißt, es werden niemals mehrere Kundenaufträge in eine Rechnung zusammengeführt. Nur dadurch ist gewährleistet, dass eine konsistente Übertragung von Kopftexten aus dem Kundenauftrag in die zugehörige Rechnung durchgeführt werden kann. Andernfalls stehen mehrere unterschiedliche Kopftexte auf Auftragsseite lediglich einem Zieltext auf Fakturaseite gegenüber. Unser Lösungsansatz besteht im Wesentlichen aus den folgenden Schritten:

1. Bei der Fakturierung werden die relevanten Fakturavorratspositionen in eine Faktura übernommen. Bei diesem Transfer steht das BAdI `BEA_CRMB_BD_CPREQ` (Kopierbedingung) zur Verfügung, mit dessen Hilfe die Header-GUID des jeweils zugrunde liegenden Kundenauftrags in das Feld `SPLIT_CRITERIA` des entstehenden Fakturakopfes übertragen werden kann. Wie schon der Feldname andeutet, fungiert dieses Feld als *Splitkriterium*, d. h., es können damit nur solche Fakturavorratspositionen in eine Faktura zusammengeführt werden, die aus einem Kundenauftrag stammen. Dadurch ist einerseits sichergestellt, dass niemals mehrere Aufträge in einer Faktura zusammengefasst werden können und somit immer eine eindeutige Ermittlung des Fakturakopftextes möglich ist.

2. Andererseits fungiert die Header-GUID des zugrunde liegenden Auftrags in der darauffolgenden Erweiterung als elementarer Inputparameter: Die BAdI-Definition `BEA_CRMB_BD_TXT` ermöglicht die Versorgung zusätzlicher Felder der Textfindungs-Kommunikationsstruktur in der Fakturierung. In unserem Fall bietet es sich an, die Kommunikationsstruktur um ein Feld zu erweitern, das die Header-GUID des zugrunde liegenden Kundenauftrags enthält. Auf Basis dieses Feldes kann dann durch Standard-Customizing eine Textfindung für den Fakturakopftext eingerichtet werden. Die Versorgung des Feldes kann dabei auf das Feld `SPLIT_CRITERIA` zurückgreifen, das wir zuvor über die Kopierbedingung für den Fakturakopf mit der Header-GUID des zugehörigen Kundenauftrags gefüllt haben.

3. Sobald der Übergang vom Fakturavorrat zur Faktura vollzogen ist, steht der gewünschte Text unter einer Text-ID (z. B. ZA01) des Fakturakopfs zur Verfügung.

Im Folgenden werden nun alle notwendigen Schritte und Einstellungen im Detail beschrieben.

Customizing der Textverwaltung der Vorgangsart

In diesem Kontext sind folgende Schritte notwendig:

1. Definition einer Text-ID (z. B. ZA01)
2. Zuordnung der Text-ID zum gewünschten Textschema
3. Zuordnung des gewünschten Textschemas zur jeweiligen Vorgangsart

Die Definition der Text-ID ZA01 kann unter dem folgenden Customizing-Pfad vorgenommen werden: SAP-CUSTOMIZING-EINFÜHRUNGSLEITFADEN • CUSTOMER RELATIONSHIP MANAGEMENT • GRUNDFUNKTIONEN • TEXTVERWALTUNG • TEXTOBJEKTE UND TEXTARTEN FESTLEGEN. Achtung: Bei der Definition von Text-IDs handelt es sich um eine *mandantenübergreifende* Einstellung. Achten Sie darauf, diese für das korrekte Objekt (in unserem Fall CRM_ORDERH für den Auftragskopf) anzulegen. Bitte beachten Sie die in den Abbildungen 4.66 bis 4.68 dargestellten Schritte.

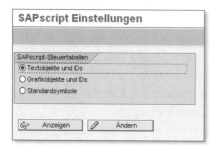

Abbildung 4.66 Einstieg in die Definition der Text-ID

Abbildung 4.67 Auswahl des gewünschten Textobjekts

Abbildung 4.68 Definition der gewünschten Text-ID

Nun kann diese Text-ID dem gewünschten Textschema der jeweiligen Vorgangsart zugeordnet werden. Die Zuordnung zwischen Vorgangsart und Textschema lässt sich an folgender Stelle im IMG nachvollziehen: CUSTOMER RELATIONSHIP MANAGEMENT • VORGÄNGE • GRUNDEINSTELLUNGEN • VOR-

GANGSARTEN DEFINIEREN. In unserem Beispiel handelt es sich um das Schema Z0000001, das unserer Auftragsart zugeordnet ist. Es enthält in unserem Beispiel ZA01 als einzige Text-ID (siehe Abbildung 4.69).

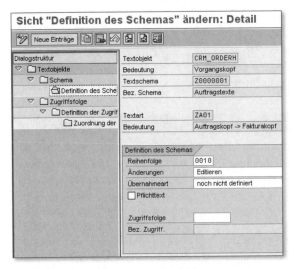

Abbildung 4.69 Definition des Textschemas auf Auftragskopfebene

Die entsprechende Customizing-Einstellung befindet sich an folgender Stelle im IMG: CUSTOMER RELATIONSHIP MANAGEMENT • GRUNDFUNKTIONEN • TEXTVERWALTUNG • TEXTSCHEMA DEFINIEREN.

Implementierung der Faktura-Kopierbedingung

Das im CRM-System für die Abbildung von Faktura-Kopierbedingungen zur Verfügung stehende BAdI BEA_CRMB_BD_CPREQ ist filterabhängig. Das heißt, je nach Filterwert wird die jeweils zugehörige BAdI-Implementierung aufgerufen. Im Fall der Faktura-Kopierbedingung lässt sich im IMG pro Fakturapositionstyp ein Filterwert bzw. eine Faktura-Kopierbedingung hinterlegen. Dieser Schritt wird später noch im Detail beschrieben (siehe dazu Abbildung 4.72). Zuvor erstellen wir nun für unser Beispiel eine eigene Faktura-Kopierbedingung, für die wir sowohl einen neuen Filterwert als auch eine neue Implementierung anlegen wollen. Die Definition der Filterwerte erfolgt im Customizing. Dieses finden Sie im IMG an folgender Stelle: CUSTOMER RELATIONSHIP MANAGEMENT • FAKTURIERUNG • KOPIERBEDINGUNGEN DEFINIEREN • FILTERWERTE: KOPIERBEDINGUNG. Wie in Abbildung 4.70 dargestellt, definieren wir für unseren Anwendungsfall den Filterwert Z0001.

4 | Praxisbeispiele für den Bereich Sales

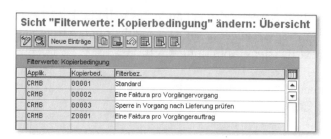

Abbildung 4.70 Definition eines neuen Filterwerts

> **Anmerkung: Standard-Kopierbedingung 00002**
>
> In der Standard-Auslieferung sind bereits drei Filterwerte enthalten. Darunter befindet sich auch die Kopierbedingung 00002 (*Eine Faktura pro Vorgängervorgang*). Auch wenn die Beschreibung sehr nach dem klingt, was wir erreichen wollen – die Wirkung ist etwas anders: Gesplittet wird nicht pro Vorgängerauftrag, sondern pro Vorgängerbeleg. Ein Vorgängerbeleg kann bei einer auftragsbezogenen Faktura ein Kundenauftrag oder eine Gut- bzw. Lastschrift sein, bei einer lieferbezogenen Faktura aber auch eine Lieferung. Das bedeutet: Sollten aus einem Auftrag mehrere Teillieferungen entstehen, könnten diese bei Verwendung der Bedingung 0002 nicht in einer Faktura zusammengeführt werden. Für unser Beispiel ist es hingegen ausreichend, wenn je zugrunde liegendem Kundenauftrag gesplittet wird. Ein Split aufgrund verschiedener Teillieferungen ist nicht notwendig.

Nun widmen wir uns der Implementierung des BAdIs. Dieses lässt sich an folgender Stelle im IMG finden: CUSTOMER RELATIONSHIP MANAGEMENT • FAKTURIERUNG • SYSTEMERWEITERUNGEN • BUSINESS ADD-INS • BADI: KOPIERBEDINGUNGEN. Innerhalb der neuen BAdI-Implementierung sind nun im Wesentlichen zwei Schritte notwendig: Erstens muss der gewünschte Filterwert zugeordnet, zweitens muss noch das entsprechende Coding hinterlegt werden. Die Zuordnung des Filterwerts ist in Abbildung 4.71 dargestellt.

Beim Filterwert Z0001 handelt es sich um den Customizing-Eintrag, den Sie im letzten Schritt (siehe Abbildung 4.70) erstellt haben. Diesen können Sie nun noch den relevanten Fakturapositionstypen zuordnen, wie Abbildung 4.72 zeigt.

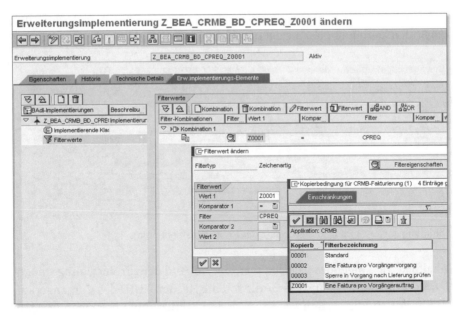

Abbildung 4.71 Zuordnung des gewünschten Filterwerts zur BAdI-Implementierung

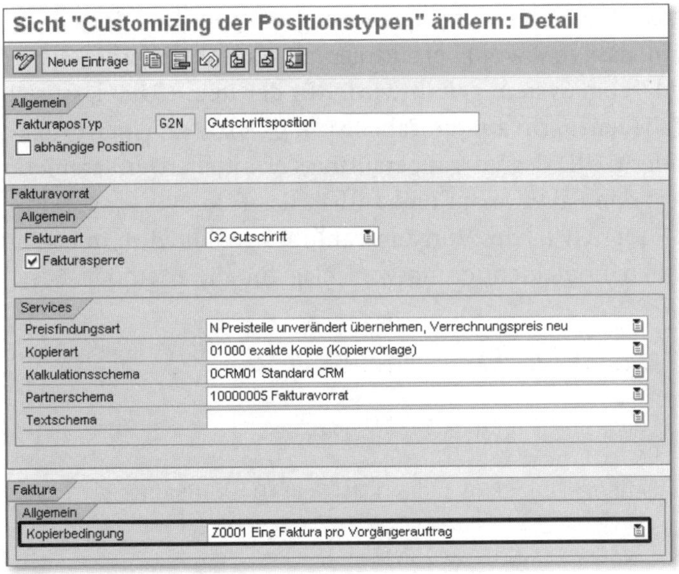

Abbildung 4.72 Zuordnung der Kopierbedingung zu den gewünschten Fakturapositionstypen

Diese Customizing-Einstellung ist im IMG an folgender Stelle zu finden: Customer Relationship Management • Fakturierung • Positionstypen definieren. Sobald dann eine Fakturaposition mit einem entsprechenden Fakturapositionstyp erzeugt werden soll, wird unsere BAdI-Implementierung aufgerufen. Abbildung 4.73 zeigt den Einstieg in das Coding.

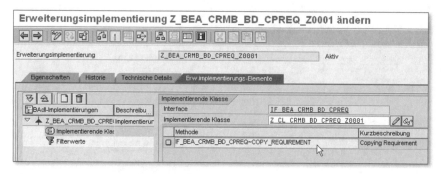

Abbildung 4.73 Absprung in das Coding der BAdI-Implementierung

Inhaltlich soll Folgendes geleistet werden: Anhand der zur Verfügung stehenden Importparameter unseres BAdIs soll die Header-GUID des Vorgängerauftrags ermittelt und als Splitkriterium in den Fakturakopf übertragen werden. Praktischerweise hält die von uns verwendete Methode COPY_REQUIREMENT den Parameter CS_BDI_WRK bereit: Diese Struktur hat u. a. das Feld SRC_GUID, das die jeweilige Item-GUID des Vorgängerauftrags enthält. Der Vorteil dieses Feldes liegt darin, dass es sowohl bei auftrags- als auch bei lieferbezogener Fakturierung korrekt vom System gefüllt wird. Mit der Item-GUID lässt sich dann über einen Tabellenzugriff auf die Tabelle CRMD_ORDERADM_H performant und sicher die Header-GUID des Vorgängerauftrags ermitteln. Der Parameter CS_BDH repräsentiert den Fakturakopf und enthält das Feld SPLIT_CRITERIA, das dann mit der Header-GUID des Vorgängerauftrags gefüllt wird. In Listing 4.17 finden Sie einen Implementierungsvorschlag für die Methode COPY_REQUIREMENT.

```
method IF_BEA_CRMB_BD_CPREQ~COPY_REQUIREMENT.
* Declaration:
  DATA: LV_HEADER_GUID TYPE CRMT_OBJECT_GUID.
* Detect Header-GUID of predecessor order:
  SELECT SINGLE HEADER FROM CRMD_ORDERADM_I INTO LV_HEADER_
     GUID WHERE GUID = CS_BDI_WRK-SRC_GUID.
* Set this Header-GUID as split criteria:
  IF SY-SUBRC = 0 AND NOT LV_HEADER_GUID IS INITIAL.
    CS_BDH_WRK-SPLIT_CRITERIA = LV_HEADER_GUID.
  ENDIF.
endmethod.
```

Listing 4.17 Ermittlung der Header-GUID des Vorgängerauftrags und Verwendung als Splitkriterium

Erweiterung der Faktura-Textverarbeitung

Wie bereits zuvor angesprochen, soll die ermittelte Header-GUID des Vorgängerauftrags als zusätzliches Feld in die Kommunikationsstruktur der Textfindung in der Fakturierung übergeben werden. Für die Versorgung des zusätzlichen Feldes steht die BAdI-Definition `BEA_CRMB_BD_TXT` zur Verfügung. Analog zur Preisfindung stellt die Kommunikationsstruktur auch in der Textfindung den »Vorrat« an Schlüsselfeldern für eine automatische Ermittlung von Elementen (hier: Texten) mithilfe der Konditionstechnik dar. Basierend auf dem neuen Schlüsselfeld, kann dann eine Zugriffsfolge angelegt werden, die die gewünschte Text-ID aus dem jeweiligen Vorgängerauftrag ermittelt.

Bevor die Versorgung eines neuen Feldes im oben genannten BAdI stattfinden kann, muss dieses zunächst in der Kommunikationsstruktur eingerichtet werden. Dazu bietet sich eine Erweiterung der Standard-Kommunikationsstruktur durch ein Append an – im Gegensatz zu einer eigenen Kommunikationsstruktur im Kundennamensraum ist damit sichergestellt, dass gegebenenfalls durch entsprechende Updates (z. B. SAP-Hinweise, Support Packages) zur Verfügung gestellte zusätzliche Felder nicht unberücksichtigt bleiben.

Die für den Fakturakopf relevante Standard-Kommunikationsstruktur der Textfindung lässt sich in der folgenden Customizing-Aktivität herausfinden: CUSTOMER RELATIONSHIP MANAGEMENT • GRUNDFUNKTIONEN • TEXTVERWALTUNG • TEXTSCHEMA DEFINIEREN. Die entsprechende Sicht ist dann durch einen Doppelklick auf das jeweils gewünschte Textobjekt (hier: `BEA_BDH` = Fakturakopf) erreichbar (Abbildung 4.74).

Abbildung 4.74 Textfindungs-Kommunikationsstruktur für den Fakturakopf

Für die Struktur `BEAS_BDH_TXT_COM` können Sie in der Transaktion SE11 die benötigte Append-Struktur durch einen Klick auf den gleichnamigen Button einrichten. Der Name des Appends muss dabei mit einem Z oder einem Y beginnen. Anschließend kann das neue Feld zur Append-Struktur hinzugefügt werden. Achten Sie bei der Typisierung darauf, dass der Komponententyp kompatibel zu einer CRM-Vorgangs-GUID gewählt wird. Für unser Beispiel richten wir die Append-Struktur ZZBEAS_BDH_TXT_COM und darin das Feld ORDERADM_H_GUID vom Typ CRMT_OBJECT_GUID ein (siehe Abbildung 4.75).

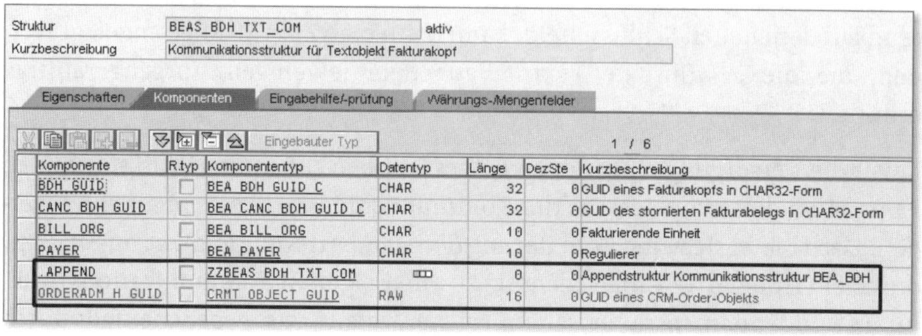

Abbildung 4.75 Append-Struktur ZZBEAS_BDH_TXT_COM

Anschließend können wir uns um die Versorgung dieses neuen Feldes im BAdI BEA_CRMB_BD_TXT kümmern. Um eine neue Implementierung anzulegen, lässt sich der folgende Customizing-Pfad nutzen: CUSTOMER RELATIONSHIP MANAGEMENT • FAKTURIERUNG • SYSTEMERWEITERUNGEN • BUSINESS ADD-INS • BADI: FAKTURA: TEXTVERARBEITUNG.

Die für unser Beispiel relevante Methode ist IN_MAP_HEAD, da wir ein Feld füllen wollen, das auf Kopfebene der Faktura zur Verfügung steht. Für die Versorgung zusätzlicher Schlüsselfelder der Textfindung steht uns in der genannten Methode der Exportparameter ET_FV_COM_CUST (Zeilentyp: COMT_TEXT_FIELD_VALUE_REC) zur Verfügung. Für jedes zusätzliche Schlüsselfeld kann in diese interne Tabelle ein Eintrag unter Angabe des Feldnamens und -werts vorgenommen werden. In unserem Fall soll das neue Feld ORDERADM_H_GUID die GUID des Vorgängerbelegs erhalten. Der dafür infrage kommende Importparameter IS_BDH enthält diese Information im zuvor von uns gefüllten Feld SPLIT_CRITERIA. Eine mögliche Implementierung könnte demnach so aussehen wie in Listing 4.18.

```
method IF_BEA_CRMB_BD_TXT~IN_MAP_HEAD.
* Declaration:
  DATA: LS_FV_COM_CUST TYPE COMT_TEXT_FIELD_VALUE_REC.
* Name of additional field = ORDERADM_H_GUID
```

```
* Value of additional field = Split criterion invoice header
  LS_FV_COM_CUST-FIELD = 'ORDERADM_H_GUID'.
  LS_FV_COM_CUST-VALUE = IS_BDH-SPLIT_CRITERIA.
  INSERT LS_FV_COM_CUST INTO TABLE ET_FV_COM_CUST.
endmethod.
```

Listing 4.18 Füllen der Textfindungs-Kommunikationsstruktur mit der Header-GUID des Vorgängerauftrags

> **Anmerkung: Methode IN_MAP_ITEM**
>
> In unserem Testsystem war es notwendig, auch die Methode IN_MAP_ITEM zumindest »leer« anzulegen und einmalig zu aktivieren. Andernfalls wies die angelegte Faktura Fehlermeldungen auf. Hierbei könnte es sich um einen Fehler im SAP-Standard handeln – bis zur Drucklegung dieses Buches war leider noch kein passender SAP-Hinweis verfügbar.

Customizing der Textverwaltung der Fakturaart

Analog zu obigem Abschnitt, der das Customizing der Textverwaltung der Vorgangsart beschreibt, müssen nun noch zwei Einstellungen im Bereich der Textverwaltung des Fakturakopfes vorgenommen werden. Einerseits wird eine Text-ID ebenfalls für den Fakturakopf benötigt – anstelle des Textobjekts CRM_ORDERH (siehe dazu erneut die Abbildungen 4.66 bis 4.68) muss nun lediglich das Textobjekt BEA_BDH gewählt werden. Nun kann diese Text-ID dem gewünschten Textschema der jeweiligen Fakturaart zugeordnet werden. Die Zuordnung zwischen Fakturaart und Textschema wird an folgender Stelle im IMG festgelegt: CUSTOMER RELATIONSHIP MANAGEMENT • FAKTURIERUNG • FAKTURAARTEN DEFINIEREN. In unserem Beispiel handelt es sich um die Gutschriftart G2, der das Textschema Z0000001 zugeordnet ist. Dieses enthält in unserem Beispiel als einzige Text-ID die ZA01 (siehe Abbildung 4.76).

Das entsprechende Customizing des Textschemas ist unter folgendem IMG-Pfad zu finden: CUSTOMER RELATIONSHIP MANAGEMENT • GRUNDFUNKTIONEN • TEXTVERWALTUNG • TEXTSCHEMA DEFINIEREN. Um eine automatische Textfindung anhand des Vorgängerauftrags für die Text-ID ZA01 im Fakturakopf durchführen zu können, muss die bereits aus Abbildung 4.76 ersichtliche Zugriffsfolge Z0000001 eingerichtet werden, wie in Abbildung 4.77 dargestellt.

4 | Praxisbeispiele für den Bereich Sales

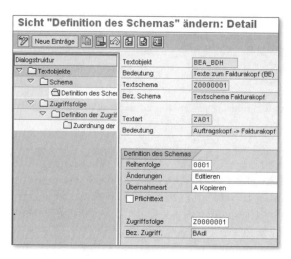

Abbildung 4.76 Definition des Textschemas auf Fakturakopfebene

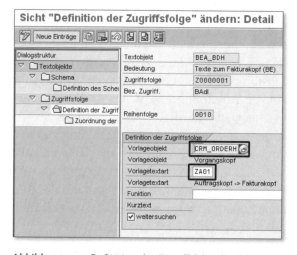

Abbildung 4.77 Definition der Zugriffsfolge für die automatische Textfindung

Mit dieser Einstellung wird als Suchstrategie festgelegt, dass ein Text aus dem Vorlageobjekt CRM_ORDERH (Vorgangskopf *One-Order*) ermittelt werden soll. Die Vorlagetextart ZA01 präzisiert, welche Text-ID des jeweiligen Auftrags dabei herangezogen werden soll. Das Kennzeichen WEITERSUCHEN sorgt dafür, dass die Suche nach entsprechenden Texten nicht nach dem ersten Treffer eingestellt wird – dies ist sinnvoll, wenn eine Text-ID in verschiedenen Sprachen im Ursprungsbeleg vorhanden sein kann und alle Versionen in die Faktura übernommen werden sollen.

Verzweigt man in der Dialogstruktur eine Ebene tiefer, kann man dort die sogenannte *Feldzuordnung* der Zugriffsfolge vornehmen (siehe Abbildung 4.78). Auf dieser Ebene kommt nun unsere erweiterte Kommunikationsstruktur zum Einsatz: Mit dem neuen Schlüsselfeld ORDERADM_H_GUID legen wir an dieser Stelle das Vorlageobjekt präzise als den jeweiligen Vorgängerauftrag fest – damit ist unsere erweiterte Textfindung einsatzfähig.

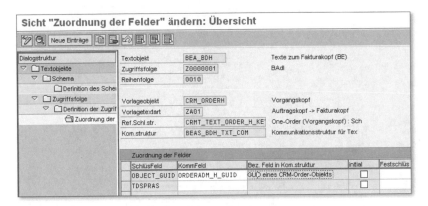

Abbildung 4.78 Feldzuordnung für Textfindungszugriff

4.8.2 Erweiterung der Selektionskriterien des Fakturavorrats (SAP GUI)

Die im CRM-Standard zur Verfügung gestellten Selektionskriterien zur Bearbeitung des Fakturavorrats reichen häufig in der Praxis nicht aus. Oftmals wird bemängelt, dass gerade die für den Vertrieb zentralen Organisationselemente *Verkaufsorganisation* und *Vertriebsweg* nicht als Selektionskriterien vorgesehen sind, wie in Abbildung 4.79 deutlich wird.

> **Hinweis: SAP GUI/Web UI**
>
> Dieses Praxisbeispiel ist nur dann relevant, wenn auf dem entsprechenden CRM-System die Bearbeitung des Fakturavorrats im SAP GUI durchgeführt wird. Ein Beispiel für die neue Web-UI-Oberfläche finden Sie in Abschnitt 4.8.3, »Erweiterung der Selektionskriterien des Fakturavorrats (Web UI)«.

Glücklicherweise bietet die CRM-Fakturierung sehr vielseitige und umfangreiche Möglichkeiten der Erweiterung. Die technische Grundlage dafür liefert das sogenannte *Billing Engine Framework*, auf dem die gesamte Fakturavorrats- und Fakturabearbeitung des CRM-Systems basiert. Einen sehr guten Einstieg für Erweiterungen im Bereich der Fakturierung bietet SAP-Hinweis 1120049, der ein umfangreiches (englischsprachiges) »Cookbook« enthält.

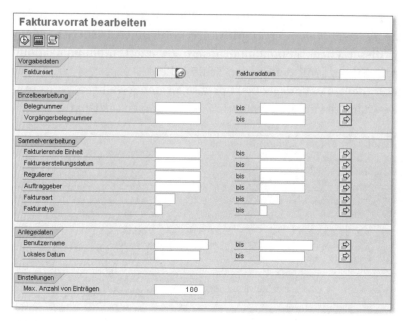

Abbildung 4.79 Standard-View zur Selektion und Bearbeitung des Fakturavorrats (SAP GUI)

Abbildung 4.80 gibt einen Überblick, welche Schritte im Billing Engine Framework beispielsweise durchzuführen sind, um die Selektionskriterien des Fakturavorrats zu erweitern. Wichtig: Diese Schritte gelten nur dann, wenn die gewünschten Selektionskriterien bereits als Felder im jeweiligen Kontext vorhanden sind. In unserem Beispiel sind sowohl die Verkaufsorganisation als auch der Vertriebsweg in der relevanten Tabelle /1BEA/CRMB_DLI (Fakturavorratspositionen der CRM-Fakturierung) enthalten. Die entsprechenden Feldnamen lauten SALES_ORG bzw. DIS_CHANNEL.

Die zur Umsetzung unserer beispielhaften Anforderung benötigten Erweiterungen im Billing Engine Framework werden über den sogenannten *Billing Engine Navigator* (BE Navigator) initiiert. Diese Anwendung lässt sich für die CRM-Fakturierung über den Transaktionscode BEFN_F1 direkt aufrufen. Alternativ wird man an folgender Stelle im IMG fündig: CUSTOMER RELATIONSHIP MANAGEMENT • FAKTURIERUNG • SYSTEMERWEITERUNGEN • AUF BILLING ENGINE NAVIGATOR ZUGREIFEN. Bevor Sie jedoch mit einer Erweiterung im Billing Engine Navigator starten können, müssen Sie zunächst herausfinden, welchen Report Sie überhaupt zu bearbeiten haben. Dazu rufen Sie die Transaktion /BEA/CRMB01 (Fakturavorrat bearbeiten) auf und folgen dort dem Menüpfad SYSTEM • STATUS. Dort lässt sich der Reportname /1BEA/R_CRMB_DL_PROCESS ablesen.

Abbildung 4.80 Notwendige Schritte zur Erweiterung der Selektionskriterien des Fakturavorrats

Rufen Sie nun den Billing Engine Navigator auf, um dort den ausgewählten Report zu erweitern. Dazu klappen Sie die hierarchische Struktur auf der linken Bildschirmhälfte so weit auf, bis Sie auf die Kategorie REPORT für das Objekt FAKTURAVORRAT der CRM-Fakturierung stoßen (siehe Abbildung 4.81). Innerhalb der entsprechenden Liste befindet sich auch der Report PROCESS (Kurzbezeichnung), den Sie durch den folgenden Aufruf seines Kontextmenüs eindeutig als den gewünschten Report identifizieren können: SPRINGEN ZU • GENERIERTES CODING. Nun können Sie die hierarchische Struktur unterhalb des Reports weiter aufklappen, um die geeignete *Selektionsgruppe* für unser neues Selektionsfeld herauszufinden. Die Selektionsgruppe stellt eine Gruppierung dar, die sich beim Aufruf des entsprechenden Reports durch die Zusammenfassung von Selektionsfeldern zu verschiedenen »Blöcken« äußert.

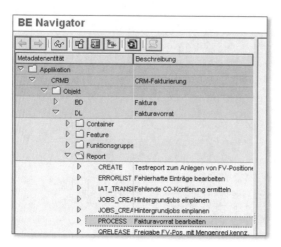

Abbildung 4.81 Report für die Bearbeitung des CRM-Fakturavorrats im Billing Engine Navigator

Ein paralleler Blick im Anwendungskontext auf die bestehenden Selektionsfelder (siehe dazu Abbildung 4.79) erleichtert mitunter die Orientierung. In unserem Beispiel bietet es sich an, die zusätzlichen Selektionsfelder in die Selektionsgruppe SAMMELVERARBEITUNG zu integrieren. Um zusätzliche Selektionsfelder anlegen zu können, lassen Sie sich zunächst die Liste der bereits bestehenden Selektionsfelder über das Kontextmenü der Selektionsgruppe DLB anzeigen (siehe Abbildung 4.82).

Abbildung 4.82 Kontextmenü der Selektionsgruppe DLB

Auf der rechten Bildschirmseite wird Ihnen nun die Liste der existierenden Selektionsfelder im Anzeigemodus präsentiert. Nach Umschalten in den Änderungsmodus können Sie dort unsere eigenen Selektionsfelder hinzufügen, wie in Abbildung 4.83 gezeigt.

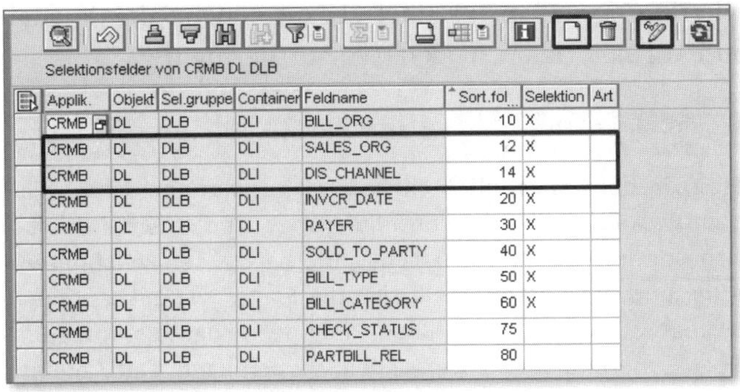

4.8 SAP CRM Billing

Applik.	Objekt	Sel.gruppe	Container	Feldname	Sort.fol	Selektion	Art
CRMB	DL	DLB	DLI	BILL_ORG	10	X	
CRMB	DL	DLB	DLI	SALES_ORG	12	X	
CRMB	DL	DLB	DLI	DIS_CHANNEL	14	X	
CRMB	DL	DLB	DLI	INVCR_DATE	20	X	
CRMB	DL	DLB	DLI	PAYER	30	X	
CRMB	DL	DLB	DLI	SOLD_TO_PARTY	40	X	
CRMB	DL	DLB	DLI	BILL_TYPE	50	X	
CRMB	DL	DLB	DLI	BILL_CATEGORY	60	X	
CRMB	DL	DLB	DLI	CHECK_STATUS	75		
CRMB	DL	DLB	DLI	PARTBILL_REL	80		

Abbildung 4.83 Hinzufügen eigener Selektionsfelder

Dabei kann durch Angabe der SORTIERREIHENFOLGE festgelegt werden, an welcher Stelle das entsprechende Feld hinterher im jeweiligen Selektionsblock präsentiert wird. Thematisch passen unsere Selektionsfelder gut zum bestehenden Feld BILL_ORG (Organisationselement der fakturierenden Einheit), daher sollen Verkaufsorganisation und Vertriebsweg jeweils danach angezeigt werden. Nachdem alle gewünschten Felder hinzugefügt wurden, sichern Sie Ihre Einstellungen.

Nun muss der Report noch neu generiert werden. Zum Hintergrund: Das später durch die entsprechende Transaktion tatsächlich ausgeführte Coding wird anhand von Metainformationen durch den Billing Engine Navigator generiert. Zu diesen Metainformationen gehören auch die Selektionsfelder, deren Umfang wir soeben geändert haben. Die Generierung kann erneut durch ein Kontextmenü (rechte Maustaste) initiiert werden, wie Abbildung 4.84 zeigt.

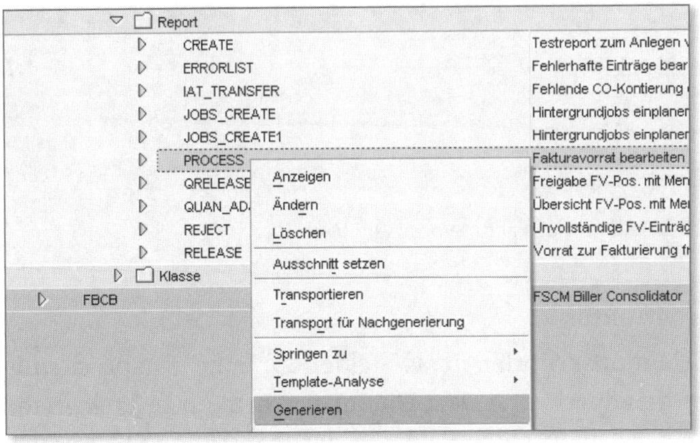

Abbildung 4.84 Nachgenerierung des Reports PROCESS wegen geänderter Metainformationen (Selektionsfelder)

247

Nach erfolgreicher Generierung stehen anschließend die neuen Selektionsfelder in der Transaktion FAKTURAVORRAT BEARBEITEN zur Verfügung.

> **Tipp: Erweiterungen des BE Navigators in Mehrsystemlandschaften**
>
> Üblicherweise hat man es in der Praxis mit Mehrsystemlandschaften zu tun, die mindestens aus einem Entwicklungs-, einem Konsolidierungs- und einem Produktivsystem bestehen. Insbesondere bei den als »nicht änderbar« gekennzeichneten Systemen (Konsolidierung und Produktion) stellt sich die Frage, wie ein sauberer Transport von Erweiterungen im Umfeld des Billing Engine Navigators vor dem Hintergrund notwendiger Generierungen sichergestellt werden kann. Dazu bietet sich die in Abbildung 4.84 dargestellte Option TRANSPORT FÜR NACHGENERIERUNG an: Dadurch wird das entsprechende Objekt im jeweiligen Zielsystem nachgeneriert, wenn der gewählte Transportauftrag importiert wird. Wenn die zugehörigen Metainformationen selbst (nach)transportiert werden sollen, kann dies durch die Option TRANSPORTIEREN erfolgen.

4.8.3 Erweiterung der Selektionskriterien des Fakturavorrats (Web UI)

Auch im Web UI stehen die genannten Selektionskriterien *Verkaufsorganisation* und *Vertriebsweg* leider nicht standardmäßig zur Verfügung, wie Abbildung 4.85 zeigt. Welche Schritte sind also zur Erweiterung der Selektionskriterien erforderlich?

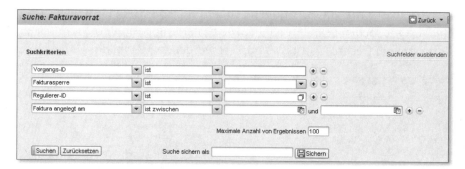

Abbildung 4.85 Standard-Selektion des Fakturavorrats im Web UI

Erweiterung der Suchstruktur

Die unterstützten Selektionskriterien bzw. -felder für eine entsprechende Suche im Web UI werden durch eine Data-Dictionary-Struktur festgelegt, die Sie durch Hinzufügen der gewünschten Felder in der Transaktion SE11 erweitern können. Zunächst aber müssen Sie herausfinden, welche Struktur für die Selektion von Fakturavorratspositionen im Web UI zuständig ist.

Zunächst rufen Sie die entsprechende Suche zum Selektieren des Fakturavorrats im Web UI auf und positionieren den Cursor auf ein beliebiges Selektionsfeld. Dort drücken Sie dann die Taste [F2], um sich die technischen Daten des Views anzuschauen. Wie in Abbildung 4.86 hervorgehoben ist, merken Sie sich bitte die zugehörige UI-Komponente BEADLS_BILLDUE sowie den View-Namen BEADLS_BILLDUE/DLHeaderSQ.

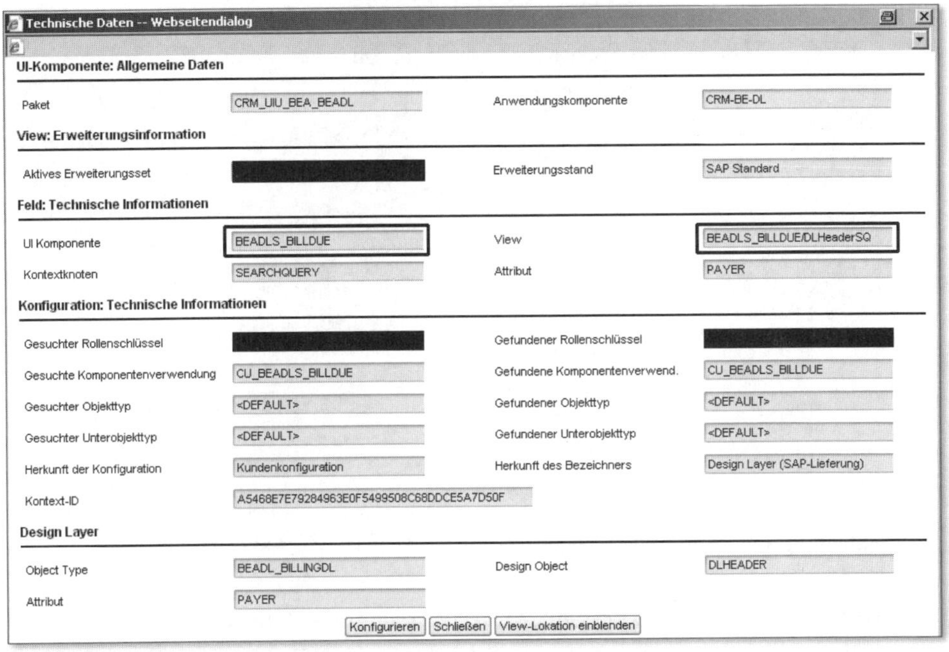

Abbildung 4.86 UI-Komponente und View der Fakturavorratsbearbeitung

Rufen Sie nun die Transaktion BSP_WD_CMPWB auf, um die Komponenten-Workbench zu starten. Im Feld KOMPONENTE geben Sie nun bitte die zuvor ermittelte UI-Komponente ein, wie in Abbildung 4.87 gezeigt, und klicken auf den Button ANZEIGEN.

Abbildung 4.87 Einstieg in die Komponenten-Workbench

Im nun erscheinenden Bild klappen Sie die hierarchische Struktur auf der linken Bildschirmseite so weit auf, bis Sie auf den eingangs ermittelten View BEADLS_BILLDUE/DLHeaderSQ stoßen. Durch einen Doppelklick auf die entsprechende Zeile öffnet sich auf der rechten Bildschirmseite eine Detaildarstellung. Klappen Sie dort die hierarchische Struktur unterhalb des Eintrags KONTEXT auf, wie in Abbildung 4.88 gezeigt, bis Sie die Implementierungsklasse des Kontextknotens SEARCHQUERY gefunden haben.

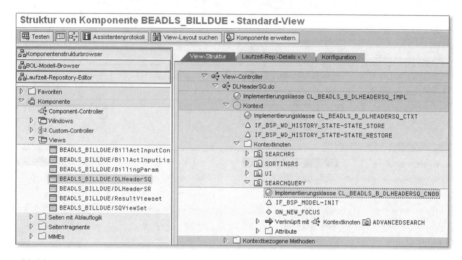

Abbildung 4.88 Implementierungsklasse des Kontextknotens SEARCHQUERY

Durch einen Doppelklick auf die entsprechende Zeile gelangen Sie in die Detailsicht der Implementierungsklasse CL_BEADLS_B_DLHEADERSQ_CN00. Rufen Sie dort, wie in Abbildung 4.89 gezeigt, die Registerkarte ATTRIBUTE auf, und suchen Sie nach dem Eintrag BASE_ENTITY_NAME. Der dort hinterlegte Initialwert liefert Ihnen die zuständige Entität im Business Object Layer (BOL). In unserem Beispiel handelt es sich um das dynamische Suchobjekt DLDynamicSearch.

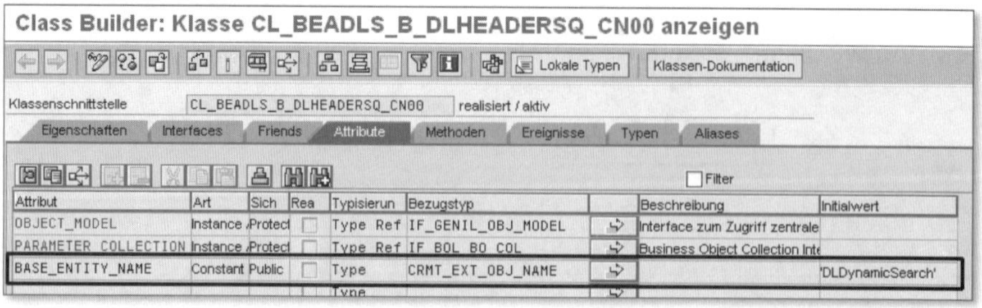

Abbildung 4.89 Zugrunde liegende Entität DLDynamicSearch

Nun rufen Sie die Transaktion GENIL_MODEL_BROWSER auf. Das für unser Beispiel relevante Komponentenset lautet BEADL. Auf dem Folgebild klappen Sie die hierarchische Struktur für die Kategorie DYNAMISCHE SUCHOBJEKTE auf. In der dann angezeigten Liste müssen Sie anschließend nach dem zuvor ermittelten Eintrag DLDynamicSearch Ausschau halten. Leider handelt es sich um eine recht lange Liste, und es steht keine unterstützende Suchhilfe zur Verfügung; Sie müssten im unteren Viertel der vorhandenen Einträge fündig werden. Klappen Sie die hierarchische Struktur unterhalb des Eintrags für DLDynamicSearch auf (siehe Abbildung 4.90).

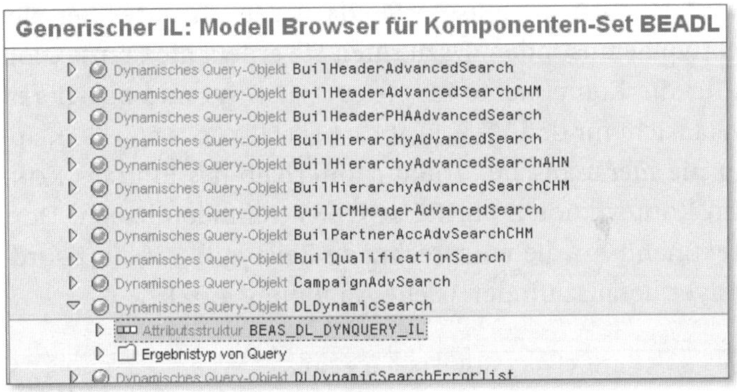

Abbildung 4.90 Attributstruktur des Interaction Layers für die Fakturavorratssuche

Die dort hinterlegte Attributstruktur BEAS_DL_DYNQUERY_IL legt die verfügbaren Selektionskriterien des Fakturavorrats fest und muss nun noch um die gewünschten Felder VERKAUFSORGANISATION und VERTRIEBSWEG erweitert werden. Nehmen Sie diese Erweiterung in der Transaktion SE11 vor, wie in Abbildung 4.91 dargestellt.

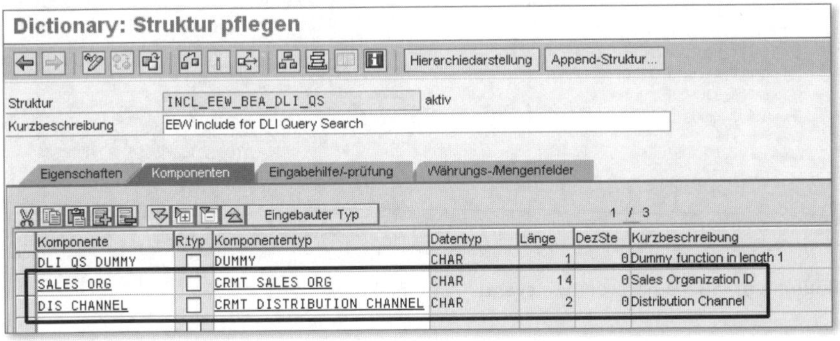

Abbildung 4.91 Erweiterung der Struktur BEAS_DL_DYNQUERY_IL

In der genannten Struktur steht das Include `INCL_EEW_BEA_DLI_QS` zur Aufnahme eigener Felder zur Verfügung. Bei der Namensgebung (Verkaufsorganisation `SALES_ORG` bzw. Vertriebsweg `DIS_CHANNEL`) und Typisierung orientieren Sie sich bitte am CRM-Standard. Als Vorlage können Sie z. B. die zugrunde liegende Tabelle des Fakturavorrats `/1BEA/CRMB_DLI` nutzen.

Erweiterungen des Design Layers

Nach Erweiterung der zugrunde liegenden Data-Dictionary-Struktur muss nun noch der Design Layer des Web UIs um die gewünschten Attribute bzw. Felder erweitert werden. Zunächst müssen Sie dazu den für unser Beispiel relevanten UI-Objekttyp herausfinden. Dazu rufen Sie erneut die Transaktion BSP_WD_CMPWB für die Komponente `BEADLS_BILLDUE` auf und navigieren wieder bis in die Detailsicht für den View `BEADLS_BILLDUE/DLHeaderSQ`. Klappen Sie dort erneut die hierarchische Struktur unterhalb des Eintrags KONTEXT auf, bis Sie den Kontextknoten SEARCHQUERY gefunden haben. Dort rufen Sie das Kontextmenü für die entsprechende Zeile auf, um die Zuordnung zum Design Layer herauszufinden (siehe Abbildung 4.92).

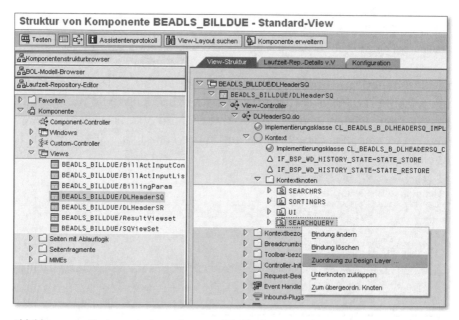

Abbildung 4.92 Suche nach dem relevanten UI-Objekttyp

Bitte stellen Sie auf dem dann folgenden Bild sicher, dass Ihnen die vorhandenen SAP-Zuordnungen für die Komponente `BEADLS_BILLDUE` angezeigt werden. Falls notwendig, nutzen Sie den Button SAP-ZUORDNUNGEN ANZEI-

GEN, um zur entsprechenden Ansicht zu gelangen. Wie in Abbildung 4.93 gezeigt, sollten Sie dort den relevanten UI-Objekttyp BEADL_SETTLEDL und das relevante Designobjekt DLDYNAMICSEARCH ablesen können.

Abbildung 4.93 Relevanter UI-Objekttyp und relevantes Designobjekt

Ausgestattet mit dieser Information, rufen Sie dann die Transaktion BSP_DLC_SDESIG_DL für den UI-Objekttyp BEADL_SETTLEDL auf, mit der die für unser Beispiel benötigten Customizing-Einstellungen im Design Layer vorgenommen werden können. Auf dem Folgebild lassen Sie sich zunächst durch einen Doppelklick auf die Ebene DESIGNOBJEKT der links eingeblendeten Dialogstruktur alle entsprechenden Einträge anzeigen. Markieren Sie dann, wie in Abbildung 4.94 gezeigt, das für unser Beispiel relevante Designobjekt DLDYNAMICSEARCH, und lassen Sie sich dessen Details anzeigen.

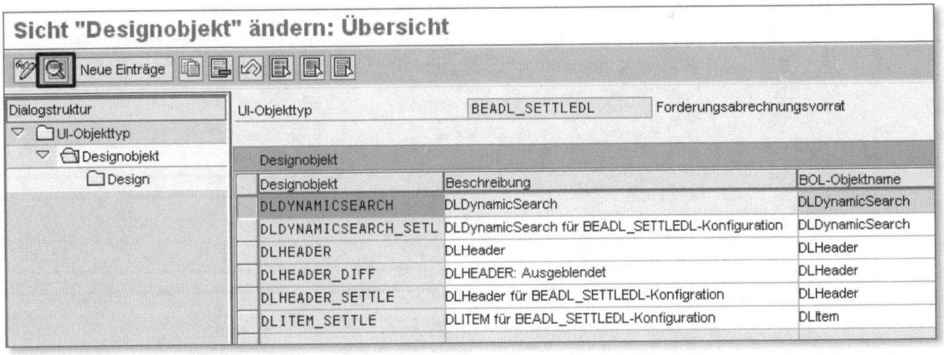

Abbildung 4.94 Designobjekte zu UI-Objekttyp BEADL_SETTLEDL

Wenn Sie in der Detailsicht des Designobjekts DLDYNAMICSEARCH angekommen sind, klicken Sie dort auf den in Abbildung 4.95 hervorgehobenen Button ANZEIG., um zum referenzierten Designobjekt zu gelangen.

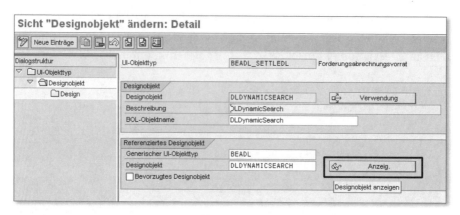

Abbildung 4.95 Sprung zum referenzierten Designobjekt

Auf dem Folgebild doppelklicken Sie dann auf die Ebene DESIGN in der links eingeblendeten Dialogstruktur. Dadurch wird Ihnen eine Liste mit den zurzeit im Design Layer verfügbaren Attributen bzw. Feldern der Fakturavorratssuche im Web UI angezeigt. Nun können Sie in den Änderungsmodus wechseln und die benötigten Felder SALES_ORG und DIS_CHANNEL hinzufügen, wie in Abbildung 4.96 gezeigt.

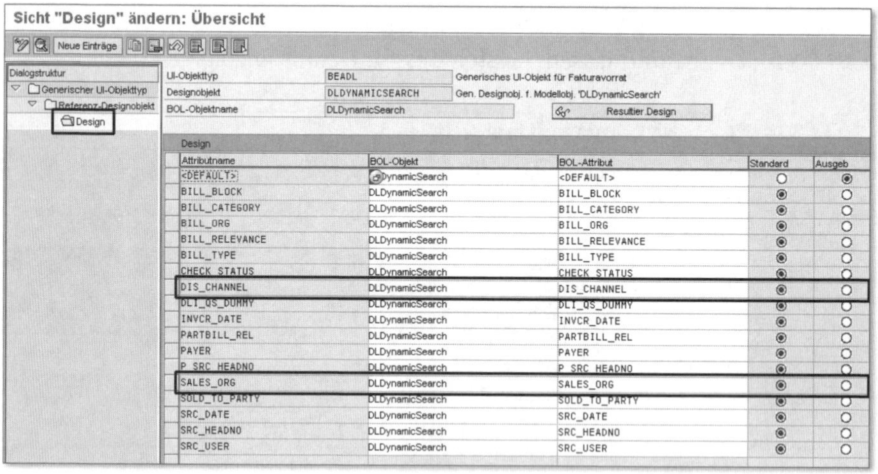

Abbildung 4.96 Hinzufügen von Attributen zum Designobjekt DLDYNAMICSEARCH

Konfiguration des Web UIs

Nun sind alle wesentlichen technischen Vorbereitungen getroffen, damit die gewünschten Felder in die entsprechende Sicht aufgenommen werden können. Rufen Sie abschließend im Web UI die Suche nach Fakturavorratseinträgen auf, und starten Sie den Konfigurationsmodus der Selektionskriterien. Nun sollten Sie die Felder VERKAUFSORGANISATION (bzw. VKORG-ID) sowie VERTRIEBSWEG hinzufügen können (siehe Abbildung 4.97). Bitte vergessen Sie nicht, die geänderte Konfiguration anschließend unter einem geeigneten »Z«-Rollenkonfigurationsschlüssel zu sichern.

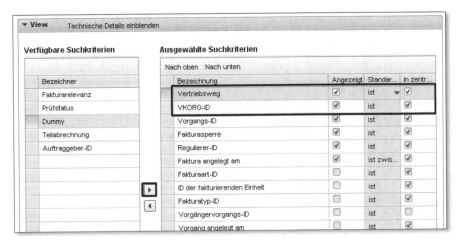

Abbildung 4.97 Hinzufügen der Selektionsfelder in der UI-Konfiguration

Wenn Sie danach erneut die Suche nach Fakturavorratseinträgen im Web UI aufrufen, müssten Sie Ihre neuen Selektionsfelder sehen und verwenden können, wie in Abbildung 4.98 dargestellt.

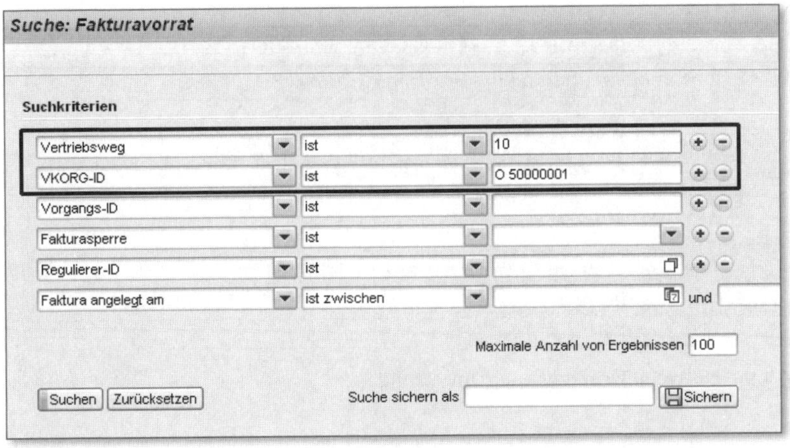

Abbildung 4.98 Verwendung der zusätzlichen Selektionsfelder im Web UI

4.8.4 Erweiterung der Erlöskontenfindung

In diesem Praxisbeispiel wird die Ergänzung der CRM-Erlöskontenfindung um ein neues Schlüsselkriterium *Geschäftspartnertyp* thematisiert. Durch diese Erweiterung können bei der Überleitung von Fakturen vom CRM- in die Finanzbuchhaltung des ERP-Systems unterschiedliche Erlöskonten bebucht werden – je nachdem, ob es sich beim aktuellen Regulierer um eine Person, eine Organisation oder eine Gruppe handelt. Vergleichbare Anforderungen werden in der Praxis häufig vor dem Hintergrund rechtlicher Rahmenbedingungen gestellt – grundsätzlich lässt sich aber festhalten, dass dieses Beispiel vor allem exemplarischen Charakter besitzt: Nach der Lektüre dieses Abschnitts sollten Sie bestens gerüstet sein, um alle denkbaren Varianten ähnlicher Anforderungen in der Praxis abdecken zu können. Abbildung 4.99 gibt einen Überblick über die einzelnen Schritte, die zur Implementierung der beschriebenen Anforderung nötig sind.

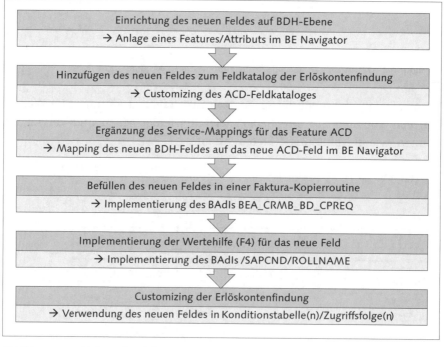

Abbildung 4.99 Notwendige Schritte zur Umsetzung

Voraussetzung für unsere Erweiterung ist der Einsatz der *erweiterten CRM-Erlöskontenfindung*. Dabei handelt es sich um ein im Standard vorgesehenes Feature der Billing Engine, durch dessen Aktivierung (über die Transaktion BEA_CONFIG_CRMB_ACD) der Einsatz der Konditionstechnik im Bereich der Erlöskontenfindung ermöglicht wird. Dies ist in der Praxis weit verbreitet, da die »einfache« Erlöskontenfindung im CRM lediglich eine recht simple und fest vorgegebene Systematik der Zuordnung von Erlöskonten ermöglicht. Zusätzliche Informationen finden Sie u. a. in SAP-Hinweis 627949.

Der erste Schritt, den wir nun durchführen müssen, beinhaltet das Anlegen eines *Features* im Billing Engine Navigator (Transaktion BEFN_F1). Dabei handelt es sich um eine Entität, die per se keine Funktionalität enthält, sondern lediglich als Gruppierungsebene für Erweiterungen im Billing Engine Framework fungiert. In einem Feature lassen sich beispielsweise alle einzelnen, zur Abbildung einer bestimmten betriebswirtschaftlichen Anforderung benötigten technischen Erweiterungen zusammenfassen. Da ein Feature immer nur vollständig für einen bestimmten Kontext bzw. ein bestimmtes Objekt »aktiviert« bzw. »deaktiviert« werden kann, ist neben einer besseren Übersicht auch gewährleistet, dass stets alle benötigten technischen Elemente zusammenwirken.

Um ein neues Feature anzulegen, klappen Sie den auf der linken Seite dargestellten Baum im Billing Engine Navigator (BE Navigator) auf, bis Sie zu den bestehenden Features gelangen. In unserem Beispiel wählen wir den Einstieg über das Objekt BD, das den Fakturabeleg (Kopf BDH bzw. Position BDI) repräsentiert (siehe Abbildung 4.100).

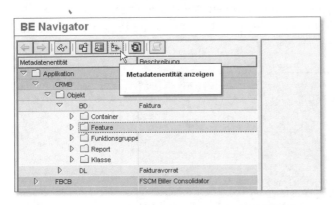

Abbildung 4.100 Anzeigen der Metadatenentität FEATURE

Wenn Sie auf den in Abbildung 4.100 hervorgehobenen Button METADATENENTITÄT ANZEIGEN klicken, können Sie in die Liste aller bestehenden Features abspringen. Auf dem Folgebild initiieren Sie dann über das Kontextmenü der obersten Zeile FEATURE das Anlegen eines neuen Features, wie in Abbildung 4.101 zu sehen.

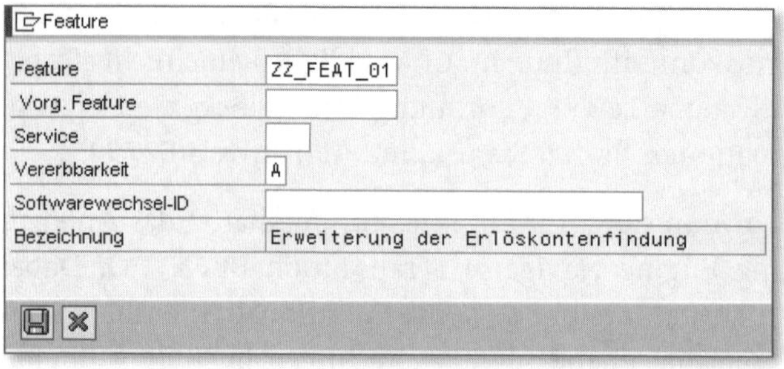

4 | Praxisbeispiele für den Bereich Sales

```
┌─ Feature ──────────────────────────────────────────┐
│ Feature              ZZ_FEAT_01                    │
│ Vorg. Feature                                      │
│ Service                                            │
│ Vererbbarkeit        A                             │
│ Softwarewechsel-ID                                 │
│ Bezeichnung          Erweiterung der Erlöskontenfindung │
│                                                    │
│ [💾] [✖]                                           │
└────────────────────────────────────────────────────┘
```

Abbildung 4.101 Anlegen eines neuen Features im BE Navigator

Nach dem Sichern erscheint unser neues Feature in der angezeigten Gesamtliste. Um nun das benötigte Feld GESCHÄFTSPARTNERTYP zur Kopfebene des Fakturabelegs hinzuzufügen, legen wir ein Attribut in unserem Feature an. Dazu klappen Sie die hierarchische Struktur unterhalb des Features auf und nutzen das Kontextmenü der Zeile FEATURE-ATTRIBUTE.

Die Erstellung eines persistenten Feldes ist Voraussetzung für die notwendige Versorgung des Schlüsselfeldes der Erlöskontenfindung über das *Service-Mapping* zwischen Feldern des Fakturabelegs und Feldern der Erlöskontenfindungs-Kommunikationsstruktur. Das Feld wird auf Kopfebene benötigt, da der Regulierer bzw. dessen Geschäftspartnertyp stets eindeutig für eine Faktura ist. Bei der Typisierung des neuen Feldes orientieren Sie sich an der Typisierung unseres Referenzfeldes BUT000-TYPE. Abbildung 4.102 zeigt die notwendigen Eingaben.

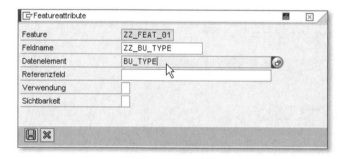

Abbildung 4.102 Anlegen eines neuen Attributs/Feldes im BE Navigator

Nun müssen Sie noch spezifizieren, dass unser neues Feld auf Kopfebene des Fakturabelegs angelegt werden soll. Dazu klappen Sie nach dem Sichern die hierarchische Struktur unterhalb des neuen Attributs auf, bis Sie zur Katego-

rie CONTAINER gelangen. Über das Kontextmenü können Sie dort eine ZUORD-
NUNG zum Container BDH (Fakturakopf) anlegen (siehe Abbildung 4.103).

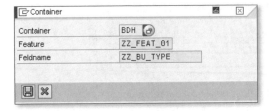

Abbildung 4.103 Zuordnung des neuen Feldes zum Fakturakopf

Als vorletzter Schritt muss unser Feature nun noch dem Objekt BD zugeordnet werden. Dazu navigieren Sie in das Einstiegsbild des BE Navigators zurück und rufen das Kontextmenü für die Kategorie FEATURE des Objekts BD auf. Dort befindet sich auch die Option ZUORDNUNG ANLEGEN. Nach deren Auswahl haben Sie auf dem Folgebild die Möglichkeit, das Feature ZZ_FEAT_01 auszuwählen und zu sichern.

Anschließend sollte die gesamte Anwendung CRMB (CRM-Fakturierung) generiert werden, damit Ihre Änderungen wirksam werden. Nach Abschluss der Generierung lässt sich z. B. durch einen Blick in die Definition der Tabelle /1BEA/CRMB_BDH verifizieren, dass das neue Feld ZZ_BU_TYPE wirklich angelegt wurde.

Im nächsten Schritt kümmern wir uns um die Erweiterung des Feldkatalogs der Erlöskontenfindung. Der zugehörige Pfad im IMG lautet: CUSTOMER RELATIONSHIP MANAGEMENT • FAKTURIERUNG • INTEGRATION • ÜBERLEITUNG VON FAKTUREN AN DAS RECHNUNGSWESEN • ÜBERLEITUNG AN DEBITORENBUCHHALTUNG (FI-AR) U. KREDITORENBUCHHALTUNG (FI-AP) • ERWEITERTE KONTENFINDUNG • ABHÄNGIGKEITEN DER KONTENFINDUNG DEFINIEREN • FELDKATALOG PFLEGEN. Analog zur Preisfindung bietet das CRM-System hier die Möglichkeit, die Schlüsselfelder der Erlöskontenfindung um eigene Einträge zu ergänzen. Ebenso wie bei der Ergänzung des Preisfindungs-Feldkatalogs ist es hier erforderlich, eigene Datenelemente zur Typisierung zu verwenden, um im Kundennamensraum zu bleiben. Insofern bietet sich eine Kopie des Datenelements BU_TYPE an. Zur besseren Übersichtlichkeit verwenden wir den gleichen Feldnamen wie für unser neues BDH-Feld. Abbildung 4.104 zeigt den benötigten Eintrag im Feldkatalog.

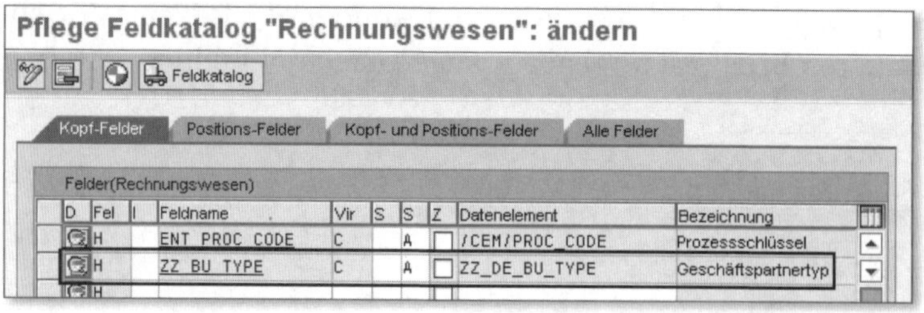

4 | Praxisbeispiele für den Bereich Sales

Abbildung 4.104 Erweiterung des Feldkatalogs der Erlöskontenfindung

Nach erfolgreichem Sichern und der automatisch erfolgenden Generierung der abhängigen Objekte und Strukturen können wir uns der Versorgung dieses neuen Schlüsselfeldes zuwenden. Wie bereits in Abbildung 4.99 angedeutet, kann dies durch eine Ergänzung des Service-Mappings der Erlöskontenfindung im Billing Engine Navigator (Transaktion BEFN_F1) erzielt werden. Zunächst schauen wir uns die bestehenden Einträge für das Feature ACD an (siehe Abbildung 4.105).

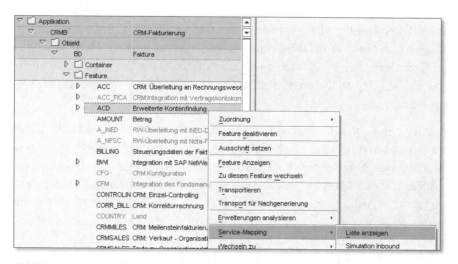

Abbildung 4.105 Aufruf des bestehenden Service-Mappings der Erlöskontenfindung

In der auf der rechten Bildschirmseite angezeigten Liste sind alle im Standard existierenden Mappings zwischen Feldern des Fakturabelegs bzw. der Erlöskontenfindungs-Kommunikationsstruktur ACD_T_ACS enthalten. Um eine Versorgung für unser neues Feld einzurichten, legen Sie den in Abbildung 4.106 gezeigten Eintrag an.

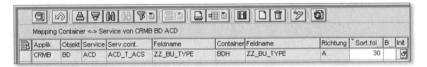

Abbildung 4.106 Service-Mapping für das Feld ZZ_BU_TYPE der Erlöskontenfindung

Nach dem Sichern dieser Einstellung sollten Sie erneut eine Generierung der Applikation CRMB durchführen, um Ihre Erweiterung zu aktivieren. Jetzt haben wir folgenden Stand: Das Feld ZZ_BU_TYPE steht sowohl auf dem Fakturakopf als auch in der Kommunikationsstruktur der Erlöskontenfindung zur Verfügung. In letzterem Fall wird es dann befüllt und kann für die Findung von Erlöskonten verwendet werden, wenn auch eine Versorgung im Fakturabeleg gesichert ist. Das heißt: Wenn es uns jetzt noch gelingt, den korrekten Wert des Geschäftspartnertyps im Fakturakopf zu ermitteln, wird dieser Inhalt bis in die Kommunikationsstruktur der Erlöskontenfindung weitergereicht und dort zur Findung von symbolischen Kontoschlüsseln bzw. Erlöskonten verwendet.

Zur Lösung dieser Aufgabe erscheint das BAdI BEA_CRMB_BD_CPREQ geeignet, das zur Abbildung eigener Faktura-Kopierbedingungen gedacht ist. Es ist an folgender Stelle im IMG zu finden: CUSTOMER RELATIONSHIP MANAGEMENT • FAKTURIERUNG • SYSTEMERWEITERUNGEN • BUSINESS ADD-INS • BAdI: KOPIERBEDINGUNGEN.

In einem anderen Praxisbeispiel in Abschnitt 4.8.1, »Ermittlung von Fakturakopftexten«, haben wir dieses BAdI bereits näher betrachtet. In Listing 4.19 finden Sie einen Vorschlag zur Implementierung.

```
DATA: LS_BUT000 TYPE BUT000.
SELECT SINGLE * FROM BUT000 INTO LS_BUT000
              WHERE PARTNER = CS_BDH_WRK-PAYER.
IF SY-SUBRC = 0 AND NOT LS_BUT000 IS INITIAL.
  CS_BDH_WRK-ZZ_BU_TYPE = LS_BUT000-TYPE.
ENDIF.
```

Listing 4.19 Versorgung des Feldes BDH-ZZ_BU_TYPE anhand des »Geschäftspartnertyps« des Regulierers

Den bereits in Abbildung 4.99 dargestellten Schritten folgend, muss als Nächstes die Implementierung der Wertehilfe ([F4]) für unser neues Feld erfolgen – genauer gesagt, für das neue Datenelement ZZ_DE_BU_TYPE. Ohne eine entsprechende Programmierung kommt es bei der Pflege von Erlöskontenfindungs-Konditionssätzen zu einem Kurzdump.

Das genannte BAdI /SAPCND/ROLLNAME enthält verschiedene Methoden, die im Kontext der Konditionspflege relevant werden können, sobald Schlüsselbestandteile der entsprechenden Konditionssätze auf kundeneigene Felder bzw., genauer gesagt, auf kundeneigene Datenelemente zurückgehen. In unserem Fall ist das Datenelement ZZ_DE_BU_TYPE betroffen.

Für unser Beispiel ist es ausreichend, wenn die Methoden FIELD_CHECK, DEFAULT_VALUE_SUGGESTION und ATTRIBUTE_CONVERSION ausgeprägt werden. Ein entsprechender Implementierungsvorschlag ist in Listing 4.20 angegeben. Ergänzend sei noch angemerkt, dass die Methode F4_HELP nur deshalb nicht implementiert zu werden braucht, weil das verwendete Datenelement auf eine Domäne verweist, die Festwerte enthält. Andernfalls müsste in Methode F4_HELP eine Ermittlung möglicher Werte programmiert werden.

```
E_WAS_EXECUTED = 'X'.
E_RESULT       = 0.
```

Listing 4.20 Für unser Beispiel relevante Methoden des BAdIs /SAPCND/ROLLNAME

Entscheidend ist eine korrekte Filtereinstellung für unsere BAdI-Implementierung. Diese muss sich auf das genannte Datenelement ZZ_DE_BU_TYPE beziehen, bezüglich der Applikation auf den Wert AC (für Accounting bzw. Rechnungswesen), und der Pflegekontext muss NORMAL sein (siehe Abbildung 4.107).

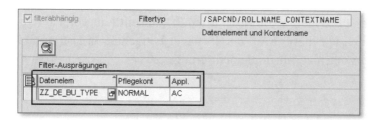

Abbildung 4.107 Filtereinstellungen für die BAdI-Implementierung

Abschließend kann nun noch das Customizing der Erlöskontenfindung um das neue Feld ZZ_BU_TYPE erweitert werden: Dazu gehört u. a. die Anlage einer oder mehrerer Konditionstabellen sowie Zugriffe. Der relevante Customizing-Einstieg befindet sich an folgender Stelle: CUSTOMER RELATIONSHIP MANAGEMENT • FAKTURIERUNG • INTEGRATION • ÜBERLEITUNG VON FAKTUREN AN DAS RECHNUNGSWESEN • ÜBERLEITUNG AN DEBITORENBUCHHALTUNG (FI-AR) U. KREDITORENBUCHHALTUNG (FI-AP) • ERWEITERTE KONTENFINDUNG. Achten Sie bei der Definition eigener Konditionstabellen darauf, diese im dafür vorgesehenen Kundennamensraum (CUS00000 bis CUS99999) anzulegen (siehe Abbildung 4.108).

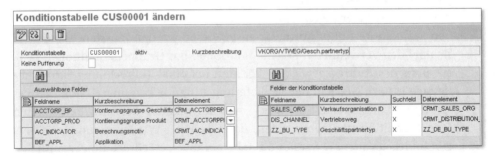

Abbildung 4.108 Anlage einer eigenen Konditionstabelle für die Erlöskontenfindung

Die Pflege der Erlöskontenfindungs-Konditionssätze schließlich erfolgt in der Transaktion BEA_ACD_COND_MAINT bzw. im IMG an oben genannter Stelle.

4.8.5 Fakturierung von Frachtkonditionen mit der ersten (Teil-)Rechnung

Frachtkonditionen stellen sehr häufig eine besondere Herausforderung im Bereich der Preisfindung und der Fakturierung dar: Einerseits geht die automatische Ermittlung von Frachtkonditionen oftmals über das Maß an technischer Komplexität hinaus, das z. B. zur Abbildung der Ermittlung von Verkaufspreisen oder Kundenrabatten benötigt wird. Dies ist meist dadurch begründet, dass Frachtkonditionen nicht für eine einzelne Auftragsposition, sondern für den gesamten Auftrag kalkuliert werden sollen: Oftmals stellt z. B. das Gesamtgewicht oder -volumen eines Kundenauftrags einen zentralen Einflussfaktor für die Höhe der zu berechnenden Frachtkonditionen dar. Man kann sich in diesem Zusammenhang gut eine gewichtsabhängige Staffel vorstellen: bis 150 kg = 100,00 €, bis 250 kg = 120,00 € etc. Bezogen auf die Preisfindungstechnik in SAP ERP bzw. SAP CRM bedeutet dies, dass man in diesem Fall sogenannte *Gruppenkonditionen* nutzen kann. Gruppenkonditionen werden dann benötigt, wenn sich der *Staffelwert* einer Kondition (also z. B. das Gewicht) aus mehr als einer Belegposition errechnen soll. Wie die Bezeichnung schon andeutet, gelten Gruppenkonditionen immer für eine Gruppe von Positionen eines Auftrags. Im einfachsten Fall nehmen alle Positionen eines Kundenauftrags an der Bildung eines entsprechenden Staffelwertes teil.

Andererseits sollen oftmals die gesamten Frachtkonditionen bereits mit der ersten (Teil-)Rechnung vollständig fakturiert werden, was nicht im SAP-Standard abbildbar ist. Die Anforderung erscheint sinnvoll, da ansonsten bei mehreren Teillieferungen und -rechnungen jeweils anteilige Frachtkonditionen auf dem Rechnungsformular ausgewiesen werden müssten. Handelt es sich bei den verwendeten Frachtkonditionen um Gruppenkonditionen (z. B. auf Basis des Auftragsgewichts), könnten bei einer Teilrechnung »krumme« Beträge je nach Gewicht der Teillieferung zustande kommen. Damit wäre es für den Kunden relativ schwierig, die Korrektheit der ihm berechneten Frachtkonditionen zu überprüfen, da es keinen »Wiedererkennungseffekt« gibt und sich zudem Frachtkonditionen auf diverse Teilrechnungen aufteilen könnten.

Nehmen wir an, für einen Kundenauftrag mit einem Gesamtgewicht von 150 kg seien Frachtkosten in Höhe von 100,00 € mit dem Kunden vereinbart. Kommt es nun zur dargestellten Teilbelieferung und -faktura, würden standardmäßig jeweils anteilige Frachtkosten berechnet. Das bedeutet, der Betrag von 100,00 € würde sich zu einem Drittel auf die erste und zu zwei Dritteln auf die zweite Rechnung aufteilen, was nicht gewünscht ist (siehe Abbildung 4.109). Stattdessen sollen die 100,00 € bereits mit der ersten Rechnung voll fakturiert werden (siehe Abbildung 4.110).

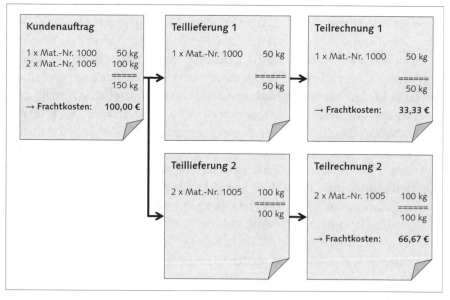

Abbildung 4.109 Nicht gewünschte Aufsplittung von Frachtkonditionen bei Teilfakturen

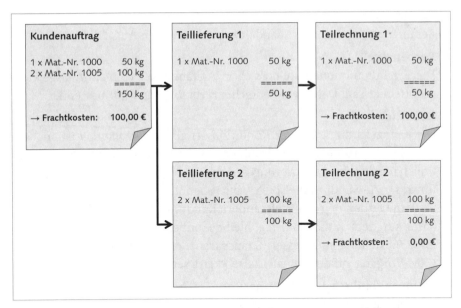

Abbildung 4.110 Gewünschte Fakturierung von Frachtkonditionen bei Teilfakturen

Welche Einstellungen bzw. welche Erweiterungen werden nun benötigt, um das skizzierte Systemverhalten zu erzielen? Zunächst einmal wenden wir uns der Definition der Frachtkonditionsart zu. Wie in Abschnitt 4.4, »Preisfindung«, beschrieben, verstehen wir das ERP-System als führend bezüglich des Customizings der Preisfindung. Dort lässt sich die Konditionsart an folgender Stelle im IMG definieren: SAP-CUSTOMIZING-EINFÜHRUNGSLEITFADEN • VERTRIEB • GRUNDFUNKTIONEN • PREISFINDUNG • STEUERUNG DER PREISFINDUNG • KONDITIONSARTEN DEFINIEREN.

Für unser Praxisbeispiel gehen wir von der oben bereits andiskutierten Anforderung aus, dass sich die Frachtkonditionen als gewichtsabhängiger Zuschlagsbetrag berechnen sollen. Das bedeutet einerseits, dass wir unsere Frachtkonditionsart als Gruppenkondition zu definieren haben, sodass das Gewicht sämtlicher Auftragspositionen berücksichtigt werden kann. Andererseits ist es sinnvoll, die Konditionsart mit einer Bruttogewichtsstaffel auszustatten. Abbildung 4.111 zeigt die wesentlichen Einstellungen der Konditionsart:

- **Zugriffsfolge**
  Für unser Beispiel greifen wir auf eine Standard-Zugriffsfolge zurück, die u. a. die Incoterms (*International Commercial Terms*) als Schlüsselbestandteile enthält.

- **Kond.Klasse**
  Bei unserer Konditionsart handelt es sich um einen Aufschlag.
- **Rechenregel**
  Die Frachtkonditionen sollen sich in Abhängigkeit vom Auftragsgewicht ermitteln lassen. Daher ist die Rechenregel *Bruttogewicht* passend.
- **Konditionstyp**
  Die Kennzeichnung unserer Konditionsart als *Frachtkondition* ist aus verschiedenen Gründen sinnvoll. Einerseits lässt sich für bestimmte Konditionstypen bei der Fakturierung gezielt eine Neuermittlung anstoßen, was für unser Anwendungsbeispiel explizit benötigt wird (z. B.: Frachten und Steuern werden neu ermittelt, andere Konditionstypen wie Preise und Rabatte aus dem Kundenauftrag bleiben unberührt). Andererseits schafft diese Einstellung eine bessere Transparenz, da Frachtkonditionen z. B. im CRM-Vorgang auf der Registerkarte PREISE separat ausgewiesen werden.
- **Gruppenkond./GrpKonRoutine/RundDiffAusgl**
  Diese Einstellungen legen fest, dass es sich bei dieser Konditionsart um eine Gruppenkondition handelt (Flag GRUPPENKOND.), deren Staffelwert sich aus allen Positionen eines Belegs herleitet (Feld GRPKONROUTINE, Wert 1). Das Flag RUNDDIFFAUSGL (*Rundungsdifferenzausgleich*) besagt, dass etwaige Rundungsdifferenzen zwischen dem zu verteilenden Konditionswert und der Summe der anteilmäßig verteilten Positionskonditionswerte der Position mit dem höchsten Nettowert zugeschlagen werden. Damit ist sichergestellt, dass immer der gesamte Konditionswert verteilt werden kann.
- **Bezugsgröße/Staffelformel**
  Durch Vorgabe einer Bruttogewichtsstaffel können wir sicherstellen, dass sich die Pflege von Konditionssätzen immer auf diese gewünschte BEZUGSGRÖSSE bezieht. Damit können Fehleingaben durch den Benutzer minimiert werden. Durch Anlegen einer eigenen STAFFELFORMEL lässt sich eine vom Standard abweichende Ermittlung der Staffelbasis erzielen. Zu diesem Zeitpunkt bleibt dieses Feld noch leer – im weiteren Verlauf dieses Praxisbeispiels werden wir indes eine eigene Staffelbasisformel zur Abbildung der genannten Anforderungen erstellen und hier der Konditionsart zuordnen.

Allein mit dieser Definition der Konditionsart und Hinterlegung in einem entsprechenden Kalkulationsschema ist unser Ziel noch nicht erreicht – bei einer Teillieferung bzw. -faktura würde das Ergebnis aussehen wie zuvor in Abbildung 4.109 gezeigt. Welche sonstigen Erweiterungen werden also noch benötigt? Abbildung 4.112 gibt einen Überblick.

Konditionsart ZFG0 Fracht Gewichtsabh.
Zugriffsfolge KF00 Fracht
Sätze zum Zugr
Steuerungsdaten 1
Kond.Klasse A Zu- oder Abschläge
Rechenregel D Bruttogewicht
Konditionstyp F Fracht
Rundungsregel Kaufmännisch
Strukturkond.
Vorzeichen positiv un
Gruppenkondition
Gruppenkond.
RundDiffAusgl
GrpKonRoutine 1 Gesamtbeleg
Änderungsmöglichkeiten
Manuelle Eingaben Keine Einschränkung
Kopfkondition
Pos.kondition
Löschen
Betrag/Prozent
Wert
Mengenrelation
Rechenregel
Stammdaten
Gültig ab Vor Tagesdatum
Gültig bis Vo 31.12.9999
ReferenzKondA
RefApplikatio
Kalk.Schema
auf DB lösche nicht löschen (nur Setzen der Lös
Konditionsindex
KondUpdate
Staffeln
Bezugsgröße D Bruttogewichtsstaffel
Prüfung Sta keine
Staffelart im Konditionssatz pflegb
Staffelformel
Mengeneinheit

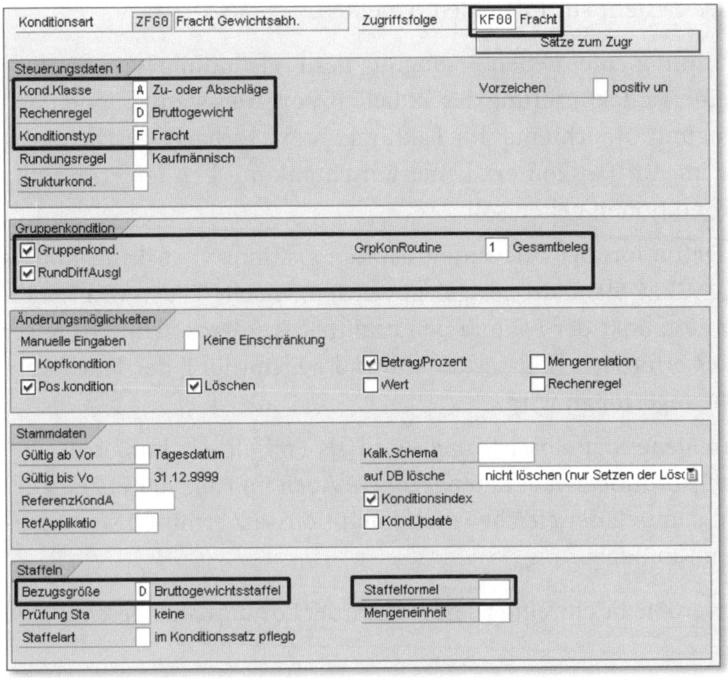

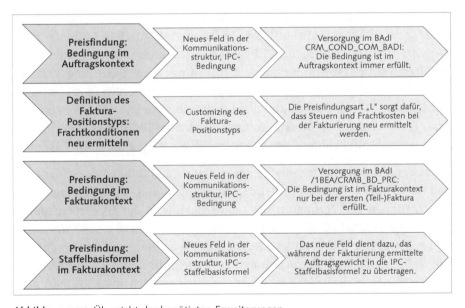

Abbildung 4.111 Definition der Frachtkonditionsart ZFG0

Preisfindung: Bedingung im Auftragskontext
Neues Feld in der Kommunikationsstruktur, IPC-Bedingung
Versorgung im BAdI CRM_COND_COM_BADI: Die Bedingung ist im Auftragskontext immer erfüllt.
Definition des Faktura-Positionstyps: Frachtkonditionen neu ermitteln
Customizing des Faktura-Positionstyps
Die Preisfindungsart „L" sorgt dafür, dass Steuern und Frachtkosten bei der Fakturierung neu ermittelt werden.
Preisfindung: Bedingung im Fakturakontext
Neues Feld in der Kommunikationsstruktur, IPC-Bedingung
Versorgung im BAdI /1BEA/CRMB_BD_PRC: Die Bedingung ist im Fakturakontext nur bei der ersten (Teil-)Faktura erfüllt.
Preisfindung: Staffelbasisformel im Fakturakontext
Neues Feld in der Kommunikationsstruktur, IPC-Staffelbasisformel
Das neue Feld dient dazu, das während der Fakturierung ermittelte Auftragsgewicht in die IPC-Staffelbasisformel zu übertragen.

Abbildung 4.112 Übersicht der benötigten Erweiterungen

Die Lösungsidee besteht aus folgenden Aspekten:

- Durch Einrichtung einer neuen Bedingung der Preisfindung wird geprüft, ob bereits eine Teilfakturierung des aktuellen Vorgangs stattgefunden hat. Diese Bedingung braucht nur im Fakturakontext »scharf« geschaltet zu werden, da im Auftragskontext keine Einschränkung bei der Ermittlung der Frachtkonditionen gelten soll.

- Durch die Definition der relevanten Fakturapositionstypen kann mittels Customizing (CRM-Standard) festgelegt werden, welche Typen von Konditionen zum Zeitpunkt der Faktura neu ermittelt werden sollen. Für unser Beispiel ist es erforderlich, dass zumindest die Ermittlung der Frachtkonditionen neu angestoßen wird.

- Durch eine eigene Staffelbasisformel wird als Staffelbasis immer das gesamte Auftragsbruttogewicht herangezogen. Auch im Falle der ersten Teilfaktura wird dadurch der gleiche Frachtkonditionssatz ermittelt wie im ursprünglichen Kundenauftrag.

Im Folgenden werden die einzelnen Bestandteile der Lösung näher beschrieben.

Implementierung einer neuen Preisfindungsbedingung

Für unsere Anwendungsfälle gehen wir, wie bereits mehrfach erwähnt, von einem Szenario aus, bei dem sowohl die Auftrags- als auch die Fakturabearbeitung im CRM-System stattfindet. In früheren Szenarien, in denen diese Aktivitäten ausschließlich im ERP-System stattfanden, konnten zusätzliche Routinen für die Preisfindung (wie z. B. Bedingungen, Basis- und Wertformeln) durch geeignete ABAP-Implementierungen realisiert werden (Einstiegstransaktion VOFM). Dies ist nun nicht mehr möglich: Die CRM-Preisfindung bzw. Erweiterungen in diesem Kontext werden im IPC (*Internet Pricing and Configurator*) durchgeführt, der technisch auf einer Java-Plattform basiert.

Daraus ergibt sich eine technische Restriktion, die mitunter schwer zu umgehen ist: Es stehen für entsprechende Bedingungen und Formeln lediglich die Informationen zur Verfügung, die standardmäßig in der IPC-Laufzeitumgebung vorgedacht sind. Es ist nicht beliebig möglich, zusätzliche Informationen z. B. aus der CRM-Anwendung nachzulesen. Dies macht es so gut wie unmöglich, solch spezifische Bedingungen wie in unserem Fall umzusetzen, da verschiedene zusätzliche Angaben ermittelt werden müssen, die in der Form nicht im IPC ermittelbar sind: Gab es bereits eine (nicht-stornierte) Faktura zu dem aktuellen CRM-Vorgang? Oder wurde eventuell ein Storno durchgeführt, dann aber erneut (teil-)fakturiert?

Aus diesem Grund wenden wir folgenden »Trick« an: In der IPC-Laufzeitumgebung stehen sämtliche Felder der Preisfindungs-Kommunikationsstruktur zur Verfügung. Wenn man diese Struktur bzw. den CRM-Feldkatalog der Preisfindung um ein neues Feld erweitert und das Ergebnis der Prüfung (»Wurde bereits eine (Teil-)Faktura durchgeführt?«) in dieses Feld übermittelt, kann man die inhaltliche Prüfung aus dem IPC-Umfeld »herauslösen«. In der entsprechenden IPC-Bedingung ist dann lediglich eine Abfrage erforderlich, ob in dem entsprechenden Feld ein Wahr/Falsch-Kennzeichen gesetzt ist. Für die Versorgung des Feldes mit dem entsprechenden Wert steht jeweils für den Auftrags- und Fakturakontext ein eigenes BAdI zur Verfügung.

Die Erweiterung des Preisfindungs-Feldkatalogs in SAP CRM wurde bereits in den Abschnitten 4.4.1, »Ermittlung von Kundenrabatten anhand der Umsatzkategorie eines Kunden«, und 4.4.2, »Verwendung von Z-Feldern des CRM-Produktstamms für die automatische Preisfindung«, beschrieben und kann für dieses Beispiel analog durchgeführt werden. Das neue Feld könnte theoretisch als Kopffeld angelegt werden, da sich die Aussage, ob bereits eine (Teil-)Faktura durchgeführt wurde oder nicht, immer auf den gesamten Beleg bezieht. Allerdings stellen die für die Befüllung von Kopffeldern relevanten BAdIs, die dann in der Folge benötigt werden, nicht alle relevanten Informationen zur Verfügung, weshalb wir uns hier für die Anlage als Positionsfeld entscheiden (siehe Abbildung 4.113). Das zur korrekten Erweiterung des Preisfindungs-Feldkatalogs benötigte neue Datenelement `ZZ_DE_PRIC_REQ` kann auf eine Domäne vom Typ `CHAR`, Länge 1, verweisen.

Abbildung 4.113 Erweiterung des Feldkatalogs um das Feld ZZ_PRIC_REQ_600

Die Befüllung des neuen Feldes erfolgt mittels je einer Implementierung der beiden BAdI-Definitionen `CRM_COND_COM_BADI` und `BEA_CRMB_BD_PRC`. Eine Implementierung zur BAdI-Definition `CRM_COND_COM_BADI` (Methode `ITEM_COMMUNICATION_STRUCTURE`) wird benötigt, um die Preisfindungs-Kommunikationsstruktur im Kontext der Auftragsbearbeitung zu befüllen. Zu diesem Zeitpunkt muss die Bedingung immer erfüllt sein, da nur zum Zeitpunkt der Fakturierung die wirkliche Prüfung auf eine bereits erfolgte (Teil-)Fakturierung stattfinden kann. Das Coding kann daher relativ übersichtlich ausfallen, wie in Listing 4.21 zu sehen ist.

```
* Pricing requirement 600
* This requirement shall always be fulfilled
* in the sales order context:
CS_ACS_I_COM-ZZ_PRIC_REQ_600 = 'X'.
```

Listing 4.21 Preisfindungsbedingung 600 für den Auftragskontext

> **Hinweis: Zusätzliche Prüfungen**
>
> Es ist sinnvoll, an dieser Stelle ergänzende Prüfungen durchzuführen – so sollte z. B. für ein positives Prüfungsergebnis sichergestellt sein, dass der jeweilige Positionstyp im Customizing als preisfindungsrelevant gekennzeichnet ist. Inhaltlich können Sie sich an der Standard-Preisfindungsbedingung 002 orientieren.

Eine Implementierung zur BAdI-Definition BEA_CRMB_BD_PRC (Methode IN_MAP_ITEM) ist erforderlich, um die »echte« Prüfung im Fakturakontext durchzuführen, ob zu einem CRM-Vorgang bereits eine (Teil-)Faktura vorliegt. Die Prüfung kann gedanklich in folgende Schritte unterteilt werden:

1. Ermittlung des ursprünglichen Quell-Auftrags für die jeweilige Fakturaposition
2. Lesen des Faktura-Belegflusses für diesen Auftrag
3. Klärung der Frage, ob in diesem Belegfluss eine nicht-stornierte Faktura existiert: Wenn ja, ist die Bedingung nicht erfüllt, und die Frachtkonditionen dürfen nicht erneut fakturiert werden. Wenn nein, ist die Bedingung erfüllt, und die Fakturierung der Frachtkonditionen darf nun zum ersten Mal durchgeführt werden.

Da für die jeweils innerhalb der gleichen Faktura enthaltenen Fakturapositionen kein unterschiedliches Prüfungsergebnis entstehen kann, braucht die oben beschriebene Prüfung nur einmalig je Faktura durchgeführt zu werden. Diese performanceschonende Logik kann durch die Definition *globaler Variablen* innerhalb der implementierenden Klasse erreicht werden, die jeweils die aktuelle Faktura-GUID sowie das entsprechende Prüfungsergebnis speichern (siehe Abbildung 4.114).

In jedem Durchlauf bzw. für jede Fakturaposition wird die jeweils zugehörige Faktura-Header-GUID ermittelt und mit der anfangs initialen globalen Variablen GV_HEADER_GUID verglichen. Die Ermittlung des Belegflusses und die Prüfung auf das Vorhandensein einer nicht-stornierten Faktura werden nur dann durchgeführt, wenn sich die aktuelle Header-GUID und die globale Variable GV_HEADER_GUID unterscheiden.

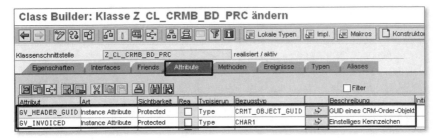

Abbildung 4.114 Einrichtung globaler Variablen in der implementierenden Klasse

Beim ersten Durchlauf bzw. bei der ersten Position einer Faktura ist dieses Kriterium erfüllt, und die eigentliche Prüfung des Belegflusses kann stattfinden. Nach erfolgter Prüfung wird das Prüfungsergebnis in der globalen Variablen GV_INVOICED gespeichert, und die globale Variable GV_HEADER_GUID erhält den Wert der aktuellen Header-GUID. Damit werden für alle noch folgenden Positionen der gleichen Faktura die Ermittlung und Analyse des Belegflusses nicht mehr durchgeführt. Listing 4.22 enthält einen Vorschlag zur Implementierung.

```
method IF_BEA_CRMB_BD_PRC~IN_MAP_ITEM.
  INCLUDE CRM_DIRECT.
  CONSTANTS: LC_BUSOBJ_BEA TYPE BEA_OBJTYPE
                           VALUE 'BUS20810'.
  DATA: LS_HEADER_GUID       TYPE CRMT_OBJECT_GUID,
        LT_HEADER_GUID       TYPE CRMT_OBJECT_GUID_TAB,
        LT_REQUESTED_OBJECTS TYPE CRMT_OBJECT_NAME_TAB,
        LS_DOC_FLOW          TYPE CRMT_DOC_FLOW_WRK,
        LT_DOC_FLOW          TYPE CRMT_DOC_FLOW_WRKT,
        LS_BDH               TYPE /1BEA/CRMB_BDH,
        LS_BDI               TYPE /1BEA/S_CRMB_BDI_WRK,
        LS_BDH_CANCEL        TYPE /1BEA/S_CRMB_BDH_WRK,
        LS_BDI_CANCEL        TYPE /1BEA/S_CRMB_BDI_WRK,
        LS_ITEM_ATTRIBUTES   TYPE PRCT_ATTR_NAME_VALUE.
* Get CRM order header guid from item source guid:
  SELECT SINGLE HEADER FROM CRMD_ORDERADM_I
         INTO LS_HEADER_GUID WHERE GUID = IS_BDI-SRC_GUID.
* Only determine the document flow the first time:
  IF SY-SUBRC = 0 AND LS_HEADER_GUID <> GV_HEADER_GUID.
    INSERT GC_OBJECT_NAME-DOC_FLOW
    INTO TABLE LT_REQUESTED_OBJECTS.
    INSERT LS_HEADER_GUID
    INTO TABLE LT_HEADER_GUID.
    CALL FUNCTION 'CRM_ORDER_READ'
      EXPORTING
```

```
          IT_HEADER_GUID        = LT_HEADER_GUID
          IV_ONLY_SPEC_ITEMS    = 'X'
          IT_REQUESTED_OBJECTS  = LT_REQUESTED_OBJECTS
          IV_SUBITEM_DEPTH      = -1
      IMPORTING
          ET_DOC_FLOW           = LT_DOC_FLOW
      EXCEPTIONS
          DOCUMENT_NOT_FOUND    = 1
          ERROR_OCCURRED        = 2
          DOCUMENT_LOCKED       = 3
          NO_CHANGE_AUTHORITY   = 4
          NO_DISPLAY_AUTHORITY  = 5
          NO_CHANGE_ALLOWED     = 6
          OTHERS                = 7.
    IF SY-SUBRC = 0.
      GV_HEADER_GUID = LS_HEADER_GUID.
    ENDIF.
* Loop at non-cancelled follow-up invoices:
    LOOP AT LT_DOC_FLOW INTO LS_DOC_FLOW
         WHERE OBJTYPE_B = LC_BUSOBJ_BEA.
      SELECT SINGLE BDH_GUID FROM /1BEA/CRMB_BDH
             INTO LS_BDH-BDH_GUID
             WHERE HEADNO_EXT   = LS_DOC_FLOW-OBJKEY_B
                           AND CANCEL_FLAG = ''.
* Check for one item (that is enough) whether the found invoice was
  cancelled:
      IF NOT LS_BDH IS INITIAL.
        SELECT SINGLE BDI_GUID FROM  /1BEA/CRMB_BDI
              INTO   LS_BDI-BDI_GUID
              WHERE BDH_GUID = LS_BDH-BDH_GUID.
        CALL FUNCTION '/1BEA/CRMB_DL_O_DOCFL_REV_GET'
          EXPORTING
            IS_BDI = LS_BDI
          IMPORTING
            ES_BDI = LS_BDI_CANCEL
            ES_BDH = LS_BDH_CANCEL
          EXCEPTIONS
            REJECT = 1
            OTHERS = 2.
        IF LS_BDH_CANCEL IS INITIAL.
          GV_INVOICED = 'X'.
        ELSE.
          CLEAR GV_INVOICED.
        ENDIF.
      ENDIF.
      CLEAR: LS_DOC_FLOW,
             LS_BDH,
```

```
              LS_BDI.
      ENDLOOP.
    ENDIF.
    CASE GV_INVOICED.
      WHEN 'X'.
        CLEAR LS_ITEM_ATTRIBUTES.
        LS_ITEM_ATTRIBUTES-ATTR_NAME   = 'ZZ_PRIC_REQ_600'.
        LS_ITEM_ATTRIBUTES-SEQ_NUMBER  = '00'.
        LS_ITEM_ATTRIBUTES-ATTR_VALUE  = ''.
        INSERT LS_ITEM_ATTRIBUTES
          INTO TABLE CS_PRC_ITEM-ITEM_ATTRIBUTES.
      WHEN OTHERS.
        LS_ITEM_ATTRIBUTES-ATTR_NAME   = 'ZZ_PRIC_REQ_600'.
        LS_ITEM_ATTRIBUTES-SEQ_NUMBER  = '00'.
        LS_ITEM_ATTRIBUTES-ATTR_VALUE  = 'X'.
        INSERT LS_ITEM_ATTRIBUTES
          INTO TABLE CS_PRC_ITEM-ITEM_ATTRIBUTES.
    ENDCASE.
endmethod.
```

Listing 4.22 Preisfindungsbedingung 600 für den Fakturakontext

> **Hinweis: Kostenlose Positionen**
>
> Grundsätzlich könnte man die hier vorgestellte Lösung auch auf ein Szenario anwenden, in dem kostenlose Positionen verwendet werden. Um die Komplexität zu reduzieren, sollte darauf geachtet werden, dass kostenlose Positionen dennoch Frachtkonditionen enthalten dürfen. Konkret könnte dies dadurch erzielt werden, dass der üblicherweise verwendete 100 %-Abschlag für kostenlose Positionen *vor* der entsprechenden Frachtkonditionen-Konditionsart in das Kalkulationsschema aufgenommen wird. Nur so ist sichergestellt, dass die gewünschten Frachtkonditionen auch immer mit der ersten Teilfaktura ermittelt werden – auch wenn die erste Teilfaktura ausschließlich aus kostenlosen Positionen besteht. Andernfalls könnte es passieren, dass neben den anderen Konditionen auch die Frachtkonditionen in der ersten Teilfaktura durch den 100 %-Abschlag »genullt« werden und in den folgenden Teilfakturen gemäß unserer Bedingung nicht mehr ermittelt werden dürfen.

Damit haben wir schon ein gutes Stück Arbeit geschafft. Einige Aktivitäten müssen jedoch noch darüber hinaus durchgeführt werden, damit unsere bisherigen Erweiterungen tatsächlich eine funktionierende Preisfindungsbedingung ergeben.

Wenn das gesamte Preisfindungs-Customizing vom ERP- in das CRM-System heruntergeladen werden soll, muss die entsprechende Preisfindungsbedingung als ABAP-Routine in der Transaktion VOFM angelegt und den relevanten Zeilen im Kalkulationsschema zugeordnet werden. Da die Fakturierung in SAP CRM erfolgt, reicht es aus, sich inhaltlich an der Prüfung zu orientieren, die wir für das BAdI `CRM_COND_COM_BADI` vorgesehen haben.

Darüber hinaus muss unsere neue Bedingung noch im Java-Kontext angelegt werden. Denn bislang »weiß« lediglich ein Feld in der Preisfindungs-Kommunikationsstruktur (`ZZ_PRIC_REQ_600`), ob die Bedingung erfüllt ist oder nicht. Diese Information muss nun noch in eine »echte« IPC-Bedingung übermittelt werden. Die einzelnen zur Anlage einer solchen Bedingung (User-Exit-Art `REQ`) benötigten Schritte in Anwendung und Customizing können hier nicht im Detail beschrieben werden. Bitte beachten Sie dazu unbedingt den SAP-Hinweis 809820, der ein *Pricing User Exit Manual* inklusive Beispielen enthält. Ein mögliches Coding sehen Sie in Listing 4.23.

```java
package de.sappress.crm.pricing.userexits;
import com.sap.spe.base.logging.UserexitLogger;
import com.sap.spe.condmgnt.customizing.IAccess;
import com.sap.spe.condmgnt.customizing.IStep;
import com.sap.spe.condmgnt.finding.userexit.IConditionFinding-
   ManagerUserExit;
import com.sap.spe.condmgnt.finding.userexit.RequirementAdapter;
/**
 * @author ellerbrock
 * @version 1.0
 * <p>&copy; sappress - All rights reserved</p>
 * <p>Creation Date: 22.02.2009</p>
 * <p>Project Name: PRC_UE_CUSTOMER</p>
 * <p>Description: requirement 600 - partial invoice?</p>
 */
public class ZRequirement600 extends RequirementAdapter
    {
    private static UserexitLogger userexitlogger = new Userexit-
       Logger(ZRequirement600.class);
    public boolean checkRequirement(IConditionFindingManagerUserExit
       item, IStep step, IAccess access)
        {
        userexitlogger.writeLogDebug("Req 600: begin");
        String prcReq600 = item.getAttributeValue("ZZ_PRIC_REQ_600");
        userexitlogger.writeLogDebug("ZZ_PRIC_REQ_600=" + prcReq600);
        if ("X".equals(prcReq600))
            {
            return true;
            }
        else
            {
```

```
            return false;
        }
    }
}
```

Listing 4.23 Preisfindungsbedingung 600 im IPC-Kontext

Definition des Faktura-Positionstyps

Gemäß unserer bereits in Abbildung 4.112 skizzierten Lösung soll der bzw. sollen die relevanten Faktura-Positionstypen so eingestellt werden, dass zum Zeitpunkt der Fakturierung eine gezielte Neuermittlung der Frachtkonditionen durchgeführt wird. Dieses Verhalten lässt sich durch ein entsprechendes Customizing an folgender Stelle im IMG erreichen: SAP-CUSTOMIZING-EINFÜHRUNGSLEITFADEN • CUSTOMER RELATIONSHIP MANAGEMENT • FAKTURIERUNG • FAKTURAPOSITIONSTYPEN DEFINIEREN. Als mögliche Werte kommen für unser Beispiel die abgebildete Preisfindungsart L sowie die Preisfindungsart H infrage. Wir empfehlen Ihnen an dieser Stelle die in Abbildung 4.115 dargestellte Variante, da hier neben den Frachtkonditionen auch noch die Steuern neu ermittelt werden.

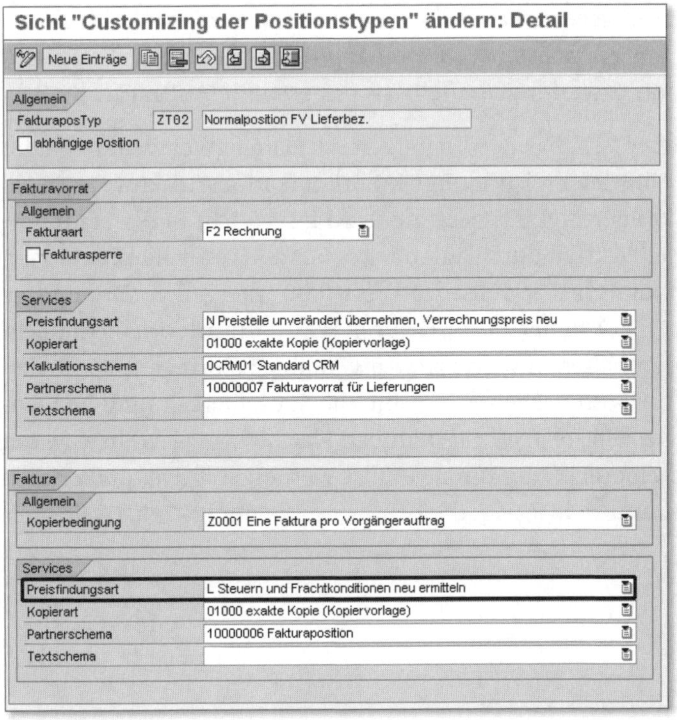

Abbildung 4.115 Definition des Fakturapositionstyps

Implementierung einer eigenen Staffelbasisformel

Da unsere Frachtkonditionen gemäß einer Gewichtsstaffel ermittelt werden und auch im Falle einer (Teil-)Fakturierung in voller Höhe berechnet werden sollen, benötigen wir für den Fakturakontext eine eigene Staffelbasisformel. Denn wie in Abbildung 4.112 bereits kurz skizziert, soll auch während einer möglichen (Teil-)Fakturierung stets das gesamte Auftragsgewicht als Berechnungsgrundlage herangezogen werden und nicht nur das Gewicht der jeweils fakturierten Positionen.

Da wir im IPC-Kontext keine entsprechenden Informationen wie das Auftragsgewicht nachlesen können, bietet sich hier eine ähnliche technische Lösung wie für unsere Preisfindungsbedingung an: Durch die Einrichtung und Versorgung zusätzlicher Felder in der Preisfindungs-Kommunikationsstruktur können wir u. a. das Auftrags-Gesamtgewicht als Staffelbasis in eine entsprechende IPC-Staffelbasisformel übertragen.

Bei der Verwendung einer eigenen Staffelbasisformel ist zu berücksichtigen, dass sie für jede Auftrags- bzw. Fakturaposition durchlaufen wird und sich die gesamte Staffelbasis bei Gruppenkonditionen wie unserer Frachtkonditionsart aus der Summe der Positions-Staffelbasen ergibt. Das bedeutet, dass wir das gesamte Auftragsgewicht auf die Positionen der ersten (Teil-)Faktura verteilen müssen. Im einfachsten Fall empfängt daher lediglich die jeweils erste Fakturaposition bzw. deren Staffelbasis das gesamte Auftragsgewicht.

Zur Umsetzung dieser Lösungsidee benötigen wir daher zwei weitere Felder auf Positionsebene in der Preisfindungs-Kommunikationsstruktur: Ein Feld (ZZ_GR_WEIGHT_CUM) überträgt das gesamte Auftragsgewicht in die Staffelformel, die für die erste Position durchlaufen wird. Für alle restlichen Positionen der jeweiligen Faktura wird jeweils der Wert 0,00 übergeben. Das andere Feld (ZZ_USE_SCALE_600) ist der Auslöser für die IPC-Routine, um die im Feld ZZ_GR_WEIGHT_CUM enthaltenen Werte zur Anwendung zu bringen. Durch dieses Flag kann der IPC »unterscheiden«, wann die Staffelberechnung im Standard durchlaufen werden soll (Auftragskontext: Flag nicht gesetzt) bzw. wann unsere eigene Staffelberechnung durchgeführt werden soll (Fakturakontext: Flag gesetzt). Abbildung 4.116 zeigt die benötigten Felder im Feldkatalog der CRM-Preisfindung.

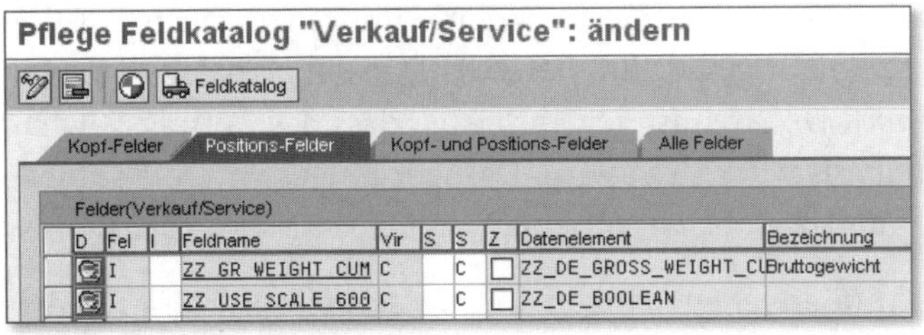

Abbildung 4.116 Einrichtung neuer Felder zur Übertragung des Auftragsgewichts in eine Staffelformel

Wie bereits zuvor beschrieben, ist jeweils ein eigenes Datenelement zur Typisierung eigener Felder innerhalb des Feldkatalogs erforderlich. Hier können wir uns am CRM-Standard orientieren, indem wir passende Datenelemente in den Kundennamensraum kopieren: Wir wählen das Datenelement INTEGER als Basis für die Typisierung von Feld ZZ_GR_WEIGHT_CUM, das Datenelement BOOLEAN dient uns als Vorlage für eine Typisierung von Feld ZZ_USE_SCALE_600.

Die Befüllung dieser Felder braucht lediglich im Fakturakontext durchgeführt zu werden und kann im gleichen BAdI bzw. der gleichen Methode erfolgen wie bereits zuvor für unsere neue Preisfindungsbedingung. Auch in diesem Fall bietet es sich an, mit globalen Variablen zu arbeiten, um die Performance zu schonen. Wir richten daher zwei weitere globale Variablen in der implementierenden Klasse der BAdI-Implementierung ein, wie in Abbildung 4.117 gezeigt.

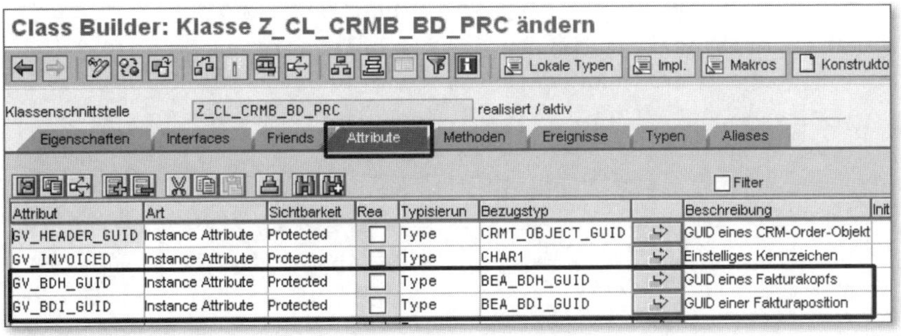

Abbildung 4.117 Einrichtung globaler Variablen für die Ermittlung der Staffelbasis

Das neue Feld ZZ_GR_WEIGHT_CUM wird nur dann mit dem Auftragsgewicht gefüllt, wenn die globale Variable GV_BDI_GUID noch initial ist. Dieses Kriterium ist beim ersten Durchlauf stets erfüllt.

4 | Praxisbeispiele für den Bereich Sales

Nach dem ersten Durchlauf bzw. nach der Verarbeitung der ersten Position einer Faktura wird die zugehörige Faktura-Item-GUID in der globalen Variablen GV_BDI_GUID gespeichert. Dadurch ist gewährleistet, dass das Auftragsgewicht nur einmalig als Staffelbasis verwendet wird. Darüber hinaus wird die aktuelle Faktura-Header-GUID in der globalen Variablen GV_BDH_GUID gespeichert.

Wenn eine neue Faktura angelegt wird, d. h., die aktuelle Faktura-Header-GUID unterscheidet sich von der bereits existierenden globalen Variablen GV_HEADER_GUID, wird die globale Variable GV_ITEM_GUID initialisiert, damit erneut die Staffelbasis für die erste Position der neuen Faktura mit dem Auftragsgewicht versehen werden kann. Listing 4.24 liefert einen Vorschlag zur Implementierung.

```
METHOD if_bea_crmb_bd_prc~in_map_item.
  INCLUDE crm_direct.
  CONSTANTS: lc_busobj_bea TYPE bea_objtype
                           VALUE 'BUS20810'.
  DATA: ls_header_guid       TYPE crmt_object_guid,
        lt_header_guid       TYPE crmt_object_guid_tab,
        lt_requested_objects TYPE crmt_object_name_tab,
        ls_doc_flow          TYPE crmt_doc_flow_wrk,
        lt_doc_flow          TYPE crmt_doc_flow_wrkt,
        ls_bdh               TYPE /1bea/crmb_bdh,
        ls_bdi               TYPE /1bea/s_crmb_bdi_wrk,
        ls_bdh_cancel        TYPE /1bea/s_crmb_bdh_wrk,
        ls_bdi_cancel        TYPE /1bea/s_crmb_bdi_wrk,
        ls_item_attributes   TYPE prct_attr_name_value,
        lt_cumulat_h         TYPE crmt_cumulat_h_wrkt,
        ls_cumulat_h         TYPE crmt_cumulat_h_wrk.
* Get CRM order header guid from item source guid:
  SELECT SINGLE header FROM crmd_orderadm_i
         INTO ls_header_guid
         WHERE guid = is_bdi-src_guid.
  IF gv_bdh_guid <> is_bdh-bdh_guid.
    CLEAR gv_bdi_guid.
  ENDIF.
  IF gv_bdi_guid IS INITIAL.
* Determine order gross weight and
* fill field ZZ_GR_WEIGHT_CUM
    INSERT gc_object_name-cumulat_h
    INTO TABLE lt_requested_objects.
    INSERT ls_header_guid
    INTO TABLE lt_header_guid.
    CALL FUNCTION 'CRM_ORDER_READ'
      EXPORTING
```

```
          it_header_guid       = lt_header_guid
          iv_only_spec_items   = 'X'
          it_requested_objects = lt_requested_objects
          iv_subitem_depth     = -1
       IMPORTING
          et_cumulat_h         = lt_cumulat_h
       EXCEPTIONS
          document_not_found   = 1
          error_occurred       = 2
          document_locked      = 3
          no_change_authority  = 4
          no_display_authority = 5
          no_change_allowed    = 6
          OTHERS               = 7.
    IF sy-subrc = 0 AND NOT lt_cumulat_h IS INITIAL.
      READ TABLE lt_cumulat_h
           INTO ls_cumulat_h
           WITH KEY guid = ls_header_guid.
      IF sy-subrc = 0 AND NOT ls_cumulat_h IS INITIAL.
        CLEAR ls_item_attributes.
        ls_item_attributes-attr_name  = 'ZZ_GR_WEIGHT_CUM'.
        ls_item_attributes-seq_number = '00'.
        ls_item_attributes-attr_value = ls_cumulat_h-gross_weight.
        INSERT ls_item_attributes
          INTO TABLE cs_prc_item-item_attributes.
      ENDIF.
* Memorize BDI and BDH GUID
* No further filling of field
* ZZ_GR_WEIGHT_CUM for the same invoice
      gv_bdi_guid = is_bdi-bdi_guid.
      gv_bdh_guid = is_bdh-bdh_guid.
    ENDIF.
  ELSE.
    CLEAR ls_item_attributes.
    ls_item_attributes-attr_name  = 'ZZ_GR_WEIGHT_CUM'.
    ls_item_attributes-seq_number = '00'.
    INSERT ls_item_attributes
      INTO TABLE cs_prc_item-item_attributes.
  ENDIF.
  CLEAR ls_item_attributes.
  ls_item_attributes-attr_name  = 'ZZ_USE_SCALE_600'.
  ls_item_attributes-seq_number = '00'.
  ls_item_attributes-attr_value = 'X'.
  INSERT ls_item_attributes
    INTO TABLE cs_prc_item-item_attributes.
```

Listing 4.24 Staffelbasisberechnung im Fakturakontext

Was bleibt nun noch zu tun? Um das gesamte Preisfindungs-Customizing vom ERP- ins CRM-System laden zu können, muss die Staffelbasisformel 600 analog zu unserer Preisfindungsbedingung noch als »leere Hülle« im ERP-System (Transaktion VOFM) angelegt werden. Anschließend muss die Formel noch der Konditionsart unseres Beispiels zugeordnet werden (siehe dazu erneut Abbildung 4.111).

Weiterhin muss die eigentliche IPC-Staffelformel (User-Exit-Art SCL) angelegt werden, die die von unserer BAdI-Implementierung ermittelten Informationen verwendet. Bitte beachten Sie auch hier den SAP-Hinweis 809820, der Ihnen weiterführende Informationen u. a. durch ein umfangreiches *Pricing User Exit Manual* liefert. Als kleine Hilfestellung haben wir Ihnen in Listing 4.25 eine mögliche Umsetzung in Java angegeben.

```java
package de.sappress.crm.pricing.userexits;
import java.math.BigDecimal;
import com.sap.spe.base.logging.UserexitLogger;
import com.sap.spe.pricing.transactiondata.userexit.IGroupCondition
   UserExit;
import com.sap.spe.pricing.transactiondata.userexit.IPricing-
   ConditionUserExit;
import com.sap.spe.pricing.transactiondata.userexit.IPricingItem-
   UserExit;
import com.sap.spe.pricing.transactiondata.userexit.ScaleBase-
   FormulaAdapter;
/**
 * @author ellerbrock
 * @version 1.0
 * <p>&copy; sappress - All rights reserved</p>
 * <p>Creation Date: 22.02.2009</p>
 * <p>Project Name: PRC_UE_CUSTOMER</p>
 * <p>Description: scale base formula 600 - freight</p>
 */
public class ZScaleBaseFormula600 extends ScaleBaseFormulaAdapter
   {
   private static UserexitLogger userexitlogger = new Userexit-
      Logger(ZScaleBaseFormula600.class);
   public BigDecimal overwriteScaleBase(IPricingItemUserExit
      pricingItem, IPricingConditionUserExit pricingCondition,
      IGroupConditionUserExit groupCondition)
      {
      String use_scale   = pricingItem.getAttributeValue("ZZ_
         USE_SCALE_600");
      String orderWeightI = pricingItem.getAttributeValue("ZZ_GR_
         WEIGHT_CUM");
```

```java
        if (use_scale != null && orderWeightI != null)
            {
            userexitlogger.writeLogDebug("ScaleBaseFormula600: ZZ_
                GR_WEIGHT_CUM = " + orderWeightI);
            BigDecimal orderWeightValue = new BigDecimal(order-
                WeightI);
            userexitlogger.writeLogDebug("ScaleBaseFormula600:
                Scale base = " + orderWeightValue);
            return orderWeightValue;
            }
        else
            return null;
        }
//    public BigDecimal overwriteGroupScaleBase(IPricing-
      DocumentUserExit pricingDocument, IGroupConditionUserExit
      groupCondition)
//            {
//            }
```

Listing 4.25 Umsetzung der Staffelbasisformel in Java

Servicemanagement ist ein integraler Bestandteil der SAP CRM-Lösung und hat einen umfangreichen Prozess- und Funktionsumfang. Wir konzentrieren uns in diesem Kapitel auf die »klassische« SAP CRM-Serviceabwicklung, bestehend aus Vertragsmanagement, geplanten und ungeplanten Einsätzen (Wartung bzw. Störungsbeseitigung) sowie der Einsatzplanung von Servicetechnikern.

5 Praxisbeispiele für den Bereich Service

Der Serviceauftrag oder -vorgang als Mittelpunkt des CRM-Servicemanagements ist, genau wie im Sales-Bereich, ein One-Order-Beleg und bietet daher technisch auch die gleichen Erweiterungsmöglichkeiten. Darüber hinaus gibt es jedoch auch servicespezifische Szenarien wie die Einsatzplanung von Servicetechnikern, für die wir Ihnen in diesem Kapitel ebenfalls typische Erweiterungsmöglichkeiten vorstellen möchten.

Analog zu Kapitel 4, »Praxisbeispiele für den Bereich Sales«, widmen wir uns zunächst Praxisbeispielen, die im Bereich der Grundfunktionen bzw. der Geschäftspartnerstammdaten (Aktionsverarbeitung, Partnerfindung, Business Partner, Textfindung) angesiedelt sind. Wir zeigen zudem einige Beispiele aus dem Bereich Service Order Management allgemein, bevor wir eine Erweiterungsmöglichkeit der Einsatzplanung von Servicetechnikern vorstellen. Im Bereich der Servicevertragsabwicklung präsentieren wir Ihnen u. a. einen Lösungsansatz zur Realisierung einer kundeneigenen Vertragsfindung, bevor wir das Kapitel mit zwei im Servicegeschäft relevanten Beispielen aus der CRM-Fakturierung abschließen.

5.1 Aktionsverarbeitung

Aufbauend auf den Grundlagen aus Abschnitt 2.4, »Aktionsverarbeitung«, werden wir im Folgenden zwei Praxisbeispiele zur Anwendung der Aktionsverarbeitung im Servicesektor entwickeln. Zunächst zeigen wir Ihnen, wie sich das Vorhandensein eines Langtextes in einem Beleg als Startbedingung für Aktionen verwenden lässt. Gerade bei Servicetechnikern, die über mobile

Endgeräte verfügen, ist dies eine relativ häufige Anforderung, da im Außendienst relevante Informationen gern als Langtext abgelegt werden. Zudem lässt sich dieses Konzept auf beliebige andere Felder übertragen, die sich nicht über den Bedingungseditor der Aktionsverarbeitung abprüfen lassen. Als zweites Beispiel zeigen wir Ihnen, wie sich automatisiert Aktivitäten als Folgebeleg zu Serviceverträgen anlegen lassen, um z. B. vor Erreichen des Vertragsendes ein Nachfassen des Innendienstes beim Kunden zu veranlassen.

5.1.1 Vorhandensein eines Langtextes als Aktionsbedingung

Häufig kommt es vor, dass Servicetechniker mit mobilen Endgeräten (sei es mit SAP CRM Mobile Service oder einer anderen CRM-integrierten Softwarelösung) wichtige Informationen für den Innendienst in einem Langtext zum Servicebeleg festhalten. Sofern dieser Langtext nicht in einen Prozess integriert ist (z. B. Workflow oder gleichzeitiges Setzen eines bestimmten Status), kann es nun jedoch passieren, dass diese Information im Innendienst »untergeht« bzw. nicht wahrgenommen wird. Wünschenswert ist daher, dass der zuständige Innendienstmitarbeiter automatisch über das Vorhandensein eines solchen Textes informiert wird. Dies kann wiederum mithilfe der Aktionsverarbeitung realisiert werden: Sobald ein bestimmter Text im Beleg gefüllt wird, soll dieser Text (zusammen mit anderen Belegdaten) in einer E-Mail an den zuständigen Innendienstmitarbeiter gesendet werden.

Der Knackpunkt dieser Erweiterung ist, dass das Vorhandensein eines bestimmten Langtextes als Startbedingung für die Aktion dienen soll. Alles Weitere lässt sich durch den CRM-Standard abhandeln (Aktion mit Smart Form, E-Mail an Belegpartner, z. B. den *zuständigen Mitarbeiter*). In Abschnitt 2.4, »Aktionsverarbeitung«, haben Sie bereits die Grundlagen für diese Erweiterung kennengelernt. Zunächst müssen Sie eine passende Aktion einrichten (siehe Abbildung 5.1) und dann eine Aktionsbedingung (Startbedingung) erstellen. Die Aktion soll partnerabhängig sein, da die E-Mail an den zuständigen Mitarbeiter im Beleg (Partnerfunktion *00000014*) geschickt und automatisch eingeplant werden soll.

Für die Startbedingung legen Sie einen neuen Bedingungsparameter TEXT_FOUND vom Typ BOOLEAN an, wie in Abschnitt 2.4 beschrieben, und erstellen eine Startbedingung TEXT_FOUND = X (siehe Abbildung 5.2). Nun müssen Sie, wie ebenfalls bereits in Abschnitt 2.4 gezeigt, noch das BAdI CONTAINER_PPF implementieren und Ihren neu erstellten Parameter TEXT_FOUND dann setzen, wenn der gewünschte Langtext im Beleg vorhanden ist. Das Beispiel-Coding für die (fiktive) Text-ID Z001 finden Sie in Listing 5.1.

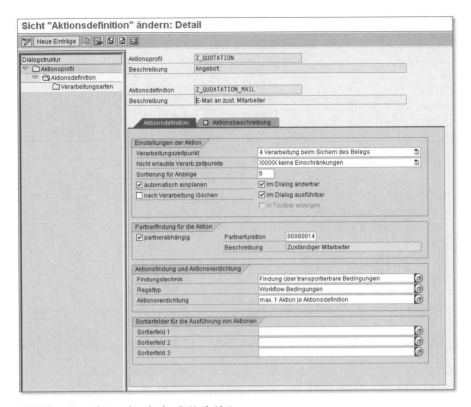

Abbildung 5.1 Aktionsdetails der E-Mail-Aktion

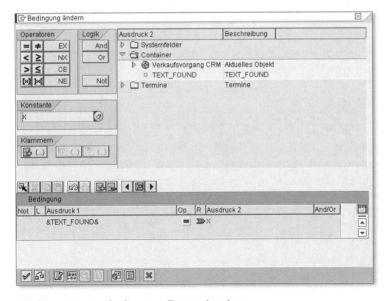

Abbildung 5.2 Startbedingung »Text vorhanden«

```abap
method IF_EX_CONTAINER_PPF~MODIFY_CONTAINER.
  INCLUDE: crm_direct.
  DATA: ls_object            TYPE sibflporb,
        lt_value             TYPE swconttab,
        ls_value             TYPE swcont,
        lv_return            TYPE sy-subrc,
        lv_guid              TYPE crmt_object_guid,
        lt_guid              TYPE crmt_object_guid_tab,
        lt_text              TYPE CRMT_TEXT_WRKT,
        ls_text              TYPE CRMT_TEXT_WRK,
        lt_req_objects       TYPE crmt_object_name_tab.
CHECK: ci_container IS BOUND,
ci_parameter IS BOUND.
* ------- Get the GUID ----------
  CALL METHOD ci_container->get_value
    EXPORTING
      element_name = 'BUSINESSOBJECT'
    IMPORTING
      data         = ls_object.
  lv_guid = ls_object-instid.
  CALL METHOD ci_parameter->get_values
    RECEIVING
      values       = lt_value.
  loop at lt_value into ls_value where ELEMENT = 'TEXT_FOUND'.
   clear ls_value-value.
  endloop.
  If sy-subrc ne 0.
    exit.
  endif.
  INSERT gc_object_name-texts    INTO TABLE lt_req_objects.
  refresh: lt_guid.
  insert lv_guid into table lt_guid.
  refresh: lt_text.
  If not lt_guid is initial.
    CALL FUNCTION 'CRM_ORDER_READ'
      EXPORTING
        IT_header_GUID      = lt_guid
        IT_REQUESTED_OBJECTS = lt_req_objects
      IMPORTING
        ET_TEXT             = lt_text
      EXCEPTIONS
        DOCUMENT_NOT_FOUND  = 1
        ERROR_OCCURRED      = 2
        DOCUMENT_LOCKED     = 3
        NO_CHANGE_AUTHORITY = 4
```

```
            NO_DISPLAY_AUTHORITY  = 5
            NO_CHANGE_ALLOWED     = 6
            OTHERS                = 7.
    endif.
    clear: ls_text.
    If not lt_text is initial.
      loop at lt_text into ls_text where STXH-TDID = 'Z001'.
      endloop.
      If sy-subrc = 0.
*  --------- Set parameter TEXT_FOUND -----------
        CALL METHOD ci_parameter->set_value
          EXPORTING
            element_name = 'TEXT_FOUND'
            data         = 'X'
          RECEIVING
            retcode      = lv_return.
      else. "Parameter löschen
        CALL METHOD ci_parameter->set_value
          EXPORTING
            element_name = 'TEXT_FOUND'
            data         = ' '
          RECEIVING
            retcode      = lv_return.
      endif.
    endif.
endmethod.
```

Listing 5.1 BAdI CONTAINER_PPF, Methode MODIFY_CONTAINER

Sie haben nun erreicht, dass Ihre Aktion immer dann beim Sichern des Belegs ausgeführt wird, wenn der Text Z001 gefüllt ist. In unserem Beispiel wird die Aktion nur einmalig ausgeführt – Änderungen des Textes führen also nicht zu einer erneuten E-Mail an den zuständigen Mitarbeiter.

Nun müssen Sie noch ein Formular (z. B. Smart Forms) erstellen, das den entsprechenden Langtext (und gegebenenfalls weitere Daten aus dem Beleg) ausgibt. Für die Ausgabe des Langtextes können Sie im Formular einen Knoten vom Typ INCLUDE-TEXT verwenden, wie in Abbildung 5.3 gezeigt. Auf die weitere Smart-Forms-Bearbeitung gehen wir an dieser Stelle allerdings nicht ein (siehe dazu u. a. Werner Hertleif und Christoph Wachter: *SAP Smart Forms*, SAP PRESS 2003).

5 | Praxisbeispiele für den Bereich Service

Abbildung 5.3 Include-Text in SAP Smart Forms einbinden

5.1.2 Automatisiertes Anlegen von Folgebelegen

Dieser Abschnitt zeigt Ihnen, wie Sie mithilfe der Aktionsverarbeitung automatisiert Folgebelege (hier Aktivitäten) zu bestehenden Belegen (hier Serviceverträgen) anlegen können. Dies ist hilfreich, um beispielsweise vor Erreichen des Vertragsendes ein Nachfassen des Innendienstes beim Kunden sicherzustellen.

Technisch baut die folgende Erweiterung auf dem in Abschnitt 2.4, »Aktionsverarbeitung«, gezeigten Methodenaufruf in Aktionen auf. Im Sales-Bereich (Abschnitt 4.1, »Aktionsverarbeitung«) haben wir ebenfalls bereits ein Beispiel für den Aufruf von Standard-Verarbeitungsmethoden gezeigt. Auch hier ist es möglich, das gewünschte Verhalten mithilfe einer im Standard bereits vorhandenen Verarbeitungsmethode zu erreichen (COPY_DOCUMENT). Falls Ihnen die vorhandene Funktionalität nicht ausreicht, kopieren Sie die Methode COPY_DOCUMENT, und passen Sie sie für Ihre Zwecke an.

In unserem Beispiel wollen wir die Bezeichnung der Zielaktivitäten beeinflussen. In der Standard-Methode COPY_DOCUMENT wird der Aktionstext als Bezeichnung der erzeugten Belege verwendet (Feld ORDERADM_H-DESCRIPTION). Wenn Ihre Aktion also ERINNERUNG VERTRAGSENDE heißt, erhalten alle erzeugten Aktivitäten diesen Text als Bezeichnung. Als einfaches Beispiel wollen wir nun die Kundennummer des Auftraggebers in diesen Text mit aufnehmen. Wir kopieren also die BAdI-Implementierung COPY_DOCUMENT nach Z_COPY_DOCUMENT und passen sie an, wie in Listing 5.2 gezeigt.

5.1 | Aktionsverarbeitung

```
method if_ex_exec_methodcall_ppf~execute.
*----------------------------------------------------------*
*       copy complete document to a follow up document
*----------------------------------------------------------*
  data: lc_action_execute     type ref to cl_action_execute.
  data: lv_guid_ref            type crmt_object_guid,
        lv_actionname          type ppfdtt,
        lv_actiontext          type ppfdttt.
  data: lv_new_header_guid     type crmt_object_guid,
        lt_input_field         type crmt_input_field_tab,
        ls_input_field         type crmt_input_field,
        ls_input_field_name    type crmt_input_field_names,
        lt_input_field_name    type crmt_input_field_names_tab,
        ls_appointment_com     type crmt_appointment_com,
        lv_timestamp_from      type crmt_date_timestamp_from,
        lt_appointment         type crmt_appointment_wrkt,
        ls_appointment         type crmt_appointment_wrk.
  create object lc_action_execute.
******************************************************************
* get parameter from reference object
  call method lc_action_execute->get_ref_object
    exporting
      io_appl_object = io_appl_object
      ip_action      = ip_action
      ip_preview     = ip_preview
      ii_container   = ii_container
    importing
      ev_guid_ref    = lv_guid_ref
      ev_actionname  = lv_actionname
      ev_actiontext  = lv_actiontext.
******************************************************************
* Enhancement: adjust action text with customer number
  include   crm_object_names_con.
  include   crm_log_states_con.
  data:     lt_header_guid        type crmt_object_guid_tab,
            lt_requested_objects  type crmt_object_name_tab,
            lt_partner_wrk        type crmt_partner_external_wrkt,
            ls_partner_wrk        type crmt_partner_external_wrk,
            lv_partner_number     type crmt_partner_no,
            iv_loghandle          type balloghndl.
  insert lv_guid_ref into table lt_header_guid.
  insert gc_object_name-partner into table lt_requested_objects.
  call function 'CRM_ORDER_READ_OW'
    exporting
      it_header_guid       = lt_header_guid
      it_requested_objects = lt_requested_objects
      iv_no_auth_check     = true
```

```
      importing
        et_partner              = lt_partner_wrk
      changing
        cv_log_handle           = iv_loghandle
      exceptions
        document_not_found      = 1
        error_occurred          = 2
        others                  = 7.
   check sy-subrc eq 0.
   if lt_partner_wrk is not initial.
     read table lt_partner_wrk into ls_partner_wrk
         with key partner_fct = '00000001'."Sold-To party
   endif.
   if ls_partner_wrk is not initial.
     lv_partner_number = ls_partner_wrk-partner_no.
   endif.
   concatenate lv_actiontext 'Kundennr.'lv_partner_number into lv_
      actiontext separated by space.
*****************************************************************
* prepare text for copy
   call method lc_action_execute->prepare_actiontext
     exporting
       iv_guid_ref    = lv_guid_ref
       iv_actionname  = lv_actionname.
*****************************************************************
* copy document
   call method lc_action_execute->copy_document
     exporting
       io_appl_object      = io_appl_object
       ip_application_log  = ip_application_log
       ip_action           = ip_action
       ip_preview          = ip_preview
       ii_container        = ii_container
       iv_actiontext       = lv_actiontext
     importing
       ev_new_header_guid  = lv_new_header_guid
       rp_status           = rp_status.
endmethod.
```

Listing 5.2 Methode COPY_DOCUMENT mit angepasster Belegbezeichnung

Als Ergebnis erhalten Ihre erzeugten Aktivitäten nun die Bezeichnung Erinnerung Vertragsende Kundennr. 12345. Dies lässt sich natürlich beliebig verfeinern; wenn Sie z. B. ganz auf den Aktionstext verzichten wollen, löschen Sie einfach den Inhalt der Variablen LV_ACTIONTEXT, und weisen Sie eine beliebige neue Bezeichnung zu.

Auch für dieses Beispiel müssen Sie (wie bereits in Abschnitt 4.2, »Partnerfindung«, gezeigt) wieder die Vorgangsart an Ihre Methode Z_COPY_DOCUMENT übergeben. In diesem Fall ist dies die Zielvorgangsart, also die der anzulegenden Aktivität. Alles Weitere steuern Sie im Prinzip über Start- und Einplanbedingung sowie das Standard-Customizing der Zielvorgangsart (z. B. Partnerfindung).

5.2 Partnerfindung

Anders als im Sales-Umfeld läuft die Ermittlung des *Rechnungsempfängers* und des *Regulierers* in Servicebelegen häufig auf die gleiche Partnernummer hinaus. Während im Vertrieb eine zentrale Rechnungs- oder Regulierungsstelle auf Kundenseite keine Seltenheit ist, die z. B. unterschiedliche Geschäftspartnernummern für die beiden genannten Partnerfunktionen bedingen kann, ist dies im Service eher die Ausnahme.

Oft wird in Servicebelegen die Partnerfindung deshalb so eingestellt, dass beide Partnerfunktionen immer den gleichen Partner ermitteln. Dies kann jedoch dann problematisch werden, wenn der Benutzer *entweder* den Rechnungsempfänger *oder* den Regulierer manuell in einem Servicebeleg ändert und dabei die jeweils andere Partnernummer vergisst. Leider gibt es im CRM-Standard keine Möglichkeit, anhand einer manuellen Änderung von Partnern im Beleg automatisch eine gezielte Neuermittlung bzw. Synchronisierung für bestimmte Partnerfunktionen durchzuführen.

Wir stellen Ihnen in diesem Abschnitt einen Lösungsvorschlag vor, mit dessen Hilfe Sie das beschriebene Problem lösen können: Sollte ein Benutzer nachträglich eine andere Partnernummer in Partnerfunktion *A* eingeben, ermöglicht Ihnen unser Ansatz, dass das System daraufhin automatisch die gleiche Partnernummer auch in Partnerfunktion *B* einstellt. Wir müssen daher in der Lage sein, die Änderung einer Partnernummer in Partnerfunktion *A* (»Alter Wert ungleich neuer Wert«) präzise zu erfassen. Technisch gesehen, ist es leider nicht ganz trivial, eine geeignete »Stelle« zu finden, an der eine entsprechende Erweiterung sauber funktioniert: Bei unserer Suche über den bereits aus Abschnitt 2.6.1, »Passende BAdIs oder Callback-Events herausfinden«, bekannten »BAdI-Finder« (Klasse CL_EXITHANDLER, Methode GET_INSTANCE) hat sich z. B. herausgestellt, dass nach einer manuellen Änderung der Partnernummer im Servicebeleg kein BAdI aufgerufen wird. Insofern bietet es sich an, einen eigenen Callback-Funktionsbaustein für das Eventhandling zu implementieren. Anhand einer Trace-Analyse lässt sich recht schnell herausfinden, dass das PARTNER-Segment vielversprechend zu sein scheint (siehe Abbildung 5.4).

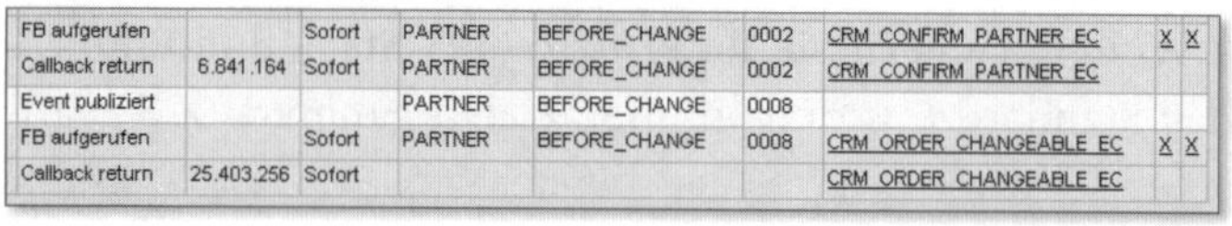

FB aufgerufen		Sofort	PARTNER	BEFORE_CHANGE	0002	CRM_CONFIRM_PARTNER_EC	X	X
Callback return	6.841.164	Sofort	PARTNER	BEFORE_CHANGE	0002	CRM_CONFIRM_PARTNER_EC		
Event publiziert			PARTNER	BEFORE_CHANGE	0008			
FB aufgerufen		Sofort	PARTNER	BEFORE_CHANGE	0008	CRM_ORDER_CHANGEABLE_EC	X	X
Callback return	25.403.256	Sofort				CRM_ORDER_CHANGEABLE_EC		

Abbildung 5.4 Event Trace beim manuellen Ändern einer Geschäftspartnernummer

Die Nutzung eines Callback-Bausteins bietet Ihnen übrigens zusätzlich den Vorteil eines einfachen Zugriffs auf die alten und neuen Daten über die Festlegung der *Aufrufart* (siehe Abschnitt 2.2, »Event Handler«). In unserem Beispiel stehen uns im PARTNER-Segment damit die neue und die alte Geschäftspartnernummer zur Verfügung.

Bevor wir uns nun im Detail die Implementierung eines geeigneten Callback-Bausteins ansehen, sollten wir uns noch einige Gedanken zu einer sinnvollen Parametrisierbarkeit machen. Offensichtlich spielen dabei die Partnerfunktionen eine wesentliche Rolle: Eine *Quell-Partnerfunktion* entscheidet darüber, welche *Ziel-Partnerfunktion* gegebenenfalls mit einer anderen Geschäftspartnernummer zu versorgen ist. In Abbildung 5.5 finden Sie einen Vorschlag dafür, wie eine entsprechende Customizing-Tabelle ZPARTNER_COPY aufgebaut sein könnte. Bitte denken Sie auch in diesem Fall daran, die spätere Erfassung von Tabelleneinträgen durch Angabe eines Fremdschlüssels zu erleichtern. In der Praxis sollten Sie prüfen, ob noch weitere Schlüsselkriterien (wie z. B. die Vorgangsart) zu berücksichtigen sind.

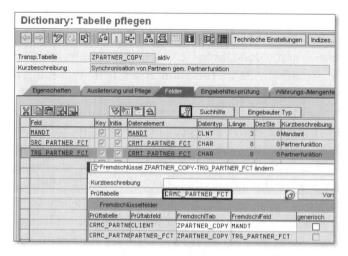

Abbildung 5.5 Eigene Customizing-Tabelle ZPARTNER_COPY

Wenn Sie nun, wie zuvor skizziert, dafür sorgen möchten, dass ein geänderter Rechnungsempfänger ein »Nachziehen« des Regulierers und umgekehrt bewirkt, können Sie die in Abbildung 5.6 gezeigten Tabelleneinträge vornehmen: Die Änderung einer Geschäftspartnernummer in der Partnerfunktion 00000003 soll die gleiche Anpassung in der Partnerfunktion 00000004 nach sich ziehen und umgekehrt.

Abbildung 5.6 Festlegung des Regelwerks für die Partnersynchronisation

Als Kopiervorlage für Ihren Callback-Baustein können Sie z. B. den zuvor in Abbildung 5.4 dargestellten Funktionsbaustein CRM_CONFIRM_PARTNER_EC verwenden. In Listing 5.3 haben wir einen Implementierungsvorschlag für Sie vorbereitet, zu dem es noch Folgendes zu sagen gibt:

1. Um unser Customizing aus der Tabelle ZPARTNER_COPY nur einmalig von der Datenbank lesen zu müssen, definieren Sie die entsprechende interne Tabelle lt_partner_copy als *statisch*. Damit steht Ihnen der gewünschte Inhalt nach einmaligem Lesen für die gesamte Session zur Verfügung.

   Zur Laufzeit wird der Baustein für genau eine Partnerfunktion aufgerufen. Den entsprechenden Wert können Sie entweder aus den alten (IV_STRVAL_OLD bzw. <old_partner>) oder aus den neuen Daten (IV_STRVAL_NEW bzw. <new_partner>) ermitteln, um anhand dieser Quell-Partnerfunktion alle gemäß Customizing zu berücksichtigenden Ziel-Partnerfunktionen zu versorgen. Aus diesem Ansatz ergibt sich die LOOP-Anweisung. Insofern könnten Sie über die Tabelle ZPARTNER_COPY bei Bedarf auch festlegen, dass die Änderung der Geschäftspartnernummer in einer Partnerfunktion eine Anpassung in mehreren Partnerfunktionen zur Folge hat.

2. Anschließend müssen wir ermitteln, ob sich die alte und neue Geschäftspartnernummer in der jeweiligen Quell-Partnerfunktion voneinander unterscheiden. Da der alte und der neue Wert in unterschiedlichen Formaten vorliegen (GUID versus »normale« Geschäftspartnernummer), ist eine Konvertierung mittels des Funktionsbausteins COM_PARTNER_CONVERT_NO_INT2EXT bzw. CONVERSION_EXIT_ALPHA_INPUT notwendig.

3. Wenn klar ist, dass sich der alte und der neue Wert in der Quell-Partnerfunktion unterscheiden, können Sie bereits einige Vorbereitungen für das Update der Geschäftspartnernummern in den relevanten Ziel-Partnerfunktionen treffen. Die in diesem Schritt durchgeführten Feldänderungen in der Struktur `ls_partner_com` müssen in jedem Fall durchgeführt werden, unabhängig davon, ob die Ziel-Partnerfunktion vorher im Beleg vorhanden war. Übrigens sorgt die Angabe der Referenz-GUID (`ref_guid`) bzw. der Bezugsebene (`ref_kind`) dafür, dass unsere Anpassungen jeweils sauber auf Kopfebene oder in der aktuellen Position des Belegs durchgeführt werden.

4. Falls die Ziel-Partnerfunktion zuvor bereits eine Geschäftspartnernummer enthalten hat, müssen Sie noch einige zusätzliche Angaben in der Struktur `ls_partner_com` machen, damit keine doppelten Einträge entstehen.

5. Nun »schalten« Sie die für die gewünschte Änderung benötigten technischen Eingabefelder frei.

6. Im letzten Schritt wird durch Aufruf des Funktionsbausteins `CRM_PARTNER_MAINTAIN_SINGLE_OW` die neue Geschäftspartnernummer in der aktuellen Ziel-Partnerfunktion gesetzt.

```
FUNCTION z_partner_copy.
*"----------------------------------------------------------
*"*"Lokale Schnittstelle:
*"  IMPORTING
*"     REFERENCE(IV_OBJECT_NAME)    TYPE  CRMT_OBJECT_NAME
*"     REFERENCE(IV_EVENT_EXETIME)  TYPE  CRMT_EVENT_EXETIME
*"     REFERENCE(IV_EVENT)          TYPE  CRMT_EVENT
*"     REFERENCE(IV_ATTRIBUT)       TYPE  CRMT_EVENT OPTIONAL
*"     REFERENCE(IV_HEADER_GUID)    TYPE  CRMT_OBJECT_GUID OPTIONAL
*"     REFERENCE(IV_OBJECT_GUID)    TYPE  CRMT_OBJECT_GUID
*"     REFERENCE(IV_STRVAL_OLD)     TYPE  ANY OPTIONAL
*"     REFERENCE(IV_STRVAL_NEW)     TYPE  ANY OPTIONAL
*"     REFERENCE(IV_RCODE_STATUS)   TYPE  SY-SUBRC OPTIONAL
*"     REFERENCE(IV_STRUC_NAME)     TYPE  TABNAME OPTIONAL
*"  EXCEPTIONS
*"      PARTNER_NOT_CHANGEABLE
*"----------------------------------------------------------
  INCLUDE: crm_direct.
  STATICS:
  lt_partner_copy TYPE STANDARD TABLE OF zpartner_copy.
  DATA:
  ls_partner_copy      TYPE zpartner_copy,
  lv_ref_kind          TYPE crmt_object_kind,
```

```abap
    ls_partner_com        TYPE crmt_partner_com,
    lt_partner_wrk        TYPE crmt_partner_external_wrkt,
    ls_partner_wrk        TYPE crmt_partner_external_wrk,
    ls_input_field_names  TYPE crmt_input_field_names,
    lt_input_field_names  TYPE crmt_input_field_names_tab,
    lv_old_partner_no     TYPE comt_partner_number,
    lv_new_partner_no     TYPE comt_partner_number.
  FIELD-SYMBOLS:
    <new_partner> TYPE comt_partner_wrk,
    <old_partner> TYPE comt_partner_wrk.
  ASSIGN: iv_strval_new TO <new_partner>,
          iv_strval_old TO <old_partner>.
  CHECK <new_partner> IS ASSIGNED.
  CHECK <old_partner> IS ASSIGNED.
* 1. Which target partner functions need to be
*    adjusted for the current partner function?
  IF lt_partner_copy[] IS INITIAL.
    SELECT * FROM zpartner_copy INTO TABLE lt_partner_copy.
  ENDIF.
  LOOP AT lt_partner_copy INTO ls_partner_copy
                    WHERE src_partner_fct = <old_partner>-
                          partner_fct.
* 2. First check if old/new partner number differs:
    IF <old_partner>-no_type NE 'BP'.
      CALL FUNCTION 'COM_PARTNER_CONVERT_NO_INT2EXT'
        EXPORTING
          iv_internal_number = <old_partner>-partner_no
          iv_no_type         = <old_partner>-no_type
          iv_display_type    = <old_partner>-display_type
        IMPORTING
          ev_external_number = lv_old_partner_no.
    ELSE.
      MOVE <old_partner>-partner_no TO lv_old_partner_no.
    ENDIF.
    CALL FUNCTION 'CONVERSION_EXIT_ALPHA_INPUT'
      EXPORTING
        input  = lv_old_partner_no
      IMPORTING
        output = lv_old_partner_no.
    IF <new_partner>-no_type NE 'BP'.
      CALL FUNCTION 'COM_PARTNER_CONVERT_NO_INT2EXT'
        EXPORTING
          iv_internal_number = <new_partner>-partner_no
          iv_no_type         = <new_partner>-no_type
          iv_display_type    = <new_partner>-display_type
```

```abap
      IMPORTING
        ev_external_number = lv_new_partner_no.
    ELSE.
      MOVE <new_partner>-partner_no TO lv_new_partner_no.
    ENDIF.
    CALL FUNCTION 'CONVERSION_EXIT_ALPHA_INPUT'
      EXPORTING
        input  = lv_new_partner_no
      IMPORTING
        output = lv_new_partner_no.
    CHECK lv_new_partner_no IS NOT INITIAL.
    CHECK lv_old_partner_no IS NOT INITIAL.
    CHECK lv_old_partner_no NE lv_new_partner_no.
* 3. Set new values in requested partner function
    IF iv_object_guid = iv_header_guid.
      lv_ref_kind = gc_object_ref_kind-orderadm_h.
    ELSE.
      lv_ref_kind = gc_object_ref_kind-orderadm_i.
    ENDIF.
    ls_partner_com-ref_guid       = iv_object_guid.
    ls_partner_com-ref_kind       = lv_ref_kind.
    ls_partner_com-partner_fct    = ls_partner_copy-trg_partner_fct.
    ls_partner_com-partner_no     = <new_partner>-partner_no.
    ls_partner_com-display_type   = <new_partner>-display_type.
    ls_partner_com-no_type        = <new_partner>-no_type.
    ls_partner_com-kind_of_entry  = <new_partner>-kind_of_entry.
* 4. If originally an old partner in target partner function
*    existed, give additional reference data for PARTNER_MAINTAIN:
    CALL FUNCTION 'CRM_PARTNER_READ_OW'
      EXPORTING
        iv_ref_guid           = iv_object_guid
        iv_ref_kind           = lv_ref_kind
      IMPORTING
        et_partner_wrk        = lt_partner_wrk
      EXCEPTIONS
        error_occurred        = 1
        parameter_error       = 2
        entry_does_not_exist  = 3
        OTHERS                = 4.
    READ TABLE lt_partner_wrk
    INTO ls_partner_wrk
    WITH KEY partner_fct = ls_partner_copy-trg_partner_fct.
* Yes, original partner in target partner function existed:
    IF sy-subrc = 0 AND NOT ls_partner_wrk IS INITIAL.
      ls_partner_com-ref_partner_fct = ls_partner_wrk-partner_fct.
```

```
        ls_partner_com-ref_partner_no    = ls_partner_wrk-partner_no.
        ls_partner_com-ref_display_type  = ls_partner_wrk-display_type.
        ls_partner_com-ref_no_type       = ls_partner_wrk-no_type.
      ENDIF.
* 5. Further preparation for PARTNER_MAINTAIN:
      ls_input_field_names-fieldname = 'DISPLAY_TYPE'.
      INSERT ls_input_field_names INTO TABLE lt_input_field_names.
      ls_input_field_names-fieldname = 'KIND_OF_ENTRY'.
      INSERT ls_input_field_names INTO TABLE lt_input_field_names.
      ls_input_field_names-fieldname = 'NO_TYPE'.
      INSERT ls_input_field_names INTO TABLE lt_input_field_names.
      ls_input_field_names-fieldname = 'PARTNER_NO'.
      INSERT ls_input_field_names INTO TABLE lt_input_field_names.
      ls_input_field_names-fieldname = 'PARTNER_FCT'.
      INSERT ls_input_field_names INTO TABLE lt_input_field_names.
* 6. Perform PARTNER_MAINTAIN:
      CALL FUNCTION 'CRM_PARTNER_MAINTAIN_SINGLE_OW'
        EXPORTING
          is_partner_com       = ls_partner_com
        CHANGING
          ct_input_field_names = lt_input_field_names
        EXCEPTIONS
          error_occurred       = 1
          OTHERS               = 2.
  ENDLOOP.
ENDFUNCTION.
```

Listing 5.3 Callback-Baustein zur Synchronisation von Geschäftspartnernummern in Servicebelegen

Bitte vergessen Sie nicht, Ihren Callback-Baustein im View CRMV_FUNC_ASSIGN für das Objekt CRM_PARTNER zu registrieren. In Abbildung 5.7 finden Sie einen Vorschlag, wie Sie Ihren Baustein anschließend im View CRMV_EVENT_CUST in das Eventhandling einbinden können. Sie werden feststellen, dass sich das Ereignis AFTER_CHANGE von dem laut Trace-Analyse bestimmten Ereignis BEFORE_CHANGE unterscheidet (siehe dazu Abbildung 5.4). Diese Anpassung war leider notwendig, da zwar die gewünschte Anpassung der Partnernummer(n) korrekt erfolgte, aber in bestimmten Konstellationen Systemmeldungen gedoppelt wurden. Dies ist erneut ein schönes Beispiel dafür, dass die Trace-Analyse eine recht gute Näherung ermöglicht, man jedoch ohne »Ausprobieren« nicht immer sofort ans Ziel kommt.

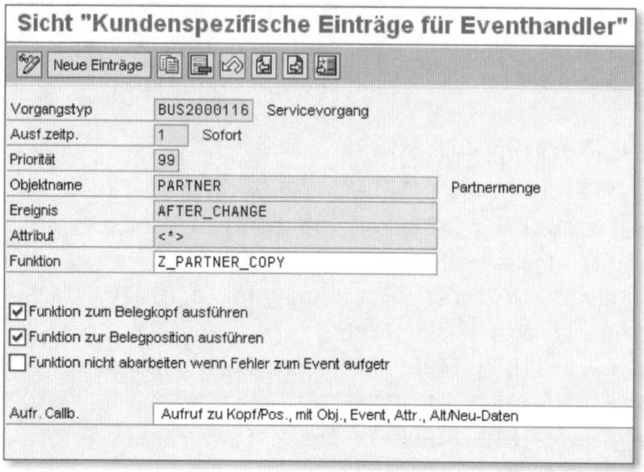

```
Sicht "Kundenspezifische Einträge für Eventhandler"
    Neue Einträge
Vorgangstyp      BUS2000116  Servicevorgang
Ausf.zeitp.      1           Sofort
Priorität        99
Objektname       PARTNER                  Partnermenge
Ereignis         AFTER_CHANGE
Attribut         <*>
Funktion         Z_PARTNER_COPY

[x] Funktion zum Belegkopf ausführen
[x] Funktion zur Belegposition ausführen
[ ] Funktion nicht abarbeiten wenn Fehler zum Event aufgetr

Aufr. Callb.     Aufruf zu Kopf/Pos., mit Obj., Event, Attr., Alt/Neu-Daten
```

Abbildung 5.7 Aktivierung des Callback-Bausteins ZPARTNER_COPY im Event Handler

5.3 Geschäftspartner

In diesem Abschnitt wollen wir Ihnen einige Erweiterungsmöglichkeiten für den Bereich der Geschäftspartnerstammdaten vorstellen, die im Bereich Service (aber auch im Bereich Sales) eine Rolle spielen. Zuerst zeigen wir Ihnen, wie Sie mit einfachen Mitteln die Stammdatenerfassung erleichtern können, indem Sie bestimmte Felder mit Default-Werten vorbelegen. Anschließend zeigen wir Ihnen einen Weg zur Erstellung eigener Suchhilfen, um die Suche nach Geschäftspartnern zu erleichtern. Als letztes Beispiel erläutern wir anhand verschiedener Lösungsansätze, wie sich die Bild- und Feldsteuerung im Bereich der Geschäftspartnerstammdaten je nach »Reifegrad« des Geschäftspartners beeinflussen lässt.

5.3.1 Defaulting des Landes bei Neuanlage eines Geschäftspartners

Bei der Neuanlage von Geschäftspartnern (Business Partner) gibt es einige zu pflegende Daten, die in den meisten Unternehmen immer oder fast immer gleich sind. Ein Beispiel sind die Felder LAND und SPRACHE – viele deutsche Unternehmen arbeiten hauptsächlich mit deutschen Kunden zusammen, daher würde es bei der Erfassung Zeit sparen, diese Felder automatisch mit DEUTSCHLAND bzw. DEUTSCH vorzubelegen. Natürlich muss der vorbelegte Wert sich trotzdem ändern lassen, damit man auf Ausnahmen reagieren kann.

Wir zeigen Ihnen nun anhand eines einfachen Beispiels, wie Sie das Feld LAND bei der Neuanlage von Geschäftspartnern vorbelegen können. Dieses Konzept können Sie dann mit geringen Anpassungen auch auf weitere Felder übertragen. Beachten Sie jedoch, dass diese Erweiterungstechnik UI-spezifisch ist und daher nur für das CRM Web UI greift!

Implementieren Sie innerhalb des Erweiterungsspots CRM_UIU_BP_ENHANCEMENT das BAdI BADI_CRM_BP_UIU_DEFAULTS, wie in Abbildung 5.8 gezeigt. Nachdem Sie alle relevanten Daten ergänzt haben, implementieren Sie die Methode GET_DEFAULT_VALUES. Orientieren Sie sich dabei an dem in Listing 5.4 gezeigten Beispiel. Beachten Sie, dass Sie den richtigen Kontextknoten (hier STANDARDADDRESS) und den richtigen Feldnamen verwenden. Diese Information erhalten Sie, indem Sie im betreffenden Feld im Web UI die Taste [F2] drücken (siehe auch Abschnitt 2.3, »UI-Erweiterungen«).

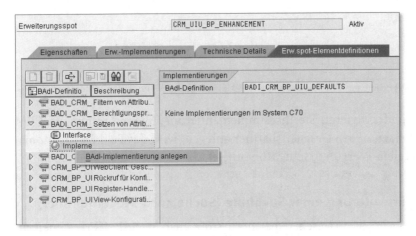

Abbildung 5.8 Implementierung des BAdIs BADI_CRM_BP_UIU_DEFAULTS

```
METHOD IF_UIU_BP_DEFAULTS~GET_DEFAULT_VALUES.
  DATA: LR_CURRENT       TYPE REF TO CL_BSP_WD_VALUE_NODE,
        LR_TYPED_CONTEXT TYPE REF TO CL_BSP_WD_CONTEXT,
        LR_CONTEXT_NODE  TYPE REF TO CL_BSP_WD_CONTEXT_NODE,
        LR_COLL_WRAPPER  TYPE REF TO CL_BSP_WD_COLLECTION_WRAPPER.
  FIELD-SYMBOLS: <TYPED_CONTEXT> TYPE ANY,
                 <CONTEXT_NODE>  TYPE ANY.
  ASSIGN CR_ME->('TYPED_CONTEXT') TO <TYPED_CONTEXT>.
  IF SY-SUBRC = 0.
    LR_TYPED_CONTEXT ?= <TYPED_CONTEXT>.
    IF LR_TYPED_CONTEXT IS BOUND.
      ASSIGN LR_TYPED_CONTEXT->  ('STANDARDADDRESS') TO <CONTEXT_NODE>.
      IF SY-SUBRC = 0.
```

```
        TRY.
            LR_CONTEXT_NODE ?= <CONTEXT_NODE>.
          CATCH CX_SY_MOVE_CAST_ERROR.
        ENDTRY.
        IF LR_CONTEXT_NODE IS BOUND.
          LR_COLL_WRAPPER ?= LR_CONTEXT_NODE-> COLLECTION_WRAPPER.
          IF LR_COLL_WRAPPER IS BOUND.
            TRY.
                LR_CURRENT ?= LR_COLL_WRAPPER-> GET_CURRENT( ).
                CHECK LR_CURRENT IS BOUND.
                LR_CURRENT->SET_PROPERTY(
                        IV_ATTR_NAME = 'COUNTRY'
                        IV_VALUE     = 'DE' ).
              CATCH CX_SY_MOVE_CAST_ERROR.
            ENDTRY.
          ENDIF.
        ENDIF.
      ENDIF.
    ENDIF.
  ENDIF.
ENDMETHOD.
```

Listing 5.4 Vorbelegen des Feldes »Land« bei Neuanlage eines Geschäftspartners

Sichern und aktivieren Sie Ihre Implementierung. Wenn Sie nun im CRM Web UI einen neuen Geschäftspartner anlegen, wird das Feld LAND automatisch mit dem Wert DEUTSCHLAND vorbelegt.

5.3.2 Erweiterung einer Suchhilfe (Suche nach Steuernummer)

Bei der Suche nach Geschäftspartnern stößt man in SAP CRM schnell an Grenzen. Oft werden zusätzliche Suchkriterien gewünscht, die so im Standard nicht vorhanden sind. Eine häufige Anforderung ist dabei die Suche nach der Steuernummer, z. B. der Umsatzsteuer-ID-Nummer. Anhand dieses Beispiels wollen wir Ihnen nun zeigen, wie Sie eine entsprechende eigene Suchhilfe erstellen und diese anschließend auch in die Standard-Suchdialoge integrieren können. Die Integration der Suchhilfe in die bestehende Geschäftspartnersuche ist dabei UI-spezifisch – wir zeigen Ihnen sowohl eine Lösung für das Web UI als auch für das SAP GUI.

Wenn Sie sich im Geschäftspartnerstammsatz die Tabelle *Steuernummern* anschauen, stellen Sie fest, dass ein Datensatz immer durch eine Kombination der Felder TYP und STEUERNUMMER gekennzeichnet ist (siehe Abbildung 5.9). Eine Suche für das Feld STEUERNUMMER wird somit auch immer den Typ berücksichtigen müssen. Wenn Sie ausschließlich über einen Typ suchen wollen, beispielsweise die USt.-ID, dann können Sie diesen Wert (in dem Fall DE0) auch hart in der Suchhilfe hinterlegen. Für unser Beispiel wollen wir die Suche jedoch generischer anlegen, der User muss zur Suche also immer TYP und STEUERNUMMER eingeben.

Abbildung 5.9 Vom Typ abhängige Steuernummer im Geschäftspartner

Beginnen Sie nun damit, in der Transaktion SE11 eine neue (elementare) Suchhilfe anzulegen (siehe Abbildung 5.10). Definieren Sie, welche Felder Sie in Ihrer Suche für die Suchhilfe verwenden möchten und welche Felder auf der Ergebnisliste angezeigt werden sollen. Als Importparameter (IMP) kennzeichnen Sie die Felder, die aus dem Anwendungskontext (sofern vorhanden) in die Suchhilfe übernommen werden sollen, und als Exportparameter (EXP) kennzeichnen Sie die Felder, die aus der Ergebnisliste bei Auswahl zurück in den Anwendungskontext übernommen werden sollen. Legen Sie zudem die Reihenfolge der Felder auf den jeweiligen Screens über die Felder LPos (Position auf Trefferliste) und SPos (Position auf Suchscreen) fest, wie in Abbildung 5.10 gezeigt.

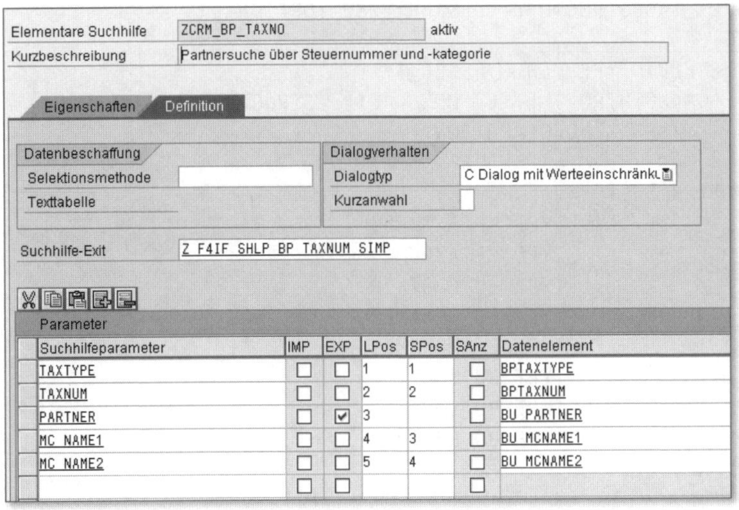

Abbildung 5.10 Elementare Suchhilfe für die Geschäftspartnersuche nach Steuernummer

Eine kleine Anmerkung zu unserer Feldauswahl: Für eine Wertehilfe ([F4]) auf dem Feld der Geschäftspartnernummer ist nur das Feld PARTNER als Exportparameter nötig. Die Felder MC_NAME1 und MC_NAME2 (Name1 und Name2 des Geschäftspartners) benötigen wir zudem nicht unbedingt für die Selektion, wir benutzen sie jedoch zur Performancesteigerung. Eine umfassendere Erläuterung zur Verwendung dieser Felder in der Selektion folgt später in diesem Abschnitt. Beachten Sie, dass Sie gegebenenfalls eigene Datenelemente verwenden müssen, wenn Sie Wertehilfen für Ihre Felder benötigen, die in den Standard-Datenelementen nicht verfügbar sind.

Nachdem Sie eine Suchhilfe angelegt haben, gilt es nun, die Programmlogik zur Ermittlung der Geschäftspartner nach Steuernummer zu erstellen. Dazu müssen Sie einen Suchhilfe-Exit in Form eines Funktionsbausteins verwenden, den Sie, wie in Abbildung 5.10 gezeigt, in der Suchhilfe eintragen.

Suchhilfe-Exit-Bausteine haben eine standardisierte Schnittstelle und einen standardisierten Aufbau. Kopieren Sie daher am besten einen vorhandenen Baustein aus dem relevanten Bereich, und passen Sie ihn dann für Ihre Zwecke an. Sie erkennen die Standard-Bausteine am Namensbestandteil F4IF_SHLP. Einen für unser Beispiel angepassten Suchhilfe-Exit finden Sie in Listing 5.5.

```
FUNCTION Z_F4IF_SHLP_BP_TAXNUM_SIMP.
*"----------------------------------------------------------
*"*"Lokale Schnittstelle:
*"  TABLES
*"      SHLP_TAB TYPE  SHLP_DESCR_TAB_T
*"      RECORD_TAB STRUCTURE  SEAHLPRES
*"      RESULT_TAB STRUCTURE  DFKKBPTAXNUM OPTIONAL
*"  CHANGING
*"      VALUE(SHLP) TYPE  SHLP_DESCR_T
*"      VALUE(CALLCONTROL) LIKE  DDSHF4CTRL STRUCTURE  DDSHF4CTRL
*"-------------------- DECLARATION --------------------
  TYPES:
  BEGIN OF LTY_RESULT,
    TAXTYPE              TYPE BPTAXTYPE,
    TAXNUM               TYPE BPTAXNUM,
    PARTNER              TYPE BU_PARTNER,
    MC_NAME1             TYPE BU_MCNAME2,
    MC_NAME2             TYPE BU_MCNAME2,
    BU_SORT1             TYPE BU_SORT1,
    BU_SORT2             TYPE BU_SORT1,
    BPKIND               TYPE BU_BPKIND,
  END OF LTY_RESULT.
```

```abap
  RANGES:
  LVR_TAXNUM            FOR DFKKBPTAXNUM-TAXNUM,
  LVR_TAXTYPE           FOR DFKKBPTAXNUM-TAXTYPE,
  LVR_TAX_NAME          FOR DFKKBPTAXNUM-TAXNUM.
  CONSTANTS:
  LC_MC_NAME1           TYPE SHLPFIELD VALUE 'MC_NAME1',
  LC_MC_NAME2           TYPE SHLPFIELD VALUE 'MC_NAME2'.
  DATA:
  LV_MYMAXRECORDS       TYPE DDSHF4CTRL-MAXRECORDS,
  LV_NUMBER_OF_RECORDS  TYPE SYTABIX,
  LT_VAL_SELOPT         TYPE STANDARD TABLE OF DDSHSELOPT,
  LS_VAL_SELOPT         TYPE DDSHSELOPT,
  LS_TAXNUM             TYPE DFKKBPTAXNUM,
  LS_TAXNUM_NAME        TYPE DFKKBPTAXNUM,
  LT_TAXNUM             TYPE TABLE OF DFKKBPTAXNUM,
  LT_TAXNUM_NAME        TYPE TABLE OF DFKKBPTAXNUM,
  LT_TAXNUM_RESULT      TYPE TABLE OF DFKKBPTAXNUM,
  LT_RESULT_TAB         TYPE ZCR_F4IF_SHLP_BP_ADR_0_TAB,
  LS_RESULT_TAB         TYPE ZCR_F4IF_SHLP_BP_ADR_0,
  LT_RES_TAB            TYPE TABLE OF LTY_RESULT,
  LS_RES                TYPE LTY_RESULT,
  LT_SELECTION_PARTNER  TYPE TABLE OF RSIS_S_RANGE,
  LT_SEL_NAME1          TYPE TABLE OF RSIS_S_RANGE,
  LT_SEL_NAME2          TYPE TABLE OF RSIS_S_RANGE,
  LS_SELECTION          TYPE RSIS_S_RANGE.
*---------------------------- CODE --------------------
* steps not processed
* !!! PRESEL step ommited !!!
  IF  CALLCONTROL-STEP <> 'SELECT' AND CALLCONTROL-
      STEP <> 'SELONE'.
    EXIT.
  ENDIF.
*"------------------------------------------------------
* STEP SELONE or SELECT
*"------------------------------------------------------
  IF CALLCONTROL-STEP = 'SELECT' OR CALLCONTROL-STEP = 'SELONE'.
*--- search ranges & match codes
*--- get taxtype
    CALL FUNCTION 'F4U_PARAMETER_VALUE_GET'
      EXPORTING
        PARAMETER      = 'TAXTYPE'
      TABLES
        SHLP_TAB       = SHLP_TAB
        RECORD_TAB     = RECORD_TAB
        SELOPT_TAB     = LT_VAL_SELOPT
      CHANGING
        SHLP           = SHLP
```

```abap
          CALLCONTROL       = CALLCONTROL
        EXCEPTIONS
          PARAMETER_UNKNOWN = 1
          OTHERS            = 2.
      IF SY-SUBRC <> 0.
        EXIT.
      ELSE.
        READ TABLE LT_VAL_SELOPT INTO LS_VAL_SELOPT INDEX 1.
        IF SY-SUBRC = 0.
          MOVE LS_VAL_SELOPT-SIGN     TO LVR_TAXTYPE-SIGN.
          MOVE LS_VAL_SELOPT-OPTION   TO LVR_TAXTYPE-OPTION.
          MOVE LS_VAL_SELOPT-LOW      TO LVR_TAXTYPE-LOW.
          APPEND LVR_TAXTYPE.
        ENDIF.
      ENDIF.
*--- get taxnum
      CALL FUNCTION 'F4UT_PARAMETER_VALUE_GET'
        EXPORTING
          PARAMETER         = 'TAXNUM'
        TABLES
          SHLP_TAB          = SHLP_TAB
          RECORD_TAB        = RECORD_TAB
          SELOPT_TAB        = LT_VAL_SELOPT
        CHANGING
          SHLP              = SHLP
          CALLCONTROL       = CALLCONTROL
        EXCEPTIONS
          PARAMETER_UNKNOWN = 1
          OTHERS            = 2.
      IF SY-SUBRC <> 0.
        EXIT.
      ELSE.
        READ TABLE LT_VAL_SELOPT INTO LS_VAL_SELOPT INDEX 1.
        IF SY-SUBRC = 0.
          MOVE LS_VAL_SELOPT-SIGN     TO LVR_TAXNUM-SIGN.
          MOVE LS_VAL_SELOPT-OPTION   TO LVR_TAXNUM-OPTION.
          MOVE LS_VAL_SELOPT-LOW      TO LVR_TAXNUM-LOW.
          APPEND LVR_TAXNUM.
        ENDIF.
      ENDIF.
*----- Filter: Name 1/Last Name
      CALL FUNCTION 'F4UT_PARAMETER_VALUE_GET'
        EXPORTING
          PARAMETER         = LC_MC_NAME1
        TABLES
          SHLP_TAB          = SHLP_TAB
          RECORD_TAB        = RECORD_TAB
```

```abap
            SELOPT_TAB        = LT_VAL_SELOPT
         CHANGING
            SHLP              = SHLP
            CALLCONTROL       = CALLCONTROL
         EXCEPTIONS
            PARAMETER_UNKNOWN = 1
            OTHERS            = 2.
      IF SY-SUBRC <> 0.
      ELSE.
         READ TABLE LT_VAL_SELOPT INTO LS_VAL_SELOPT INDEX 1.
         IF SY-SUBRC = 0.
            MOVE-CORRESPONDING LS_VAL_SELOPT TO LS_SELECTION.
            INSERT LS_SELECTION INTO TABLE LT_SEL_NAME1.
         ENDIF.
      ENDIF.
*------ Filter: Name 2/First Name
      CALL FUNCTION 'F4UT_PARAMETER_VALUE_GET'
         EXPORTING
            PARAMETER         = LC_MC_NAME2
         TABLES
            SHLP_TAB          = SHLP_TAB
            RECORD_TAB        = RECORD_TAB
            SELOPT_TAB        = LT_VAL_SELOPT
         CHANGING
            SHLP              = SHLP
            CALLCONTROL       = CALLCONTROL
         EXCEPTIONS
            PARAMETER_UNKNOWN = 1
            OTHERS            = 2.
      IF SY-SUBRC <> 0.
      ELSE.
         READ TABLE LT_VAL_SELOPT INTO LS_VAL_SELOPT INDEX 1.
         IF SY-SUBRC = 0.
            MOVE-CORRESPONDING LS_VAL_SELOPT TO LS_SELECTION.
            INSERT LS_SELECTION INTO TABLE LT_SEL_NAME2.
         ENDIF.
      ENDIF.
*---- Parameter check
      IF ( LVR_TAXNUM[] IS INITIAL AND LVR_
         TAXTYPE[] IS INITIAL ) AND ( LT_SEL_NAME1[] IS INITIAL AND
         LT_SEL_NAME2[] IS INITIAL ).
         MESSAGE I010(ZCRM_BUPA).
         EXIT.
      ENDIF.
* if the search help is set to unlimited number of records
* we have to restrict it here.
      IF CALLCONTROL-MAXRECORDS = 0.
```

```abap
            CALLCONTROL-MAXRECORDS := 1000.
          ENDIF.
*-----    selections
        IF NOT LT_SEL_NAME1[] IS INITIAL OR NOT LT_SEL_
           NAME2[] IS INITIAL.
* Filter by MC_NAME1 and MC_NAME2 for performance reasons
*----    select data according to name
            SELECT * FROM ZCRM_M_BUP UP TO CALLCONTROL- MAXRECORDS ROWS
            INTO CORRESPONDING FIELDS OF TABLE LT_RESULT_TAB
              WHERE MC_NAME1 IN LT_SEL_NAME1 AND
            MC_NAME2 IN LT_SEL_NAME2.
*----    name-parameter given -> no entries found ->
*----    no further search needed
            IF LT_RESULT_TAB[] IS INITIAL.
              EXIT.
            ENDIF.
* get taxnumbers for these partners
            LOOP AT LT_RESULT_TAB INTO LS_RESULT_TAB.
              MOVE 'I'              TO LVR_TAX_NAME-SIGN.
              MOVE 'EQ'             TO LVR_TAX_NAME-OPTION.
           MOVE LS_RESULT_TAB-PARTNER TO LVR_TAX_NAME-LOW.
              APPEND LVR_TAX_NAME.
            ENDLOOP.
            SELECT * FROM DFKKBPTAXNUM INTO TABLE LT_TAXNUM_
NAME WHERE PARTNER IN LVR_TAX_NAME.
          ENDIF.
*----   select data by tax-info only (without filter)
        IF LVR_TAXTYPE IS INITIAL AND NOT LVR_TAXNUM-LOW IS INITIAL.
*----   set '*' to allow search on all taxtypes
            LVR_TAXTYPE := 'IEQ*'.
*----   read only with taxnum
            SELECT * FROM DFKKBPTAXNUM INTO TABLE LT_TAXNUM WHERE
              TAXNUM IN LVR_TAXNUM.
          ELSE.
*----   read with both params
            SELECT * FROM DFKKBPTAXNUM INTO TABLE LT_TAXNUM WHERE
              TAXNUM IN LVR_TAXNUM AND TAXTYPE IN LVR_TAXTYPE.
          ENDIF.
*----   build selection list for partners found by name
*----   and/or by taxtype/-number
          IF NOT LT_TAXNUM_NAME IS INITIAL AND NOT LT_TAXNUM IS INITIAL.
            LOOP AT LT_TAXNUM_NAME INTO LS_TAXNUM_NAME.
              LOOP AT LT_TAXNUM INTO LS_TAXNUM WHERE PARTNER =
                LS_TAXNUM_NAME-PARTNER.
                LS_SELECTION-SIGN   := 'I'.
                LS_SELECTION-OPTION := 'EQ'.
                LS_SELECTION-LOW    := LS_TAXNUM-PARTNER.
```

```abap
              INSERT LS_SELECTION INTO TABLE LT_SELECTION_PARTNER.
              INSERT LS_TAXNUM INTO TABLE LT_TAXNUM_RESULT.
            ENDLOOP.
          ENDLOOP.
       ELSEIF NOT LT_TAXNUM_NAME IS INITIAL AND LT_TAXNUM IS INITIAL.
          LOOP AT LT_TAXNUM_NAME INTO LS_TAXNUM_NAME.
            LS_SELECTION-SIGN    := 'I'.
            LS_SELECTION-OPTION  := 'EQ'.
            LS_SELECTION-LOW     := LS_TAXNUM-PARTNER.
            INSERT LS_SELECTION INTO TABLE LT_SELECTION_PARTNER.
          ENDLOOP.
          LT_TAXNUM_RESULT := LT_TAXNUM_NAME.
       ELSEIF LT_TAXNUM_NAME IS INITIAL AND NOT LT_TAXNUM IS INITIAL.
          LOOP AT LT_TAXNUM INTO LS_TAXNUM.
            LS_SELECTION-SIGN    := 'I'.
            LS_SELECTION-OPTION  := 'EQ'.
            LS_SELECTION-LOW     := LS_TAXNUM-PARTNER.
            INSERT LS_SELECTION INTO TABLE LT_SELECTION_PARTNER.
          ENDLOOP.
          LT_TAXNUM_RESULT := LT_TAXNUM.
       ENDIF.
       SORT LT_TAXNUM_RESULT BY PARTNER TAXTYPE ASCENDING.
       DELETE ADJACENT DUPLICATES FROM LT_TAXNUM_RESULT.
*  Nothing found - exit
       IF LT_SELECTION_PARTNER IS INITIAL.
          EXIT.
       ENDIF.
       SORT LT_SELECTION_PARTNER BY LOW ASCENDING.
       DELETE ADJACENT DUPLICATES FROM LT_SELECTION_PARTNER.
*---- check max. number of records
       SORT LT_SELECTION_PARTNER BY LOW ASCENDING.
*---- check on the max number of output records
       DESCRIBE TABLE LT_SELECTION_PARTNER LINES LV_NUMBER_OF_RECORDS.
       LV_MYMAXRECORDS = CALLCONTROL-MAXRECORDS + 1.
       IF LV_NUMBER_OF_RECORDS >= LV_MYMAXRECORDS.
          DELETE LT_SELECTION_PARTNER FROM LV_MYMAXRECORDS.
          CALLCONTROL-MAXEXCEED = 'X'.
       ELSE.
          CALLCONTROL-MAXEXCEED = ' '.
       ENDIF.
*---- select data from db via view
     SELECT * FROM ZCRM_M_BUP UP TO CALLCONTROL-MAXRECORDS ROWS
       INTO CORRESPONDING FIELDS OF TABLE LT_RESULT_TAB
       WHERE PARTNER  IN LT_SELECTION_PARTNER.
*---- add taxnumber/taxtype to result list
       LOOP AT LT_TAXNUM_RESULT INTO LS_TAXNUM.
          LOOP AT LT_RESULT_TAB INTO LS_RESULT_TAB WHERE PARTNER =
```

```
        LS_TAXNUM-PARTNER.
        MOVE-CORRESPONDING LS_RESULT_TAB TO LS_RES.
        LS_RES-TAXTYPE := LS_TAXNUM-TAXTYPE.
        LS_RES-TAXNUM  := LS_TAXNUM-TAXNUM.
        INSERT LS_RES INTO TABLE LT_RES_TAB.
      ENDLOOP.
    ENDLOOP.
    CALL FUNCTION 'F4UT_RESULTS_MAP'
      TABLES
        SHLP_TAB          = SHLP_TAB
        RECORD_TAB        = RECORD_TAB
        SOURCE_TAB        = LT_RES_TAB
      CHANGING
        SHLP              = SHLP
        CALLCONTROL       = CALLCONTROL
      EXCEPTIONS
        ILLEGAL_STRUCTURE = 1
        OTHERS            = 2.
    IF SY-SUBRC <> 0.
      EXIT. "Don't process STEP DISP additionally in this call.
    ELSE.
      CALLCONTROL-STEP = 'DISP'.
    ENDIF.
  ENDIF. "IF callcontrol-step = 'SELECT' OR callcontrol-
    step = 'SELONE'.
ENDFUNCTION.
```

Listing 5.5 Suchhilfe-Exit zur Ermittlung von Geschäftspartnern nach Steuernummer

Für unser Beispiel haben wir noch eine Besonderheit eingebaut: Wie Sie in Listing 5.5 sehen, filtern wir die Suchmenge vorab aus Performancegründen anhand der Felder MC_NAME1 und MC_NAME2, sofern diese mit eingegeben wurden. Dazu wird der View ZCRM_M_BUP als Selektionshilfe verwendet, der die Tabellen BUT000 und BUT100 verbindet (siehe Abbildung 5.11).

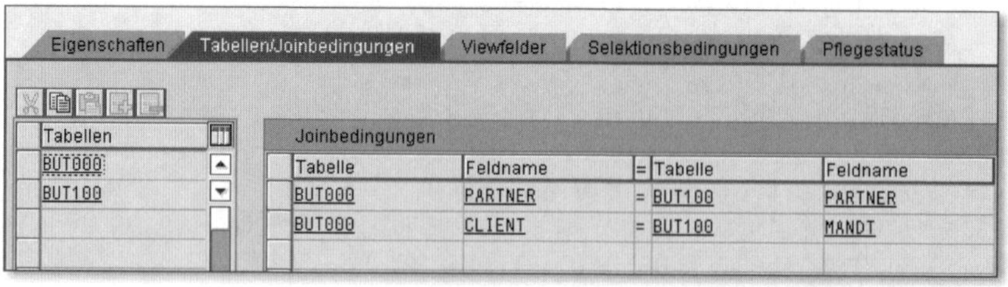

Abbildung 5.11 View ZCRM_M_BUP als Selektionshilfe

Darüber hinaus wird die kundeneigene Struktur `ZCR_F4IF_SHLP_BP_ADR_0` bzw. der Tabellentyp `ZCR_F4IF_SHLP_BP_ADR_0_TAB` für die über den View `ZCRM_M_BUP` ermittelten Ergebnisfelder benutzt. Die verwendeten Felder können Sie frei bestimmen, sie hängen nur von den zur Ausgabe vorgesehenen Feldern in Ihrer Suchhilfe ab, d. h., Sie müssen über die View-Selektion alle Felder ermitteln, die Sie als Ergebnisliste ausgeben möchten.

Grundsätzlich ist Ihre Suchhilfe nun fertig und sollte auch schon funktionieren. Sie können dies über den Button TESTEN ausprobieren. Nun müssen wir die Suchhilfe nur noch an der passenden Stelle hinterlegen – das Vorgehen dazu unterscheidet sich je nach verwendetem UI. Für das SAP GUI ist es sinnvoll, die vorhandene Standard-Sammelsuchhilfe BUPA zu erweitern. Dies ist die Suchhilfe, die für das Feld PARTNERNUMMER in der Transaktion BP hinterlegt ist. Öffnen Sie die Suchhilfe BUPA in der Transaktion SE11, und ergänzen Sie auf der Registerkarte INKLUDIERTE SUCHHILFEN Ihre soeben erstelle Hilfe (siehe Abbildung 5.12).

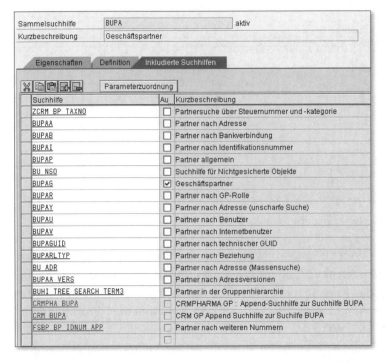

Abbildung 5.12 Inkludieren der neuen Suchhilfe in der Sammelsuchhilfe BUPA

Markieren Sie anschließend Ihre Suchhilfe, und ergänzen Sie über den Button PARAMETERZUORDNUNG die Zuordnung des Partnernummernfeldes (siehe Abbildung 5.13). Sichern und aktivieren Sie dann die BUPA-Suchhilfe.

Abbildung 5.13 Parameterzuordnung der inkludierten Suchhilfe

Nach der Ergänzung der Standard-Suchhilfe BUPA stehen Ihre neuen Suchparameter nun in der Transaktion BP (und an allen anderen Stellen, an denen diese Suchhilfe verwendet wird) zur Verfügung. Wenn Sie die Taste [F4] auf dem Feld der Geschäftspartnernummer drücken, sehen Sie Ihre Suchhilfe gleich als erste Registerkarte der Sammelsuchhilfe (siehe Abbildung 5.14).

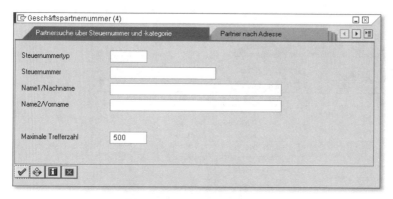

Abbildung 5.14 Verwendung der neuen Suchhilfe im SAP GUI

Wenn Sie das Web UI nutzen, müssen Sie einen anderen Weg zur Einbindung der neuen Suchhilfe gehen. Wir zeigen Ihnen beispielhaft, wie Sie die Suchhilfe für das Feld ACCOUNT-ID in der Suche nach Accounts hinterlegen können (siehe Abbildung 5.15). Rufen Sie die Komponenten-Workbench auf (Transaktion BSP_WD_CMPWB), und erweitern Sie die Komponente BP_HEAD_SEARCH (siehe dazu auch Abschnitt 2.3, »UI-Erweiterungen«). Erweitern Sie den View BP_HEAD_SEARCH/MainSearch, und generieren Sie im Kontextknoten SEARCH die V-Getter-Methode für das Attribut STRUCT.PARTNER. Ermitteln Sie dann innerhalb der Methode GET_V_PARTNER Ihre eigene Suchhilfe, wie in Listing 5.6 gezeigt.

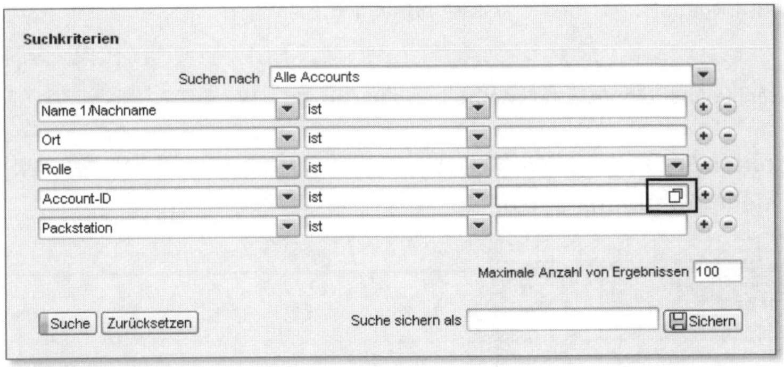

Geschäftspartner | **5.3**

Abbildung 5.15 Suchhilfe für das Feld »Account-ID« im Web UI

> **Hinweis: Einbindung einer vorhandenen Suchhilfe in das Web UI**
>
> Wenn Sie ausschließlich die Web-UI-Suche erweitern wollen, ist der hier gezeigte Weg zwar möglich, aber sicher nicht optimal zur Erstellung einer neuen Suchhilfe. Stattdessen sollten Sie die Suchkriterienliste mithilfe neuer Felder erweitern, da streng genommen eine Suchhilfe auf einem Suchfeld ein etwas umständlicher und für Anwender vielleicht schwer nachvollziehbarer Weg ist. Dennoch ist das hier beschriebene Verfahren eine gute Möglichkeit, um eine bereits vorhandene Suchhilfe schnell in das Web UI einzubinden, beispielsweise nach einem Releasewechsel oder weil Sie SAP GUI und Web UI parallel verwenden.

```
METHOD GET_V_PARTNER.
  DATA: LS_MAP TYPE
        IF_BSP_WD_VALUEHELP_F4DESCR=>GTYPE_PARAM_MAPPING,
LT_INMAP TYPE
IF_BSP_WD_VALUEHELP_F4DESCR=>GTYPE_PARAM_MAPPING_TAB,
LT_OUTMAP TYPE
IF_BSP_WD_VALUEHELP_F4DESCR=>GTYPE_PARAM_MAPPING_TAB.
  LS_MAP-CONTEXT_ATTR = 'struct.partner'.
  LS_MAP-F4_ATTR      = 'PARTNER'.
  APPEND LS_MAP TO: LT_INMAP, LT_OUTMAP.
  CREATE OBJECT RV_VALUEHELP_DESCRIPTOR
    TYPE
      CL_BSP_WD_VALUEHELP_F4DESCR
    EXPORTING
      IV_HELP_ID                = 'ZCRM_BP_TAXNO'
      IV_HELP_ID_KIND           = IF_BSP_WD_VALUEHELP_
F4DESCR=>HELP_ID_KIND_NAME
      IV_INPUT_MAPPING          = LT_INMAP
      IV_OUTPUT_MAPPING         = LT_OUTMAP
```

```
        IV_TRIGGER_SUBMIT              = ABAP_TRUE.
ENDMETHOD.
```

Listing 5.6 Wertehilfe über die V-Getter-Methode einbinden

Im Ergebnis sollten Sie auch im Web UI Ihre selbst erstellte Suchhilfe verwenden können (siehe Abbildung 5.16).

Abbildung 5.16 Verwendung der neuen Suchhilfe im Web UI

5.3.3 Einschränkung der Änderbarkeit von Geschäftspartnerdaten

Ja nachdem, in welchem »Reifegrad« sich ein Geschäftspartner befindet, soll die Änderbarkeit von Stammdatenfeldern eingeschränkt werden. Der Reifegrad kann dabei z. B. durch die *Rolle* gekennzeichnet sein: In der Rolle *Interessent* darf der Vertrieb möglicherweise noch alle Daten ändern, spätestens wenn der Geschäftspartner die Rolle *Auftraggeber* bekommt, sollte die Änderbarkeit aber eingeschränkt werden. Beispielsweise sollen Adressdaten nicht mehr geändert werden dürfen, da für den Kunden bereits Buchhaltungssichten existieren und ein versehentliches Überschreiben einer geprüften Adresse schwerwiegende Folgen haben könnte.

Aus den älteren SAP-GUI-basierten CRM-Releases kennen Sie vielleicht noch die Möglichkeit, Feldattribute per Customizing festzulegen – auch pro Geschäftspartnerrolle war dies möglich. Sie konnten Attribute wie *Pflichtfeld*, *Nur Anzeige* oder *Ausblenden* auf Feldebene definieren. Leider greift dieses Konzept nicht mehr bzw. nur bedingt im CRM Web UI – hier benötigen wir also einen anderen Lösungsansatz. Zudem wurde über diese Art der Feldsteuerung nicht geprüft, ob ein Geschäftspartner generell in einer bestimmten Rolle ausgeprägt ist, es wurde lediglich die Feldauswahl pro Rolle eingeschränkt. Man könnte also theoretisch in der Rolle *Interessent* weiterhin die Felder ändern, die in der Rolle *Auftraggeber* als nicht änderbar geschaltet sind.

Im Gegensatz zu den meisten anderen Abschnitten in diesem Buch werden wir Ihnen an dieser Stelle kein konkretes Beispiel inklusive Listing liefern. Dies hat den Grund, dass es keine perfekte Umsetzung unserer Anforderung für das Web UI gibt – vielmehr gibt es verschiedene Lösungsvarianten, die alle Vor- und Nachteile haben und sich in den Steuerungsmöglichkeiten und damit auch im Ergebnis unterscheiden. Zudem hängt diese Entscheidung auch stark von der konkreten Anforderung ab. Wir stellen Ihnen die unterschiedlichen Lösungsansätze im Folgenden kurz vor und überlassen es Ihnen, für welchen Ansatz Sie sich entscheiden.

Bild-/Feldsteuerung über Konfigurationen

Mithilfe des BAdIs `CRM_BP_UIU_VIEW_CONFIG` (Methode `CHANGE_CONFIG_TYPES`) des Enhancement Spots `CRM_UIU_BP_ENHANCEMENT` ist es möglich, anhand bestimmter Kriterien eigene Konfigurationen im Web UI zu ermitteln. Sie können also verschiedene Konfigurationen für eine Sicht erstellen und dann kontextabhängig (z. B. nach Rolle des Geschäftspartners) die eine oder andere Konfiguration heranziehen. Wenn Sie in einer Konfiguration bestimmte Felder ausblenden, erreichen Sie so in Verbindung mit einer passenden Berechtigungssteuerung, dass diese nicht mehr änderbar sind. Weitere Erläuterungen und eine Beispiel-Implementierung für eine rollenabhängige Bildsteuerung finden Sie in SAP-Hinweis 1260695.

Bild-/Feldsteuerung über Views

Mithilfe des BAdIs `CRM_BP_UIU_VIEWS` (Methode `DETERMINE_VIEWS`) können Sie anhand bestimmter Kriterien eigene Views anhängen oder abkoppeln. Bei Anwendung dieser Technik können Sie nur komplette Zuordnungsblöcke ausblenden. Weitere Informationen finden Sie in SAP-Hinweis 999092.

Auswertungen der (alten) Customizing-Feldmodifikationen im Web UI

Der SAP-Hinweis 1257009 stellt eine Reparatur bereit, die dafür sorgt, dass die in der Transaktion BUCG definierten Mussfelder auch im Web UI greifen. Der Hinweis bezieht sich jedoch nur auf Mussfelder – es ist auch nach Einbau der Korrektur nicht möglich, Felder dynamisch auszublenden.

Steuerung der Attribute auf Feldebene mithilfe des I-Getters

Sie können die Eingabebereitschaft eines einzelnen Feldes jederzeit mithilfe der Methode `GET_I` des jeweiligen Feldes innerhalb einer Komponenterweiterung beeinflussen (siehe auch Abschnitt 2.3, »UI-Erweiterungen«). Erweitern Sie die entsprechende Komponente, generieren Sie die Methode GET_I für alle Felder, die Sie beeinflussen wollen, und prüfen Sie innerhalb der Methode auf die relevanten Kriterien, z. B. die Rolle des Geschäftspartners. Setzen Sie dann den Parameter RV_DISABLED auf TRUE, um das Feld auf *nicht änderbar* zu schalten.

5.4 Textfindung

Bereits im Bereich »Sales« in Abschnitt 4.3, »Textfindung«, haben Sie als Tipp die Möglichkeit kennengelernt, Langtexte mithilfe eines kundeneigenen Funktionsbausteins vorzubelegen. Dieses Vorgehen soll nun anhand eines konkreten Beispiels detailliert erläutert werden. Für grundsätzliche Hinweise zur Erweiterung der Textfindung schauen Sie sich bitte auch den allgemeinen Teil von Abschnitt 4.3 an.

Nehmen wir an, in einem Serviceangebot existiert ein Langtext *Anschreiben*. Dieser Langtext wird auf einem Smart-Forms-Formular, dem Serviceangebot, ausgegeben und variiert je nach Organisationseinheit (beispielsweise wird für den Privatkundenbereich ein anderes Anschreiben verwendet als für den Geschäftskundenbereich). Zudem soll es sich nicht um einen starren Textbaustein handeln, den Sie auch über das Formular vorbelegen könnten, sondern der Innendienstmitarbeiter soll die Möglichkeit haben, das Anschreiben vor dem Druck anzupassen. Für diesen Fall lässt sich eine Textfindung über einen kundeneigenen Funktionsbaustein realisieren. Innerhalb des Funktionsbausteins wird je nach aktueller Serviceorganisationseinheit ein bestimmter Textbaustein (Standard-Text) »gefunden« und die Text-ID anschließend damit vorbelegt. Die Zuordnung, welcher Textbaustein für welche Organisationseinheit verwendet werden soll, erfolgt über eine kundeneigene Customizing-Tabelle.

Legen Sie zunächst einen neuen Textfindungsfunktionsbaustein als Kopie des Standard-Funktionsbausteins COM_TEXT_DETERMINE_TEXT an, und tragen Sie diesen Funktionsbaustein in die Zugriffsfolge für die betroffene Text-ID ein (IMG-Pfad: Customer Relationship Management • Grundfunktionen • Textverwaltung). Überprüfen Sie, ob Ihr Funktionsbaustein während der Textfindung wie erwartet durchlaufen wird (z. B. mithilfe eines Breakpoints).

Legen Sie nun mit der Transaktion SO10 Ihre Textbausteine an. Für unser Beispiel benötigen wir zwei verschiedene, das Privatkundenanschreiben und das Geschäftskundenanschreiben. Die Textbausteinnamen sollten im Kundennamensraum liegen, und die Text-ID ist hierbei immer ST (siehe Abbildung 5.17).

Standardtext
- Textname: Z_GESCHAEFTSKUNDEN
- Text-ID: ST Allgemeiner Standardtext
- Sprache: DE

Anzeigen | Ändern | Anlegen

Abbildung 5.17 Anlegen eines Textbausteins mit der Transaktion SO10

Als Nächstes kümmern wir uns um die Customizing-Tabelle: Legen Sie eine neue Tabelle an, wie in Abschnitt 2.5, »Parametrisierbarkeit von Erweiterungen«, beschrieben. Die Tabelle sollte folgende Felder besitzen:

- MANDT (TYPE MANDT)
- TEXTNAME (TYPE TDOBNAME)
- SALES_ORG TYPE (CRMT_R3_SALES_ORG)

Wenn Sie ein Szenario mit angeschlossenem ERP-System nutzen, verwenden Sie hier die ERP-Verkaufsorganisation anstelle der CRM-Verkaufsorganisation (bzw. *CRM-Serviceorganisation* – wir sprechen im Folgenden weiter einheitlich von Verkaufsorganisation, um nicht zu verwirren). Die CRM-Organisationseinheiten können sich im Gegensatz zu Ihren ERP-Pendants relativ leicht ändern und sind damit für das Customizing nur bedingt geeignet (siehe dazu ebenfalls Abschnitt 2.5). Die ERP-Verkaufsorganisation können Sie z. B. über das Organisationsmanagement (Transaktion PPOMA_CRM) herausfinden. Reicht Ihnen das als Schlüssel nicht aus, ergänzen Sie den *Vertriebsweg* und die *Sparte*. Für unser Beispiel wollen wir es jedoch bei der Verkaufsorganisation belassen.

Aktivieren Sie nun Ihre Tabelle, und generieren Sie anschließend eine Pflegeoberfläche mithilfe des Tabellenpflegegenerators. Sobald die Generierung abgeschlossen ist, können Sie die Tabelle mit der Transaktion SM30 pflegen. Für das Beispiel brauchen wir zwei Einträge für die beiden Textbausteine *Geschäftskundenanschreiben* und *Privatkundenanschreiben* (siehe Abbildung 5.18).

Textbausteine zur Vorbelegung definieren	
Textname	R/3Vkorg.
Z_GESCHAEFTSKUNDEN	1000
Z_PRIVATKUNDEN	1100

Abbildung 5.18 Textbausteine zu Verkaufsorganisation zuordnen

In unserem selbst erstellten Funktionsbaustein müssen wir nun noch die Verkaufsorganisation ermitteln, daraus die ERP-Verkaufsorganisation ableiten, unsere Text-Customizing-Tabelle auf einen Textbaustein für die gefundene Organisationseinheit überprüfen und diesen, falls gefunden, an die Textfindung übergeben. Einen Beispielfunktionsbaustein dazu finden Sie in Listing 5.7. Bitte beachten Sie, dass dieses Beispiel voraussetzt, dass zum Zeitpunkt der Textfindung die Organisationsdaten im Beleg bereits feststehen (das hängt von der jeweiligen Einstellung zur Organisationsdatenfindung ab und ist nicht automatisch der Fall).

```
FUNCTION z_com_text_determination2.
*"----------------------------------------------------------
*"*"Lokale Schnittstelle:
*"  IMPORTING
*"     REFERENCE(IV_OBJECT)          TYPE  COMT_TEXT_TEXTOBJECT
*"     REFERENCE(IV_PROCEDURE)       TYPE  COMT_TEXT_DET_PROCEDURE
*"     REFERENCE(IV_TEXTNAME)        TYPE  TDOBNAME
*"     REFERENCE(IV_TEXTID)          TYPE  COMT_TEXT_TEXTID
*"     REFERENCE(IT_COMSTRUC_FIELDTAB) TYPE  COMT_TEXT_FIELD_VALUE_
*"                                         TAB OPTIONAL
*"     REFERENCE(IV_PREDECESSOR)     TYPE  TDOBNAME OPTIONAL
*"  EXPORTING
*"     REFERENCE(ES_REFERENCE)       TYPE  STXH_KEY
*"----------------------------------------------------------
  INCLUDE: crm_direct.
* Data declaration
  DATA: lt_headerguid         TYPE crmt_object_guid_tab,
        lv_headerguid         TYPE crmt_object_guid,
        lt_orgman             TYPE crmt_orgman_wrkt,
        ls_orgman             TYPE crmt_orgman_wrk,
        lt_requested_objects  TYPE crmt_object_name_tab,
        lv_textname           TYPE tdobname,
        lv_r3_orgunit         TYPE crmt_r3_sales_org,
        ls_zcr_textmodules    TYPE zcr_textmodules.
  REFRESH: lt_headerguid,
           lt_orgman,
```

```abap
              lt_requested_objects.
    IF iv_textid IS INITIAL.
      EXIT.
    ENDIF.
*   Get GUID
    CLEAR: lv_headerguid.
    MOVE iv_textname TO lv_headerguid.
    INSERT lv_headerguid INTO TABLE lt_headerguid.
*   Fill requested objects for FM CRM_ORDER_READ
    INSERT gc_object_name-orgman INTO TABLE lt_requested_objects.
*   Get organizational data
    CALL FUNCTION 'CRM_ORDER_READ'
      EXPORTING
        it_header_guid        = lt_headerguid
        it_requested_objects  = lt_requested_objects
      IMPORTING
        et_orgman             = lt_orgman
      EXCEPTIONS
        document_not_found    = 1
        error_occurred        = 2
        document_locked       = 3
        no_change_authority   = 4
        no_display_authority  = 5
        no_change_allowed     = 6
        OTHERS                = 7.
    IF lt_orgman IS INITIAL.
      EXIT.
    ELSE.
      READ TABLE lt_orgman INTO ls_orgman
        WITH KEY ref_kind = gc_object_kind-orderadm_h
                 ref_guid = iv_textname.
      IF sy-subrc = 0 AND ls_orgman-error_flag IS INITIAL AND
        NOT ls_orgman-sales_org IS INITIAL.
        CLEAR: lv_r3_orgunit.
*   Read R/3 org unit (safer then CRM ID)
        CALL FUNCTION 'CRM_MAPPING_SALES_ORG'
          EXPORTING
            iv_sales_org    = ls_orgman-sales_org
          CHANGING
            cv_vkorg        = lv_r3_orgunit
          EXCEPTIONS
            value_not_found = 1
            OTHERS          = 2.
        IF NOT lv_r3_orgunit IS INITIAL.
*   Read customizing table
```

```
              CLEAR lv_textname.
              SELECT SINGLE textname FROM zcr_textmodules INTO
                 lv_text-name
                 WHERE sales_org = lv_r3_orgunit.
              IF sy-subrc = 0.
*   Build export structure
                 es_reference-tdid       = 'ST'.
                 es_reference-tdobject   = 'TEXT'.
                 es_reference-tdname     = lv_textname.
                 es_reference-tdspras    = sy-langu. "here: system language
              ENDIF.
           ENDIF.
        ENDIF.
     ENDIF.
ENDFUNCTION.
```

Listing 5.7 Funktionsbaustein zur Findung eines Standard-Textes

5.5 Serviceauftragsabwicklung

Auch in der CRM-Serviceauftragsabwicklung gibt es einige bekannte »Sollbruchstellen«, die erfahrenen Beratern in jedem Projekt erneut begegnen. Pragmatische Lösungsansätze für einige dieser Lücken im CRM-Standard werden in diesem Abschnitt vorgestellt. Jedes Konzept wird dabei durch ein Beispiel verdeutlicht. Grundsätzlich sind die hier vorgestellten Konzepte auch auf den Sales-Bereich übertragbar. Durch das One-Order-Framework innerhalb der CRM-Vorgangsabwicklung bestehen nur geringe technische Unterschiede zwischen Sales- und Servicebelegen, sodass die vorgestellten Ansätze, sofern sie betriebswirtschaftlich sinnvoll sind, mit wenig Anpassungsaufwand auch im Sales-Bereich genutzt werden können.

Zunächst zeigen wir Ihnen, wie Sie mit einfachen Mittel eine erweiterte Mussfeld-Prüfung in Servicebelegen realisieren können. Anschließend werden wir anhand zweier konkreter Beispiele die Erweiterung der Kopiersteuerung vorstellen, bevor wir Ihnen demonstrieren, wie sich Termine in One-Order-Belegen einfach mittels eines kundeneigenen Funktionsbausteins ermitteln lassen.

5.5.1 Erweiterte Mussfeld-Prüfung beim Sichern

Es gibt verschiedene Möglichkeiten, in einem Servicebeleg auf Mussfelder zu prüfen, z. B. durch Unvollständigkeitsschemata oder mittels einer Transaktionsvariante. Manchmal soll jedoch eine erweiterte Prüfung durchgeführt werden, z. B. wenn verhindert werden soll, dass ein Beleg ohne bestimmte Eingaben gesichert wird. Dies ist allein mithilfe eines Unvollständigkeitsschemas schon nicht mehr zu erreichen, denn hier können Sie nur Fehler- oder Warnmeldungen erzeugen. Mit einer Transaktionsvariante wäre es möglich, jedoch sind Transaktionsvarianten recht intransparent und schwer wartbar, wenn es um einzelne Feldänderungen geht, und daher auch bei vielen Kunden unbeliebt. Zudem könnte eine weitere Anforderung sein, den Anwender beim Sichern explizit in einer kundeneigenen Meldung auf das leere Feld und dessen Bedeutung hinzuweisen oder eine Kombination verschiedener Felder abzuprüfen. Dies lässt sich dann auch per Transaktionsvariante nicht mehr erreichen.

Eine mögliche Umsetzung der Anforderung besteht in der Nutzung des BAdIs ORDER_SAVE. Dieses Standard-Add-in wird grundsätzlich bei jedem Speichervorgang eines One-Order-Belegs durchlaufen und bietet auch die Möglichkeit, über eine Exception-Anweisung das Sichern zu verhindern. Sie können innerhalb dieses Add-ins somit auf jedes beliebige Feld und auch auf eine beliebige Kombination von Feldern prüfen. Als Beispiel soll jedoch ein einzelnes Feld genügen, die Erweiterung auf weitere Felder dürfte dann kein Problem mehr darstellen. Nehmen wir an, das Sichern eines Serviceauftrags soll verhindert werden, wenn das Feld BEZEICHNUNG nicht gefüllt ist. Dieses Feld wird in der Praxis sehr gerne für verschiedenste Zwecke »missbraucht«, daher ist diese konstruierte Anforderung betriebswirtschaftlich gar nicht so abwegig.

Legen Sie zunächst mit der Transaktion SE18 eine neue Implementierung für das BAdI ORDER_SAVE an (siehe Abbildung 5.19). Das BAdI stellt drei Methoden zur Verfügung. Für unsere Zwecke können Sie prinzipiell sowohl die Methode PREPARE als auch die Methode CHECK_BEFORE_SAVE nutzen; wir verwenden hier Letztere. Innerhalb der Methode CHECK_BEFORE_SAVE steht Ihnen als Importparameter IV_GUID nur die Beleg-GUID des Vorgangs (Belegkopf) zur Verfügung. Sie müssen also zunächst den Inhalt des Feldes BEZEICHNUNG aus dem Beleg nachlesen. Ein kurzer Verwendungsnachweis auf das Feld im Serviceauftrag zeigt, dass es intern im Segment ORDERADM_H abgelegt wird. Mit einem simplen Aufruf des Funktionsbausteins CRM_ORDERADM_H_READ_OW sollte sich demnach der Feldinhalt auslesen lassen. Falls die Bezeichnung nicht gefüllt ist, schicken Sie eine eigene Fehlermeldung ab.

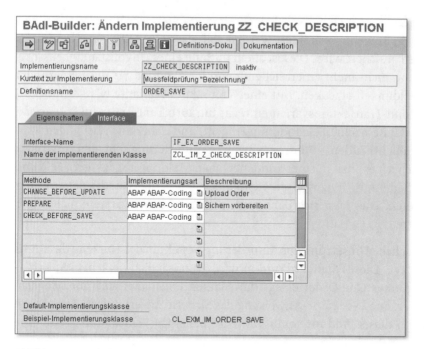

Abbildung 5.19 Methoden des BAdIs ORDER_SAVE

Über die Ausnahme (Exception) DO_NOT_SAVE können Sie dann zusätzlich noch das Sichern des Belegs unterbinden, falls gewünscht (siehe Listing 5.8). Die Meldung 000 wurde in der Transaktion SE91 für die (ebenfalls selbst erstellte) Nachrichtenklasse Z_SAPPRESS angelegt.

> **Hinweis: Nachrichten mit dem BAdI ORDER_SAVE im Web UI ausgeben**
>
> In Listing 5.8 zeigen wir Ihnen die Meldungsausgabe sowohl für das Web UI als auch für das SAP GUI (auskommentierte Coding-Zeilen). Obwohl Sie auch im Web-UI-Umfeld weiterhin mit dem bekannten Baustein CRM_MESSAGE_COLLECT arbeiten können, bietet der globale Message-Service des UI-Frameworks (Klasse cl_bsp_wd_message_service) hier eine einfachere Möglichkeit zum Absetzen einer Meldung. Sie können die gültige Instanz der Klasse jederzeit über die Methode get_instance ermitteln.

```
METHOD if_ex_order_save~check_before_save.
* Check for mandatory field "Description"
  DATA: ls_orderadm_h_wrk TYPE crmt_orderadm_h_wrk.
  DATA: message_service TYPE REF TO cl_bsp_wd_message_service.
  CLEAR: ls_orderadm_h_wrk.
  CALL FUNCTION 'CRM_ORDERADM_H_READ_OW'
    EXPORTING
```

```
          iv_orderadm_h_guid     = iv_guid
        IMPORTING
          es_orderadm_h_wrk      = ls_orderadm_h_wrk
        EXCEPTIONS
          admin_header_not_found = 1
          OTHERS                 = 2.
    IF sy-subrc = 0.
      IF ls_orderadm_h_wrk-description IS INITIAL AND NOT
         ls_orderadm_h_wrk IS INITIAL.
* This is only for CRM Web UI!
         CALL METHOD cl_bsp_wd_message_service=>get_instance
           RECEIVING
             rv_result = message_service.
         CALL METHOD message_service->add_message
           EXPORTING
             iv_msg_type   = 'E'
             iv_msg_id     = 'Z_SAPPRESS'
             iv_msg_number = '000'.
         raise do_not_save.
* SAP GUI version below
*        cv_own_message = 'X'.
*        MESSAGE e000(Z_SAPPRESS) RAISING do_not_save.
      ENDIF.
    ENDIF.
ENDMETHOD.
```

Listing 5.8 Mussfeld-Prüfung beim Sichern eines Belegs

Das Ergebnis beim Sichern eines Serviceauftrags sehen Sie in Abbildung 5.20. Über die Meldungsart können Sie die Ausgabe der Fehlermeldung beeinflussen. Für das SAP-GUI-Umfeld gilt im Normalfall (je nach Anwendungsumfeld kann es Abweichungen geben): Wenn Sie die Meldungsart ERROR benutzen (TYPE 'E'), wird die Meldung in der Statusleiste als Fehler ausgegeben, mit TYPE 'W' als Warnung. Mit TYPE 'I' erzeugen Sie die Meldung als Pop-up-Fenster. Im Web UI werden die Meldungstypen analog interpretiert, allerdings erzeugt TYPE 'I' hier kein Pop-up, sondern eine »grüne« Meldung in der Meldungsleiste.

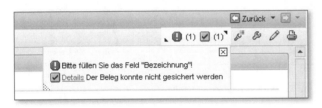

Abbildung 5.20 Ergebnis der kundeneigenen Mussfeld-Prüfung beim Sichern

Für die Erweiterung dieses Konzepts sind Ihnen grundsätzlich kaum Grenzen gesetzt – Sie können auf sämtliche Felder und Kombinationen von Feldern prüfen, Sie können das Sichern verhindern oder auch die betreffenden Felder automatisch mit vordefiniertem Inhalt füllen (dafür müssten Sie allerdings die Methode PREPARE verwenden).

5.5.2 Erweiterung der Kopiersteuerung

Als *Kopiersteuerung* bezeichnet man das Verhalten des Systems beim Anlegen von Folgebelegen, beispielsweise einem Auftrag zu einem Angebot oder einer Rückmeldung zu einem Serviceauftrag. Unter Kopiersteuerung versteht man aber ebenso das echte Kopieren von Belegen (Quell- und Zielvorgangsart sind identisch). Im Customizing lässt sich die Kopiersteuerung sowohl auf Kopf- als auch auf Positionsebene einstellen (IMG-Pfad: CUSTOMER RELATIONSHIP MANAGEMENT • VORGÄNGE • GRUNDEINSTELLUNGEN • KOPIERSTEUERUNG FÜR GESCHÄFTSVORGÄNGE). Die Einstellmöglichkeiten sind jedoch begrenzt (siehe Abbildung 5.21). Wenn Sie zusätzliche Felder aus dem Vorgängerbeleg übernehmen wollen, müssen Sie die Kopiersteuerung erweitern. Darüber hinaus übernimmt das System einige Daten automatisch in Folgebelege; falls Sie dies im Einzelfall nicht möchten, bleibt Ihnen ebenfalls nur die Erweiterung der Kopiersteuerung. Technisch bietet sich dafür das BAdI CRM_COPY_BADI an, das bereits in Abschnitt 2.2.1, »Klassische BAdIs«, erwähnt wurde.

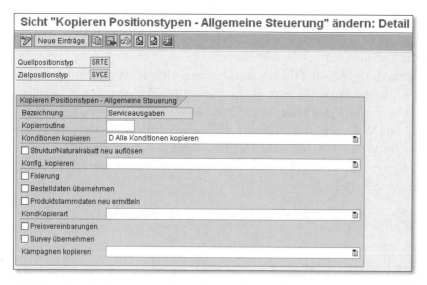

Abbildung 5.21 Kopiersteuerung für Positionstypen einstellen

Zurücksetzen des Preisdatums auf das Tagesdatum

Ein Beispiel für ein ungewolltes Übernehmen von Inhalten ist das Feld PREIS-DATUM. Im Standard wird das Preisdatum immer beim Kopieren übernommen. In den meisten Fällen ist das auch sinnvoll, denn Sie wollen ja beispielsweise nicht, dass im Auftrag plötzlich andere Preise ermittelt werden als im zugrunde liegenden Angebot. Nun gibt es aber auch Konstellationen, in denen die Übernahme des Preisdatums keinen Sinn ergibt, z. B. wenn Sie Angebote oder Aufträge kopieren und als Vorlagen nutzen. In diesem Fall wollen Sie vermutlich nicht die alten, sondern die aktuellen Preise ermitteln. Implementieren Sie also das BAdI CRM_COPY_BADI, um dieses Problem zu lösen, und füllen Sie die Methode PRICING, wie in Listing 5.9 gezeigt. Tragen Sie anschließend die neu erstellte Kopierroutine im Customizing für die gewünschte Kopiersteuerung ein, und das Preisdatum wird für diese Vorgänge ab sofort auf das Tagesdatum zurückgesetzt.

```
Method IF_EX_CRM_COPY_BADI~PRICING.
* Do not copy price date -> set to actual date
  data: ls_input_field_names type crmt_input_field_names.
* Set price date to actual date
  cs_pricing_badi-price_date = sy-datum.
* Input fields
  clear: ls_input_field_names.
  ls_input_field_names-fieldname = 'PRICE_DATE'.
  insert ls_input_field_names into table ct_input_field_names.
endmethod.
```

Listing 5.9 BAdI CRM_COPY_BADI zum Zurücksetzen des Preisdatums

Positionen mit einem bestimmten Status nicht übernehmen

Ein weiteres nützliches Beispiel für die Anwendung des BAdIs CRM_COPY_BADI ist, Positionen mit einem bestimmten Status (System- oder Anwenderstatus) von der Übernahme in Folgebelege auszunehmen. Verwenden Sie hierzu die Methode COPY, und benutzen Sie die entstandene Kopierroutine für die Kopiersteuerung auf Positionsebene. Wenn Sie die Übernahme einer Position verhindern wollen, nutzen Sie die von der Methode bereitgestellte Ausnahme DO_NOT_COPY. Listing 5.10 zeigt das entsprechende Coding beispielhaft für den Systemstatus I1005 (*erledigt*).

```
METHOD if_ex_crm_copy_badi~copy.
  DATA: lt_status TYPE STANDARD TABLE OF jstat.
    REFRESH: lt_status.
    CALL FUNCTION 'CRM_STATUS_READ'
      EXPORTING
```

```
              objnr               = is_ref_orderadm_i-guid
              only_active         = 'X'
         TABLES
              status              = lt_status
         EXCEPTIONS
              object_not_found    = 1
              OTHERS              = 2.
    IF sy-subrc = 0.
      READ TABLE lt_status TRANSPORTING NO FIELDS
      WITH KEY stat = 'I1005'.
      IF sy-subrc   = 0.
        RAISE do_not_copy.
      ENDIF.
    ENDIF.
ENDMETHOD.
```

Listing 5.10 Positionen mit bestimmten Status nicht übernehmen

5.5.3 Termine über einen kundeneigenen Funktionsbaustein ermitteln

Wenn Sie sich ein wenig im Customizing von Terminprofilen (IMG-Pfad: CUSTOMER RELATIONSHIP MANAGEMENT • GRUNDFUNKTIONEN • TERMINVERWALTUNG) auskennen, ist Ihnen vermutlich bereits bekannt, dass Terminregeln auf XML basieren. Schauen wir uns als Beispiel die Terminregel VALID001 an, die ein Datum GÜLTIG BIS berechnet (siehe Abbildung 5.22).

Abbildung 5.22 Terminregel VALID001

Wenn Sie auf die finale Version doppelklicken (in unserem Beispiel gibt es ohnehin nur eine Version), erreichen Sie das XML-Coding der Terminregel (siehe Abbildung 5.23). Wie Sie sehen, wird die Terminart VALIDTO (GÜLTIG BIS) berechnet, indem zwei Wochen zur Terminart VALIDFROM (GÜLTIG AB) addiert werden. Anhand dieses Beispiels lassen sich ähnliche Terminregeln relativ einfach selbst erstellen. Sie stehen jedoch vor einem Problem, wenn Sie komplexe Ermittlungsregeln verwenden wollen, die sich in XML nicht abbilden lassen. Für diesen Fall hat SAP jedoch die Möglichkeit vorgesehen, innerhalb des XML-Codings ABAP-Funktionsbausteine aufzurufen. Im Funktionsbaustein können Sie dann mit den gewohnten ABAP-Bordmitteln Ihren Termin ermitteln.

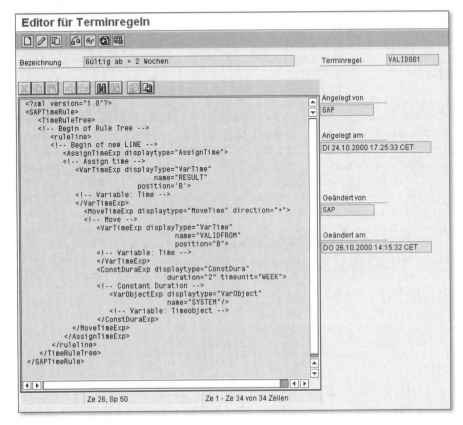

Abbildung 5.23 XML-Code in Terminregeln

Der XML-Teil (also die eigentliche Terminregel) ist dabei sehr einfach aufgebaut. Ein Beispiel sehen Sie in Listing 5.11 (IHRFUNKTIONSBAUSTEIN ist dabei ein Platzhalter für den technischen Namen Ihres Funktionsbausteins).

```
<?xml version="1.0"?>
<SAPTimeRule>
  <ABAPTimeRule function="IHRFUNKTIONSBAUSTEIN"/>
</SAPTimeRule>
```

Listing 5.11 Eigenen Funktionsbaustein in Terminregel aufrufen

Der Funktionsbaustein muss nun eine bestimmte Schnittstelle haben, damit Sie ihn in der Terminregel verwenden können. Sie können sich eine passende

Standard-Terminregel heraussuchen, die einen Funktionsbaustein benutzt, und diesen Baustein dann für sich kopieren und anpassen (beispielsweise die Terminregel WTY004 für das Installationsumfeld). Nicht nur die Schnittstelle ist immer gleich, sondern im Prinzip auch das verwendete ABAP-Coding: Sie können den Funktionsbaustein CRM_WTY_IL_TIMERULE_03 komplett kopieren. Ihre Anpassungen müssen Sie nur im Bereich get value for timestamp out of application machen. Dann sollten Sie die Variable LV_TIMESTAMP passend füllen.

> **Tipp: Umgang mit Timestamps**
>
> Ein Timestamp ist im Prinzip eine zusammengesetzte Variable, die sowohl Datum als auch Uhrzeit enthält. Der Datentyp hat das Format *JJJJMMTThhmms*. Sie können per ABAP sowohl Datum und Uhrzeit in einen Timestamp konvertieren als auch einen Timestamp in Datum und Uhrzeit. Verwenden Sie dazu die Befehle CONVERT TIME STAMP bzw. CONVERT DATE. Für die Konvertierung benötigen Sie neben Datum und Uhrzeit auch noch die korrekte Zeitzone. Die Systemvariable SY-ZONLO enthält dabei die lokale User-Zeitzone. Sie können auch den Funktionsbaustein GET_SYSTEM_TIMEZONE zur Ermittlung der Systemzeitzone verwenden. Ein Beispiel für die Konvertierung finden Sie in Listing 5.12.

```
Data:    LV_TIME TYPE TIMS,
         LV_DATE TYPE DATS,
         LV_ZONE TYPE TIMEZONE.
* get system time zone for conversion
     CALL FUNCTION 'GET_SYSTEM_TIMEZONE'
       IMPORTING
         TIMEZONE = LV_ZONE.
* convert date and time into timestamp
     CONVERT DATE LV_DATE
             TIME LV_TIME
             INTO TIME STAMP LV_TIMESTAMP
             TIME ZONE LV_ZONE.
* convert timestamp into date and time
     CONVERT TIME STAMP LV_TIMESTAMP
             INTO DATE LV_DATE
             TIME LV_TIME
             TIME ZONE LV_ZONE.
```

Listing 5.12 Umgang mit Timestamps

5.6 Einsatzplanung

Ein Kernbereich in SAP CRM-Servicesszenarien ist sicherlich die Einsatzplanung, auch *Scheduling* genannt. Servicetechniker werden bestehenden Serviceaufträgen anhand verschiedener Kriterien automatisch oder manuell durch den Innendienst zugewiesen, wobei die *Einsatzplantafel* verwendet wird. Gerade bei der manuellen Disponierung fehlen dem Innendienst dabei jedoch häufig wichtige Informationen aus dem Servicevorgang, um den Auftrag korrekt zuweisen zu können. So ist eine sehr häufig auftretende Anforderung, dass bestimmte zusätzliche Partner aus dem Auftrag in der Einsatzplantafel sichtbar gemacht werden, z. B. die ermittelten Haupt- und Alternativtechniker. Auch Vorgängerbelegnummern oder erweiterte Statusinformationen sind häufige Anforderungen an Erweiterungen der Plantafel-Auftragsliste.

Grundsätzlich ist es möglich, auch externe Systeme zur Ressourcenplanung an SAP CRM anzubinden, im Folgenden gehen wir aber von einer rein internen Einsatzplanung über die Komponente WFM-Core (*Workforce Management*) aus. Die hier beschriebene Erweiterung funktioniert dabei unabhängig vom verwendeten User Interface (SAP GUI oder Web UI).

Wir zeigen Ihnen in diesem Abschnitt, wie Sie die Plantafel-Auftragsliste (Bedarfsliste, siehe Abbildung 5.24) um die Partner *Haupt-* und *Alternativtechniker* erweitern können – dabei werden jeweils die Partnernummer und der Nachname des Technikers in die Liste integriert. Die Erweiterung der Ergebnisliste lässt sich nicht über das Application Enhancement Tool (AET) durchführen. Dies war im Prinzip zu erwarten, letztlich handelt es sich hier ja auch nicht um ein echtes Datenbankobjekt – die neuen Felder sollen nicht permanent auf der Datenbank (DB) gespeichert, sondern jeweils beim Ausführen der Suche dynamisch hinzugelesen werden. Interessanterweise stellt die Easy Enhancement Workbench (EEWB) jedoch genau für diese Erweiterung eine Funktionalität bereit, die wir für unser Beispiel nutzen werden.

Starten Sie die Transaktion EEWB, und legen Sie ein neues Projekt an (siehe Abbildung 5.25). Sobald Sie auf SPEICHERN klicken, müssen Sie noch gültige Transportaufträge angeben: einen Workbench-Auftrag und einen Customizing-Auftrag (siehe Abbildung 5.26). Das Programm prüft automatisch, ob die angegebenen Transportaufträge verwendet werden können – Sie sehen das Ergebnis im Feld STATUS.

5 | Praxisbeispiele für den Bereich Service

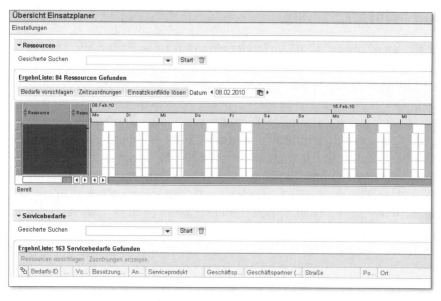

Abbildung 5.24 Einsatzplantafel im Web UI

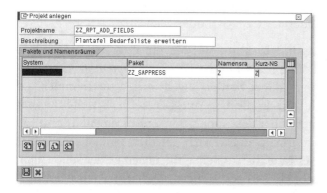

Abbildung 5.25 Neues EEWB-Projekt anlegen

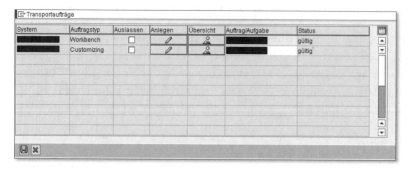

Abbildung 5.26 Transportaufträge für die EEWB angeben

Legen Sie dann eine neue Erweiterung innerhalb Ihres Projekts an, indem Sie mit der rechten Maustaste auf das Projekt klicken und aus dem Kontextmenü die Option ERWEITERUNG ANLEGEN wählen. Vergeben Sie im folgenden Pop-up einen technischen Namen und eine Beschreibung der Erweiterung. Als Business-Objekt (im Feld EEWB BUS. OBJEKT) müssen Sie CRM_RPT wählen, und als ERWEITERUNGSTYP selektieren Sie CRM_RPT_TASK_LIST (siehe Abbildung 5.27).

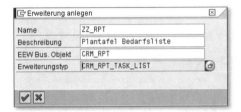

Abbildung 5.27 EEWB-Erweiterung für die Einsatzplantafel anlegen

Sobald Sie das Pop-up bestätigen, öffnet sich ein Assistent zur Anlage kundeneigener Felder (siehe Abbildung 5.28). Definieren Sie hier die gewünschten Zusatzfelder mit DATENTYP und LÄNGE. Für unser Beispiel benötigen wir insgesamt vier Felder: Die Geschäftspartnernummern des Haupt- und Alternativtechnikers (LÄNGE 10) und die Nachnamen der jeweiligen Techniker (LÄNGE 30).

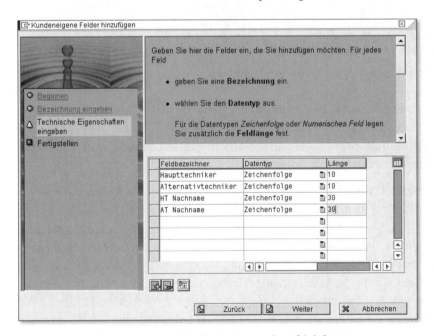

Abbildung 5.28 Kundeneigene Felder für die Einsatzplantafel definieren

Wenn Sie den Assistenten beenden, werden die neuen Felder generiert. Sollte dies nicht geschehen oder aus irgendeinem Grund nicht richtig funktionieren, stoßen Sie die Generierung erneut über den Button GENERIEREN an (siehe Abbildung 5.29). Wenn alles funktioniert hat, sollte Ihre Erweiterung den Status ERWEITERUNGSOBJEKTE GENERIERT erhalten haben, wie ebenfalls aus Abbildung 5.29 ersichtlich ist.

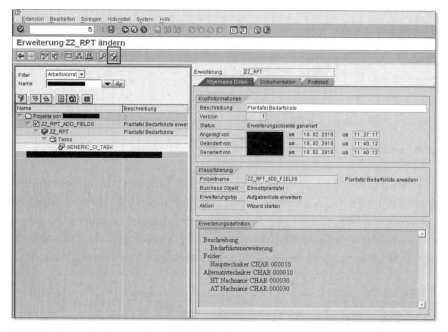

Abbildung 5.29 Fertig generierte EEWB-Erweiterung

Die Zusatzfelder sind nun bereits in der Bedarfsliste der Einsatzplantafel verfügbar (wenn Sie das Web UI verwenden, müssen Sie sie zunächst noch über den Konfigurationsmodus sichtbar machen – die Komponente heißt WFDSOI und die verwendete Sicht SOISRL).

Wie erwartet, sind die neuen Felder zwar bereits verfügbar, jedoch leer – wir müssen sie daher noch mit Daten versorgen. SAP stellt dafür das BAdI CRM_RPT_TASK_LIST zur Verfügung. Implementieren Sie dieses BAdI, und programmieren Sie die Methode READ_ADDITIONAL_DATA aus, wie in Listing 5.13 für unser Beispiel gezeigt. ZTECH001 und ZTECH002 sind dabei die Partnerfunktionen des Haupt- bzw. Alternativtechnikers auf Positionsebene im Servicevorgang. Die Exporttabelle ET_TASK_LIST_ENHANCEMENT ist durch die EEWB automatisch erweitert worden und muss zu jeder Positions-GUID mit den Werten unserer neu erstellten Felder gefüllt werden.

```abap
    METHOD IF_EX_CRM_RPT_TASK_LIST~READ_ADDITIONAL_DATA.
      DATA: LS_TASK_LIST        TYPE CRM_LRP_TASK_LIST_ENHANCEMENT,
            LS_ITEM_GUID        TYPE LINE OF CRM_LRP_RAW16_GUID_T,
            LT_GUIDS            TYPE CRMT_OBJECT_GUID_TAB,
            LV_GUID             TYPE LINE OF CRMT_OBJECT_GUID_TAB,
            LT_REQ_OBJECTS      TYPE CRMT_OBJECT_NAME_TAB,
            LT_PARTNER          TYPE CRMT_PARTNER_EXTERNAL_WRKT,
            LS_PARTNER          TYPE CRMT_PARTNER_EXTERNAL_WRK,
            LV_PARTNER_ITEM_NO  TYPE BU_PARTNER,
            LS_BUT000_ITEM      TYPE BUT000.
      INCLUDE CRM_DIRECT.
    * Initialize Data
      REFRESH: ET_TASK_LIST_ENHANCEMENT.
      CLEAR:   LS_TASK_LIST.
    * Requested objects for CRM_ORDER_READ
      INSERT GC_OBJECT_NAME-PARTNER INTO TABLE LT_REQ_OBJECTS.
    * Loop over all items
      LOOP AT IT_ITEM_GUIDS INTO LS_ITEM_GUID.
        CLEAR:   LS_PARTNER, LV_GUID.
        REFRESH: LT_GUIDS, LT_PARTNER.
        LV_GUID = LS_ITEM_GUID-GUID.
        INSERT LV_GUID INTO TABLE LT_GUIDS.
        CALL FUNCTION 'CRM_ORDER_READ'
          EXPORTING
            IT_ITEM_GUID        = LT_GUIDS
            IT_REQUESTED_OBJECTS = LT_REQ_OBJECTS
            IV_MODE             = 'C'
          IMPORTING
            ET_PARTNER          = LT_PARTNER
          EXCEPTIONS
            DOCUMENT_NOT_FOUND  = 01
            ERROR_OCCURRED      = 02
            DOCUMENT_LOCKED     = 03
            NO_CHANGE_AUTHORITY = 04
            NO_DISPLAY_AUTHORITY = 05
            NO_CHANGE_ALLOWED   = 06.
        IF SY-SUBRC = 0.
    * Get ZTECH001
          CLEAR: LS_PARTNER, LV_PARTNER_ITEM_NO.
          READ TABLE LT_PARTNER INTO LS_PARTNER
          WITH KEY   REF_GUID    = LV_GUID
                     MAINPARTNER = TRUE
                     PARTNER_FCT = 'ZTECH001'.
          IF SY-SUBRC = 0.
    * Convert partner number
```

```
          CALL FUNCTION 'CONVERSION_EXIT_ALPHA_INPUT'
            EXPORTING
              INPUT  = LS_PARTNER-PARTNER_NO
            IMPORTING
              OUTPUT = LV_PARTNER_ITEM_NO.
* Get additional data from BUT000
          CLEAR: LS_BUT000_ITEM.
          SELECT SINGLE * FROM BUT000 INTO LS_BUT000_ITEM
            WHERE PARTNER = LV_PARTNER_ITEM_NO.
          LS_TASK_LIST-ZZHAUPTTECHN   = LS_BUT000_ITEM-PARTNER.
          LS_TASK_LIST-ZZHTNACHNAME   = LS_BUT000_ITEM-NAME_LAST.
        ENDIF.
* Get ZTECH002
        CLEAR: LS_PARTNER, LV_PARTNER_ITEM_NO.
        READ TABLE LT_PARTNER INTO LS_PARTNER
          WITH KEY  REF_GUID    = LV_GUID
                    MAINPARTNER = TRUE
                    PARTNER_FCT = 'ZTECH002'.
        IF SY-SUBRC = 0.
* Convert partner number
          CALL FUNCTION 'CONVERSION_EXIT_ALPHA_INPUT'
            EXPORTING
              INPUT  = LS_PARTNER-PARTNER_NO
            IMPORTING
              OUTPUT = LV_PARTNER_ITEM_NO.
* Get additional data from BUT000
          CLEAR: LS_BUT000_ITEM.
          SELECT SINGLE * FROM BUT000 INTO LS_BUT000_ITEM
            WHERE PARTNER = LV_PARTNER_ITEM_NO.
          LS_TASK_LIST-ZZALTERNATIV   = LS_BUT000_ITEM-PARTNER.
          LS_TASK_LIST-ZZATNACHNAME   = LS_BUT000_ITEM-NAME_LAST.
        ENDIF.
* Build export table
        LS_TASK_LIST-ITEM_GUID = LV_GUID.
        INSERT LS_TASK_LIST INTO TABLE ET_TASK_LIST_ENHANCEMENT.
      ENDIF.
    ENDLOOP.
ENDMETHOD.
```

Listing 5.13 Datenversorgung für zusätzliche Felder in der Einsatzplantafel

Sofern Sie nicht vergessen haben, Ihre BAdI-Implementierung zu aktivieren, dürften die neuen Felder nun auch korrekt mit Daten versorgt werden (dazu ist jedoch ein Neustart der Transaktion bzw. des Web UIs nötig). Unsere Erweiterung ist damit einsatzbereit.

> **Tipp: Performanceoptimierung**
>
> Bedenken Sie bei der in diesem Abschnitt vorgestellten Erweiterung, dass das BAdI `CRM_RPT_TASK_LIST` bei jeder neuen Suche und Aktualisierung des Bedarfsvorrats für *alle* selektierten Auftragspositionen durchlaufen wird. Dies kann sehr performanceintensiv werden. Es bietet sich daher an, die Plantafel zu »entlasten«. Dies könnte beispielsweise dadurch erfolgen, dass Sie die relevante Datenermittlung zu einem anderen Zeitpunkt erledigen, z. B. im BAdI `ORDER_SAVE` beim Sichern eines Serviceauftrags. Sie müssten dort dann eine kundeneigene Tabelle mit den Positions-GUIDs und den benötigten Zusatzfeldern (hier Partnern) füllen. Im BAdI `CRM_RPT_TASK_LIST` würden Sie dann nur noch mit der Positions-GUID als Schlüssel die kundeneigene Tabelle auslesen. Die Performance wäre deutlich besser. Der Performanceverlust beim Sichern eines Serviceauftrags ist dagegen gering, da die zusätzliche Datenermittlung nur auf den jeweiligen Auftrag bezogen ist.

5.7 Servicevertragsabwicklung

In diesem Abschnitt wollen wir Ihnen zwei Praxisbeispiele für typische Erweiterungen in der Servicevertragsabwicklung vorstellen. Zunächst zeigen wir Ihnen, wie Sie die Servicevertragsfindung entweder beeinflussen oder sogar komplett selbst gestalten können. Anschließend möchten wir Ihnen noch eine Möglichkeit vorstellen, wie Sie Partner aus einem Servicevertrag in einen referenzierenden Serviceauftrag übernehmen können.

5.7.1 Vertragsfindung

Mithilfe der Servicevertragsfindung werden bei der Anlage von Servicegeschäftsvorgängen existierende Serviceverträge anhand bestimmter Kriterien gesucht und zur Auswahl angezeigt. Der ausgewählte Servicevertrag wird dann mit dem anzulegenden Geschäftsvorgang verknüpft. Die Findung der Verträge läuft dabei im Auslieferungs-Customizing nach den folgenden Kriterien ab:

- **Auftraggeber**
  Die Auftraggeber in Servicevertrag und Servicevorgang müssen übereinstimmen.

- **Organisationsdaten**
  Die Verkaufsorganisation und der Vertriebsweg müssen in Servicevertrag und Servicevorgang übereinstimmen.

- **Serviceorganisation**
  Die Serviceorganisation im Servicevertrag muss (soweit eingegeben) mit der Serviceorganisation im Servicevorgang übereinstimmen.

- **Status**
  Der Status der Servicevertragsposition muss *freigegeben* sein.

- **Gültigkeitszeitraum**
  Der Termin KUNDENWUNSCH BEGINN im Servicevorgang muss innerhalb des Gültigkeitszeitraums der Servicevertragsposition liegen.

- **Objektliste**
  Die Vertragsfindung läuft standardmäßig in folgender Reihenfolge ab:
  1. Es werden Verträge gefunden, bei denen das Positions-Bezugsobjekt aus dem Servicevorgang auch in der Objektliste der Servicevertragsposition vorhanden oder bei denen die Objektliste der Servicevertragsposition leer ist.
  2. Wenn kein Bezugsobjekt zur Servicevorgangsposition erfasst wurde, werden Verträge gefunden, bei denen das Bezugsobjekt zum Vorgangskopf in der Objektliste der Servicevertragsposition eingetragen ist oder bei denen die Objektliste der Servicevertragsposition leer ist.
  3. Wenn ein Bezugsobjekt weder in der Servicevorgangsposition noch am Vorgangskopf erfasst wurde, werden auch Servicevertragspositionen mit leerer Objektliste gefunden.

- **Produktliste**
  Das Produkt in der Servicevorgangsposition muss in der Produktliste der Servicevertragsposition vorhanden sein, oder die Produktliste der Servicevertragsposition ist leer.

Wenn Sie diese Standard-Vertragsfindung beeinflussen möchten, steht Ihnen dafür das BAdI CRM_SERVICE_CONTRACT zur Verfügung. Dieses BAdI verfügt über drei Methoden, die für verschiedene Zwecke eingesetzt werden können:

- CONTRACT_SELECTION_1: Einstieg Vertragsselektion (vor Standard-Selektion)
- CONTRACT_SELECTION_2: Filter Vertragsselektion (nach Standard-Selektion)
- CONTRACT_SELECTION_3: Pop-up Vertragszuordnung (mit Dialog)

Die Methode CONTRACT_SELECTION_1 ist der Ausgangspunkt für eine komplett kundeneigene Vertragsfindung, CONTRACT_SELECTION_2 bietet die Möglichkeit, das Ergebnis der Standard-Findung zu beeinflussen bzw. zu filtern, und in `CONTRACT_SELECTION_3` kann ein eigenes Pop-up für die Vertragsauswahl definiert werden.

Wir stellen im Folgenden eine komplett kundeneigene Vertragsfindung anhand des Bezugsobjekts (in diesem Fall einer IBASE-Komponente) inklusive einiger zusätzlicher Prüfungen vor. Dieses Beispiel soll Sie in die Lage versetzen, beliebige kundeneigene Vertragsfindungsregeln zu implementieren. Die Voraussetzungen für die Vertragsfindung sind folgende:

- Sie haben die Vertragsfindung für die Servicevorgangsart definiert (IMG-Pfad: CUSTOMER RELATIONSHIP MANAGEMENT • VORGÄNGE • GRUNDEINSTELLUNGEN • VORGANGSARTEN DEFINIEREN). Es gibt dabei verschiedene selbsterklärende Findungsregeln zur Auswahl (siehe Abbildung 5.30).

- Sie haben im Servicevertragspositionstyp definiert, ob Positionen mit leerer Objekt- bzw. Produktliste ignoriert werden sollen (IMG-Pfad: CUSTOMER RELATIONSHIP MANAGEMENT • VORGÄNGE • GRUNDEINSTELLUNGEN • POSITIONSTYPEN DEFINIEREN).

- Sie haben die Kopiersteuerung zwischen Servicevertrag und Servicevorgang sowohl auf Kopf- als auch auf Positionsebene eingestellt (IMG-Pfad: CUSTOMER RELATIONSHIP MANAGEMENT • VORGÄNGE • GRUNDEINSTELLUNGEN • KOPIERSTEUERUNG FÜR GESCHÄFTSVORGÄNGE).

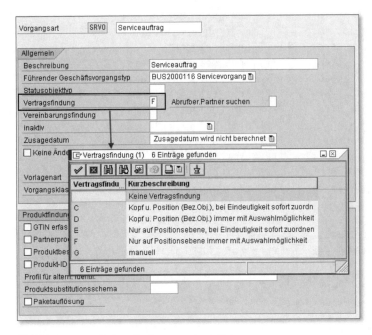

Abbildung 5.30 Vertragsfindungsregeln definieren

Sofern Sie die nötigen Customizing-Aktivitäten durchgeführt haben, implementieren Sie nun bitte das BAdI CRM_SERVICE_CONTRACT, und programmieren Sie Ihre kundeneigene Vertragsfindungslogik innerhalb der Methode CONTRACT_SELECTION_1. Halten Sie sich dabei an das exemplarische Coding in Listing 5.14. In unserem Beispiel führen wir eine Vertragsfindung nur anhand der *IBASE-Komponente* durch, die sowohl im Servicevorgang als auch in der Vertragsposition vorhanden sein muss. Falls auf diesem Weg keine Verträge gefunden werden, führen wir dennoch die Standard-Vertragsfindung aus (dies lässt sich über das Kennzeichen ev_no_standard_selection steuern). Die gefundenen Vertragspositionen prüfen wir darüber hinaus auf den Status *freigegeben*, auf identische Auftraggeber und den passenden Gültigkeitszeitraum. Sie können dieses Beispiel leicht mit weiteren Prüfungen, z. B. auf einen Anwenderstatus, ergänzen. Über den Anwenderstatus *Nicht an Vertragsfindung teilnehmen* ließe sich so beispielsweise pro Vertrag steuern, ob dieser Vertrag in der Vertragsfindung berücksichtigt werden soll. Zum Schluss füllen Sie immer die internen Tabellen ET_CONT_HEAD und ET_COND_ITEM mit den relevanten Kopf- und Positions-GUIDs der gefundenen Verträge.

```
METHOD if_ex_crm_service_contract~contract_selection_1.
  DATA: ls_object_list    TYPE comt_product_guid,
        lt_req_objects    TYPE crmt_object_name_tab,
        ls_comp           TYPE ibap_dat1,
        lv_object_id      TYPE crmt_ordered_prod,
        lv_object_loc     TYPE crmt_object_loc,
        ls_cont_head      TYPE crmt_sel_cont_headers,
        ls_cont_item      TYPE crmt_sel_cont_items,
        lt_cont_head      TYPE crmt_sel_cont_headers_tab,
        lt_cont_item      TYPE crmt_sel_cont_items_tab,
        lt_item_guid      TYPE crmt_object_guid_tab,
        lt_item_guid_tmp  TYPE crmt_object_guid_tab,
        ls_orderadm_i     TYPE crmt_orderadm_i_wrk,
        lt_orderadm_i     TYPE crmt_orderadm_i_wrkt,
        lt_partner        TYPE crmt_partner_external_wrkt,
        ls_appointment    TYPE crmt_appointment_wrk,
        lt_appointment    TYPE crmt_appointment_wrkt,
        lt_status         TYPE crmt_status_wrkt.
  INCLUDE: crm_direct.
* Process standard search if no ref. obj. is maintained
  IF it_object_list IS INITIAL.
    ev_no_standard_selection = FALSE.
    EXIT.
  ENDIF.
* Select contract items via IBASE
  LOOP AT it_object_list INTO ls_object_list.
```

```abap
CLEAR: lt_item_guid_tmp, ls_comp, lv_object_id, lv_object_loc.
*    Get IBASE components
     ls_comp-guid_compc = ls_object_list.
*    Get IBASE component number (instance)
     CALL FUNCTION 'CRM_IBASE_COMP_TRANSL_PARAM'
       EXPORTING
         i_comp = ls_comp
       IMPORTING
         e_comp = ls_comp
       EXCEPTIONS
         OTHERS = 0.
     IF NOT ls_comp-instance IS INITIAL.
       lv_object_id  = ls_comp-instance.
       lv_object_loc = '30'. "IBASE component + predecessor
*    Get all contract items for IBASE component (and predecessors)
       CALL FUNCTION 'CRM_CONTRACT_SELECT_ITEM_V_PRP'
         EXPORTING
           iv_object_loc          = lv_object_loc
           iv_object_id           = lv_object_id
           iv_object_type_header  = 'BUS2000112'   "Contract
           iv_sel_mode            = 'O'
           iv_check_input_string  = FALSE
         IMPORTING
           et_item_guid           = lt_item_guid_tmp
         EXCEPTIONS
           OTHERS                 = 0.
       IF NOT lt_item_guid_tmp IS INITIAL.
         INSERT LINES OF lt_item_guid_tmp
                INTO TABLE lt_item_guid.
       ENDIF.
     ENDIF.
   ENDLOOP.
*  Perform standard search if no contract found here (fallback)
   IF lt_item_guid IS INITIAL.
     ev_no_standard_selection = FALSE.
     EXIT.
   ELSE.
     ev_no_standard_selection = TRUE.
   ENDIF.
*  Read contract data
   REFRESH: lt_req_objects.
   INSERT gc_object_name-orderadm_i   INTO TABLE lt_req_objects.
   INSERT gc_object_name-appointment  INTO TABLE lt_req_objects.
   INSERT gc_object_name-partner      INTO TABLE lt_req_objects.
   INSERT gc_object_name-status       INTO TABLE lt_req_objects.
   refresh: lt_orderadm_i, lt_appointment, lt_partner, lt_status.
```

```abap
    CALL FUNCTION 'CRM_ORDER_READ'
      EXPORTING
        it_item_guid          = lt_item_guid
        it_requested_objects  = lt_req_objects
      IMPORTING
        et_orderadm_i         = lt_orderadm_i
        et_appointment        = lt_appointment
        et_partner            = lt_partner
        et_status             = lt_status
      EXCEPTIONS
        document_not_found    = 1
        error_occurred        = 2
        document_locked       = 3
        no_change_authority   = 4
        no_display_authority  = 5
        no_change_allowed     = 6
        OTHERS                = 7.
* Loop over selected contract items for additional checks
  clear: ls_orderadm_i.
  LOOP AT lt_orderadm_i INTO ls_orderadm_i.
*    Status released?
    READ TABLE lt_status TRANSPORTING NO FIELDS WITH KEY
        guid    = ls_orderadm_i-guid
        status  = gc_status-released
        active  = TRUE.
    IF sy-subrc <> 0.
      CONTINUE.
    ENDIF.
*    Check Sold-To party: Must be identical in order and contract
    READ TABLE lt_partner TRANSPORTING NO FIELDS WITH KEY
        ref_guid     = ls_orderadm_i-guid
        partner_pft  = '0001' "sold-to-party
        partner_no   = iv_sold_to_party.
    IF sy-subrc <> 0.
      CONTINUE.
    ENDIF.
*    Check for contract validity
    clear: ls_appointment.
    READ TABLE lt_appointment INTO ls_appointment WITH KEY
        ref_guid   = ls_orderadm_i-guid
        appt_type  = 'CONTSTART'.
    IF sy-subrc = 0
      AND ls_appointment-timestamp_from le iv_release_date.
      READ TABLE lt_appointment INTO ls_appointment WITH KEY
          ref_guid   = ls_orderadm_i-guid
          appt_type  = 'CONTEND'.
```

```abap
        IF sy-subrc = 0
          AND ls_appointment-timestamp_to ge iv_release_date.
        ELSE.
          CONTINUE.
        ENDIF.
      ELSE.
        CONTINUE.
      ENDIF.
* Build export table for contract items
      CLEAR: ls_cont_head, ls_cont_item.
      ls_cont_head-header_guid  = ls_orderadm_i-header.
      ls_cont_item-header_guid  = ls_orderadm_i-header.
      ls_cont_item-item_guid    = ls_orderadm_i-guid.
      INSERT ls_cont_head INTO TABLE et_cont_head.
      INSERT ls_cont_item INTO TABLE et_cont_item.
    ENDLOOP.
  ENDMETHOD.
```

Listing 5.14 Kundeneigene Vertragsfindung im BAdI CRM_SERVICE_CONTRACT

Für das Auswahl-Pop-up müssen Sie in diesem Fall nicht selbst sorgen, es wird vom Standard bereitgestellt – und das sogar unabhängig vom verwendeten UI (siehe Abbildung 5.31).

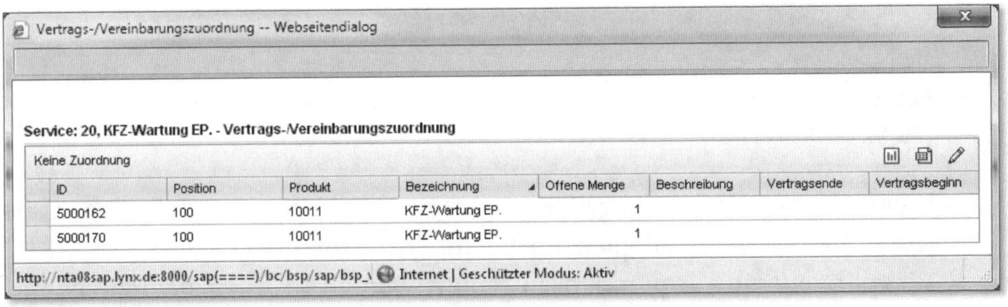

Abbildung 5.31 Auswahl-Pop-up der Vertragsfindung im Web UI

5.7.2 Übernahme von Geschäftspartnern aus Serviceverträgen

Eine in der Praxis oft anzutreffende Anforderung besteht darin, Geschäftspartner aus einem Servicevertrag in einen referenzierenden Serviceauftrag zu übernehmen. Oft geht es dabei darum, dass der Techniker bei Rückfragen vor Ort gezielt den für den jeweiligen Vertrag zuständigen Ansprechpartner auf Kundenseite kontaktieren kann. Insofern setzen wir in diesem Abschnitt eine funktionierende Servicevertragsfindung in Serviceaufträgen voraus. Einen

Lösungsansatz dafür haben Sie ja bereits im letzten Abschnitt kennengelernt. Die technische Schwierigkeit besteht darin, dass nach der Servicevertragsfindung standardmäßig keine neue Partnerfindung mehr im Serviceauftrag durchgeführt wird. In Abbildung 5.32 finden Sie unseren Lösungsvorschlag, den wir Ihnen nun wie gewohnt Schritt für Schritt vorstellen werden.

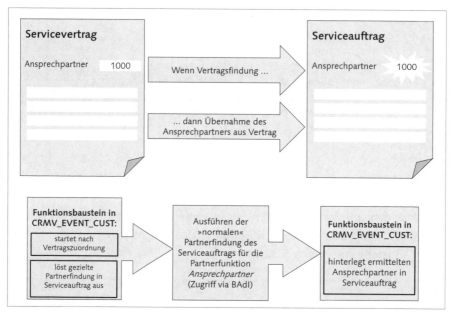

Abbildung 5.32 Lösungsansatz zur Übernahme von Geschäftspartnern nach der Servicevertragsfindung

Wenn Sie im Serviceauftrag einen Servicevertrag zugeordnet haben, wird im SAP CRM-Standard lediglich noch ein BAdI durchlaufen (CRM_DOC_FLOW). Diese Erweiterung kann u. a. dazu genutzt werden, Prüfungen vorzunehmen sowie bei Bedarf kundenspezifische Felder während der Fortschreibung des Belegflusses zu füllen. Grundsätzlich stehen Ihnen bereits zu diesem Zeitpunkt auch in der Struktur IS_DOC_FLOW_WRK die Header-GUIDs der beiden beteiligten Belege zur Verfügung. Ein möglicher Ansatz könnte insofern darin bestehen, direkt an dieser Stelle den gesuchten Geschäftspartner aus dem Vertrag auszulesen und im Serviceauftrag zu hinterlegen. Leider hat sich nach unseren Tests ergeben, dass sich diese Stelle bzw. dieser Zeitpunkt nicht dazu eignen, entsprechende Änderungen am Serviceauftrag vorzunehmen.

Nutzung eines Callback-Funktionsbausteins zur gezielten Partnerfindung

Unser Lösungsansatz sieht daher vor, dass Sie in einem ersten Schritt einen eigenen Callback-Funktionsbaustein im Eventhandling hinterlegen, der nach der Fortschreibung des Belegflusses zwischen Servicevertrag und Serviceauftrag durchlaufen wird. Mithilfe dieses Funktionsbausteins wollen wir dann gezielt die Partnerfindung im Serviceauftrag für die gewünschte Partnerfunktion *Ansprechpartner* anstoßen. Grundsätzlich wäre auch denkbar, die Logik der Ermittlung programmtechnisch in dem Callback-Baustein selbst zu implementieren. Der von uns gewählte Weg bietet Ihnen jedoch den Vorteil, dass Sie die Logik der Partnerfindung ausschließlich in der Partnerfindung selbst festlegen müssen. Dies erleichtert die spätere Wartung.

Um im Event Handler eine passende »Stelle« (bestehend aus Objekt, Zeitpunkt und Ereignis) bzw. eine geeignete Kopiervorlage für unseren eigenen Callback-Baustein zu finden, können Sie, wie in Abschnitt 2.2, »Event Handler«, vorgestellt, die Trace-Analyse nutzen. Abbildung 5.33 zeigt Ihnen das Ergebnis unserer Recherche. Als Kopiervorlage für unseren Callback-Funktionsbaustein Z_PARTNER_SELECT_FROM_CONTRACT haben wir den Standard-Funktionsbaustein CRM_PRIDOC_COM_DET_PRCTYPE_EC verwendet.

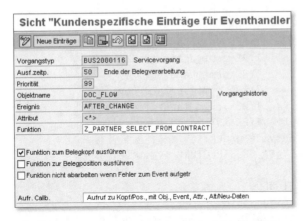

Abbildung 5.33 Hinterlegung unseres Funktionsbausteins im Eventhandling

In Listing 5.15 finden Sie einen Implementierungsvorschlag für den Funktionsbaustein Z_PARTNER_SELECT_FROM_CONTRACT. Dabei nehmen wir den dritten in Abbildung 5.32 gezeigten Schritt bereits vorweg: Wenn die von uns durch Aufruf des Funktionsbausteins CRM_PARTNER_DETERMINATION_OW gezielt angestoßene Partnerfindung erfolgreich ist (die interne Tabelle lt_partner_com enthält einen Treffer), wird der ermittelte Geschäftspartner durch den

Funktionsbaustein CRM_PARTNER_MAINTAIN_MULTI_OW im Serviceauftrag hinterlegt.

```abap
FUNCTION z_partner_select_from_contract.
*"----------------------------------------------------------------------
*"*"Lokale Schnittstelle:
*"  IMPORTING
*"     REFERENCE(IV_HEADER_GUID)    TYPE  CRMT_OBJECT_GUID
*"     REFERENCE(IV_OBJECT_GUID)    TYPE  CRMT_OBJECT_GUID
*"     REFERENCE(IV_OBJECT_NAME)    TYPE  CRMT_OBJECT_NAME
*"     REFERENCE(IV_EVENT_EXETIME)  TYPE  CRMT_EVENT_EXETIME
*"     REFERENCE(IV_EVENT)          TYPE  CRMT_EVENT
*"     REFERENCE(IV_ATTRIBUT)       TYPE  CRMT_EVENT OPTIONAL
*"     REFERENCE(IV_STRVAL_OLD)     TYPE  ANY OPTIONAL
*"     REFERENCE(IV_STRVAL_NEW)     TYPE  ANY OPTIONAL
*"     REFERENCE(IV_RCODE_STATUS)   TYPE  SY-SUBRC OPTIONAL
*"     REFERENCE(IV_STRUC_NAME)     TYPE  TABNAME OPTIONAL
*"  EXCEPTIONS
*"     ERROR_OCCURRED
*"----------------------------------------------------------------------
* 0. Declaration:
  INCLUDE: crm_direct.
  CONSTANTS: lc_pfct_contact TYPE crmt_partner_fct
                             VALUE '00000015'.
  DATA: lv_header_guid      TYPE crmt_object_guid,
        ls_active_switch    TYPE crmt_active_switch,
        lv_handle           TYPE crmt_handle,
        lt_partner_com      TYPE  crmt_partner_comt,
        lt_input_fields     TYPE  crmt_input_field_tab.
  FIELD-SYMBOLS: <objkey_b>  TYPE ANY.
* 1. Get Header-GUID of Service Order:
  ASSIGN COMPONENT 'OBJKEY_B' OF STRUCTURE iv_strval_
    new TO <objkey_b>.
  CHECK <objkey_b> IS ASSIGNED.
  MOVE <objkey_b> TO lv_header_guid.
* 2. Trigger partner determination for partner function
*    'Contact person' of Service Order:
  CALL FUNCTION 'CRM_PARTNER_DETERMINATION_OW'
    EXPORTING
      iv_ref_guid                 = lv_header_guid
      iv_ref_kind                 = gc_object_ref_kind-orderadm_h
      iv_point_of_determ          = '0'
      iv_partial_new_determination = 'X'
      iv_partner_fct_only         = lc_pfct_contact
    IMPORTING
      et_partner_com              = lt_partner_com
```

```
            et_input_fields             = lt_input_fields
        EXCEPTIONS
            error_occurred              = 1
            parameter_error             = 2
            OTHERS                      = 3.
* 3. If determination was successful, assign the relevant
*    partner to Service Order:
    IF sy-subrc = 0 AND NOT lt_partner_com IS INITIAL.
        CALL FUNCTION 'CRM_PARTNER_MAINTAIN_MULTI_OW'
            EXPORTING
                it_partner_com  = lt_partner_com
                iv_ref_guid     = lv_header_guid
                iv_ref_kind     = gc_object_ref_kind-orderadm_h
            CHANGING
                ct_input_fields = lt_input_fields
            EXCEPTIONS
                error_occurred  = 1
                OTHERS          = 2.
    ENDIF.
ENDFUNCTION.
```

Listing 5.15 Callback-Baustein zur gezielten Neuermittlung einer Partnerfunktion

Partnerfindung mittels des BAdIs COM_PARTNER_BADI

In Abschnitt 4.2, »Partnerfindung«, haben Sie bereits eine Möglichkeit kennengelernt, wie Sie durch Verwendung des BAdIs COM_PARTNER_BADI über die Möglichkeiten des Customizings hinaus eigene Ermittlungslogiken für Geschäftspartner in Geschäftsvorgängen definieren können. Für diesen Anwendungsfall wollen wir nun eine ähnliche Technik einsetzen wie im Sales-Beispiel: Hinterlegen Sie für die Partnerfunktion *Ansprechpartner* im Partnerschema des Serviceauftrags (Kopfebene) eine Zugriffsfolge, die die Quelle COM_PARTNER_X, COM_PARTNER_Y bzw. COM_PARTNER_Z verwendet. In unserem Beispiel verwenden wir die Quelle COM_PARTNER_X, wodurch die Methode DETERMINATION_ADD_IN_1 im genannten BAdI aufgerufen wird. In Listing 5.16 finden Sie einen Vorschlag für eine geeignete Implementierung.

```
METHOD if_ex_com_partner_badi~determination_add_in_1.
* 0. Declarations:
    INCLUDE:    crm_direct.
    CONSTANTS: lc_pfct_contact TYPE crmt_partner_
fct VALUE '00000015'.
    DATA: lv_ref_object       TYPE crmt_object_guid,
          lv_ref_kind         TYPE crmt_object_kind,
```

```abap
        lt_req_objects       TYPE crmt_object_name_tab,
        ls_found_partners    TYPE comt_partner_found_via_badi,
        lt_header_guid       TYPE crmt_object_guid_tab,
        lt_doc_flow          TYPE crmt_doc_flow_wrkt,
        ls_doc_flow          TYPE crmt_doc_flow_wrk,
        lv_contract_guid     TYPE crmt_object_guid,
        lt_partner           TYPE crmt_partner_external_wrkt,
        ls_partner           TYPE crmt_partner_external_wrk.
* 1. First check that we are on header-level:
  CALL FUNCTION 'CRM_PARTNER_GET_DECOUPL_VALUES'
    IMPORTING
      ev_ref_object = lv_ref_object
      ev_ref_kind   = lv_ref_kind.
  CHECK lv_ref_kind = gc_object_kind-orderadm_h.
* 2. Determine referenced Service Contract from Doc.flow:
  INSERT lv_ref_object          INTO TABLE lt_header_guid.
  INSERT gc_object_name-doc_flow INTO TABLE lt_req_objects.
  CALL FUNCTION 'CRM_ORDER_READ'
    EXPORTING
      it_header_guid       = lt_header_guid
      iv_only_spec_items   = 'X'
      it_requested_objects = lt_req_objects
    IMPORTING
      et_doc_flow          = lt_doc_flow
    EXCEPTIONS
      document_not_found   = 1
      error_occurred       = 2
      document_locked      = 3
      no_change_authority  = 4
      no_display_authority = 5
      no_change_allowed    = 6
      OTHERS               = 7.
  CHECK sy-subrc = 0 AND lt_doc_flow IS NOT INITIAL.
  READ TABLE lt_doc_flow
  INTO ls_doc_flow
  WITH KEY ref_guid  = lv_ref_object
           objtype_a = gc_object_type-contract_service
           objkey_b  = lv_ref_object.
  IF sy-subrc = 0 AND ls_doc_flow IS NOT INITIAL.
    lv_contract_guid = ls_doc_flow-objkey_a.
  ENDIF.
* 3. Read Contact Person (Partner function 00000015)
*    from Service Contract:
  CLEAR: lt_header_guid,
         lt_req_objects.
```

```abap
  INSERT lv_contract_guid      INTO TABLE lt_header_guid.
  INSERT gc_object_name-partner INTO TABLE lt_req_objects.
  CALL FUNCTION 'CRM_ORDER_READ'
    EXPORTING
      it_header_guid       = lt_header_guid
      iv_only_spec_items   = 'X'
      it_requested_objects = lt_req_objects
    IMPORTING
      et_partner           = lt_partner
    EXCEPTIONS
      document_not_found   = 1
      error_occurred       = 2
      document_locked      = 3
      no_change_authority  = 4
      no_display_authority = 5
      no_change_allowed    = 6
      OTHERS               = 7.
  CHECK sy-subrc = 0 AND lt_partner IS NOT INITIAL.
  READ TABLE lt_partner
  INTO ls_partner
  WITH KEY ref_guid    = lv_contract_guid
           ref_kind    = gc_object_kind-orderadm_h
           partner_fct = lc_pfct_contact.
  IF sy-subrc = 0 AND ls_partner IS NOT INITIAL.
    CLEAR ls_found_partners.
    ls_found_partners-partner_number = ls_partner-partner_no.
    ls_found_partners-default_partner = 'X'.
    ls_found_partners-no_type        = 'BP'.
    ls_found_partners-display_type   = 'BP'.
    INSERT ls_found_partners
    INTO TABLE et_found_partners.
  ENDIF.
ENDMETHOD.
```

Listing 5.16 Ermittlung des Ansprechpartners aus einem referenzierten Servicevertrag

5.8 SAP CRM Billing

In diesem Abschnitt wollen wir Ihnen Lösungen für zwei in Serviceszenarien häufig anzutreffende Probleme bei der CRM-Fakturierung präsentieren: Zum einen zeigen wir Ihnen, wie sich eine wertabhängige Mehrwertsteuer-/Umsatzsteuerbefreiung im Sinne des Reverse-Charge-Verfahrens erreichen lässt, und zum anderen stellen wir vor, wie sich die Faktura-Partnerfindung mithilfe des Billing Engine Frameworks so anpassen lässt, dass auch verschiedene Partner desselben Partnerfunktionstyps verwendet werden können. Dies ist im Standard nicht möglich und vor allem für Servicetechniker häufig problematisch.

5.8.1 Mehrwertsteuer-Befreiung im Reverse-Charge-Verfahren

Serviceleistungen können unter bestimmten Voraussetzungen steuerfrei abgerechnet werden. Beispielsweise greift das sogenannte *Reverse-Charge-Verfahren* (§13b UStG), wenn Leistungserbringer und Leistungsempfänger *bauleistende* Unternehmen sind. Als bauleistend gelten Unternehmen, die mindestens 10 % ihrer Umsätze aus Bauleistungen erzielen. Der Leistungserbringer stellt eine Nettorechnung und weist darauf hin, dass der Leistungsempfänger die Umsatzsteuer schuldet. Dieser berechnet selbst die Umsatzsteuer auf den Nettobetrag, meldet sie in seiner Umsatzsteuervoranmeldung und zieht sie gleichzeitig wieder als Vorsteuer ab. Dieses Verfahren wurde zur Bekämpfung des Mehrwertsteuer-Betrugs eingeführt.

SAP CRM-seitig ist die Umsetzung des Reverse-Charge-Verfahrens leider nicht ganz trivial – es wurde nämlich eine Bagatellgrenze von 500 € eingeführt, d. h., alle Rechnungen mit einem Nettowert bis 500 € müssen *immer* mit Umsatzsteuer abgerechnet werden. Erst oberhalb eines Nettowerts von 500 € greift das Reverse-Charge-Verfahren (sofern alle anderen Bedingungen zur Anwendung des Verfahrens ebenfalls erfüllt sind). Somit lässt sich für diesen Fall leider nicht mehr mit der normalen Steuerklassifikation arbeiten, da diese keine Wertgrenzen kennt. Zudem kommt es bei Sammelfakturierung auf den tatsächlichen Nettowert der betreffenden Rechnung an; die Entscheidung, ob das Reverse-Charge-Verfahren zur Anwendung kommt, kann also erst bei der Fakturierung selbst getroffen werden.

Im Folgenden zeigen wir Ihnen, wie Sie mithilfe eines Marketingmerkmals dafür sorgen können, dass dem Kunden oberhalb eines bestimmten Nettowerts (hier: 500 €) keine Umsatzsteuer berechnet wird. Die Idee besteht darin, bei der Fakturierung dieses Marketingmerkmal am Kunden auszulesen und, falls es gefunden wird, über eine Beeinflussung der Steuerfindung dafür zu sorgen, dass die Faktura ohne Mehrwertsteuer erzeugt wird.

Legen Sie zunächst ein passendes Marketingmerkmal an, und integrieren Sie es in eine bestehende Merkmalsliste, bzw. legen Sie eine neue Merkmalsliste dafür an. Das Merkmal sollte numerisch sein und den Wert 500 haben (siehe Abbildung 5.34). Dieses Merkmal ordnen Sie allen Geschäftspartnern zu, die die Voraussetzungen für die Anwendung des Reverse-Charge-Verfahrens erfüllen.

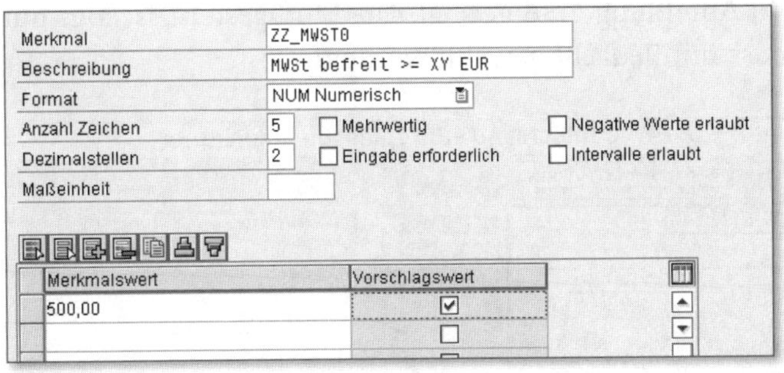

Abbildung 5.34 Marketingmerkmal für Mehrwertsteuer-Befreiung

Nun müssen wir dafür sorgen, dass dieses Merkmal bei der Fakturierung geprüft wird. Ist es gesetzt und ist der Nettowert der Faktura größer als 500 €, soll keine Mehrwertsteuer ausgewiesen werden. Hierzu ist eine Erweiterung der TTE-Steuerfindung (Transaction Tax Engine) nötig. Zunächst müssen Sie ein neues TTE-Transaktionsattribut definieren, das letztlich für die Steuerbefreiung sorgt (IMG-Pfad: ANWENDUNGSÜBERGREIFENDE KOMPONENTEN • TRANSACTION TAX ENGINE • TRANSAKTIONSATTRIBUTE DEFINIEREN). Der Wert, der dabei für das Attribut verwendet wird, ist beliebig, er soll lediglich dazu dienen, die Information über die Steuerbefreiung in den TTE-Entscheidungsbaum zu bringen. Wir verwenden für unser Beispiel einfach »-« (siehe Abbildung 5.35).

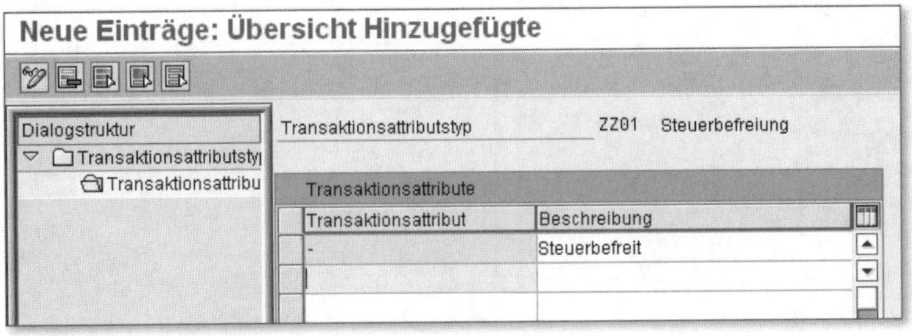

Abbildung 5.35 TTE-Transaktionsattribut definieren

Das neu erstellte Attribut müssen Sie nun noch dem relevanten TTE-Entscheidungsbaum hinzufügen (IMG-Pfad: ANWENDUNGSÜBERGREIFENDE KOMPONENTEN • TRANSACTION TAX ENGINE • EINSTELLUNGEN STEUERBEARBEITUNG • ERMITTLUNG STEUEREREIGNIS DEFINIEREN). Falls Sie noch keinen kundeneigenen Entscheidungsbaum verwenden, empfiehlt es sich, den Standard zu kopieren und anzupassen. Fügen Sie für Ihr neues Attribut einen Wertvergleichstest ein, wie in Abbildung 5.36 gezeigt. Die Einfügestelle ist hier nur exemplarisch und muss mit Bedacht gewählt werden!

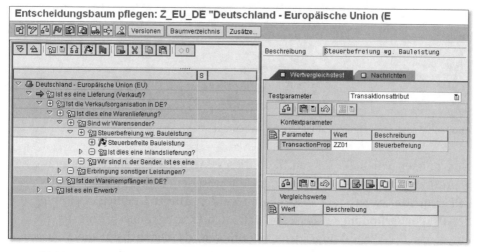

Abbildung 5.36 TTE-Entscheidungsbaum anpassen – Wertvergleichstest

Danach fügen Sie ein Steuerergebnis ein, das den TaxEvent 010 (Nicht steuerbar) auslöst (siehe Abbildung 5.37).

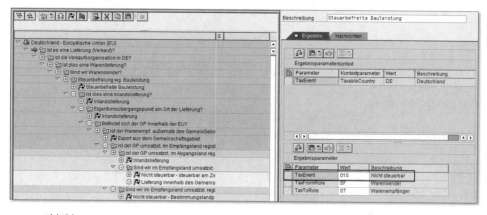

Abbildung 5.37 TTE-Entscheidungsbaum anpassen – Ergebnis

Vergessen Sie nicht, dass der richtige Entscheidungsbaum im System zugeordnet sein muss (IMG-Pfad: Anwendungsübergreifende Komponenten • Transaction Tax Engine • Steuerereignisermittlung und Berechnungsregeln zuordnen). Zum Setzen des TTE-Attributs implementieren Sie im Anschluss bitte das BAdI `BADI_TTE_DOCUMENT`, Methode `TTE_INPUT_DOC_CHANGE` (siehe Listing 5.17).

```abap
METHOD IF_EX_BADI_TTE_DOCUMENT~TTE_INPUT_DOC_CHANGE.
  DATA:
    LS_ITEM             TYPE LINE OF TTEPDT_ITEM_COM_TT,
    LS_TRANPROP         TYPE LINE OF TTEPDT_TRANPROP_COM_TT,
    LT_RETURN           TYPE STANDARD TABLE OF BAPIRET2,
    LT_ALLOCVALUES      TYPE STANDARD TABLE OF CRMT_MKTPROF_VAL_R,
    LT_ALLOCVALUESNUM   TYPE STANDARD TABLE OF CRMT_MKTPROF_ALLOC_V_NUM,
    LT_ALLOCVALUESCHAR  TYPE STANDARD TABLE OF CRMT_MKTPROF_ALLOC_V_CHAR,
    LT_ALLOCVALUESCURR  TYPE STANDARD TABLE OF CRMT_MKTPROF_ALLOC_V_CURR,
    LS_RETURN           TYPE BAPIRET2,
    LS_ALLOCVALUES      TYPE CRMT_MKTPROF_VAL_R,
    LS_ALLOCVALUESNUM   TYPE CRMT_MKTPROF_ALLOC_V_NUM,
    LS_ALLOCVALUESCHAR  TYPE CRMT_MKTPROF_ALLOC_V_CHAR,
    LS_ALLOCVALUESCURR  TYPE CRMT_MKTPROF_ALLOC_V_CURR,
    LS_PARTNER          TYPE TTEPDT_PARTNER_COM_ST,
    LV_BP_GUID          TYPE BU_PARTNER_GUID,
    LV_BP_ID            TYPE BU_PARTNER,
    LT_DLI              TYPE /1BEA/T_CRMB_DLI_WRK,
    LS_ITEM_GUID        TYPE CRMT_OBJECT_GUID,
    LS_HEADER_GUID      TYPE CRMT_OBJECT_GUID,
    LS_HEADER           TYPE TTEPDT_HEADER_COM_ST,
    LS_PATAXCL          TYPE TTEPDT_PATAXCL_COM_ST,
    LS_DLI              TYPE /1BEA/S_CRMB_DLI_WRK,
    LS_CRMB_DLI         TYPE /1BEA/CRMB_DLI,
    LV_NET_VALUE        TYPE CRMT_NET_VALUE,
    LS_ITEMPART         TYPE TTEPDT_ITEMPART_COM_ST,
    LV_VALUE            TYPE CRMT_MPK_VALUE_VISIBLE_UI,
    LV_VALUE_NUM        TYPE CRMT_MPK_VALUE_VISIBLE,
    LV_VALUE_P          TYPE P DECIMALS 2.
  READ TABLE IT_HEADER INDEX 1 INTO LS_HEADER.
  IF LS_HEADER-BUSTRANSACTION = 'INV'. "Only invoices!
    CLEAR: LT_DLI,
           LS_DLI.
    CALL FUNCTION '/1BEA/CRMB_DL_O_BUFFER_GET'
      IMPORTING
        ET_DLI_WRK = LT_DLI.
    CLEAR: LV_NET_VALUE.
    LOOP AT LT_DLI INTO LS_DLI.
* Summarize net values
      ADD LS_DLI-NET_VALUE TO LV_NET_VALUE.
    ENDLOOP. "DLI
* Get Bill-to party from any item (split criterion!)
    READ TABLE IT_ITEMPART INTO LS_ITEMPART
      WITH KEY BPROLE = 'BT'. "Bill-To party
* Check marketing attribute
```

```abap
        REFRESH: LT_ALLOCVALUES.
        CLEAR:   LS_ALLOCVALUES, LS_PARTNER, LV_BP_GUID, LV_BP_ID,
                 LV_VALUE, LV_VALUE_NUM, LV_VALUE_P.
        MOVE     LS_ITEMPART-BUSPARTNERID TO LV_BP_ID.
        SELECT SINGLE PARTNER_GUID FROM BUT000 INTO LV_BP_GUID
          WHERE PARTNER = LV_BP_ID.
        CALL FUNCTION 'CRM_MKTBP_READ_CHAR'
          EXPORTING
            IV_BP_GUID             = LV_BP_GUID
            IV_PROFILE_TEMPLATE_ID = 'ZZ_MWST0'
            IV_LANGU               = SY-LANGU
            IV_UNASSIGNED_VALUES   = 'X'
          TABLES
            ET_RETURN              = LT_RETURN
            ET_ALLOCVALUES         = LT_ALLOCVALUES
            ET_ALLOCVALUESNUM      = LT_ALLOCVALUESNUM
            ET_ALLOCVALUESCHAR     = LT_ALLOCVALUESCHAR
            ET_ALLOCVALUESCURR     = LT_ALLOCVALUESCURR.
        READ TABLE LT_ALLOCVALUES INTO LS_ALLOCVALUES
          WITH KEY CHARACT = 'ZZ_MWST0'.
        IF SY-SUBRC = 0.
* Convert character field to number
          MOVE LS_ALLOCVALUES-VALUE TO LV_VALUE.
          CALL FUNCTION 'CONVERT_VALUE_CHAR_TO_FLTP'
            EXPORTING
              IV_VALUE          = LV_VALUE
              IV_UNIT           = ' '
              IV_DECIMALS       = '2'
            IMPORTING
              EV_VALUE          = LV_VALUE_NUM
            EXCEPTIONS
              STRING_NOT_FLTP   = 1
              UNIT_NOT_FOUND    = 2
              CONVERSION_FAILED = 3
              OTHERS            = 4.
          IF SY-SUBRC = 0.
* Check if net value >= attribute value
            MOVE LV_VALUE_NUM TO LV_VALUE_P.
            IF LV_NET_VALUE GE LV_VALUE_P.
              LOOP AT IT_ITEM INTO LS_ITEM.
* Set attribute ZZ01
                LS_TRANPROP-ITEMID            = LS_ITEM-ITEMID.
                LS_TRANPROP-TRANSPROPERTYTYP = 'ZZ01'.
                LS_TRANPROP-TRANSPROPERTYVAL = '-'.
                APPEND LS_TRANPROP TO CT_TRANPROP.
```

```
            ENDLOOP.
          ENDIF.
        ENDIF.
      ENDIF.
    ENDIF."bustransaction = 'INV'
ENDMETHOD.
```

Listing 5.17 Mehrwertsteuer-Befreiung im BAdI BADI_TTE_DOCUMENT prüfen

Beachten Sie, dass die Marketingmerkmalswerte im `CHAR`-Format vorliegen, also für den Vergleich mit dem Nettowert zunächst noch in eine Zahl konvertiert werden müssen! Die Mehrwertsteuer-Befreiung ist nun implementiert. Abbildung 5.38 gibt noch einmal einen Überblick über die technische Realisierung.

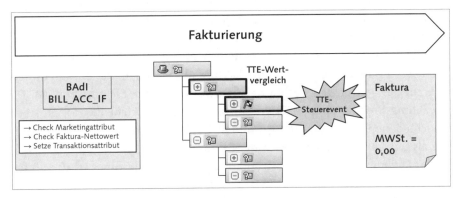

Abbildung 5.38 Technischer Überblick der implementierten Mehrwertsteuer-Befreiung

Im Ergebnis sollten Sie nun eine Faktura ohne Mehrwertsteuer bekommen, wenn der Partner *Rechnungsempfänger* das Marketingmerkmal gesetzt hat und der Fakturanettowert 500 € überschreitet (siehe Abbildung 5.39). Auf Ihren Rechnungsformularen fügen Sie dann noch einen entsprechenden Passus ein, um den Leistungsempfänger daran zu erinnern, dass er die Umsatzsteuer für diese Leistung schuldet.

Fakturadatum	19.02.2010	
Nettowert	520,00	EUR
Steuerbetrag	0,00	EUR
Valutadatum	19.02.2010	

Abbildung 5.39 Ergebnis der Mehrwertsteuer-Befreiung in der Faktura

5.8.2 Verschiedene Partner desselben Partnerfunktionstyps in der CRM-Faktura

Die Partnerfindung in den Fakturabelegen findet im CRM-Standard nur anhand des *Partnerfunktionstyps* statt und nicht anhand der Partnerfunktion selbst. Dies ist für die meisten Szenarien auch sinnvoll und der Tatsache geschuldet, dass SAP CRM Billing eine anwendungsübergreifende Komponente ist und sowohl Sales- als auch Serviceszenarien abdecken muss. Es wird jedoch immer dann zum Problem, wenn Ihre Quellbelege verschiedene Partnerfunktionen desselben Typs enthalten und eine Partnerfunktion davon in die Faktura übernommen werden soll. Ein klassisches Beispiel sind Servicetechniker: In Serviceaufträgen gibt es häufig verschiedene Partnerfunktionen vom Typ *Servicemitarbeiter* (Partnerfunktionstyp 0025), z. B. den *vorgeschlagenen* Techniker, den *alternativen* Techniker, eventuell noch einen *ausgeschlossenen* Techniker und (nach Ausführung) auch den *ausführenden* Techniker. In der Rückmeldung benötigen Sie jedoch vermutlich nur den relevanten ausführenden Techniker. Wenn Sie jedoch auftragsbezogen fakturieren und den ausführenden Techniker in die Faktura übernehmen wollen, um diesen z. B. auf der gedruckten Rechnung auszuweisen, haben Sie ein Problem: Da die Billing Engine nur den Partnerfunktionstyp vergleicht (0025), Sie aber verschiedene Partner dieses Typs im Quellbeleg haben, werden alle Techniker als *ausführender Techniker* in die Faktura übernommen. Lösen lässt sich dieses Dilemma leider nur über eine Modifikation, allerdings ist die nötige Änderung so geringfügig, dass wir dieses Vorgehen trotzdem guten Gewissens empfehlen können und daher im Folgenden vorstellen.

Die Ermittlung der Partner anhand des Partnerfunktionstyps erfolgt im Funktionsbaustein `/1BEA/CRMB_DL_PAR_O_CREATE` innerhalb der Formroutine `CHECK_AND_MAP_FCT`. Sie erkennen am technischen Namen, dass es sich um einen Baustein für den Fakturavorrat handelt (DL steht für *Due List*) – die Ermittlung der Partner findet also schon auf dem Weg in den Fakturavorrat statt und nicht erst bei der Erstellung der Faktura selbst.

Sie können diesen Funktionsbaustein nun leider nicht direkt modifizieren, da er von der Billing Engine generiert wurde und die Änderungen somit bei einer Neugenerierung verloren gehen würden. Der kleine Umweg zur korrekten Modifikation führt daher über den Billing Engine Navigator (Transaktion BEFN). Starten Sie den BE Navigator für die Applikation CRMB, und hangeln Sie sich an die richtige Stelle durch: CRMB • OBJEKT DL • FEATURE PAR • FUNKTIONSGRUPPE O – OBJEKT-LAYER • FUNKTIONSBAUSTEIN CREATE. Klicken Sie mit der rechten Maustaste auf diesen Baustein, und wählen Sie im Kontextmenü den Pfad SPRINGEN ZU • TEMPLATE. Sie erreichen das Template BEFG_TMPL_DL_PAR_O_CREATE (technisch handelt es sich um ein Include), aus dem der o. g. Funktionsbaustein generiert wird. Hier können Sie nun Ihre Modifikation durchführen. Beachten Sie dabei, dass alles Coding in diesem Template auskommentiert sein muss, Kommentare müssen daher doppelt auskommentiert werden. Ergänzen Sie die Formroutine CHECK_AND_MAP_FCT, wie in Listing 5.18 gezeigt.

```
* *----------------------------------------------------------------
* *      FORM CHECK_AND_MAP_FCT
* *----------------------------------------------------------------
*   FORM CHECK_AND_MAP_FCT
*     USING
*       UT_PAR_FCT        TYPE COMT_PARTNER_CRMC_FCT_TAB
*     CHANGING
*       CS_PAR_COM        TYPE BEAS_PAR_COM
*       CV_SUBRC          TYPE SYSUBRC.
*     DATA:
*       LS_PAR_FCT         TYPE CRMC_PARTNER_FCT,
*       LS_PAR_COM         TYPE CRMC_PARTNER_FCT.
*     CALL FUNCTION 'COM_PARTNER_GET_FUNCTIONS'
*       EXPORTING
*         IV_PARTNER_FCT         = CS_PAR_COM-PARTNER_FCT
*       IMPORTING
*         ES_PARTNER_FCT         = LS_PAR_COM
*       EXCEPTIONS
*         PARTNER_FCT_NOT_FOUND = 0
*         OTHERS                = 0.
*     READ TABLE UT_PAR_FCT INTO LS_PAR_FCT
*       WITH KEY PARTNER_PFT     = LS_PAR_COM-PARTNER_PFT.
*     CV_SUBRC   = SY-SUBRC.
*     IF CV_SUBRC = 0.
*       IF CS_PAR_COM-PARTNER_FCT <> LS_PAR_FCT-PARTNER_FCT.
** Only transfer correct partner FUNCTION for technicians
** In standard, the check is only performed on partner function
*         If not LS_PAR_FCT-PARTNER_PFT = '0025'.
*         CS_PAR_COM-PARTNER_FCT = LS_PAR_FCT-PARTNER_FCT.
*       Endif.
*       ENDIF.
*     ENDIF.
*   ENDFORM.                    "CHECK_AND_MAP_FCT
```

Listing 5.18 Modifikation im Funktionsbaustein /1BEA/CRMB_DL_PAR_O_CREATE

Sichern und aktivieren Sie das Template. Gehen Sie dann zurück in den Billing Engine Navigator, und generieren Sie den Baustein neu, indem Sie aus dem Kontextmenü des CREATE-Bausteins die Option GENERIEREN auswählen. Der Funktionsbaustein /1BEA/CRMB_DL_PAR_O_CREATE wird damit neu generiert, und Sie können Ihre Modifikation anschließend auch direkt im Funktionsbaustein sehen. Gegebenenfalls müssen Sie die Generierung nach dem Transport der Template-Änderung auch im Zielsystem noch einmal anstoßen.

*»Die besten Bücher sind die, von denen jeder Leser meint,
er hätte sie selbst machen können.«*
(Blaise Pascal, 1623–1662)

6 Lessons Learned

Eine der wichtigsten Lehren, die wir aus unserer bisherigen Projekterfahrung gezogen haben, ist: Vermeiden Sie unnötige Komplexität, scheuen Sie sich aber gleichzeitig nicht vor *nötiger* Komplexität, und behalten Sie dabei immer den Nutzen Ihrer Lösung im Auge! Eine Lösung wird nicht durch eine möglichst aufwendige oder technisch beeindruckende Umsetzung zur guten Lösung, sondern durch die praktische Anwendbarkeit und den Nutzen, den sie schafft.

Welche speziellen Lehren haben wir nun also aus der Arbeit an diesem Buch in Verbindung mit unserer bisherigen Projekterfahrung gezogen? Dieses Buch zu schreiben war für uns wie die Arbeit an einem kleinen, konzentrierten CRM-Projekt. Wir konnten an vielen Stellen von unserer Erfahrung profitieren, dennoch hatten wir im Prinzip mit den gleichen Problemen zu kämpfen wie in »normalen« CRM-Projekten.

Je größer ein CRM-Projekt ist, desto häufiger geht unserer Erfahrung nach dieses Prinzip im Projektalltag unter. Erweiterungen »verselbstständigen« sich und werden immer aufwendiger und komplexer, obwohl der tatsächliche zusätzliche Nutzen zu vernachlässigen ist. Die Gratwanderung zwischen nötig/unnötig oder auch sinnvoll/nicht sinnvoll spielt eine zentrale Rolle bei der Umsetzung von Erweiterungen in CRM-Systemen. Auch innerhalb dieses Buches haben wir uns bemüht, unserem eigenen Anspruch diesbezüglich gerecht zu werden.

Wir geben jedoch auch zu bedenken, dass die Erweiterung eines CRM-Systems ein sehr individueller Vorgang ist und stark von den spezifischen Anforderungen und vom jeweiligen betriebswirtschaftlichen und technischen Kontext abhängt. Es gibt dennoch *Techniken* bzw. *Vorgehensweisen*, die sehr häufig zum Ziel führen, und wir hoffen, dass wir Ihnen hierfür den einen oder anderen guten Ansatz liefern konnten. Und doch ist die Beantwortung der Frage bzw. die Entscheidung darüber, ob eine Erweiterung überhaupt durchgeführt werden sollte, nicht Gegenstand dieses Buches. Dieser Umstand ergibt sich sicher nicht daraus, dass wir dieser Frage eine geringe Bedeutung beimessen würden, sondern nur daraus, dass eine entsprechende Thematisierung dem Fokus dieses Buches (nämlich der praxisgerechten *Umsetzung* betriebswirtschaftlicher Anforderungen) nicht zuträglich gewesen wäre. In der Praxis sollten der Entscheidung, eine Erweiterung vorzunehmen bzw. diese zu empfehlen, stets eine fachliche (»Welche Alternativen bietet der Standard?«) wie auch eine finanzielle Prüfung (»Wie hoch sind die Kosten für Konzeption, Entwicklung, Wartung und Releasewechsel?«) vorausgehen. Wir haben persönlich die besten Erfahrungen in Projekten damit gemacht, unseren Kunden zu einer Nutzung des SAP-Standards zu raten, wenn die damit verbundenen Einbußen in Komfort oder Funktionalität zumutbar waren bzw. durch geeignete organisatorische Maßnahmen abgefedert werden konnten. Die Beurteilung des Kosten-Nutzen-Verhältnisses von Erweiterungen kann letztlich nur durch den Kunden selbst erfolgen. Als Berater bzw. Entwickler können Sie durch eine möglichst präzise Aufwandsschätzung lediglich die geeignete Grundlage dafür liefern.

Technisch hat uns besonders das Web UI einige unvorhergesehene Schwierigkeiten bereitet. Wir mussten feststellen, dass mit dem Web UI (fast) alles anders wird. Bei einem Umstieg von einem älteren Release auf SAP CRM 7.0 sollten Sie daher im Einzelfall prüfen, ob die »alte« Lösung auch noch im neuen Kontext funktioniert. Dies gilt insbesondere für Erweiterungen, die eine Interaktion des Anwenders voraussetzen (z. B. Pop-ups, Selektionskriterien in Reports oder kundeneigene Suchhilfen). Sie sollten den Aufwand für einen Releasewechsel daher besonders detailliert prüfen, wenn Sie von einer SAP-GUI-Lösung auf das Web UI umsteigen.

Durch das Web UI verändern sich auch die genutzten Erweiterungstechniken: Bislang spielten hier auf CRM-Seite sicherlich BAdIs die größte Rolle, zukünftig werden Komponenten- bzw. Framework-Erweiterungen an Bedeutung gewinnen, was eine »Dezentralisierung« bedeutet: Während es vorher ausschließlich fest definierte Einstiegspunkte gab, an denen die Standard-Funktionalität erweitert werden konnte, kann nun praktisch jede Komponente, jeder View bzw. sogar jedes Feld Träger einer Erweiterung sein. Die Flexibilität dieser Framework-Erweiterungen ist zwar beeindruckend, doch besteht die große Gefahr der Unübersichtlichkeit. Die vergleichsweise »harmlosen« Möglichkeiten der Personalisierung durch den Anwender sind hier noch nicht mitgerechnet. Antizipieren Sie dieses Risiko bei entsprechenden

Implementierungsprojekten möglichst frühzeitig, und versuchen Sie, durch geeignete Entwicklungsrichtlinien und Berechtigungsprofile gegenzusteuern.

Eine wichtige Regel besagt: Parametrisieren Sie Ihre Erweiterungen! Eine noch wichtigere Regel lautet jedoch: Parametrisieren Sie nicht alle Ihre Erweiterungen, und parametrisieren Sie nicht zu stark! Je nach Anwendungsfall ist es einfach nicht sinnvoll, beispielsweise noch eine Steuerungstabelle anzulegen oder ein weiteres Feld in die Tabelle aufzunehmen. Auch wenn es gut gemeint ist – nach einiger Zeit wird dies oft unübersichtlich. Sie sollten daher nur dann Parametrisierbarkeit vorsehen, wenn Sie realistisch erwarten können, dass sich die Kriterien (z. B. Belegfluss, Organisationseinheiten) für den Einsatz einer Erweiterung ändern können. Große Vorteile bezüglich der Übersichtlichkeit können Sie indes erzielen, wenn Ihnen ein stimmiges und dauerhaft ausbaufähiges Gesamtkonzept zur Steuerung von Erweiterungen auf Basis zentraler »Stellschrauben« gelingt (z. B. eine zentrale Steuerungstabelle auf Basis von Vorgangsarten oder Positionstypen).

Die nächste wichtige Regel lautet: Modifizieren Sie so wenig wie möglich! Aber vermeiden Sie Modifikationen auch nicht um jeden Preis! Fast immer gibt es im CRM-Kontext eine modifikationsfreie Lösung, wenn der Standard nicht alle Ihre Anforderungen abdecken kann – Ausnahmen bestätigen aber die Regel: Bei der Arbeit an diesem Buch kamen wir in drei Fällen schließlich auch nicht auf sinnvolle Art und Weise an einer Modifikation vorbei. Stellen Sie im Projektalltag sicher, dass es eine zentrale Instanz gibt, die Modifikationen sauber dokumentiert. Damit ersparen Sie sich eine Menge Aufwand und Ärger bei einem Releasewechsel. Das hört sich zwar selbstverständlich an, wird aber in der Praxis leider oft vernachlässigt.

Die wichtigste Lektion, die wir in diversen Projekten und auch noch einmal ganz besonders bei der Arbeit an diesem Buch gelernt haben, ist jedoch: Es gibt keine Patentrezepte. Dies gilt für nahezu alle Erweiterungen im SAP CRM-Umfeld. Und bei der Suche nach geeigneten technischen Lösungsmöglichkeiten für betriebswirtschaftliche Anforderungen geht es immer darum, die Balance zu finden: zwischen Kosten und Nutzen, Komplexität und Pragmatismus, Soll-Zustand und bestmöglichem Workaround, Zentralisierung und Dezentralisierung.

Wir hoffen, dass dieses Buch Ihnen eine gute Basis für die Umsetzung Ihrer konkreten Erweiterungsanforderungen liefert, und wünschen Ihnen, dass Sie bei der Implementierung stets die nötige Balance finden!

Anhang

A Abkürzungsverzeichnis 361
B Die Autoren 363

A Abkürzungsverzeichnis

AET	Application Enhancement Tool
API	Application Programming Interface
ATP	Available to Promise
BAdI	Business Add-In
BDOC	Business Document
BOR	Business Object Repository
CRM	Customer Relationship Management
ECC	ERP Central Component
EEWB	Easy Enhancement Workbench
E-Mail	Electronic Mail
ERP	Enterprise Resource Planning
GPA	Get Parameter
GUI	Graphical User Interface
GUID	Global Unique Identifier
HTTP	Hypertext Transfer Protocol
IBASE	Installed Base
IMG	Implementation Guide
Incoterms	International Commercial Terms
IPC	Internet Pricing and Configurator
LUW	Logical Unit of Work
MWSt.	Mehrwertsteuer
OSS	Online Service System
PPF	Post Processing Framework
qRFC	queued Remote Function Call
RFC	Remote Function Call

RPA	Resource Planning Application
SDN	SAP Developer Network
SPA	Set Parameter
SSCR	SAP Software Change Registration
TTE	Transaction Tax Engine
UI	User Interface
URL	Uniform Resource Locator
USt.	Umsatzsteuer
WFM	Workforce Management
XML	Extensible Markup Language

B   Die Autoren

Ralph Ellerbrock studierte Wirtschaftswissenschaften mit Schwerpunkt Informatik an der Universität Bielefeld. Danach war er acht Jahre lang als Seniorberater für die Lynx-Consulting GmbH in nationalen und internationalen SAP-Projekten im Sales-, Service- und Marketingumfeld tätig. Von 2001 an verlagerte sich sein Beratungsschwerpunkt zunehmend von SAP ERP hin zu SAP CRM. Seit 2006 arbeitet er als Solution Architect für die Firma Miele & Cie. KG in Gütersloh und ist dort für die Gestaltung und den Roll-out von Sales- und Supply-Chain-Prozessen im Rahmen internationaler SAP-Projekte zuständig.

Oliver Isermann studierte Wirtschaftswissenschaften mit den Schwerpunkten Wirtschaftsinformatik und Marketing an den Universitäten Bielefeld und Paderborn. Danach war er fünf Jahre lang als Seniorberater für SAP CRM bei der Lynx-Consulting GmbH beschäftigt. Seit 2008 ist er als selbstständiger Berater für SAP CRM in nationalen und internationalen Projekten tätig und arbeitet dabei bereichsübergreifend im Sales-, Service- und Marketingumfeld.

Index

/SAPCND/ROLLNAME 170

A

ABAP Memory 79
Adapterobjekt 165, 175, 179, 221
AET 32, 33, 218
Aktionsverarbeitung 44, 121, 131, 134, 283, 288
 Aktion 44
 Aktionsdefinition 47
 Aktionsmonitor 46
 Aktionsprofil 47
 Bedingungseditor 47, 284
 Bedingungsprüfung über BAdIs 52
 Einplanbedingung 46
 Konditionstechnik 47
 Methodenaufruf 53, 132
 Nachrichtenfindung 44
 Parameter 48
 Startbedingung 46, 133, 283
Änderungsbeleg 111
Angebot 132
Anwenderstatus 217, 228
API 76
 CRM_ORDER_MAINTAIN 77
 CRM_ORDER_READ 77
Application Enhancement Tool → AET
Application Programming Interface → API
ATP 190
 Prüfregel 193
 Prüfung 190, 193, 197
Attribut 82, 180, 185
Available to Promise → ATP

B

BAdI 17, 18, 19, 62, 86, 88, 122, 135, 170, 177, 185, 200, 235, 262, 356
 /SAPCND/ROLLNAME 170
 BEA_CRMB_BD_PRC 270
 Beispiel-Implementierung 23, 86, 88
 COM_PARTNER_BADI 142, 343
 CRM_AV_CHECK_APO_01 195

BAdI (Forts.)
 CRM_COND_COM_BADI 269
 CRM_COPY_BADI 323
 CRM_RPT_TASK_LIST 330
 CRM_SERVICE_CONTRACT 334
 Default-Implementierung 92
 Definition 19
 filterabhängiges 20
 Filtereinstellung 92, 93
 Filterkriterium 92
 Filterwert 236
 Implementierung 18, 19
 mehrfach nutzbares 21
 Methode 22
 Methode CHANGE_BEFORE_OUTBOUND 121
 Methode CHANGE_FIELD_ATTRIBUTES 103
 Methode CHECK_ATTRIBUTES 103, 106, 107
 Methode EXECUTE 123
 Methode GENERATE_EXTERNAL_ID 91, 95
 Methode GET_TG_MEMBER_STRUCTURE 88
 Methode SELECT_TG_MEMBER_DETAILS 86
 Methode SET_ATTRIBUTES_BEFORE 91, 95, 100
 normale Implementierung 92
 ORDER_SAVE 218, 228, 319
 Standard-Implementierung 23, 90, 95
 Suche 62
BDoc 68
BEA_CRMB_BD_PRC 270
Bedarfsliste 327
Bedingungseditor 284
BEFN 352
Benutzerparameter 64, 65
Bestandsschlüssel 193
Billing 232, 345
Billing Engine Framework 243
Billing Engine Navigator 244, 257, 352
BOR 55
Breakpoint 62, 66

BSP 41
Business Add-In → BAdI
Business Document 68
Business Object Repository 55
Business Server Pages 41

C

Callback 28, 64, 202, 292, 341
  Registrierung 31
CHANGE_BEFORE_OUTBOUND 121
CHANGE_FIELD_ATTRIBUTES 103
CHECK_ATTRIBUTES 103, 106, 107
COM_PARTNER_BADI 142, 343
COMM_ATTRSET 185
COMPLETE_DOCUMENT 132
CRM Marketing Planner 89
CRM_AV_CHECK_APO_01 195
CRM_COND_COM_BADI 269
CRM_COPY_BADI 323
CRM_ORDER_MAINTAIN 77, 140
CRM_ORDER_READ 77
CRM_ORDER_SAVE 78
CRM_RPT_TASK_LIST 330
CRM_SERVICE_CONTRACT 334
CRMD_MKTSEG 82, 88
CRMV_EVENT 27, 30, 31
Customizing
  Download 160, 172, 176, 185, 225
  Tabelle 56, 141, 192, 212, 315
  Tabellenpflegegenerator 59

D

Datenquelle 82
Deal 89
Debugging 66
  Anwendungsverbund aus SAP CRM und SAP ERP 68
  Conditional Breakpoint 76
  externes 66
  Inbound-Prozess 72
  Outbound-Prozess 68
  Pop-ups und modale Dialogfenster 74
  Strategien 66
  Überleitungs-Debugging 71
  Übernahme von Prozessen 67
Design Layer 252

Dialog User 72
Domänenfestwert 106, 108

E

Easy Enhancement Workbench (EEWB) 32, 327
Einführungsleitfaden 60
Eingabehilfe 105
Einsatzplantafel-Auftragsliste 327
Einsatzplanung 327
Enhancement Spot 18
Erlöskontenfindung 256
  erweiterte 256
  Feldkatalog 259
  Kommunikationsstruktur 261
Erweiterungsimplementierung 18, 96
Erweiterungskonzept 13
Erweiterungsspot 24, 299
  Beispiel-Implementierung 25
  Default-Implementierung 25
  implementierende Klasse 26
Erweiterungstechnik 356
Event 27, 64
Event Handler 17, 27, 341
Event-Trace 65, 202, 210
EXECUTE 123
Extensible Markup Language 324, 325
External List Management 82

F

Fakturasperre 201, 202, 204
Fakturavorrat 243, 352
  Selektionskriterium 243
Feature anlegen 257
Feld 169
  Gruppe 84
  Katalog 164
Folgebeleg 288
Frachtkondition 263
Framework-Erweiterung 33, 38, 113, 200, 356
  BSP WD Workbench 310
  Erweiterungsset 38
Fremdschlüsselbeziehung 99, 219
Funktionsbaustein
  CRM_ORDER_MAINTAIN 77, 140

Funktionsbaustein (Forts.)
 CRM_ORDER_READ 77
 CRM_ORDER_SAVE 78

G

Gemischtes Feld 169
GENERATE_EXTERNAL_ID 91, 95
Geschäftspartnerstammdaten 298
 Feldattribut 312
 Reifegrad 312
 Suchkriterien 300
GET_TG_MEMBER_STRUCTURE 88
Getter- und Setter-Methoden 38, 41, 114, 310, 313
Globale Konstante 78
Gruppenkondition 263, 264

I

IMG 60
Implementierende Klasse 91
 Klassenattribut 107
 Redefinition einer Methode 92, 95, 114
 Vererbung 91, 94
InfoSet 82
InfoSet Query 81, 82
Internet Pricing Configurator (IPC) 162, 268
 Bedingung 268
 Staffelformel 280

J

Java 274

K

Kalkulationsschema 159
Kampagne → Marketingkampagne
Kampagnenfindung 197
Klasse, implementierende 91
Kommunikationsstruktur 164
Komponente → UI-Komponente
Komponentenerweiterung → Framework-Erweiterung
Komponentenstrukturbrowser 40
Kondition
 Staffelwert 263

Kondition (Forts.)
 Stammdaten 160
 Tabelle 160
Konfigurationsmodus 36, 255
Konstante, globale 78
Kopffeld 169
Kopierroutine 19
Kopiersteuerung 322
Kundenkonsignation 189, 193
Kundenleihgut 189, 193

L

Logical Unit of Work (LUW) 74

M

Mapping-Baustein 222, 225
Marketing
 Element 89, 102
 Merkmal 82, 111, 121, 346
 Objekttyp 92, 93
 Organisation 90
 Plan 89
Marketingkampagne 89, 102, 111, 121
 Element 90
 externe ID 89
 Kampagnenart 90, 103, 104
 Priorität 105
 Taktik 105
Maskierung 90
Mehrwertsteuer 351
Merkmalsbewertung 111
Methode
 CHANGE_BEFORE_OUTBOUND 121
 CHANGE_FIELD_ATTRIBUTES 103
 CHECK_ATTRIBUTES 103, 106, 107
 COMPLETE_DOCUMENT 132
 EXECUTE 123
 GENERATE_EXTERNAL_ID 91, 95
 GET_TG_MEMBER_STRUCTURE 88
 SELECT_TG_MEMBER_DETAILS 86
 SET_ATTRIBUTES_BEFORE 91, 95, 100
Modifikation 168, 197, 352, 357
Mussfeld 102, 318
MWSt. → Mehrwertsteuer

Index

N

Nachrichtenklasse 214
Nummernkreis 98
   Intervall 90, 98
   Objekt 98
Nummernvergabe, interne 98

O

ORDER_SAVE 218, 228, 319
Organisationsmodell 100

P

Parametrisierbarkeit 18, 56, 104
Parametrisierung 357
Partnerfindung 140, 147, 291, 340
   Quelle 141
Partnerfunktion 140, 291, 292
   Quelle 292
   Typ 352
   Ziel 292
Pflegedialog 100
Pop-up 155
   Text 149
Positionsfeld 169
Post Processing Framework (PPF) 45
   Bedingungscontainer 45
   Bedingungseditor 46
Praxisbeispiel 12
   automatische Vergabe von Kampagnen-IDs 89
   automatisches Setzen von Fakturasperren 201
   Ermittlung von Fakturakopftexten 232
   Ermittlung von Kundenrabatten 162
   Erweiterung der Erlöskontenfindung 256
   Erweiterung der Selektionskriterien des Fakturavorrats (SAP GUI) 243
   Erweiterung der Selektionskriterien des Fakturavorrats (Web UI) 248
   Erweiterung der Unvollständigkeitsprüfung 208
   Fakturierung von Frachtkonditionen mit der ersten (Teil-)Rechnung 263
   Kampagnenmanagement 89
   Marketing 13, 81

Praxisbeispiel (Forts.)
   Sales 13, 131
   Service 14, 283
   Synchronisation des Anwenderstatus von Kundenaufträgen 217
   Unvollständigkeitsprüfung 102
   Verwendung von Z-Feldern des CRM-Produktstamms für die automatische Preisfindung 180
Preisfindung 158
   Feldkatalog 164, 181, 183
   Kalkulationsschema 177
   Kommunikationsstruktur 161, 165, 181
   Konditionstabelle 173
   Mapping von Schlüsselfeldern 172
   Zugriffsfolge 173
Produkthierarchie 143

Q

Queue 72
   Deregistrierung 73

R

Release 13
   Wechsel 168, 356
Ressourcenplanung 327
Reverse-Charge-Verfahren 346
Rollenkonfigurationsschlüssel 34, 255
Runtime Repository 39

S

SAP CRM Billing 232, 345
SAP Smart Forms 287
SAP Software Change Registration 166
Schattentabelle 219
Scheduling 327
SE11 56
SE18 19, 23, 24
SE19 19
Segment Builder 13, 81, 111
   Applet 82
Segmentierung 81, 82
SELECT_TG_MEMBER_DETAILS 86
Selektionsattribut 81, 82
Selektionsgruppe 245

Separator 90
Service-Mapping 258
Servicevertragsabwicklung 333
Servicevertragsfindung 333
SET_ATTRIBUTES_BEFORE 91, 95, 100
Settyp 180, 185
Sonderbestandsart 14, 189
Sonderbestandskennzeichen 191, 193, 196
Splitkriterium 233, 238
SSCR 166
Staffelwert 263
Standard-Software 17
Standard-Szenario 158
Status 132, 218
Steuerermittlung 161
Suchhilfe 300
  Exit 302
  Sammelsuchhilfe 309
  Web-UI-Suche 311

T

Tabellenpflegegenerator 100, 315
Terminprofil 324
Terminregel 325
Textbaustein 314
Textfindung 149, 232, 241, 314
  Kommunikationsstruktur 239
  Text-ID 149, 153
  Zugriffsfolge 149, 314
Text-ID 149, 153
Timestamp 326
Transaction Tax Engine 161, 347
Transaktion
  BEFN 352
  COMM_ATTRSET 185
  CRMD_MKTSEG 82, 88
  CRMV_EVENT 27, 30, 31
  SE11 56
  SE18 19, 23, 24
  SE19 19
  VOFM 162
Trigger 29
TTE 161, 347

U

UI 12
  Komponente 38, 113, 249
  Konfiguration 88, 313
  View 156, 200
UI Framework 38
Umsatzsteuer 88
  ID 86
Unternehmen, bauleistendes 346
Unvollständigkeitsprüfung 102, 208
Unvollständigkeitsschema 319
User Interface → UI
User-Breakpoint 66
User-Parameter 64, 65
USt. → Umsatzsteuer

V

Variable, globale 270
Verfügbarkeitsprüfung → ATP-Prüfung
View Controller 40, 156
View MarketingAttributesEOVP 113
VOFM 162

W

Web UI 32, 102, 113, 155, 200, 252, 255, 312, 356
Window-Manager 156

X

XML 324, 325

Z

Zielgruppe 86, 111, 121
  Mitglieder 81
  Modellierung 82
  Zusatzfelder integrieren 86

www.sap-press.de

Ihr Wegbegleiter für die erfolgreiche Anwendung von SD

Funktionen, Prozesse und Szenarien

Zusammenspiel mit Produktion, Materialwirtschaft, Finanzwesen und Controlling

3., aktualisierte und erweiterte Auflage

Jochen Scheibler, Tanja Maurer

Praxishandbuch Vertrieb mit SAP

Der Bestseller jetzt in der 3. Auflage! Unser Buch vermittelt Fachanwendern praktisches und detailliertes Wissen zu allen Aspekten des Vertriebs mit SAP: von den Organisationsstrukturen und Stammdaten über die umfangreiche Funktionalität bis zu den unterstützten Prozessen. Ob Preis- und Partnerfindung, Verfügbarkeitsprüfung und Routenfindung, Kreditmanagement und Anzahlungsabwicklung: der betriebswirtschaftliche Einsatzzweck bleibt immer im Blick. Beispiele für unterschiedliche Produktionsszenarien ermöglichen ein tief gehendes Verständnis der Vertriebsprozesse mit SAP. Auch die Integration mit anderen Komponenten wird aufgezeigt. Eine Referenzkarte mit den wichtigsten Transaktionscodes unterstützt Anwender in der Fachabteilung bei der täglichen Arbeit mit SD. Das Buch ist aktuell zu SAP ERP 6.0 Enhancement Package 4.

656 S., 3. Auflage 2010, mit Referenzkarte, 69,90 Euro, 115,– CHF
ISBN 978-3-8362-1472-8

>> www.sap-press.de/2211

www.sap-press.de

Stammdaten, Funktionen, Prozesse und Customizing

Kundenbindungsmanagement, Segmentierung, Kampagnenmanagement u. v. m.

Implementierung und Kundenbeispiele

Christian Kletti, Christian Stöcker

Marketing mit SAP CRM

Mit diesem Buch lernen Sie die Marketing-Komponente von SAP CRM (Release 7.0) detailliert kennen: Sie erhalten zunächst grundlegende Informationen zu den zugrunde liegenden Stammdaten und der Benutzeroberfläche SAP CRM Web UI. Anschließend werden alle wichtigen Marketing-Prozesse – z. B. Lead-, Kampagnen- oder Kundenbindungsmanagement – sowie deren Customizing genau erläutert. Zahlreiche Praxisbeispiele sowie Tipps und Tricks runden die Darstellung ab.

ca. 400 S., 69,90 Euro, 115,– CHF
ISBN 978-3-8362-1285-4, Juli 2010

>> www.sap-press.de/1921

www.sap-press.de

Ihr Einstieg in das Kundenbeziehungsmanagement mit SAP

Marketing, Vertrieb und Service verständlich erklärt

Mit vielen anschaulichen Praxisbeispielen zum Einsatz im Unternehmen

Srini Katta

Discover SAP CRM

Entdecken Sie die Funktionen und Möglichkeiten von SAP CRM. Ob Sie neu in der Welt des Kundenbeziehungsmanagements mit SAP sind, überlegen, SAP CRM in Ihrem Unternehmen einzuführen, oder einen schnellen Überblick über den neuesten Wissensstand brauchen: in diesem Buch finden Sie, was Sie suchen. Übersichtlich und trotzdem umfassend lernen Sie die Kernbereiche Marketing, Vertrieb und Service kennen, entdecken verschiedene Kommunikationswege, die zugrundeliegenden Technologien, CRM Analytics u.v.m.

431 S., 2009, 39,90 Euro, 67,90 CHF
ISBN 978-3-8362-1350-9

>> www.sap-press.de/2011

www.sap-press.de

Definieren Sie aussagekräftige Kennzahlen für Ihre Vertriebsprozesse in SD

Bilden Sie diese Kennzahlen mit SAP NetWeaver BI 7.0 ab

Lernen Sie, kunden- und material-orientierte Auswertungen zu erstellen

Susanne Hess, Stefanie Lenz, Jochen Scheibler

Vertriebscontrolling mit SAP NetWeaver BI

Dieses Buch kombiniert umfassendes Vertriebswissen mit besten Kenntnissen in SAP NetWeaver BI. Sie lernen SAP NetWeaver BI kennen und erfahren, wie Sie die wichtigsten Vertriebskennzahlen betriebswirtschaftlich korrekt ermitteln. Anhand konkreter Beispiele und veranschaulicht durch viele Abbildungen sehen Sie, wie Daten aus dem ERP-System im BI-System modelliert werden. Klar und verständlich wird Ihnen erklärt, wie Sie das Controlling von Vertriebsprozessen passgenau auf Ihr Unternehmen abstimmen.

255 S., 2009, 59,90 Euro, 99,90 CHF
ISBN 978-3-8362-1199-4

>> www.sap-press.de/1792

www.sap-press.de

Betriebswirtschaftliche Grundlagen, Funktionen und Prozesse

Customizing und Implementierung

Praxisbeispiele und kritische Erfolgsfaktoren

Markus Kirchler, Dirk Manhart, Jörg Unger

Service mit SAP CRM

Dieses Buch zeigt Ihnen, wie Sie basierend auf SAP CRM 2007 Ihre Serviceprozesse optimal gestalten und realisieren. Sie werden zunächst mit den betriebswirtschaftlichen Grundlagen vertraut gemacht, bevor Sie die neue Benutzeroberfläche und die wesentlichen Stammdaten kennen lernen. Darauf aufbauend erhalten Sie einen detaillierten Einblick in die Funktionen, die Ihnen SAP CRM im Servicebereich bietet – vom Auftragsmanagement über die Einsatzplanung bis zum Beschwerdemanagement –, und erfahren, wie Sie die Serviceprozesse gestalten können. Sie lernen außerdem kritische Erfolgsfaktoren für die Implementierung und ein Praxisbeispiel kennen.

376 S., 2009, 69,90 Euro, 115,– CHF
ISBN 978-3-8362-1060-7

>> www.sap-press.de/1508

www.sap-press.de

Implementierung und Nutzung der Variantenkonfiguration

Aufbau und Pflege eines vollständigen Produktmodells

inkl. Customizing von SAP ERP

Kundenbeispiele und Erfahrungen aus der Projektpraxis

Uwe Blumöhr, Manfred Münch, Marin Ukalovic

Variantenkonfiguration mit SAP

Lernen Sie mit diesem Buch von A bis Z, wie Sie die SAP-Variantenkonfiguration implementieren und nutzen. Nach einer Einführung in die betriebswirtschaftlichen Grundlagen erfahren Sie detailliert, wie Sie ein Produktmodell erstellen: Ob Klassensystem, Konfigurationsprofil, Beziehungswissen – kein Aspekt wird vergessen. Im Anschluss erläutern Ihnen die Autoren das Customizing der relevanten Geschäftsprozesse in SAP ERP und das Zusammenspiel mit SAP CRM. Am Beispiel der Branchenlösung DIMP wird aufgezeigt, welche Zusatzfunktionen für spezielle Anforderungen zur Verfügung stehen. Profitieren werden Sie zudem von den hilfreichen SAP-Partnerentwicklungen und von Erfahrungen, die Projektleiter und Kunden mit der SAP-Variantenkonfiguration gemacht haben.

557 S., 2009, 69,90 Euro, 115,– CHF
ISBN 978-3-8362-1202-1

>> www.sap-press.de/1808

booksonline

Die Bibliothek für Ihr IT-Know-how.

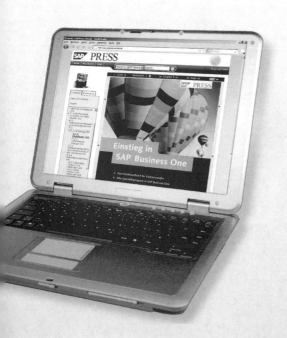

1. Suchen
2. Kaufen
3. Online lesen

Kostenlos testen!

www.sap-press.de/booksonline

- ✓ Jederzeit online verfügbar
- ✓ Schnell nachschlagen, schnell fündig werden
- ✓ Einfach lesen im Browser
- ✓ Eigene Bibliothek zusammenstellen
- ✓ Buch plus Online-Ausgabe zum Vorzugspreis